西西里战役期间，1艘美国运输舰甲板上的士兵正在观察天空中可能出现的敌机。

■ 美国第5集团军司令克拉克中将是意大利战场美国地面部队总指挥。本照片摄于意大利战场的指挥部，左边为其漂亮的女秘书。

■ 美国第7集团军司令巴顿中将。

■ 英国第8集团军司令蒙哥马利将军。

■ 美国坦克登陆舰LST-1在萨勒诺登陆期间输送陆军部队上陆。注意从登陆舰到陆地间的一段由175英尺长的浮桥连接，因为海滩较浅容易使登陆舰搁浅，这些浮桥在登陆舰航行时装载在其两侧。

■ 萨勒诺登陆滩头一瞥，注意美军卡车门上大大的带圈的国籍标识。

■ 在安齐奥被俘的德军士兵被发放足够的口粮让他们离开滩头。图中是一名德军伞兵，他分配到了2罐口粮，其中有1罐是肉和蔬菜，还有1罐是饼干、巧克力和咖啡。

■ 安齐奥登陆时美军将物资分成小批用DKUW两栖运输车送上岸，这大大减少了德军炮火使所有物资损失掉的危险。

经典战史回眸 二战系列

烽火亚平宁

意大利之战

周明 胡烨 著

WUHAN UNIVERSITY PRESS
武汉大学出版社

图书在版编目(CIP)数据

烽火亚平宁:意大利之战/周明,胡烨著.—武汉:武汉大学出版社,
2015.7

经典战史回眸·二战系列
ISBN 978-7-307-16384-3

Ⅰ.烽… Ⅱ.①周… ②胡… Ⅲ.第二次世界大战战役—史料—意大利 Ⅳ.E195.2

中国版本图书馆 CIP 数据核字(2015)第 163193 号

本书原由知兵堂文化传媒有限公司以繁体字出版。经由知兵堂文化
传媒有限公司授权本社在中国大陆地区出版并发行简体字版。

责任编辑:王军风   责任校对:黄添生   版式设计:马 佳

出版发行:**武汉大学出版社**　(430072　武昌　珞珈山)
(电子邮件:cbs22@whu.edu.cn　网址:www.wdp.com.cn)
印刷:武汉中科兴业印务有限公司
开本:720×1000　1/16　印张:19.75　字数:372 千字　插页:2
版次:2015 年 7 月第 1 版　　2015 年 7 月第 1 次印刷
ISBN 978-7-307-16384-3　　定价:40.00 元

版权所有,不得翻印;凡购我社的图书,如有质量问题,请与当地图书销售部门联系调换。

序　言

1943年可以称得上是二战中最为关键的一年，最具有转折意义的一年，正是从这年开始，胜利的天平终于开始向同盟国倾斜了。

1943年的新年钟声还在耳边回响，1月13日，2位神秘客人，1位"Q将军"和1位"P先生"在严格保密和高度警卫措施下来到了硝烟刚刚散去的北非名城摩洛哥卡萨布兰卡，代号为"Q将军"的是美国总统罗斯福，"P先生"则是英国首相丘吉尔。同盟国之所以如此谨慎行事，因为北非战事正酣，而卡萨布兰卡又是著名的北非谍都，潜伏着大量德国间谍，据盟国情报机关掌握的消息，德国情报机关正在筹划暗杀这两位首脑。那英美为何要选择这座摩洛哥名城为会晤地点呢？据说是因为卡萨布兰卡，在西班牙语里是"白宫"之意，这样会使罗斯福总统感到亲切。

从1月14日开始至25日，英美高层军事、政治领导人在卡萨布兰卡郊外的安法兵营举行了多次会议，这些会议被统称为代号"象征"(Symbol)的卡萨布兰卡首脑会议。参加会谈的美国军方大员有：陆军参谋长卡特利特·马歇尔上将、海军总司令欧内斯特·约瑟夫·金海军上将、陆军航空队司令亨利·哈里·阿诺德中将(他于两个月后晋升为上将)；英国

军方大员有：总参谋长艾伦·布鲁克元帅、海军大臣达德利·庞德海军上将、查尔斯·波特尔空军元帅以及联合作战司令部司令路易斯·蒙巴顿海军中将，可以说英美两国海陆空三军最高统帅齐集于此。这次首脑会议上，最重要的议题之一便是在北非战局结束后，同盟国在欧洲的下一步战略。

美军参谋长们希望立即集中全部力量，横渡英吉利海峡，在法国开辟第二战场。但英军参谋长们却强烈反对这一建议，英军总参谋长艾伦·布鲁克元帅用大量的数据来证明这一建议的极端危险性：1943年年中，德军不必从东线抽调兵力便可在法国集结44个师投入反登陆作战，而同一时期，英美两军所能集中的最大兵力不超过25个师。在如此的兵力对比之下，在法国实施登陆的胜算，可以说是微乎其微。因此，目前能最有效地削弱德军又能援助苏联的方法，就是在地中海或巴尔干半岛实施牵制性的进攻，这样就可以将在东线和法国的德军吸引过来。如果能在地中海取得胜利，还可以迫使意大利退出战争，争取土耳其参战。如此一来，地中海战场的胜利，搞得好甚至可能不必横渡英吉利海峡，也可以打败德国。退一步说，即便还要在法国实施登陆，地中海战场的胜利也

能大量吸引、牵制在西线的德军，从而为在法国的第二战场增加几分胜算。而且地中海目前正是同盟国最有利于发挥优势的地区，第一，地中海是纳粹德国最为敏感的地区，从希腊到法国南部，漫长的海岸线，几乎到处都是德国不敢轻言放弃的地区。第二，盟军在地中海已经集结了优势的海空军，掌握着制海权和制空权，可以自由选择在地中海北岸的任何地点登陆。第三，中欧和西欧交通便利，德军可以在14天内从东线抽调7个师赶到法国。而在意大利或巴尔干，由于山脉阻隔交通不便，在同样时间里德军只能从东线抽调1个师运到意大利或巴尔干。因此，在地中海展开攻势，在目前阶段是最有利的。

布鲁克建立在精确数据分析基础上的发言实在精彩，就连美国海军作战部长金上将和陆军航空兵司令阿诺德都被说动了，只剩下陆军参谋长马歇尔，即便心有不服，却拿不出更有力的证据来反驳。虽然从内心，他极不愿意将主力陷在地中海，从而影响了在法国开辟第二战场的主要目标，但却又说服不了英国。再者说，如果没有英国的全力支持，横渡英吉利海峡，就只能是一句空话。因此，最后崇尚现实主义的美国还是做了让步，同意首先在意大利方向发动进攻。当然，作为交换，英国也同意向太平洋战场调派更多的部队和物资。

进攻意大利的大战略方向定了，但是接着英美又对具体进攻目标产生了分歧。英国主张进攻撒丁岛，理由是撒丁岛的防御力量

薄弱，那么不仅投入的兵力相对少，也更容易打下来，而且占领撒丁岛后，可以作为对意大利北部工业区和沿海地区空袭的基地。美国则认为攻占撒丁岛，地中海航线安全依然无法得到保障，只有攻占西西里，才能彻底保障地中海航线的安全。这次英军作出了让步，同意进攻西西里。不过马歇尔还是担心会落入老奸巨猾的英国人的圈套，因此一再强调，进攻西西里从开始到结束，都只是一个有限目的，而不是作为进攻意大利本土或其他地区的跳板。英国方面也顺坡而下表示只进攻西西里，绝不进攻意大利本土。于是双方终于达成妥协，在1月23日出台的《1943年作战方针》中明确规定，1943年英美盟军的作战目标是攻占西西里，进攻时间不迟于1943年7月。

攻占西西里岛最大的好处是打通地中海航线，从根本上保障地中海航线的安全航行，使以往绕道南非的运输船队可以直接经地中海从而缩短一大半的航程。同时进攻西西里岛还能沉重打击意大利法西斯政权，随着意大利政坛有影响力的人士中退出战争的情绪正在逐步增长，夺取西西里岛将成为打垮墨索里尼政权的一记重拳，可以争取迫使意大利退出轴心国阵营。如果从进攻意大利本土来看，位于意大利靴形半岛"脚尖"对面的西西里岛并不是最合适的跳板，撒丁岛和科西嘉岛才更为合适，因为一旦占领这两个岛屿，将直接而严重威胁意大利漫长的西海岸。不过盟军也考虑到进攻撒丁岛和科西

嘉岛超出了岸基航空兵的作战范围，所以处在岸基航空兵有效作战范围内的西西里岛自然成为首选目标。

毫无疑问，卡萨布兰卡会议是英国人的胜利，但是另一个盟国苏联却极为不满，因为英美不仅没有兑现在1942年开辟西欧第二战场的承诺，而且还将这一行动进一步推迟到1944年，所以苏联一直认为卡萨布兰卡会议对于尽早结束二战的主要战略问题毫无建树，并将进攻西西里岛视为一个毫不起眼的作战行动，战后曾尖刻地评论道："卡萨布兰卡会议是一次折磨人的难产的会议……最后只生下了一个西西里岛小老鼠！"

今天我们再回首检讨当年的这番战略争论，美国作为新兴的强国，如同年轻力盛的毛头小伙子，采取的是最简单直接的思维，一心想着横渡英吉利海峡，直接反攻欧洲大陆。而英国作为老牌的殖民主义帝国，犹如老谋深算的老江湖，一贯走的是间接路线，而且英国考虑的不仅仅是二战的战略，同时也已经深谋远虑地想到了战后的欧洲格局与自己的传统利益，如果是从地中海直取维也纳，那么英国将在战后的中欧占有更有利的地位。

于是，同盟国方面1943年先从地中海开始反攻的战略大计就此确定。

卡萨布兰卡首脑会议刚刚结束的1943年2月，北非战场上，初上战场不久的美军就在凯塞林隘口被久历战阵的德军精锐非洲军团给结结实实地教训了一番，正所谓"塞翁失马，焉知非福"，德军这个战术上的胜利却带来了战略上的灾难后果——本来已经对北非战场不抱什么希望的德军统帅部被再次吊起了胃口，迅速从南欧向北非调集了十多万援军，幻想能挽回北非的战局，但最终这新到来的十多万援军，不久以后也一同在突尼斯的沙漠中灰飞烟灭，这就使意大利方面的防御力量遭到了严重削弱，使意大利越来越像英国首相丘吉尔所一直鼓吹的欧洲"柔软的下腹部"。

但是，战争的真实进程却并不像想象的那样乐观，更没出现丘吉尔所期待的一举成功，直出卢布尔雅纳山口，占领维也纳的精彩一幕。反而从1943年7月9日在西西里登陆，直到1944年6月4日才刚刚解放罗马，盟军在意大利的崎岖山地苦苦奋战了将近一年之久，为什么"柔软的下腹部"最终变成了"坚硬的大腿骨"？

尽管盟军在意大利战场如蜗牛般地爬行，被失望至极的丘吉尔称为"陷入了停滞不前的状态，令人耻笑！"但是，意大利战场对于整个战争进程的巨大意义依然不容忽略：

首先，盟军进攻意大利本土，给予意大利以最直接和沉重的打击，迫使意大利退出了轴心国阵营，大大削弱了法西斯轴心国阵营的总体力量，三大轴心国已断一翼，这极大振奋了反法西斯阵营的士气和民心。

其次，盟军在意大利的战略进攻，彻底打乱了纳粹德国的战争计划，我们可以看到，从西西里登陆后，德军在东线便停止了在库尔斯克方面的进攻，极大地缓解了苏联的沉重压力。

再次，意大利的战争，使英美战略同盟关系进一步得到了检验与整合，最终确立了以美国为主导的联合作战体制。在意大利战场上所得到的各种经验和教训，也为以后在法国开辟第二战场和在西欧的进攻，起到了前车之鉴的作用。

最后，意大利战场上的进展，也为同盟国赢得了地利上的得分，使地中海航线更加安全和畅通，同盟国船队可以不必再绕行非洲的好望角，从而能节省下约100万吨位的船只转用于其他战场，同时在意大利的机场又能为同盟国对德国南部进行战略轰炸提供前进基地。

另外，我们还能同时看到，由于意大利战场上德军的出色表现，也将德军统帅部有意无意地将更多的部队和装备投入了这个次要战场，这点对于本来战争资源就相当贫弱的纳粹德国来说，更是具有无穷的后患——德军每在意大利多投入1个士兵、1辆坦克，就意味着或者在东线的苏联战场，或者在西欧的第二战场，相应地减少了1个士兵、1辆坦克，这抑或便是意大利战场对于整个战争全局的最大贡献了。

下面，就让我们穿越时空，走进60多年前的意大利，一片不再是充溢着浪漫与艺术气息的美丽国土，而是满目硝烟与战火的杀戮战场。重新回首这段在二战中比较冷门的战争历程，让我们拂去厚重的历史积尘，重走西西里、萨勒诺、安齐奥直到罗马的艰苦征程。

意大利战场是战争的指导思想在实际发展中难以驾驭的典型写照，同盟国与轴心国在这片战场上的战略思想的演变与发展，更是耐人寻味。双方都在战争过程中不约而同地犯下了各种错误，各自最初的比较现实与明智的战略思想被愚蠢的错误一点点侵蚀，最终使战争的发展充满了变数，或许这才是战争的魅力，历史的捉弄。然而当宏伟的卡西诺修道院轰然而倒，当美丽的那不勒斯化为断壁残垣，当硝烟遮掩住不朽之城罗马的动人风采之时，我们才会更加体会到和平的宝贵。

目　录

第一章
西西里登陆战

柔软的下腹部

西西里岛登陆战，在第二次世界大战地中海战场上占有重要的一席之地。因为这是盟军第一次踏上轴心国的领土，并揭开了地中海战区盟军战略反攻的序幕。广大军事爱好者和战史爱好者提到西西里岛登陆，话题更多地是汇集在三大焦点上：构思精巧的"肉馅"欺骗计划、大摆乌龙的误伤事件、巴顿和蒙哥马利两大名将的竞赛。

"肉馅"欺骗计划，以盟国情报机关匪夷所思的策划，天衣无缝的组织，把精明的德国人大大地"开涮"了一把，即便几十年过去，读来依旧令人拍案称奇。

21世纪初，伊拉克战争中装备精良的美军误伤事件频频发生，令人大跌眼镜。其实早在二战中的西西里岛登陆战，美军就有过战争史上一次最大规模的误伤，满载空降兵的运输机群遭到己方军舰和地面防空火力劈头盖脸地一顿猛揍，天之骄子被打了个灰头土脸。

在地中海战区的地面部队中，阿拉曼的英雄蒙哥马利所率领下的百战雄师英军第8集团军理所应当地成为主攻，却被担任助攻的巴顿抢了风头，从此巴顿名声大噪、威名远扬，而蒙哥马利却似乎由此开始陷入了不善山地战的怪圈之中。

当1943年5月以德意轴心国军队彻底失败为终结，北非的连年战火终于平息下来，而德意轴心国此时再回看地中海，惨败的痛楚还未消退，巨大的危险已经令人不寒而栗！北非一失，整个南欧就像被剥去了防护的甲胄，欧洲柔软的下腹部已经毫无遮掩地暴露在盟军面前，其实那是一片山脉纵横的崎岖之地，之所以用柔软来形容，无非是因为缺乏足够的防御力量才称之为"柔软"。西起科西嘉，东到希腊，简直是一张薄薄的牛皮纸，只消轻轻一捅，就能戳出个大洞！科西嘉一失，那么不要说意大利半岛，就连法国南部都岌岌可危；而希腊要是不保，那么土耳其、罗马尼亚、保加利亚、匈牙利就会像多米诺骨牌一样轰然而倒，苏联战场的南翼就将门户大开！正如希特勒写给墨索里尼的信中那样："巴尔干是进入欧洲心脏的传统入侵路线，如果敌人在地方民族主义者和共产党的支持下在此地区登陆，将会导致最可怕的局面，东线德军侧翼完全暴露，最后将出现巨大变故——英美俄三国联合对德国本土的进攻！"

而西西里岛倒还不是德意最担心的地方，毕竟西西里岛的得失对整个战争进程还不是那么致命。西西里岛，位于地中海中部，北面隔着墨西拿海峡与意大利本土咫尺相望，墨西拿海峡非常狭窄，最窄处仅3219米，南面隔着约170公里宽的突尼斯海峡与突尼斯遥遥相望，是意大利南部的重要屏障。该岛东西宽约300公里，南北长约200公里，呈不规则的三角形，三个顶角分别是西部的博依阿角，东北的佩勒洛角，东南的帕塞罗角。全岛总面积约2.5万平方公里。岛上多山，东北部为高原，地势从东北向西南逐渐下降，平均海拔450米。除了岛东部的卡塔尼亚平原和岛最西端的小片丘陵地带外，几乎全是山地。西西里岛最高峰是东北部海拔3323米的埃特纳火山，这座火山不仅是意大利也是欧洲最高的活火山。岛上没有较大的河流，多是山涧溪流，冬季雨水充沛则水流湍急，夏季干旱少雨则干涸见底。岛上有环岛和斜贯岛西北和东南的两条铁路，还有纵横交错的公路，交通便利。但是公路多是单车道，只能单向行驶，一旦发生情况交通极易被切断。港口有东海岸的锡拉库扎（Syracuse，也有译作叙拉古，是西西里岛的历史名城）、奥古斯塔、卡塔尼亚，西海岸的杰拉、首府巴勒莫和墨西拿。全岛有10个机场和4个水上飞机场。

附图一　西西里岛方位图

1943年春，随着轴心国在北非和地中海的惨败，以及德军在苏德战场上的节节失利，意大利军队的士气已经急剧下降，当时意大利军队总兵力为82个师又8个旅，海军作战舰艇263艘，作战飞机825架。其中在西西里岛、撒丁岛、科西嘉岛和本土担负防御的为44个师又6个旅，163艘舰艇和600架飞机。德军在意大利部署了7个师又2个旅，60余艘舰艇和500架飞机，由南线总司令凯塞林元帅统一指挥。

虽然意大利军队在北非和巴尔干的惨败使其损失了大量有生力量，所余残部的战斗力也是非常脆弱，单靠意大利军队根本无法保卫自己国土，但是墨索里尼还是硬着头皮要靠自己的力量来保卫意大利，因为他不愿意让世界人民和意大利人民感到他是全靠德

■ 德军驻意大利部队的总指挥凯塞林元帅。

国的庇护。不过在严峻的现实面前，他也只好屈服，最终同意了意大利陆军参谋长罗塔上将的建议，接受德国更大规模的支援，不过为了仅存的一点点面子，墨索里尼坚持在意大利的德军战术上必须由意大利方面来指挥。

北非战事结束后德意军很清楚，盟军在地中海下一个打击早晚会开始，所以也在抓紧进行抗登陆准备，意大利海军一直将最好的舰艇保留着，准备用以对付盟军的登陆。但由于轴心国始终未能查清盟军登陆的准确时间和地点，因此无法做出有针对性的部署。而意大利海军由于缺乏有效的空中掩护，禁止舰队在盟军作战飞机半径范围内的

西西里岛附近海域活动，这样，西西里的防御就只能依靠地面部队和航空兵了。

1943年7月，在西西里岛的守军为意军第6集团军，司令是艾尔雷多·古佐尼中将，下辖2个军，共计1个摩托化师、4个野战师、6个海防师又2个海防旅，总兵力约25万人，其中只有吉安多梅尼科·齐里埃莱松少将任师长的里窝那摩托化师不同于其他意军，士气比较高昂，大部分军官都具有相当的实战指挥能力，虽说士兵缺乏训练而且装备也并不精良，但可以说是西西里所有意军中战斗力最强的部队，其他部队兵员均是强行从西西里当地人中征召的，士兵们普遍存在着强烈的厌战反战情绪，他们甚至认为如果盟军登陆，抵抗越激烈，对家乡的破坏也就越大，所以都不愿进行抵抗。岛上还有德军在5月份才刚刚派来的2个师——第15装甲掷弹兵师(即摩托化师)和赫尔曼·戈林装甲师，共约4万人，这2个师都是德军的精锐部队，原计划是派往北非增援的，后因盟军海空封锁太严，非洲军又很快在突尼斯失败，这才滞留在西西里岛，名义上隶属于意军第6集团军，但实际上听命于德军南线总司令凯塞林元帅。就在这样一个小小的岛屿上，数量并不多的军队却有几条指挥体系，典型的多头指挥，除了名义上最高指挥部古佐尼第6集团军司令部外，德军在岛上还有一个协调联络小组，由经验丰富的冯·森格尔中将率领一个小型的参谋机关和一个通讯连组成，名义上负责与意大利军队的联络，实际上是2个德国师的指挥

机关。更麻烦的是戈林师又是属于德国空军系统的，德国空军元帅戈林还经常越过正常渠道直接与戈林师的师团军官联系，进一步加剧了问题的复杂性。

在西西里岛的防御部署上，在南岸200公里海岸线上，只配置了2个海防师，每个师防御正面多达百余公里，只构筑了少量工事、铺设了为数寥寥的铁丝网，这2个师又都只装备轻武器，而且没有足够的机动车辆，战斗力和机动力都非常有限。本来就为数不多的海岸炮，其火力密度稀疏到每门炮要负责近10公里的海岸线，还因为担心盟国海空军的打击而部署在距离海岸线很远的地方，简直如同摆设。守军主力位于岛西北，准备在盟军登陆时实施反击，将盟军赶下海，如果反击不成，就凭借纵深山地，进行持久战。而德军2个师则部署在岛中央地区机动位置，第6集团军司令部位于岛中央的安纳附近。轴心国军队原在西西里岛部署有1400余架作战飞机，但在盟军猛烈空中打击下，大部撤回意大利本土，只留下500余架飞机为守军提供空中掩护。即使算上在意大利本土、撒丁岛、科西嘉岛上的全部飞机，意大利空军能使用的不过300架，德军飞机约800架，合计也不过1200架，而在地中海战区，盟军能投入的作战飞机高达3680架，几乎是轴心国空军的3倍。

就在如此脆弱的抗登陆准备中，德意两军还在具体战术部署上出现分歧，古佐尼判断盟军极可能在锡拉库扎至杰拉一线登陆，

因此打算将意军的里窝那师和2个德军师部署在岛西南部，但凯塞林更担心盟军在巴勒莫登陆，那将切断西西里岛部队撤回意大利本土的退路，因此不顾古佐尼的反对，将德军第15装甲掷弹兵师调到了巴勒莫，并私下嘱咐2个德军师的师长，一旦盟军登陆，立即实施反击，而无需等待意军的命令。这种行为，既分散了轴心国的反击力量，又破坏了指挥体系，对于已经非常薄弱的防务，更是雪上加霜。不过古佐尼和凯塞林有一点却是相同的，两人都确信西西里岛将是盟军的下一个打击目标，尤其是凯塞林更是坚持这一观点惟一的德军高级将领，因为作为空军元帅，他深知盟军对制空权的高度依赖，盟军断不会在其航空兵作战范围之外实施大规模军事行动，而西西里岛则是盟军岸基航空兵作战范围里惟一的一个大目标！

比兵力薄弱更令人担心的是西西里的补给问题，由于盟军猛烈的空袭，几乎切断了西西里与意大利本土的海上联系。在西西里岛上，粮食库存严重短缺，岛上盛产的只有葡萄酒，蔬菜、肉类的产量都很少。此外，西西里岛上的火车都是烧煤的，但是岛上的存煤却只够几天使用。更严重的是岛上的居民由于物质供应越来越恶劣，日常生活已经非常困难，他们对轴心国能打赢这场战争早已失去了信心，反过来他们都渴望着同盟国尽快进攻西西里，以尽早结束战争。

可以说，西西里岛是柔软下腹部中最柔软的一块。这其中的原因，除了德意没能准

确判断出盟军登陆企图外，还要归功于盟军情报机关的卓越杰作。

精心制作的"肉馅"

1943年5月北非战事结束，6月中旬西西里岛的门户班泰雷利亚岛及其附近两个小岛被盟军占领，再加上大量运输船只和登陆舰艇云集北非港口，盟军的进攻目标昭然若揭，这些情况就是连傻瓜都看得出，盟军下一个目标将是西西里岛。如果德意军大举增援西西里岛的话，势必给登陆带来巨大困难，即使取得胜利的话也将付出巨大代价。要使德意相信盟军下一个打击目标不是西西里岛而是其他地方，那就需要情报机关来唱出好戏了。

极富创造性的英国情报机关终于想出了一个堪称情报战经典的战略欺骗计划，用假情报来欺骗德国，使其相信西西里岛这样明显的目标只是为了掩护盟军在撒丁岛和希腊登陆的烟雾，从而使德意将注意力转移到其他地方，这个欺骗计划最初代号为"特洛伊木马"，就是取特洛伊木马欺骗的寓意，该计划早在卡萨布兰卡会议结束半个月后就开始筹划，后来才改为"肉馅"，一个拌足了药的肉馅。这是由英国秘密保安局（也就是军事情报局第五处，著名的MI5）和海军情报处联手进行，由伦敦监督处负责总协调和执行。具体负责人是尤恩·蒙太古中校和查尔斯·乔尔蒙德利中尉。如何将假情报不露痕迹

地送到德国人手里可是个大难题，英国人起初的计划是将携带假情报的死尸装成飞机失事时降落伞没打开而摔死的情形，用飞机空投到德军占领区，但这个方案破绽较多容易被德军识破，而一旦德军识破的话，那么盟军将要在西西里岛登陆的计划也就等于是明明白白告诉了德国人，所以这一欺骗计划只能滴水不漏绝不能出一点纰漏。经过一番苦思冥想，英国人终于想出了绝妙的主意，用潜艇将携带假情报的尸体抛进大海，使其在潮汐的作用下漂到德国或亲德国家的海岸，制造溺水而亡的假象，从而使德国人相信其所携带情报的真实性——借尸还魂的欺骗计划立即获得英美联合参谋长会议的同意，并由丘吉尔首相亲自签署批准，丘吉尔曾说过："在战争中，真理是如此宝贵，必须要用谎言来保护！"他可是深谙战争情况下欺骗和保密所要担负的重大责任。

伦敦监督处立即开始着手领导有关机构落实实施，首先是尸体，根据法医提供的溺水死亡者的尸体特征，秘密征用了一具刚刚死于肺炎的34岁男性尸体，因为患肺炎而死的人肺部会有积水，和溺水而死的人具有相同的病理特征。其次是为死者创造身份，为了给德军情报机关的查证制造麻烦，英国特工们为死者安排了一个在英国再普通不过的名字：威廉·马丁。根据战时常由海军陆战队军官来执行诸如机密信使之类特殊使命的惯例，"马丁"自然摇身成为海军陆战队少校，当然还精心准备了与之相符的出生、住

"肉馅计划"的始作俑者伦敦监督处

英国伦敦监督处，办公地址在丘吉尔战时内阁所在地大乔治街2号，主要负责制定和实施战略性的欺骗、侦察行动，并协调英国与盟国情报机关共同组织重大的行动。该处的格言是机智、狡猾和精致，徽章是古罗马神话中半人半羊的农牧神萨图恩的雕像，萨图恩是古罗马神话中专门兴风作浪的小精灵。二战期间处长是绰号"诈骗总管"的英国陆军中校约翰·比万，虽然他职务和军衔不高，却拥有很大权限，甚至有时丘吉尔、罗斯福都要遵照他的要求安排活动或发表声明。伦敦监督处不仅在西西里岛登陆战中出色组织了"肉馅计划"，以后还成功组织了更为复杂庞大的诺曼底登陆战略欺骗。

址等档案材料。然后为了使"马丁少校"看起来是个活生生的人，精心准备了很多私人物品。第一是军官证和出入联合作战司令部的通行证，考虑到德国人的图片分析技术相当先进，证件上的照片可一点不敢马虎，死尸没有穿军装的照片，于是伦敦监督处特意根据死尸的相貌找来30多个候选人，再从中筛选出最像的一人穿上少校军服拍下照片。而证件上的签发日期、纸张新旧程度等细节都被考虑到了。第二是恋人的照片、几封情意绵绵的情书，伦敦监督处居然还真找了一位漂亮的小姐来当"马丁"的恋人，照片、情书可都是真的，而且在乔尔蒙德利中尉口袋里放了一段日子，使得看起来像是"马丁"长期贴身保存的样子。第三是一张"马丁"为未婚妻订购结婚戒指的付款通知书，是由毗邻德国大使馆的阿斯普雷珠宝店开出的，当然这是为了便于德国人去调查核实。第四是一张劳伦德银行开出的透支79英镑19先令的警告通知单，看来"马丁少校"的经济情况并不怎么样。第五是两张伦敦威尔士亲王剧院4月22日《哈姆雷特》的戏票票根，显然"马丁"是和未婚妻看完这场戏后才出发的。这些小道具都和几张纸币、几个硬币一起放进"马丁"的钱包里，其他还有手表、十字架、钥匙、香烟、火柴、公共汽车票根等小东西，这使"马丁"看起来完全是个平平常常的陆战队少校。"马丁"身上的衬衣、裤子直到领带手套全是一些半新不旧的，就像是日常所用的。最后的重头戏是拴在"马丁"手腕上的公文包，公文包里最重要的就是两封机密信件，一封是英国副总参谋长阿奇博尔德·奈伊上将写给北非英军司令哈罗德·亚历山大上将的私人信件，字里行间透露出盟军即将对希腊发动登陆战。这封信的内容是由蒙太古中校精心设计，怕德国人核对笔迹而由奈尔上将亲自执笔。另一封是联合作战司令部司令蒙巴顿中将写给地中海舰队司令安德雷·坎宁安海军上将的，信里主要介绍"马丁少校"是联合作战司令部的参

■ 运送"马丁少校"的英国潜艇"六翼天使"号是大量的S级潜艇之一，1940年8月16日开工，1942年6月10日建成，水下排水量990吨，艇长66.1米，潜航速度9节。

谋，是个"登陆艇专家，曾准确预料到第厄普登陆的悲剧，可以在即将开始的登陆战役中发挥作用"，但是希望在战役结束后立即返回英国。信中没有直接谈到登陆地点，却写道："马丁回国时请他带回一些沙丁鱼，因为沙丁鱼在英国还是配给的。"谁都知道，沙丁鱼可是撒丁岛的特产。蒙太古相信德国人肯定会由此联想到登陆地点就是撒丁岛，而且这样由德国人自己推理出来要比直接告诉答案更会使德国人相信。偌大的公文包只放两封信显得有些太空荡了，于是蒙太古又放进了一本英国突击队员训练手册和一本蒙巴顿请地中海战区总司令德怀特·戴维·艾森豪威尔题写前言的新出版的《论联合作战》。真中有假，假里有真，所有细节都被用心良苦地考虑周全，可以说是天衣无缝，滴水不漏。

4月17日，蒙太古和乔尔蒙德利来到停尸房，做最后准备，给"马丁"换上全套少校军服。对于蒙太古和乔尔蒙德利来说，在他们的精心安排下冰冷而僵硬的"马丁"早已是个活生生的人，不过换衣服时由于冷冻储存时间太长，尸体手脚都非常僵硬，只好用电加热器来软化尸体。一切准备就绪后，将尸体放进密封的圆形钢罐，再塞进保存尸体的干冰，最后在钢罐外贴上"精密光学仪器"的标签，连夜送到停泊在苏格兰格里诺克军港的"六翼天使"号潜艇，蒙太古亲自将钢罐交给艇长杰威尔海军上尉——一位经常执行特殊任务的潜艇艇长，整艘潜艇上也只有他一人知道这一计划。4月19日清晨，"六翼天使"号潜艇在薄雾中悄然驶出格里诺克港。4月30日凌晨4时30分，"六翼天使"号潜艇在西班牙韦瓦尔港外约1600米外浮出水面，杰威尔和其他三名军官将钢罐抬上甲板，然后反锁上舱盖以免其他人员出舱，这才打开钢罐，最后替"马丁"穿上橙黄色的救生背心连同橡皮舟放入大海，做完这一切潜艇迅速下潜返航，而"马丁"将在潮汐的作用下"自然"地被冲上韦瓦尔的海滩——潜艇11天航行途中尸体被干冰保存的生理特征正好与在海上漂浮三五天的特征吻合，每一个细节伦敦监督处都想到了！

天亮后，在韦瓦尔河口捕鱼的渔民发现了尸体，将其带回岸上，西班牙军警闻讯而来对尸体进行简单检查后便送往医院进行解剖，医生认为死者系生前落水，溺水身亡并在海上漂浮多日。西班牙政府根据"马丁"随身物品和证件，分析出这是英国军方的一名秘密信使，因飞机失事而坠海身亡，随即通知了英国驻西班牙大使馆，英国大使塞缪尔·霍尔根本不知道"肉馅计划"的内幕，他将情况向国内汇报后便根据英国政府的指令，措辞强烈地向西班牙政府交涉要求尽快交还尸体和有关物品。西班牙名义上是中立国，实际上同纳粹德国关系相当密切，早在西班牙内战时德国就曾向佛朗哥军队提供武器装备甚至派出军队支援，所以西班牙在通知英国之前就已经通知了在西班牙的德国情报人员，西班牙政府对"马丁"进行检查时德国人都在场，这也正是要将"马丁"送到西班牙沿海的原因。英国大使的强烈反应自然就引起了德国人的格外重视，在交还英国大使前，"马丁"所携带的所有物品都被德国人拍了照。而英国人的戏还没唱完，收尾的几个细节更是做得煞有介事，大使馆领回了尸体和文件，对西班牙政府的拖延表示强烈抗议。英国海军公证司在《泰晤士报》

公布的阵亡人员名单上赫然有着陆战队少校"威廉·马丁"。英国大使馆按照正式程序和规格将"马丁"安葬在韦瓦尔墓地，并树了一块墓碑，下葬之日"马丁"的"未婚妻"还特意寄来花圈以表哀思。"马丁"的公文包随即被送回伦敦，英国情报机关的技术部门一检查就知道德国人已经拆看了信件，蒙太古不由一阵窃喜，德国人终于吞下了"肉馅"。

在西班牙的德国情报人员立即将有关文件的影印件送到柏林，德军西线情报处处长

■ 被西班牙人打捞出的"马丁少校"。

罗恩纳上校仔细研究并核查有关信件，确信这是真的，是一份老天送上门的厚礼，并据此认定英国正在准备的西西里岛登陆是为撒丁岛和希腊登陆所进行的掩护行动。有关影印件和结论上报后，德国海军总司令邓尼茨元帅批示："此文件真实性不容质疑。"5月12日，希特勒下达作战训令："在即将结束的突尼斯战斗之后，可以预料，盟军将继续在地中海采取行动，其准备工作已经就绪。最危险的地区有：西地中海有撒丁岛、科西嘉岛和西西里岛，东地中海有伯罗奔尼撒半岛。……我要求所有与地中海防御有关的德国指挥机关迅速密切合作，利用全部兵力和装备，在所剩不多的时间内，尽可能加强这些地区的防御，对撒丁岛和伯罗奔尼撒半岛采取的措施要列为最优先。"德军将1个精锐党卫军装甲旅和第90装甲掷弹兵师调到撒丁岛，从法国和苏联战场抽出3个装甲师到希腊，并将下辖2个空降师的第11空降军从法国北部调到法国南部作为机动预备队，还指派在北非建立殊荣的名将"沙漠之狐"隆美尔元帅到希腊组建一个新的集团军群指挥机关，以指挥即将开始的抗登陆作战。而西西里岛的装甲部队则被调到了科西嘉岛。

"肉馅计划"大功告成，盟军情报机关这一杰作无疑为西西里岛登陆的胜利打下了第一块基石。

爱斯基摩人计划

英美盟军的办事效率还是相当高的，卡萨布兰卡会议刚一结束，盟军就在阿尔及尔搭起了战役的指挥班子，地中海战区总司令美国陆军上将德怀特·艾森豪威尔任战役最高指挥，地面部队总指挥是第15集团军群司令英国陆军上将哈罗德·亚历山大，他同时兼任战役副总指挥，空军总指挥是中东空军司令英国空军元帅亚奇·特德，海军总指挥是地中海舰队司令英国海军上将安德雷·坎宁安，并于1943年2月在阿尔及尔成立了一个特别参谋部负责制订西西里岛登陆作战计划。而有关西西里岛战役的战略决策则由英美武装力量最高指挥机构——联合参谋长委员会确定。英美联合参谋长委员会是领导英美所有武装力量的最高指挥决策机构，也可以说是人类历史上第一个真正意义的军事联盟指挥机构，这对于整合英美两国军队的作战、情报

■ 1943年7月西西里战役前夕的亚历山大上将（左）和美国第85特混舰队司令柯克少将（右）。

以及后勤保障，具有极其重要的意义。在此前即使有过国与国的联盟，但基本都是战略性配合和政治联盟，还从没有过军事上的直接联合指挥。这可要比轴心国武装力量在西西里岛乃至意大利徒有虚名的联合指挥强过百倍。

2月10日，艾森豪威尔在阿尔及尔成立了参谋机构，以他在圣乔治宾馆的房间号"141"作为保密代号。由于这个著名的宾馆已经人满为患，有关人员进出颇为不便，因此艾森豪威尔和坎宁安海军指挥部的计划处都搬到了阿尔及尔郊外的布扎雷阿村。西西里战役的陆军和空军指挥部则分别位于阿尔及尔的阿尔泽和康斯坦丁。只有东部海军特混舰队因为其所属的主要部队都在中东，所以指挥部设在了开罗。

考虑到墨西拿距离意大利本土仅3.2公里，只有迅速攻占墨西拿才能封闭西西里岛守军撤回本土的退路，但是墨西拿超出了盟军以北非和马耳他为基地的岸基航空兵作战半径，距离意大利本土又近，直接在墨西拿登陆风险太大。所以盟军参谋人员只好退而求其次，先在巴萨角和卡斯特尔韦拉两地登陆，然后夺取锡拉库扎港、杰拉机场和卡斯特尔韦拉机场，待岸基航空兵进驻岛上机场后再掩护地面部队向纵深推进，一路直取墨西拿，一路则攻占西西里岛首府巴勒莫。3月13日艾森豪威尔、亚历山大批准了这一计划，但是担负主攻的英军第8集团军司令比纳德·蒙哥马利上将却表示了强烈反对，认为自己部队兵力有限，不足以在夺取港口的同时再攻占机场，同时又由于德意军队在北非的顽强抵抗更使其信心不足，要求担负助攻的美军第7集团军在其侧翼登陆。而亚历山大也被其说服，支持这一要求。于是英美联合参谋部里两派意见吵成了一锅粥，再加上德意军在北非负隅顽抗，也牵扯了艾森豪威尔等将领的精力，更使蒙哥马利全身心投入北非战场的最后战役，使西西里岛登陆计划迟迟没有定论。一直到4月底，蒙哥马利才有空暇对自己的设想进行了大幅度的修正完善，5月3日才最后确定并上报英美联合参谋部。

直到5月13日，也就是北非德意军投降之日，英美联合参谋部才批准了蒙哥马利的方案。此时距离登陆作战最后期限7月10日已不到2个月！参谋人员立即加班加点拟制具体作战计划。殊为可惜的是，这样延误了将近3个月，实际上错过了攻占西西里岛的最佳时机。因为在盟军的整体计划中本来就准备是在北非战事一结束后立即发动西西里岛登陆战，不给地中海德意军以喘息之机，所以在兵力使用上，用于西西里岛登陆的10个师里只有1个师是参加北非最后战役的，其他都是新到达的生力军。而如果真的要能在北非德意军失败后立即发起西西里岛登陆战，此时的西西里岛几乎是真空的，两个德军师都没到达，所付出的代价将会很微小。尽管丘吉尔也一直主张在北非战事结束后应尽快发起西西里岛登陆战，但围绕作战方案的争执却使这种美好愿望最终化为泡影。

巴顿与蒙哥马利

血胆将军巴顿

在二战中最著名的美军将领无疑要属小乔治·史密斯·巴顿四星上将。巴顿1885年11月11日出生在加利福尼亚州圣加夫列尔，家境殷实，生活优裕，但巴顿从小就立志从军，1903年考入弗吉尼亚军事学院，次年又考入西点军校。但是在第一学年因花费大量时间在队列训练上（获年级第二名）而导致数学、法语均不及格，最后留级一年。1909年从西点军校毕业，以少尉军衔在伊利诺斯州骑兵部队服役。1911年调到迈尔堡，先后担任陆军参谋长和陆军部长的副官。1915年调往布里斯堡，任远征军

总司令潘兴将军的副官，并随潘兴参加了1916年的墨西哥战争。一战爆发后又随潘兴远征欧洲，并晋升为上尉。在欧洲期间，巴顿开始接触装甲作战，先后在英国和法国的坦克学校深造，悉心钻研坦克技术与战术。1918年参与建立美军第一个坦克训练中心，并先后训练组建6个坦克连。同年8月指挥美军坦克旅（获得上校临时军衔）参加圣米耶尔战役，因战功获得优异服务十字勋章。1919年调到美国米德堡坦克训练中心，晋升为少校。此后十余年里，巴顿先后在骑兵学校、陆军指挥参谋学校和陆军军事学院深造，积累丰富的军事理论知识，并对坦克有了更进一步的研究。1935年任夏威夷军区司令部情报处中校处长，夏威夷军区司令史密斯认为巴顿是"战争时期的无价之宝，和平时期的捣乱分子"，据说巴顿本人对这句评语甚为得意。1936年调任第9骑兵团团长。1938年7月，调任第5骑兵团团长，并晋升上校。1940年7月组建装甲师所属装甲旅，晋升准将。同年底升任第2装甲师师长，并晋升少将。1942年1月升任第1装甲军军长。同年8月到达北非，出任盟军西部特遣部队司令，率部在摩洛哥登陆，占领摩洛哥后任摩洛哥总督。1943年3月调任第2军军长，晋升中将。1943年7月升任第7集团军司令，指挥所部参加西西里岛战役。10月因在医院"打耳光"事件受到处分。1944年1月调任第3集团军司令，并兼任诺曼底登陆战略欺骗计划中的

子虚乌有的第1集团军群司令。1944年8月率第3集团军进入欧洲大陆，开创了巴顿在二战中最辉煌的篇章，在281天中，第3集团军推进1600公里，解放130座城镇，歼敌约140万。1945年4月晋升上将。1945年纳粹德国投降后，巴顿出任德国巴伐利亚军事长官。10月因在记者招待会上声称"多数德国人参加纳粹党就和美国人参加共和党民主党差不多"，引起舆论哗然，随即被撤销第3集团军司令和巴伐利亚军事长官，改任负责编写战史的第15集团军司令。1945年12月9日遭遇车祸身受重伤，21日因伤势过重而去世，安葬在卢森堡的哈姆美军公墓。

　　巴顿是个标准而优秀的职业军人，尤其具有强烈的攻击精神，他最突出的特点就是"进攻！进攻！再进攻！"但是与在民众面前豪迈爽直的形象完全不同，真实的巴顿是个敏感孤寂而内向的人，很多看似不加思索的举动都是他早已精心设计缜密分析之后才做出的，最典型的例子是在阿登战役中，巴顿向艾森豪威尔承诺可在48小时内使一个军完成90度转向，从向东进攻改为向北进攻，这对开进道路和补给安排来说都是一项极其复杂的系统工程，常规情况下是根本不可能的。而其实巴顿早已预见到德军会发起反击，并已经拟订好了有关的应急方案。正是这种内外迥然不同的差异，才造就了他军事天才的神话，并为他赢得了部下的崇拜和对手的敬畏。艾森豪威尔在战后对巴顿的评价可谓中肯："在巴顿面前，没有克服不了的困难和无法逾越的障碍。他就像古代神话中的大力神，从不会被战争的重担压倒。在二战中，再没有任何一位高级将领有他那样的传奇经历和惊人战绩！"

英军名将蒙哥马利

　　二战英国将领中知名度最高的无疑当属比纳德·蒙哥马利元帅。蒙哥马利1887年11月17日出生在伦敦，父亲是一位有着圣者之风的主教，母亲则个性坚强硬朗，所以蒙哥马利自幼就养成了服从与叛逆的矛盾交织的性格。1907年不顾家庭反对考入英国著名的桑赫斯特皇家军事学院，1908年毕业后以中尉军衔被派往驻印度的沃维克郡团服役，1914年随所在部队开赴法国参加第一次世界大战，战争中他身先士卒勇敢作战，身负重伤，荣获优异服役勋章并晋升上尉。1917年任第9军军部参谋，1918年调任第45师师部首席参谋，虽然军衔还是上尉，却担任通常是由中校担任的职务。1919年在驻德国的英国占领军担任参谋，军衔也晋升为少校。1920年进入坎伯利参谋学院深造。毕业后在多个部队担任参谋，1926年调任坎伯利参谋学院教官。1929年被派往中东工作，1934年任巴基斯坦奎达参谋学院首席教官，晋升上校。1937年调任驻英国的第9步兵旅旅长，晋升准将。在

他的领导下，第9步兵旅成为英军中的佼佼者，因为该旅在历次演习中的出色表现，蒙哥马利也逐渐得到英军高层的器重。1938年升任驻巴基斯坦的第8步兵师师长。1939年8月调任第3步兵师师长。二战爆发后率部开赴法国参战，在敦刻尔克大撤退中被升为第2军军长，回到英国后调任第5军军长，对部队进行严格训练，甚至要求机关人员每周必须要参加一次10公里越野长跑。1941年改任第12军军长。1942年升任东南集团军司令，晋升中将，主要负责英国南部沿海防御。1942年8月原本出任第1集团军司令的蒙哥马利被敦刻尔克大撤退时的上司时任英军总参谋长的布鲁克推荐，接替因飞机被德军击落而丧生的戈特出任第8集团军司令，开始了他军事生涯最辉煌的巅峰时刻。在蒙哥马利指挥下，英军最终在北非取得了阿拉曼战役的胜利，首次击败了由隆美尔指挥的德军非洲军团，蒙哥马利也因此役声名鹊起，晋升上将军衔。此后蒙哥马利指挥第8集团军先后参加突尼斯战役和西西里战役。1943年12月升任第21集团军群司令，指挥有史以来最大规模的两栖登陆诺曼底战役。1944年9月赢得诺曼底辉煌胜利的蒙哥马利晋升为陆军元帅。二战结束后任英国占领军司令兼盟军对德管制委员会英国代表。1946年1月被任命为英国陆军总参谋长。1948年9月被推选为西方联盟各国海陆空总司令委员会常任主席。1951年2月任北约欧洲盟军最高司令部副总司令。1958年9月退休，并在1960年、1963年两次访问中国。1976年3月病逝。

蒙哥马利是个充满矛盾和争议的人物，既受到很多人的尊敬与爱戴，也遭到非议和责难。或许巴顿对蒙哥马利的评价比较中肯："他是个真正了不起的军人，一个顶刮刮的军人，让他做集团军司令实在太屈才了，他应该指挥一个战区——一个他妈的离我越远越好的战区！"对于蒙哥马利在二战中的功绩，英国首相丘吉尔曾给予他极高的评价："从埃及经的黎波里、突尼斯、西西里和意大利，再从法国、比利时、荷兰直到德国，旌旗所指，战无不克！"

西西里岛登陆战地面部队是第15集团军群，下辖蒙哥马利指挥的英军第8集团军和巴顿中将指挥的美军第7集团军，共计10个步兵师、1个装甲师、2个空降师又3个独立旅，地面部队总兵力约47.8万人，600辆坦克和1800门火炮。

英军第8集团军以英军第5、第50步兵师、加拿大第1步兵师和英军第231步兵旅共3个师又1个旅的兵力，作为第一梯队在西西里岛东南在锡拉库扎与巴萨角之间正面宽约70公里的地段登陆；第1空降师在锡拉库扎以南地区空降，夺取附近的桥梁和公路，保障集团军主力

■ 英第8集团军的士兵们正在登上准备前往西西里的登陆舰。

迅速推进；英军第78步兵师为总预备队，在北非待命。

美军第7集团军第1、3、45步兵师共3个师为第一梯队在西西里岛南部斯科格利蒂至利卡塔之间正面宽约64公里的地段登陆；第82空降师在杰拉东北地区空降，控制通往杰拉的公路，阻滞德意军的增援；美军第2装甲师和第1步兵师第18团为海上预备队，在登陆舰上待命随时准备上岸增援；第9步兵师为集

团军预备队，在北非待命。

海军参战舰艇和登陆舰艇共计3237艘，编为3个舰队，东部特混舰队、西部特混舰队和海上掩护舰队。

东部特混舰队司令本切姆·拉姆齐，英国海军中将，指挥795艘军舰和715艘登陆舰艇，负责运送英军第8集团军，分为4个特混编队，A编队运送英军步兵第5师、第50师和第3登陆袭击队，N编队运送英军第231独立

■ （上左）东部特混舰队B编队旗舰"拉格斯"号，该舰原为商船改装的远洋稽查船，后改为登陆指挥舰。（上右）东部特混编队V编队的引导潜艇"卓越"号。（下左）第85特混编队旗舰"安康"号，原为1938年建造的商船，后被美海军征用为运输舰，1943年改为两栖指挥舰。（下右）第85特混编队司令阿兰·柯克少将。

步兵旅，B编队运送英军步兵第51师，V编队运送加拿大步兵第1师和英军第40、41登陆袭击队。东部舰队将分别从地中海东部的塞得港、贝鲁特、苏伊士、亚历山大和海法等港口出发。

西部特混舰队司令肯特·休伊特，美国海军中将，指挥580艘军舰和1124艘登陆舰艇，负责运送美军第7集团军，分为4个特混编队，第80特混编队运送第7集团军司令部和担任预备队的美军步兵第1师的第18团及第2装甲师的2个突击群，该编队还包括掩护群（航

母1艘、战列舰4艘、巡洋舰3艘和驱逐舰19艘）和预备掩护群（战列舰2艘、巡洋舰2艘和驱逐舰6艘），第81特混编队运送美军步兵第1师，第85特混编队运送美军步兵第45师，第86特混编队运送美军步兵第3师和第2装甲师的1个战斗群。西部舰队将从马耳他、突尼斯、比塞大、阿尔及尔等港口出发。

海上掩护舰队司令威利斯，英国海军中将，其舰队由2艘航母、6艘战列舰、6艘轻巡洋舰和24艘驱逐舰组成，负责掩护东部和西部登陆舰队的航渡安全。

参战的航空兵有3部分：一是由杜立特(也就是那位率领16架B-25轰炸日本东京的传奇飞行员)美国陆军少将指挥的美军西北非战略空军，负责攻击敌战略纵深的重要机场、港口和交通枢纽；二是由康汉宁英国空军少将指挥的英军西北非战术空军，负责登陆作战的直接空中支援和掩护；三是由劳埃德英国空军少将指挥的以美军为主的西北非岸基航空兵，负责掩护登陆部队的集结和航渡安全，并监视意大利海军的活动。空军总兵力高达121个英军中队和146个美军中队。

盟军投入西西里岛战役的地面部队约47.8万人，作战飞机3680架，运输机1500架，作战舰艇500余艘，登陆舰艇和运输船约2700艘，坦克600辆，各种口径火炮1800门。

最后登陆时间确定为7月10日，因为这天是上弦月，空降兵可以借助月光着陆，又是大潮，有利于登陆艇抢滩上岸。作战计划代号"爱斯基摩人"。

2个特混舰队都是由英美两军混合编组而成，可以说是真正意义的联合作战。7月5日，坎宁安在马耳他设立海军司令部，不久艾森豪威尔和亚历山大也来到马耳他，主要就是为了能利用马耳他岛上完备的通信设备准确及时地掌握突击登陆的情况。

盟军发起西西里岛登陆战役的目的有四：一是彻底解除德意轴心国对地中海航线的威胁，二是加大对意大利法西斯政权的压力，三是牵制吸引德军，从战略上配合苏联战场，四是以此鼓动土耳其加入同盟国阵营。最重要最现实的战役目的就是打通地中海航线，因为西西里岛处在地中海心脏的位置，对于地中海航线具有极其重要的价值。而如果从进攻意大利本土的角度来看，西西里岛远没有撒丁岛和科西嘉岛更具威胁，这也清楚地反映出盟军在地中海战区的战略思想，进攻西西里岛实际上只是一次有限行动。

扫清障碍

5月13日，也就是北非德意军队投降的当天，北非的盟军航空兵就开始对意大利本土、西西里岛、撒丁岛和希腊的机场、港口、交通枢纽、部队集结地和雷达站进行了广泛而又猛烈的空袭。德意军在该地区原有作战飞机1400余架，其中德军飞机800余架，分散配置在西西里岛、撒丁岛、科西嘉岛和意大利本土，在盟军猛烈空袭下，意大利空军司令福吉尔上将和德军第2航空队司令冯·里希特霍芬中将于6月22日决定，对西西里岛、撒丁岛、科西嘉岛等地的飞机进行疏散，将大部分飞机撤往欧洲大陆，只在西西里岛和撒丁岛留下了少量的战斗机和轰炸机，总数不超过500架。

为扩大战斗机的作战范围，盟军于6月11日攻占西西里岛西南110公里的班泰雷利亚岛，并在马耳他岛附近的果佐岛迅速修建了机场，美军工程兵借助大量现代化的工程机械，仅用了13天就在果佐岛上建成了机场，其机械设备之先进和运输能力之强劲连英国工程兵都羡慕不已。盟军战斗机部队随即进驻这2个岛。

盟军除了对轴心国机场进行了猛烈的攻击外,还对从西班牙至科孚岛一线各港口实施不间断的监视,对所有经过直布罗陀的盟军护航运输船队进行空中掩护,6月26日,一支盟军船队在邦角附近海域遭到德军百余架飞机的攻击,但盟军岸基航空兵的战斗机一直在空中掩护,有效压制了德军攻击机群的攻击,使船队没有遭受到损失。此外,盟军航空兵还有力掩护了在北非各地进行战前训练的地面部队。

7月2日起,盟军航空兵对西西里岛、撒丁岛和意大利南部机场进行了集中轰炸,尤其重点对西西里岛上的所有机场进行了极为猛烈的突击,仅在杰尔比尼、卡塔尼亚等机场投下的炸弹就达1500吨。虽然德意空军竭力进行抗击,但因实力相差悬殊,效果不大。到7月10日,在西西里岛,只剩下偏僻的杰尔比尼简易机场还能使用,另外只有巴勒莫和奇尼西亚机场能供紧急降落使用,其他机场都已无法使用。

7月3日,墨西拿海峡的5艘火车渡轮被盟军击沉4艘,西西里岛与意大利本土的联系更为困难。

7月9日,即登陆前一天,盟军对西西里岛各机场的攻击更是达到了高潮,1天之中就进行了多达21轮轰炸,用于攻击塔奥米纳机场的就有轰炸机411架、战斗机168架,大轰炸不仅严重破坏了机场设施,还炸毁了德意军设在塔奥米纳的航空兵司令部。而对岛上主要机场锡拉库扎、卡塔尼亚和帕拉佐洛投入突击的飞机更是多达800架次!

此外,盟军还专门组织78架战斗机攻击敌雷达站,使德意军防空预警能力彻底瘫痪。西西里岛上的德意航空兵竭尽全力进行反击,意军战斗机出动690架次,德军战斗机出动500架次,尽管使盟军受到一定损失,但实在是力量悬殊,无法保护西西里岛的机场。通过上述空中突击,盟军已大大削弱了轴心国在该地区的空军实力,基本上夺取了战区的制空权。同时,盟军也通过如此猛烈的空袭向意大利施加压力,如果继续追随纳粹德国进行战争,那么他们的家园将遭到怎样的破坏!

为了扫清登陆作战的障碍,盟军于1943年6月实施了对班泰雷利亚岛的进攻,作战代号"瓶塞钻"。

班泰雷利亚岛是个海拔850米的火山海岛,该岛在海水千百年来侵蚀下,海岸线陡峭异常,岛上迦太基时代遗留下的小港只能容纳小型船只。岛上守军约1.2万人,由意大利海军少将帕韦西统一指挥,装备有7门海岸炮和15门高射炮,这些火炮都是老式装备,性能落后。直到1942年11月,北非战局开始恶化之后,德意军才开始加强该岛防御,但增援的兵力装备都很有限。

对于这样一个防御薄弱的小岛,盟军本可置之不理,直接在西西里岛登陆,但盟军

■ 1943年6月5日，美军战机空袭了意大利拉斯佩齐亚港，注意一枚炸弹落在战列舰"罗马"号旁，其右后方是重巡洋舰"波尔萨诺"号。

对该岛作用估计过高，认为一方面该岛守军的火力可以封闭西西里海峡，另一方面攻占该岛后还可在岛上建设机场为西西里岛登陆提供前进机场，因此决定在西西里岛登陆之前，先夺取班泰雷利亚岛。

盟军的攻击首先是以猛烈的空中打击开始的，班泰雷利亚岛既无驻岛航空兵，又无空中支援，面对盟军的空中打击，只有任人宰割。

5月18日，盟军出动约100架次，对该岛实施了两次空袭，如此规模的空袭一直持续到5月28日，岛上的防御工事、通信设施和道路都遭到严重破坏，该岛所急需的物资补给，只能依靠潜艇和小型舰船进行。

从5月29日起，盟军空袭更加频繁，达到每日6至7次，出动的飞机达到200架次。

进入6月，空袭频率和烈度都大为提高，6月2日起每日空袭次数超过10次，6月7日空袭次数飚升到20次，6月9日更是24小时持续不断，入夜后，盟军飞机投掷照明弹，空袭彻夜不断，守军在猛烈空袭下几乎无法休息，体力耗尽精神委顿，加上交通中断，各支撑点全都陷入孤立无援的境地，粮食、饮水供应全部断绝，守军的防御即将崩溃。

盟军在实施大规模空袭的同时，还进行了严密的海上封锁和舰炮轰击。5月12日和13日，"奥赖恩"号巡洋舰两次对该岛进行了炮击。5月31日，盟军2艘驱逐舰炮击了该岛。6月1日，盟军1艘巡洋舰和2艘驱逐舰组成的编队又对该岛进行了猛烈炮击，但"佩内洛普"号巡洋舰在炮击时被意军岸炮击伤。同一天，盟军担任海上封锁的2艘驱逐舰在附近海域发现了意军2艘运输船，当即将其击沉。6月2日，盟军又以1艘巡洋舰和4艘驱逐舰猛烈炮击该岛。此后几天里，几乎每天都出动军舰进行炮击，至6月10日，盟军海空军向班泰雷利亚岛倾泻的弹药达到7000吨！其中光是空中打击就出动飞机5000架次，投弹6200吨！

6月7日，盟军要求岛上的守军投降，但被帕韦西少将拒绝了。

6月10日晚，帕韦西向意大利统帅部报告守备部队的力量已经丧失殆尽，请求准许投降，统帅部因此授权他可以向盟军接洽投降事宜。实际上意军在空袭中的伤亡仅是死56人，伤196人，真正崩溃的是守军的战斗意志和士气。

6月11日上午9时许，帕韦西下令停止战斗，并在岛上无线电台的旗杆上升起了白旗，战后帕韦西表示投降是因为岛上的饮水设备在空袭中遭到破坏，没有水的情况下是无法守住的，而实际上守军还储存有足够的饮水。由于盟军海空火力轰击非常猛烈，四下弥漫的硝烟遮掩了这面表示投降的白旗，盟军没能及时发现。几乎同时，盟军的登陆也开始了，英军第1步兵师搭乘2艘登陆舰和2艘驱逐舰，在5艘巡洋舰、8艘驱逐舰和8艘鱼雷艇掩护下，向班泰雷利亚岛冲击，由于全岛都被浓烈的硝烟所笼罩，登陆部队没有发现白旗，仍按照预定计划于12时许冲上了岸，随即占领全岛，俘虏了全部守军，英军惟一的损伤是1名士兵被炮火所惊吓的骡子咬了一口。这是战争史上以海空兵力实施猛烈轰击从而迫使守军投降的第一个成功战例。关于班泰雷利亚岛的守军，英国首相丘吉尔还曾和艾森豪威尔打赌，丘吉尔认为岛上守

军不会超过3000人，只要超过的话，就按每人5生丁（生丁为法国货币单位，1法郎等于100生丁）的赌注付给艾森豪威尔，结果一诺千金的丘吉尔根据汇率折合美元如数给了艾森豪威尔，并戏称很乐意按此价格购买盟军所能抓到的全部俘虏。

6月13日，班泰雷利亚岛附近兰佩杜塞岛和利诺沙岛2个小岛上的守军也向盟军投降，至此，进攻西西里岛的障碍已被全部扫除。

混乱不堪的空降突击

打响西西里岛登陆战役第一枪的是盟军的空降突击，这也是二战中盟军第一次大规模夜间空降突击。在此之前，盟军只进行过几次营团规模的空降突击，对于这第一次战役规模的空降突击，盟军进行了充足的准备。特别是担负空降突击的美军第82空降师和担负空运的第52空运联队，都是第一次进行空降实战和空降运输，所以战前训练就尤其显得重要和紧张。从4月上旬开始，计划参战的空降部队就在摩洛哥的乌季达地区开始进行战前准备了，并在乌季达地区选择一处与西西里岛空降地域相似的地形建立了一个战术演习场，进行了多次逼真的空降突击演习。6月10日夜，第82空降师505伞兵团团长詹姆斯·盖文上校和各伞兵营营长以及第52空运联队的大队长分乘几架飞机对西西里岛空降地域进行实地空中侦察。这几架不速之客以1800米高度沿西西里岛南海岸飞行，利用

月光对空降地域进行仔细勘察。

6月20日，参加空降突击的美军第82空降师和英军第1空降师全部到达突尼斯的前进机场进行最后的战前准备。按照战役计划，盟军将分别在美军第7集团军和英军第8集团军登陆地区后方实施空降，以阻止德意军的增援保障主力顺利登陆。2个空降师都分为2个梯队，其中第二梯队将视战斗发展情况再最后决定是否空降。美军第82空降师第一梯队由第505伞兵团、第504伞兵团第3营、2个野战炮兵连、1个工兵连及通信、医疗分队和联络小组组成，由盖文上校统一指挥，在杰拉东北6公里处空降，切断杰拉东、北两方向的公路，阻击德意预备队对杰拉海滩的增援，并配合由杰拉海滩登陆的美军第1步兵师夺取奥里弗机场。第二梯队由第504伞兵团第1、第2营组成，视情况增援第一梯队。英军第1空降师第一梯队为希克斯准将指挥的第1机降旅，在锡拉库扎以南机降，夺取并扼守彭德格朗大桥，直至第8集团军主力通过。第二梯队由第1伞兵旅组成，视情况增援第一梯队。

战役发起之日的7月9日晚，天气骤然变化，厚密的云层遮住了月亮，而且西西里岛地面风速高达15米/秒，全然不是预计的清风明月之夜。但是战役已是箭在弦上不得不发，登陆行动已经按照计划全面开始，再恶劣的天气也不能停。18时40分，英军空降兵第一梯队2578人分乘137架由轰炸机牵引的滑翔机依次起飞，采取双机疏开队形飞往西西里岛。按照预定计划，轰炸机将在距离西西

■ 第82空降师505团的团长詹姆斯·盖文上校。

里岛海岸2700米，高度3000米时与滑翔机脱钩，但是轰炸机群为了不被德意军雷达提前发现，一直进行低空飞行，可这一飞就一直飞到了西西里岛附近时，再要想升高已然来不及了，只得在较低高度脱钩，导致69架滑翔机还没滑翔到岸上便一头栽进海里！这些滑翔机上的空降兵有600多人来不及逃生而被淹死，连旅长希克斯准将乘坐的滑翔机也坠入海里，万幸的是希克斯在飞机沉没前及时逃出，后被登陆部队的登陆艇救起，等到他几经周折赶到岛上时已经是第二天了！飞到岛上的滑翔机也都是好不容易才飘过海的，秩序大乱，有的着陆时被撞毁，有的竟然远离预定着陆点16公里，有49架降落在距离目标10公里之外，只有22架滑翔机在预定目标距离1000米内着陆，真正在预定地点着陆的

美军第82空降师

第82空降师是美军第一个组建的空降师，也是第一个参加实战的空降师。其前身可追溯到1917年8月在佐治亚州戈登兵营组建的第82步兵师，由于该师组建时官兵来自于全美国的48个州，因此获得了"全美师"（All Americans）的别称，这也是师徽上"AA"字样的由来。第82步兵师于1918年春远渡重洋前往欧洲参加第一次世界大战，总共参战68天，参与三次重大战役，全师伤亡高达8077人。尤其是该师出现了一位美军的著 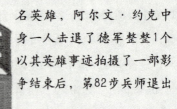 名英雄，阿尔文·约克中士，他曾在一次战斗中孤 身一人击退了德军整整1个营的进攻，战后好莱坞就 以其英雄事迹拍摄了一部影片《约克中士》。但是战 争结束后，第82步兵师退出现役转为后备役。

二战爆发后，第82步 兵师于1942年3月在路易斯安那州克莱本兵营转为现 役，首任师长就是后来担任了美国参谋长联席会议主 席的奥马尔·纳尔逊·布莱德利。同年8月，第82步兵 师以其出类拔萃的训练水平和高昂的士气在陆军部组 织的考核中名列前茅，完全符合空降部队标准，因此被改编为第82空降师，成为美国陆军的第一个空降师。首任空降师师长是马修·李奇微少将，后来在朝鲜战争中担任"联合国军"总司令。全师下辖3个团：第325滑翔机团、第326滑翔机团和第504伞兵团。不久第326滑翔机团改编为第505伞兵团。全师随即调往北卡罗来纳州布雷格堡基地接受空降战训练。1943年5月第82师开赴北非战场。

二战中，第82空降师是最早投入实战的空降师，先后参加过北非、西西里岛、萨勒诺、诺曼底、阿纳姆等历次空降战役以及阿登、易北河等地面战役，总共作战422天，全师伤亡达9073人。1945年5月2日，第82空降师接受了德军整整1个集团军约15万人投降，并在战争结束后进驻柏林。1946年1月返回美国。

冷战期间，第82空降师作为美国的战备值班部队，每时每刻都有三分之一的部队处于最高戒备，随时可以出动，其值班营可在24小时内部署到世界任何一个地方，战备值班旅可在4天内部署到位，全师可在12天内部署到位。作为美国军队的急先锋，第82空降师先后参与了1965年干涉多米尼加、1968年越南战争、1983年入侵格林纳达、1989年入侵巴拿马、1991年海湾战争、2003年伊拉克战争。

目前第82空降师驻扎在北卡罗来纳州的布雷格堡基地，隶属于第18空降军序列，是美国的快速反应应急作战部队的骨干力量。

只有2架！这2架滑翔机上的约40名空降兵在威瑟斯中尉的指挥下，冲向彭德格朗大桥迅速肃清大桥守军，完整地夺取大桥。威瑟斯中尉深知大桥的重要意义，立即指挥手下构筑工事准备抗击德意军反击。此后陆续有降落在附近的空降兵赶来，至天亮时已有约100人，并由军衔最高的沃尔什中校指挥。这支小部队在随后10多个小时里顽强奋战，击退了德意军多次反击，一直坚持到10日下午16时许，只剩下19人才因伤亡惨重、粮尽弹绝而被有坦克支援的意军重新夺回大桥，这也是西西里岛上为数不多坚持战斗的意大利军队。但是仅过了半小时，夺回大桥的意军刚刚重新开始布设被英军伞兵拆除的炸药，从海滩登陆的英军第5步兵师就到了，第5师立即展开攻击协同空降兵再次夺回大桥，保障第8集团军主力顺利通过。

美军空降兵第一梯队3405人分乘226架C-47运输机于20时45分起飞，采取9机V形编队队形飞往西西里岛。这说明初次进行大规模夜航空运的美军毕竟缺乏经验，没有像经验老到的英军那样要求运输机采取双机疏开队形，结果密集的9机编队因为领航员缺乏夜航经验，加之当晚天气恶劣，又不能使用无线电导航，机群队形异常混乱，竟然偏离了预定航线，结果一直飞到了西西里岛东海岸，找不到降落点(应在西海岸)这才返回海上再重新进入，这么一折腾，使机群长时间暴露在德意军高射火力下，先后有8架被击落(万幸的是飞行员均在被击落前投下伞兵)，10

架被击伤，另有3架完全迷失方向只好返回出发机场。余下的运输机于10日零时30分开始伞降，由于队形散乱，伞降持续了约1小时，加之地面风速很大，伞兵着陆异常分散，散布在20多处地点，最远的距离预定着陆点达100公里，盖文本人的着陆点距离预定地点也有48公里之遥！降落在预定着陆点的只有第505团3营的A连，他们虽然迅速控制了公路旁的高地，但实在是力量单薄，在德军戈林师沿公路驰援杰拉海滩时，尽管拼死阻击，连3营营长戈勒姆中校都亲自操起了火箭筒，也无法阻止德军的推进。盖文着陆后迅速带着身边仅有的5个人一面向杰拉海滩前进一面收容部下，到中午时分他已集合起约200人，在比亚佐山岭建立了一个阻击阵地。11日盖文指挥这200人顽强阻击从比斯卡出发反击海滩的德军戈林师，战斗相当激烈，空降兵们靠火箭筒和手榴弹以近战方式攻击德军坦克，盖文更是身先士卒，坚持战斗在第一线，连德军坦克冲到距离他还不到100米都没后退一步！一番鏖战之后，德军在损失多辆坦克后不得不悻悻后撤，这200名空降兵也损失惨重，仅阵亡的就有50人之多。其他地区着陆的伞兵也就地各自为战投入战斗，有力牵制了浅纵深后方的德意军。

鉴于空降兵第一梯队未能完成预定任务，美军第7集团军急令第二梯队立即出发，务必于11日晚在登陆部队刚刚夺取的距离登陆场约3公里的法列罗机场空降，增援第一梯队。当晚由第504伞兵团团长鲁本·塔克上校指挥504团第1、第2营共1902人分乘144架C-47运输机飞往西西里岛。当夜月明星稀，机群编队整齐，前两个分队于22时40分非常顺利地在法列罗机场降落，眼看这次空降将以圆满收场，不料后续分队突然遭到了地面高射火力的猛烈射击，更要命的是这些密集火力居然不是德意军而是美军自己！由于一艘驱逐舰拉响了防空警报，美军舰艇和地面部队不仅没有接到己方空降部队将要空降的通报，反而得到将有德军伞兵空降的错误情报，于是向空中的机群猛烈开火，顿时就有23架飞机被击落，37架被重创，原先整齐的编队也被彻底打乱，除了8架飞机返回出发机场外，其余飞机均坚持投下了伞兵，但是由于刚才受到的打击对心理影响甚大，飞行员都自觉不自觉地想尽早离开这片是非之地，所以绝大多数飞机还没到预定空降地点就把伞兵投了下去，导致空降和第一梯队一样非常分散，只不过第一梯队是受恶劣的自然条

件影响，而第二梯队则完全是一场人祸。在这场二战历史上著名的"友好射击"的误伤事件里，第52运输机联队的空勤人员中有7人死亡，30人负伤，另有53人失踪。而在被击落的23架运输机里有6架还没来得及投下伞兵就被击落，其中只有1架是被德军击落的，导致97名伞兵随机坠海而亡。即使是在伞兵跳伞降落过程中，仍遭到盟军地面部队的猛烈对空射击，使伞兵死伤高达318人——整个误伤事件里有近500人伤亡，其中约200人被自己战友夺去了生命。而第二梯队1903人里，着陆散布情况也很严重，除去伤亡人员，包括最早顺利到达的2个运输机分队所载人员在内，在预定地点法列罗机场着陆的还不到400人，因此无法对第一梯队进行有效的支援。第82空降师也因此次"友好射击"付出了巨大代价，不仅蒙受重大伤亡，而且原本高昂的士气也受到沉重打击。至14日，第82空降师参战的5307人只剩下3024人，可谓元气大伤，不得不于15日撤至二线休整。

至12日日落，在西西里岛东部登陆的英军第8集团军已占领岛南部地区，为了加速向岛北部推进，第8集团军司令蒙哥马利决定动用空降兵第二梯队夺取斯梅托河上的卜利马索尔大桥，保障集团军主力通过。7月13日19时20分，英军空降兵第二梯队2077人、

■ 正在驶往西西里岛的盟军庞大的舰队。

10门加农炮和18辆汽车由第1空降旅旅长拉思伯里准将指挥分乘116架C-47运输机和19架滑翔机从突尼斯起飞，飞行途中吸取美军空降兵第二梯队的惨痛教训，为了避免遭到己方防空火力射击特意五次更改航线，但是仍没能躲过误伤的磨难，他们在帕塞罗角上空还是遭到盟军舰队的射击，飞入西西里岛后又受到德意军防空火力射击，在双方的防空火力"共同"打击下，共有14架运输机和4架滑翔机被击落，35架运输机被击伤，队形也被打乱，导致25架运输机迷航而被迫返回。22时机群到达目标上空，由于队形混乱，空降也是非常分散，有39架飞机上的全部伞兵和3架飞机上的部分伞兵降落在距离目标1500米范围内的4个空降点，有22架飞机上的伞兵降落在距离目标约9000米的地方，最远的4架飞机上的伞兵降落地点距离目标达32公里。着陆后约有200名伞兵集合起来向卜利马索尔大桥前进，虽然德军于13日傍晚向大桥伞降了第1空降师第4团第3营，但是守桥的意大利军和德军伞兵还是没能顶住精锐英军伞兵的攻击，大桥于14日4时被英军占领。拂晓前后，听到枪声陆续赶到大桥的英军伞兵已达250人，还有3门加农炮——在19架携带重武器的滑翔机中，有4架在途中被击落，1架意外坠海，3架着陆时损毁，还有7架在其他地点着陆，只有4架在预定地点安全着陆，所以只保留下3门火炮。德军从中午起向大桥发起反击，英军苦战至下午17时弹药耗尽，而且与一度给予舰炮支援的"新大陆"号巡洋舰也

失去了联系，被迫从桥北撤至桥南，德军调来88毫米高射炮对英军阵地进行平射，英军坚持到18时30分终于不支而退，与大桥以南高地的伞兵会合，随后双方围绕大桥不断进行反复争夺。15日伞兵与第8集团军前卫取得了联系，在第8集团军主力配合下于16日拂晓才最终夺取了大桥。英军空降兵第二梯队在夺桥战斗中共有27人阵亡，78人负伤，另有314人失踪。

在西西里岛战役中，盟军先后实施了4次空降突击，共出动运输机642架次，滑翔机153架，空降9816人。空降中，运输机被击落45架，击伤86架，失踪25架，另有40架原载返航；滑翔机坠海69架，着陆损毁15架，失踪10架。在损失的运输机和滑翔机中，有70%是由己方防空火力"友好射击"造成的恶果。空降兵伤亡约1500人，其中40%也是伤在自己人的枪口下。而四次空降突击均未能完成预定任务，所以可以说是一次失败的空降作战，被英美联合参谋长会议认为是"一次浪费兵力而一无所获的空降战役"。究其原因主要是空降组织不够周密、准备不够充分、海陆空各军兵种缺乏密切协同、战场通信联络不畅，盟军从中总结出几条血的教训：必须要有空降引导组在主力空降前设置空降区标志、飞行途中必须要采取简单航线和正确导航、必须要避开己方防空火力或对己方防空火力进行绝对控制，这些教训在以后的诺曼底登陆的空降突击中便成为必须遵守的原则。

此次空降突击的惨痛失利，也在一定程度上使盟军高层得出了大规模空降作战是得不偿失的结论，如美国陆军地面部队司令麦克奈尔中将就公然提出："应从编制上取消空降师，以后要把空降作战规模限制在营或营以下规模。我和我的参谋部都确信，大规模的空降作战是无法实施的。"艾森豪威尔战后也组织了专门的委员会对西西里空降作战进行评估，在呈送陆军参谋长马歇尔的备忘录里，艾森豪威尔悲观地写道："我不相信空降师。"不过由于两个月后太平洋战场上美军第503空降团在纳扎姆空降作战中的出色表现，陆军部长史汀生责成第11空降师师长约瑟夫·斯温少将重新组织西西里空降作战评定委员会，对西西里空降作战进行仔细评审，于10月得出了与地中海战区委员会完全不同的结论，并坚持师一级部队规模仍将是空降作战最合适的规模。通过同年12月第11空降师在美国本土所进行的师级规模空降作战演习，也改变了麦克奈尔对空降作战的错误看法，这才使诺曼底登陆中盟军得已继续组织师级规模的空降作战。

然而，与盟军对此次空降作战一无是处的妄自贬低不同，作为对手，德国空降战专家、第11空降军军长斯图登特上将就认为如果没有美军第82空降师在杰拉东北地区的顽强阻击，从杰拉海滩登陆的美军很可能就被德军反击赶下了大海，对手的肯定或许能给浴血苦战的盟军空降兵一丝安慰。西西里岛空降作战对于盟军空降部队而言，是一块奠定今后胜利的基石。其意义正如直接指挥空降战的第505伞兵团团长盖文上校所说："西西里空降作战，是美国空降兵的一次战斗洗礼。"

乱糟糟的海滩登陆

从1943年6月开始，盟军就开始向地中海战区大量运送人员、物资和装备，由于此时盟军海空力量已非常强大，足以保护各运输船队的海上运输安全，战役前的部队、装备和船只顺利完成了集结，参战部队吸取北非登陆的经验教训，普遍进行了数周至数月不等的登陆战训练，并选择地形相似的海滩进行了演习。

7月初，战役总指挥部从阿尔及尔前移到了马耳他岛，以便就近进行战役指挥，战役三军最高指挥人员里艾森豪威尔、亚历山大和坎宁安都在这个前进指挥部，只有特德留在阿尔及尔。

7月4日第一支运送登陆部队的船队从最远的美国港口起航，在以后几天里，运送登陆部队的船队根据各自的航程远近依次从北非和中东各集结港口起航。7月9日中午各船队按照预定计划在马耳他岛东南海域会合，然后分为东、西两大编队向两个登陆地域驶去。就在各船队完成会合向各自目的地航行时，天有不测风云，持续几天的晴朗好天气突然恶化，强劲而又反常的西北风骤起，海上风力高达7级，船队在惊涛骇浪里艰难航

西西里岛战役中的四次空降突击简况

第一次：代号"爱斯基摩人一号"，7月9日晚在杰拉东北空降，空降部队为美军第82空降师第一梯队3405人，指挥员为第505伞兵团团长盖文上校，由226架C-47运输机输送，8架被击落，10架被击伤，3架迷航折返，人员着陆分散，未能完成预定任务。

第二次：代号"拉德布鲁克"，7月9日晚在锡拉库扎以南空降，空降部队为英军第1空降师第1机降旅2578人，指挥员为第1机降旅旅长希克斯准将，由137架滑翔机输送，因脱钩高度太低，69架坠海，着陆在预定地区人员数量很少，虽一度控制彭德格朗大桥，但最终还是被意军夺回未能坚持到地面部队到达。

第三次：代号"爱斯基摩人二号"，7月11日晚在杰拉以东空降，空降部队为美军第82空降师第二梯队1902人，指挥员为第504伞兵团团长鲁本·塔克上校，由144架C-47运输机输送，途中遭到盟军舰艇和地面部队误击，被击落23架，重创37架，另有8架折返，最终在预定地点着陆的还不到400人，未能完成预定任务。

第四次：代号"弗斯田"，7月13日晚在卜利马索尔大桥空降，空降部队为英军第1空降师第1空降旅2077人，指挥员为第1空降旅旅长拉思伯里准将，由116架C-47运输机和19架滑翔机输送，途中遭到盟军舰艇和地面部队误击，14架运输机和4架滑翔机被击落，35架运输机被击伤，25架运输机迷航而折返，最终在预定地点着陆的仅200人，虽一度夺取卜利马索尔大桥但后来又被德军反击夺回，也未能完成预定任务。

行，队形逐渐开始混乱，船上的士兵们被风浪折腾得呕吐不已。而且随着时间的推移，风力越来越强，如果照此发展下去，风浪的危害将远远超过轴心国军队，甚至足以使登陆行动彻底失败，尤其是在美军登陆的西部滩头，风浪将会更大——此时战役总指挥部必须立即做出决断，是继续按照计划实施登陆还是取消登陆返航。如果继续实施登陆，在这样的风浪里登陆部队根本无法从运输船换乘到登陆艇上，因为小小的登陆艇只要一放到海里就会被风浪打翻！而要是取消行动，那么所有的计划就将作废，几个月来复杂繁琐的战前准备也将全部泡汤。这一艰难抉择就摆在了战役最高指挥官面前。

在马耳他的总部，气象专家穿梭进出，不断送来最新的气象预报。所有的人都以哀求的心情关注着风力计，虔诚地乞求风力减小。对于风浪计算并不很懂的艾森豪威尔，根本不需要询问专家，只要看看坎宁安的脸色就能知道情况了。还好气象专家终于送来令人鼓舞的消息，风力将在日落后逐渐减低，到午夜前后将会完全可以满足登陆的要求。长期在地中海征战驰骋的坎宁安，也深谙地中海反复多变的天气特点，同意气象专家的推断，于是艾森豪威尔决定船队继续前进。然而傍晚以后，风力非但没有减低反而还在继续增强，20时，海面上依旧恶浪滔天，所有的人几乎都要绝望

7月10日在西西里杰拉滩头登陆的美军坦克登陆舰和登陆拖驳。

了！面对来自美国、英国最高层的询问，战役总指挥部只能回答："天时不利，但作战行动仍将按计划进行。因为现在要推迟登陆也已经太迟了！我们感到非常担忧，尤其是对那些小型船只。"心急如焚的坎宁安亲自登上1艘驱逐舰出海去查看情况，而艾森豪威尔则做了最坏的准备，如果到了午夜时分风暴再不停，就召回西部登陆编队，而仅以东部登陆编队实施登陆。22时，总算是天遂人愿，海上风暴逐渐平息。而此时，庞大的船队也已经临近预定的换乘海域了。10日凌晨1时30分在"我们即将登上敌国的领土，在敌人的土地上打击敌人"那激动人心的言词鼓舞下，士兵们沿着绳网下到登陆艇，准备最后的抢滩登陆。

所谓塞翁失马，焉知非福，恶劣的天气几乎使登陆取消，而也正是恶劣的天气使西西里岛守军放松了警惕。尽管德意军的侦察机早已在9日下午就发现了海面上密密麻麻的船只，岛上的意军第6集团军也于19时发出了警报，并于22时下令所有部队进入最高戒备状态。这些命令有的根本没能传达到基层部队，而接到命令的部队看看海面上汹涌澎湃的巨浪和如注的豪雨，早已被一次次最高戒备麻木了的官兵们，却是满心宽慰地爬上床，喃喃自语地："今晚他们是说什么也不会来的！"进入梦乡，而就在这晚，他们却真来了！

7月10日凌晨3时，在猛烈的舰炮掩护下，东部登陆编队的英军第3、第50、第51步兵师、第231独立步兵旅、加拿大第1步兵师在西西里岛东南部，西部登陆编队的美军第

西西里岛登陆盟军作战序列

战役总指挥：艾森豪威尔上将，副总指挥兼地面部队总司令亚历山大上将，海军总司令坎宁安上将，空军总司令特德元帅。

地面部队：

第15集团军群，司令亚历山大上将

美军第7集团军，司令巴顿中将

英军第8集团军，司令蒙哥马利上将

海军部队：

西部特混舰队，司令休伊特少将，580艘舰艇、1124艘登陆艇。

第80特混编队，司令休伊特（兼），运送海上预备队第1步兵师第18团和第2装甲师2个战斗群，10艘驱逐舰。

掩护编队，4艘战列舰、1艘航母、4艘巡洋舰和19艘驱逐舰，位于爱奥尼亚海域。

预备掩护编队，2艘战列舰、2艘巡洋舰和6艘驱逐舰，位于撒丁岛以南海域。

第81特混编队，司令霍尔少将，将美军第1步兵师从北非运至杰拉滩头（代号"D滩头"），2艘巡洋舰、13艘驱逐舰，引导潜艇"莎士比亚"号。

第85特混编队，司令柯克少将，将美军第45步兵师从北非运至斯科格利蒂滩头（代号"C滩头"），1艘巡洋舰、1艘监视舰、15艘驱逐舰，引导潜艇"六翼天使"号。

第86特混编队，司令康诺利少将，将美军第3步兵师和第2装甲师1个战斗群运至利卡塔滩头（代号"J滩头"），2艘巡洋舰、9艘驱逐舰，引导潜艇"P221"号。

东部特混舰队，司令拉姆齐中将，795艘舰艇、715艘登陆艇。

A编队，司令特鲁布里奇少将，将英军第5、第50步兵师从中东运至锡拉库扎滩头，引导潜艇"P46"号。

B编队，司令麦格雷戈少将，将英军第51步兵师从马耳他运至帕塞罗角滩头，引导潜艇"P43"号。

N编队，司令阿什伯恩上校，将英军第231步兵旅从中东运至帕基诺以东滩头，引导潜艇"P51"号。

V编队，司令维安少将，将加拿大第1步兵师从北非运至帕基诺以西滩头，引导潜艇"P45"号。

掩护编队，司令哈考特少将，7艘巡洋舰、1艘防空舰、2艘监视舰、58艘驱逐舰、23艘护卫舰。

海上掩护舰队，司令威利斯中将，2艘航母、6艘战列舰、6艘轻巡洋舰、24艘驱逐舰。

空军部队：

美军西北非战略空军，司令杜利特尔少将，负责攻击敌战略纵深的重要机场、港口和交通枢纽。

英军西北非战术空军，司令康汉宁少将，负责登陆作战的直接空中支援和掩护。

西北非岸基航空兵，司令劳埃德少将，负责掩护登陆部队的集结和航渡安全，并监视意大利海军的活动。

1、第3、第45步兵师和第2装甲师一部在西西里岛西南部同时登陆。

西部滩头，美军的登陆简直就是乱哄哄的，登陆艇的驾驶员绝大部分都是新手，甚至有的从未出过海，虽然有皎洁的月光，还有引导潜艇设置的发光浮标，可还是有相当一部分登陆艇迷了航，有的冲上了错误的滩头，有的则撞上了暗礁，即使一些航向正确的登陆艇也遇到了麻烦，被一些没有注明的海底沙丘挡住了航路。好不容易抵岸，放下艇首大门，可是登陆艇上的士兵，先是被海上的风浪折腾得晕头转向，再是在登陆艇上被海浪浇了个透湿，现在却猫在登陆艇上拼命向岸上放枪，就是不上岸。就连美军中赫赫有名的"大红一师"第1步兵师也出现这样的窘况，最后还是在军官的极力督促下，又见海滩上确实没什么动静才犹豫踌躇着上了岸。简直不敢想象，如果德意军在滩头上稍微有像样一点的抵抗，登陆行动就将出现什么样的结果。中午前，预定登陆日所要夺取的目标，杰拉港、利卡塔港和斯科利蒂镇都已被占领。18时许，作为海上预备队的部队也陆续登陆，美军第7集团军顺利地建立起纵深4至7公里不等的登陆场。

英军所在东部滩头情况比美军稍好些，毕竟英军要比

美军多些登陆作战的经验。不过同样也遇到了海底沙丘的阻碍，很多登陆艇无法按计划靠岸，使很多坦克、火炮等重装备没能及时卸载到岸上，好在意军没有进行抵抗，不然后果真是不堪设想。7时30分英军便夺取了已遭破坏的帕基诺机场，并于中午时分将跑道修复。日落前，英军已实现了第一天全部预期目标，占领帕基诺、阿沃拉。

特别要指出的是西西里岛登陆战役，盟军第一批登陆的部队总共超过8个师，很多人并不知道其规模是人类历史上前所未有的，甚至比11个月以后的诺曼底登陆第一批部队规模还要大。

盟军的当面之敌多是由西西里岛当地人组成的意军海防师，本就无心作战，再加上

■ 英国第8集团军士兵正从登陆艇上走下，登上西西里滩头。

"大红一师"美国陆军第1步兵师

美军第1步兵师是美国陆军中最牛气的部队,一方面以作战勇猛顽强著称,一方面也素以骄横跋扈闻名。

1917年5月正式组建成军,最初叫第1远征师。当年6月即开赴欧洲参加第一次世界大战,于7月6日改称第1步兵师。在一战中,第1师总共作战158天,参与7次重大战役,全师伤亡22320人,在战争结束时推进到法国色当,是所有参战美军部队推进距离最远的步兵师。在一战中第1师的两大特点就显露无遗,不遵军令强行抢道屡有发生,以至于友军公然宣称第1师再找麻烦就坚决开火!但是第1师毕竟以自己骄人的战绩使"大红一师"(第1步兵师的师徽就是一个红色的阿拉伯数字"1")的别号响彻三军。

一战结束后,第1师返回美国本土,一直驻扎在纽约。二战爆发后,于1942年8月调往英国,是第一个进驻英国的美军地面部队。随后开赴地中海,先后参与北非登陆、突尼斯、西西里登陆等战役,表现突出。1944年6月参加诺曼底登陆,成为第一批踏上欧洲大陆的美军部队。第1师所登陆的滩头就是诺曼底登陆中最血腥的奥马哈海滩,第1师在此与德军展开殊死拼搏,第一天就付出了2500人的伤亡,在所有参战部队里高居第一。随后参加法国战役、突破齐格菲防线、阿登战役、鲁尔战役,在战争结束时,第1师还是秉承了老部队的传统,一直推进到捷克斯洛伐克境内,是推进最远的美军步兵师。二战中第1师作战443天,参加大小战役数十次,荣获集体荣誉勋章20枚,全师累计伤亡20659人,作战时间之长,参加战役之多,荣誉之多,伤亡之巨,均是美军参战各师之首。

1955年返回美国本土堪萨斯州赖利堡基地,1959年改为训练师,1961年又改为战备值勤师,1962年改编为机械化师,番号也随之改称第1机械化步兵师,成为美军战略预备队核心部队。1964年成为美军新式武器装备的"优先单位"。

1965年7月开赴越南,是美军第一支参战的地面部队。在越战中,第1师虽然给予越军很大杀伤,但自己也付出了相当惨重的代价,在7年中全师伤亡20770人,甚至超过了二战中的伤亡,连师长基恩·韦尔少将都命丧越南。

1990年海湾战争中,第1师再度出征,在100小时地面战中,推进260公里,消灭了包括伊拉克军队最精锐的"共和国卫队"塔瓦卡尔师在内的大量伊军。

1991年5月第1师返回美国本土。在随后美军大幅军队削减浪潮中,第1师作为最优秀部队还是被保留在现役师的行列中,继续着第1师永不退出现役的传统。目前第1师一部分驻在美国赖利堡基地,另一部分则常驻德国,是美军在欧洲前沿部署的惟一一个机械化步兵师,是美国支援北约的机动作战力量。

见到盟军如此大规模的舰队铺天盖地而来，更是连仅有的一点勇气都没了。于是几乎在盟军登陆的同时就一枪不发地崩溃了，有的脱下军装回了家，有的还自告奋勇给滩头的盟军当起了义务搬运工。成群结队的意军海防师官兵主动向盟军临时设立的战俘营蜂拥而来，其场面之混乱，以至于盟军士兵感到被这些俘虏践踏的危险甚至超过了被子弹击中的程度！而意军的多数野战师情况也不比海防师好多少，成建制的部队闻风而降是司空见惯，一哄而散也是家常便饭，整个海滩的抵抗简直可以用忽略不计来形容，只有一些零星的炮击，盟军在登陆阶段的伤亡是出乎意料的轻微。至10日日落，盟军第一梯队8个师已基本上陆，顺利达成登陆日预期目标，建立巩固的滩头阵地，后续部队和物资、装备随即源源而来。

7月9日，盟军登陆船队浩浩荡荡开始向西西里岛行驶时，由于盟军规模宏大的船队是分成几路从几个方向向西西里岛航行，所以被在地中海活动的德意军侦察机多次发现，根据侦察机的报告，西西里岛德意军发出了战斗警报，同时意大利空军也下令撒丁岛和意大利本土机场的飞机起飞攻击。从登陆日也就是7月10日凌晨开始，在西西里岛滩头海域的盟军舰船就遭到了多次空袭。"哨兵"号猎潜舰成为第一个牺牲品，被意军鱼雷机炸沉。天亮前，杰拉海滩的美军"马多克斯"号驱逐舰被炸沉，"蒂尔曼"号驱逐舰和"游行者"号潜艇被炸伤。随着登陆作战的深入，德意军大力加强了空中反击的力度，将驻扎在意大利本土的大批飞机转场至撒丁岛，然后就近起飞攻击。虽然德意军飞机从早到晚一批批前来攻击滩头附近密密麻

凌厉反击

早在盟军对西西里岛和意大利南部机场进行持续猛烈空袭时，德意空军虽然实力衰微但也仍顽强组织反击，德国空军出动战斗机500架次，意大利空军也出动战斗机近700架次，也给盟军造成了一些损失，不过实在是力量悬殊太大，无法改变西西里岛航空力量被基本清除的最后结局。

■ 在西西里杰拉海滩附近被德军飞机击伤的"蒂尔曼"号（上）和炸沉的"马多克斯"号（下）驱逐舰。

麻的舰船，但是战果却是屈指可数，仅击沉313号坦克登陆舰，炸伤"墨菲"号驱逐舰。11日德意军再次频繁出击，一天里出动的飞机就达418架次，击沉了满载弹药的"罗伯特·罗恩"号运

输船，击伤另3艘运输船。德意军频频空袭的战果并不很辉煌，但是给海滩上的部队以及附近海面上的盟军舰船造成了巨大的心理压力，正是在这种高度紧张的压力下直接导致了误击己方运送伞兵的运输机，可以说这次"大乌龙"就是德意军空袭的一个副产品。照理说在盟军掌握了战区制空权的有利条件下，不应该有这么多架次的德意军飞机飞临滩头。原因就在于盟军过于相信空中力量，将主要力量都放在远距离的空中支援和压制，忽视对地面部队和舰船的直接掩护。其严重程度甚至可以说滩头和舰船在7月12日前几乎没有得到可靠的直接空中掩护，虽然在登陆地点上空，盟军派出了巡逻战斗机，但是数量太少，通常只有4到8架，而且空地协同与引导程序繁杂，当巡逻战斗机赶到时往往为时已晚。在受到了不应有的损失后，盟军才痛定思痛，加强了对

■ 被德军飞机击中的"罗恩"号（K-40），产生了壮观的烟困，碎片四处迸射，下图为其近景照片。

滩头和舰船的直接空中掩护。鉴于盟军直接掩护力量的增强，德意空军也迅速调整了战术，从7月13日开始，放弃对盟军西部登陆地点的空袭，而集中全部力量攻击东部登陆地点，在13日一天取得单日最高战绩：击沉3艘

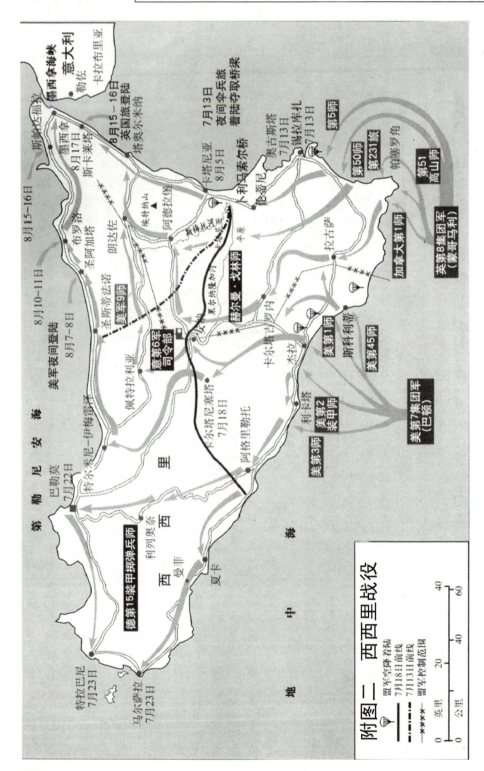

附图二 西西里战役

盟军空降、伞降
7月18日前线
7月13日前线
盟军控制范围

英里 0 20 40
公里 0 40 60

运输船、1艘驱逐舰和1艘医院船，击伤3艘运输船。

德意海军水面舰艇因为盟军巨大的空中威胁而撤回意大利本土，但在地中海还是部署了多艘潜艇，以攻击盟军的登陆船队。从6月底开始，这些潜艇就对从各集结港口驶往登陆地点的船队进行了多次攻击，先后击沉了6艘运输船和2艘登陆舰，但是德意军潜艇也付出了很大代价，3艘德军潜艇、6艘意军潜艇被击沉，另有意军潜艇"布朗泽"号被盟军俘获。

相对于德意军微不足道的海空反击，在西西里岛上德意军地面部队的反击则更为凌厉顽强。西西里岛最高指挥意军第6集团军司令古佐尼一见盟军开始登陆，立即下令距离盟军登陆点最近的意军里窝那师和德军戈林师向盟军反击。但是由于凯塞林一直担心盟军可能在更纵深的墨西拿登陆以彻底截断西西里岛德意军退路，所以私下指示戈林师师长鲍尔·康莱斯少将先不要轻举妄动，看看盟军意图后再行动，所以德军戈林师没有遵照古佐尼的命令发动反击，只有里窝那师于8时30分单独向杰拉发起反击，里窝那师是意军中惟一的摩托化师，也是岛上意军中战斗力最强的1个师，不过装备的却还是30年代的法制老式坦克，该师1个步兵营在36辆老爷坦克支援下向杰拉城猛攻。意军步兵居然排着阅兵式般的整齐队形发起冲锋，成为美军大量自动武器的射击靶子，顿时死伤枕藉。但是在杰拉城的美军是支装备轻武器的突击队，

西西里战役德意军作战序列

意大利军第6集团军司令古佐尼

　第12军 军长弗朗西斯科·津加里斯

　　第26步兵师

　　第28步兵师

　　第202海防师

　　第207海防师

　　第208海防师

　　第230海防师

　第16军 军长卡尔洛·罗西

　　第4步兵师

　　第54步兵师

　　第104摩托化师（里窝那师）

　　第206海防师

　　第213海防师

德军第14装甲军 军长汉斯·胡比

　赫尔曼·戈林师

　第1空降师

　第15装甲掷弹兵师

　第29装甲掷弹兵师

30年代的老爷坦克老是老，毕竟还是坦克，对于轻重机枪子弹还是老而弥坚的，美军只能眼看着这些破旧不堪的意军坦克耀武扬威地冲了进来。美军突击队达比中校赶紧跳上自己的吉普车飞也似地开回滩头，不管三七二十一拉起1门反坦克炮架到车上转头开回杰拉，卸下火炮拉开炮架就开火，

■ 登陆在西西里滩头的美军第2装甲师的1辆M4A1谢尔曼坦克，美军从西西里战役开始用带白圈的国籍标志，因为单纯的白五角星很容易和德军的白色十字混淆。

意军坦克的单薄装甲也就只能挡挡子弹，在反坦克炮面前根本招架不住，打头几辆接连被轰掉，后面再不敢恋战调头就走。第一天的反击就这样虎头蛇尾地结束了，但是凯塞林终于看清形势，判断盟军不会在墨西拿登陆，下令戈林师火速实施反击，并命令第15装甲掷弹兵师也迅速向杰拉海滩开进，协同戈林师先解决美军登陆部队，再沿环岛公路挥戈东进，从侧翼攻击英军登陆部队。

戈林师集结地是在杰拉平原以北山地的卡尔塔吉罗，距离杰拉海滩仅32公里，但是一路上不断遭到盟军空军的袭扰，而且道路狭小，大部队也不便展开，再加上戈林师里的大多数中级军官都没有实战经验，甚至路上一遇到空袭就停滞不前，尽管康莱斯撤换

了几个指挥不力的军官也无济于事，部队行军速度还是比蜗牛稍快些，所以一直耽搁到7月11日晨才赶到战场。虽说美军登陆已经整整一天，但是由于海上风浪较大，武器装备的卸载工作受到很大影响，直到此时上岸的坦克、反坦克炮、火炮还是屈指可数，要想击退装备Ⅲ号、Ⅳ号坦克以及虎式重型坦克的德军装甲部队可不简单。11日的反击是德意军第一次协同攻击，意军里窝那师从西北向杰拉推进，德军戈林师则从东北扑向杰拉。6时35分，在德军俯冲轰炸机的直接支援下，戈林师投入了包括504重坦克营2连的17辆虎式坦克在内的60多辆坦克向美军第1师26团阵地猛攻，26团只有2辆坦克和几门火炮根本无法阻挡德军的钢铁洪流，阵地很快就被

突破。第7集团军司令巴顿见战况紧急，亲自上岸赶赴第1步兵师督战，刚到达比中校的指挥部，坏消息就接踵而至，第1师正面防线在德军坦克的冲击下，已经支离破碎，尽管士兵们还在奋力拼杀，但是反坦克炮、火箭筒、反坦克手雷什么都用上了，还是无法阻止德军装甲部队的推进，尤其是对虎式重型坦克更是一筹莫展。德军坦克隆隆碾过美军防线，冲上了环岛公路，距离滩头已不足1000米！最前头的几辆德军坦克甚至停在路边用坦克炮猛轰海面上的盟军船只。而盟军空中掩护又不见踪影，只能望空兴叹，眼看已没有什么能够阻止德军了。达比一眼看到巴顿身边的一名海军少尉，他知道这是海军舰炮火力控制组的军官，马上问道："看在上帝的分上，你能和军舰联系上吗？""当然！""那么请赶紧联系军舰，打掉德军坦克！"这名舰炮火力控制组的军官立即召唤来"萨凡纳"号和"波伊斯"号轻巡洋舰和8艘驱逐舰，向环岛公路上的德军坦克开火，巡洋舰的152毫米舰炮和驱逐舰的127毫米舰炮炮弹随即呼啸而至，即使是虎式坦克厚重的装甲也经受不住这么大口径炮弹的轰击，仅

巡洋舰的152毫米主炮就发射了超过500发，在密集而空前猛烈的弹雨下，刚才还不可一世的德军坦克顷刻之间就被撕成碎片。10时30分，美军第1师的师属炮兵争分夺秒地上了岸，马上就在海滩上开设阵地向德军轰击，射击距离只有500米，炮手们拼命压低炮口进行直瞄射击，好几次因为怕误伤到自己人而不得不停止炮击。在盟军海陆优势火力打击

■ 用树枝和百叶窗进行伪装的德军Ⅳ号坦克。

■ 一辆被击毁的Ⅲ号坦克，乘员在爬出舱门时被击毙。

赫尔曼·戈林装甲师

这是一支隶属于德国空军的地面战斗部队,其最早的前身是1933年12月赫尔曼·戈林一手创建的"戈林将军普鲁士联邦警察部队",这支部队于1935年3月,更名为"戈林将军团",并于1936年10月正式转归德国空军建制。

该部队参与了1938年进军奥地利、1940年入侵挪威和进攻法国及低地国家,1941年3月被调到罗马尼亚,保卫普洛什蒂油田。同年6月参加了入侵苏联的作战,年底才回到德国,随即扩编为赫尔曼·戈林旅,下辖1个步兵团和1个高射炮团。1942年10月,戈林旅又扩编为赫尔曼·戈林师。下辖2个装甲掷弹兵团、1个伞兵突击团、1个坦克团、1个高射炮团、1个炮兵团、1个侦察营、1个装甲工兵营,以及通讯单位和后勤支援单位。由于空军缺乏有经验的装甲部队指挥官,所以戈林师组建后曾与陆军交换一批有经验的装甲部队军官。

1942年12月,戈林师主力被调到北非突尼斯,这些部队随即被整编为"施密德战斗群"。该部队在北非失败时除少数人逃脱外,绝大部分都在1943年5月向盟军投降。1943年7月,德军在意大利重建戈林师,重建后的戈林师下辖1个坦克团、2个装甲掷弹兵团、1个装甲炮兵团、1个装甲工兵营、1个侦察营和支援单位,成为一支真正的装甲部队。在西西里战役中,戈林师曾一度成功迟滞了盟军的进攻,并将大部分人员和装备撤回意大利本土。在盟军发动的萨勒诺登陆战役中,戈林师再次扮演了阻截者的角色,成功迟滞了盟军的推进,使德军有时间对那不勒斯港进行彻底破坏。安齐奥战役中,戈林师是最早赶到战区的部队之一,并在战役进行中的1944年2月改编为"赫尔曼·戈林伞兵装甲师"。在3月对安齐奥的反击失利后,赫尔曼·戈林伞兵装甲师撤至投斯堪纳休整。5月,又被调回安齐奥以阻挡盟军发动的新攻势。罗马被盟军攻占后,赫尔曼·戈林伞兵装甲师被调往苏联战场。于1944年10月,再次扩编为装甲军,虽然在建制上辖2个装甲师,实际上第二个装甲师因为缺乏足够的坦克而只能是作为装甲掷弹兵师。1945年2月,经过连续的激战之后,戈林装甲军的残部海运撤回德国本土,经过短暂的整补后被派往西里西亚地区。1945年5月,戈林装甲军在西里西亚进行最后的战斗后于德瑞得森以南地区向盟军投降。

戈林装甲师坦克团的官兵穿着是德军中最为奇特的,汇聚了德军3大部队的特征,胸前佩戴德国空军的鹰徽,身上却穿着装甲兵的黑色军服,衣领上别着装甲兵的骷髅标志,如果你在相关历史照片中看到这样穿着的军人,那么一定就是戈林师。

下，德军无法越过这道炮火之墙，损失23辆坦克和600名士兵，铩羽而归。而在另一个方向的意军里窝那师在盟军优势炮火下死伤逾半，几乎丧失了战斗力。美军第1师乘势于中午前后恢复原阵地态势。16时30分，德军戈林师重新组织力量再次发起反击，但随即被美军击退。戈林师主力对登陆滩头的反击虽说以失败而告终，但其主要原因是盟军空前猛烈的舰炮火力，说来还是情由可原。不过在纵深地区，戈林师1个加强营却无法消灭美军第82空降师人员、装备均处明显劣势的小部队就实在说不过去了。难怪康莱斯

■ 美军步兵正向德军防线进攻，背景中为美军支援火炮爆炸后产生的烟雾。

对自己部队的表现大为不满，对部下的怯懦畏惧进行了严厉警告。17时许，美军第45步兵师攻入米舒机场，缴获125架飞机，其中20架还能使用。在美军登陆地区，11日只有第3步兵师所在阵地未遭德意军反击，其他地区都遭到德意军顽强反击，美军阵亡170人，负伤410人，另有1794人失踪，是整个西西里岛战役中单日伤亡人数最高的一天。

意军里窝那师的反击可以从该师第34步兵团第3营营长唐特·乌戈·莱昂纳尔迪中校的回忆中窥知一二。3营当时齐装满员，全营1134人，配备4门47毫米反坦克炮，6门81毫米迫击炮，12挺重机枪和4具火焰喷射器，驻扎在西西里南部的圣·卡塔尔多地区，于7月10日接到团部命令，明晨向杰拉美军反

击，但是命令里既没有美军阵地的确切位置也没有意军战线的情况通报。在向海滩前进的路上，3营遭到盟军飞机的扫射，2人阵亡，20人负伤，5辆车被击毁。3营到达攻击出发阵地后，由于担负炮火支援的第28炮兵团第1炮兵营没能及时到达，所以一直到预定进攻开始时间仍没有得到任何炮火支援，半小时后3营只得在没有炮兵火力支援情况下发起攻击，3营付出极大代价夺取了美军警戒阵地，直到这时意军炮兵才刚刚开火，但是随即意军炮兵阵地就遭到美军炮火压制，而步兵也遇到了越来越顽强的阻击，3营在3个小时里才前进了500米，面对横飞的炮弹和子弹，缺乏训练的意军仍在坚持进攻，正因为缺乏必要战术训练，很多士兵不是在弹雨中

分散以减小目标，而是密集成群，以试图从同伴处得到勇气，结果只能导致更多人被撂倒。正面强攻的9连和10连都已伤亡惨重，被美军密集火力钉死在阵地前，形势非常危急，就在这时预备队11连从侧翼投入进攻，这才迫使美军后撤，而3营也只剩下400人。团长马尔蒂尼上校高度评价了3营在"战斗中的超凡行为"及"所获得的光辉成果"。但是给予3营实质性的增援，只有师属第3迫击炮连。莱昂纳尔迪亲自赶到团部要求增援，但是34团已经没有任何预备队了。午夜时分，3营奉命撤回进攻出发线，结果撤退中后卫9连被反击的美军所消灭。12日黎明，在凶猛的炮火掩护下，美军发起反击，在经过一阵毫无希望的战斗之后，34步兵团第3营已不复存在，此时距离3营开赴战场才仅仅24小时！

7月11日，在东部的英军登陆地区，德意军几乎没有任何像样的反击，使英军的上岸及推进如入无人之境。至此，盟军登陆部队总兵力已达8万人，车辆7000辆，火炮300门。

向纵深前进

12日，凯塞林一早就飞到西西里岛安纳，与意军第6集团军司令古佐尼讨论战局。通过两天来的战斗，古佐尼已经放弃了将登陆盟军赶下海的梦想，转而指挥部队在岛内建立防线以尽可能阻止盟军的席卷之势。一

贯以乐观见长的凯塞林在了解真实情况后也悲观地说道："来到西西里岛，我除了头痛外，其他什么也没得到！"鉴于英军推进速度较快，迫近西西里岛东海岸地区中点的卡塔尼亚，而且兵锋直指西西里岛德意军咽喉之地墨西拿，威胁极大，所以古佐尼和凯塞林决定将戈林师主力东调，协同意军那波里师阻击英军，而以正从岛西北部兼程南下的德军第15装甲掷弹兵师阻击西部地区的美军。

凯塞林深知戈林师的反击失利后，站稳脚跟的盟军将迅速占领全岛，为了保存有生力量，最明智的选择就是放弃西西里岛将部队撤回意大利本土，所以随即向希特勒提出撤出西西里岛部队的请求，希特勒还沉浸在盟军将进攻撒丁岛的担忧之中，很爽快地同意了凯塞林的请求。但是要实施撤退，谈何容易！此时西西里岛上情况已是非常严峻，第15装甲掷弹兵师在盟军不断空袭骚扰下前进迟缓，戈林师刚刚经历了一次失败的反击，实力已大打折扣，绝大多数意军兵无斗志，不是投降就是开小差，根本靠不住。而英军已逼近卡塔尼亚，只要拿下卡塔尼亚，就可沿海岸向北直抵墨西拿，要是墨西拿一失，不仅所有岛上部队的退路就将被彻底封闭，即使留在岛上也会因补给断绝而陷入绝境。当务之急就是加强卡塔尼亚的防御，凯塞林此时手头还能动用的部队就只有德军第1空降师了，该师隶属于德军第11空降军，

■ 为纪念第一名在西西里海滩牺牲的美军士兵而设立的十字架。

■ 美军士兵在查看1架被击落的德军飞机和飞行员。

原先驻扎在法国南部，西西里岛战役开始后刚刚被空运到意大利罗马和那不勒斯，根据凯塞林的紧急命令，第1空降师立即被调往卡塔尼亚，由于情况是如此紧急，有些部队是被直接空投到战场的。

就在美军遭到德意军顽强反击时，英军倒是相当顺利，12日进入奥古斯塔港，13日在勒卡塞与美军会师，并几乎完全占领了

岛东南部地区，阻隔在英军与卡塔尼亚之间的只有斯梅托河和德军一支仓促拼凑起来的小部队思科梅尔兹战斗群，那是在威尔海姆·思科梅尔兹上校指挥下由戈林师的1个步兵营、2个炮兵连和第15装甲掷弹兵师的1个步兵团所组成的，后来又得到了第1空降师第3伞兵团的增援。正是这些零散部队拼凑起的部队，在卡塔尼亚地区顽强阻击英军推进，特别是在斯梅托河上的卜利马索尔大桥进行了反复争夺，英军直到7月16日才最终控制了大桥。德军在该地区战斗中所表现出来的顽强坚韧，甚至赢得了作为对手的英军的尊重。而英军的好运似乎也到头了，德意军利用这几天宝贵时间重新集结起预备队和散兵游勇，依托埃特纳火山建立起了牢固防线。原先驻扎在意大利南部卡拉布里亚的德军第29装甲掷弹兵师在汉斯·胡比少将率领下已经渡过墨西拿海峡，所有德意军部队，包括一些意军残部、德军4个师现在全部由胡比的第14装甲军军部统一指挥，独臂将军胡比是东线战场一员善战骁将，由他统一指挥无疑将极大提高德意军战斗力。德意军在胡比指挥下迅速沿阿特莱诺、特罗伊纳、圣福莱特罗一线展开防御，胡比来西西里岛主要目的不是要坚守而是组织一系列的迟滞阻击，以保证主力撤回意大利本土。

蒙哥马利在英军进攻受挫后，决定调在南部地区无所事事的第30军来个"左钩拳"，绕过埃特纳火山西侧进攻墨西拿，突破德意军防线，蒙哥马利的心思再清楚不过，就是想让英国独占攻克墨西拿的头功。因为第30军要实施这一行动，就必须得通过美第7集团军控制的环岛公路，如果单纯从突破德意军防线来考虑完全可以由美第7集团军来进行这样的攻击，而蒙哥马利偏要美军让路。自负的蒙哥马利先斩

■ 向墨西拿前进的英军坦克和步兵。

后奏命令英第30军于7月13日晨沿美军控制的公路向北挺进，然后才报告亚历山大，请求变更计划，美第7集团军西调给第30军让路。亚历山大通过空中侦察和战场接触，也发现德意军已向卡塔尼亚以北收缩，英军向卡塔尼亚推进确实阻力重重，便同意蒙哥马利的计划，并亲自来到杰拉，向巴顿当面宣布新计划，出乎亚历山大意料，脾气暴烈的巴顿居然很爽快地接受这样一个并不公正的计划。

7月15日亚历山大正式下达命令美第7集团军向岛西北推进，英第8集团军则从西侧绕过埃特纳火山，企图从岛中部地区取得突破。这真是东边日出西边雨，最初美军遭到德军顽强抵抗，而英军进展顺利，现在是英军在德意军阻击下步履蹒跚，而美军对面则

相对比较空虚。其实巴顿同意接受明摆着欺负美军的新计划，并不是出于顾全同盟军团结的大局，外粗内细的巴顿可不甘心一直为英军做跑龙套的配角，而是早有主意也准备学习蒙哥马利来个先斩后奏，他对亚历山大的计划稍作修改，抽出第3步兵师、第2装甲师和第82空降师，组成1个暂编军，由第7集团军副司令福莱·凯斯少将指挥，批亢捣虚直取西西里岛首府巴勒莫，而以第2军主力担负整个集团军的使命，向北及西北推进。由于德意军主力都已收缩至卡塔尼亚地区，岛西部地区防御空虚，所以作为奇兵的美军暂编军进展神速，17日攻占阿格里杰托，巴顿这才将自己奔袭巴勒莫的计划上报亚历山大，并获得批准。19日巴顿给暂编军下达了死命令——务必在五天里拿下巴勒莫！这一命令

如同给暂编军打了一针兴奋剂，暂编军挥师急进，风卷残云般扫荡岛的西部地区，21日夺取西部主要港口马萨拉和特拉帕尼，暂编军的先锋部队第3步兵师不顾烈日酷暑，在西西里岛崎岖的山路上以日平均40公里的速度飞兵疾进，只有在接受大批意军投降时才稍作停留，几乎是马不停蹄地兼程而进，22日兵临巴勒莫城下——德军见美军如神兵天降一般突然出现，落荒而逃，抛下缺乏机动车辆的意军向美军缴械投降。第3师进入巴勒莫，赢得了美军在西西里岛的第一份荣誉，从此这段长途奔袭便以第3师师长卢西恩·特拉斯科特少将的名字"特拉斯科特小跑"载入美军战史。此战美军仅以阵亡57人，伤215人的轻微代价击毙德意军2900人，俘虏5.3万人。当巴顿到达巴勒莫时，已经是华灯初上的夜晚，巴顿走进第3师师部正想用他特有的粗俗语言好好褒奖特拉斯科特一番，却见这位神行太保将军已经满脸疲惫地在行军床上呼呼大睡。

巴勒莫是西西里岛首府，也是西西里岛最大的城市，美军如此迅速攻占巴勒莫不仅对西西里岛意军士气是个沉重打击，而且还波及意大利本土，3天后意大利法西斯政府首脑墨索里尼便下台了。而在西西里岛上，盟军的下一个目标就是墨西拿了。

■ 美军第3师师长卢西恩·特拉斯科特。

墨西拿竞赛

在暂编军奔袭巴勒莫的同时，美军第2军也全力向北突击，20日攻占意军第6集团军司令部所在地——西西里岛中部重镇安纳。23日又进占佩特拉利亚，随后全军挥戈东转，实施宽正面突击。这样一来蒙哥马利原先由英军主攻墨西拿的如意算盘彻底落空，美军从原来的助攻部队一跃成为主攻，而百战雄师英第8集团军却反过来成为掩护美军侧翼的偏师。不过蒙哥马利再恨得牙痒也毫无办法，德军在卡塔尼亚一线利用山丘连绵起伏的地形，顽强阻击着英军前进的脚步。德军

"马恩磐石" 美军第3步兵师

1917年11月12日，美国陆军下令在北卡罗来纳州格林兵营组建第3步兵师。实际组建工作开始于11月21日，所以这天成为第3师的成立纪念日。组建之初，下辖第5步兵旅、第6步兵旅和第3野战炮兵旅，首任师长约瑟夫·T.迪克曼少将。

1918年5月到达法国参加第一次世界大战，在7月的马恩河战役中，该师扼守马恩河南岸从瓦伦以西到蒂耶里堡一线，在左右邻部队相继不支撤走后仍坚守阵地，顽强地抗击着德军的猛烈进攻，虽然伤亡惨重，阵地却坚如磐石，从而使第3步兵师赢得了"马恩磐石"的美称。一战结束后第3师于1919年8月撤回美国。

1942年10月，第3步兵师从弗吉尼亚州的诺福克登船，开赴北非，投身于二战战场。此后第3师先后参加了北非、西西里、安齐奥、法国南部登陆、莱茵河等战役，尤其是在西西里岛登陆战中，第3步兵师飞兵急进，连下巴勒莫和墨西拿两城，为美军赢得了荣誉。二战结束后，第3步兵师作为占领军留在德国直到1948年12月才回到美国。

1950年6月朝鲜战争爆发后，第3步兵师经紧急动员和补充后于8月31日被匆匆派往朝鲜。1954年12月第3步兵师离开朝鲜，回到美国。

1958年4月，该师改编为第3机械化步兵师作为美国驻欧部队骨干驻扎德国，一驻就是30多年，成为对抗华约的重要力量。

1990年8月，第3机步师被部署到海湾地区，作为多国部队的组成部分参加了"沙漠风暴"作战行动。

1993年，第3机步师的第15步兵团第3营被派往索马里摩加迪沙，参加"恢复希望"作战行动。由于美军在搜捕艾迪德的行动中损失惨重，迫于压力，美国宣布将在1994年3月31日前分阶段撤离索马里。于是，第15步兵团第3营便在规定的时间内撤离了索马里。

1996年4月，驻加利福尼亚州斯图尔特堡的美军第24机械化步兵师奉命改编为第3机械化步兵师。

2003年3月，改编后的第3机步师参加了进攻伊拉克的军事行动，并于4月攻占伊拉克首都巴格达。

目前的第3机步师是美军为数不多的重装师之一，其快速机动能力和强大的火力与突击力，是美军快速反应部队中的一支拳头力量。

工兵部队大量布设地雷，由于西西里岛是火山活跃地区，泥土岩石里含有高出正常情况很多倍的铁质成分，使英军磁性探雷器只能望土兴叹，更是大大延缓了推进速度。

胡比一直在等待总退却的最后命令，但是希特勒对土地的过分眷恋使他迟迟没能确定放弃西西里岛的决心，甚至在7月19日会见墨索里尼时还居然提出增派足够的德军部队在西西里岛发动进攻！但是随着墨索里尼的下台，希特勒终于能清醒地接受现实，西西里岛是守不了多久了，于是7月27日向胡比下达了准备总退却的命令。胡比不愧是一名杰出的将领，他并不是分兵呆板地防御整个防线，而是只在重点地区进行弹性防御，在主

■ 巴顿将军正在看望第3步兵师的伤兵。

力安全后撤前是坚决阻击，主力后撤完后卫部队也相继逐次后撤。

7月底随着美军攻击矛头的东转，德意军防线受到严重威胁。7月31日，胡比以戈林师、第1空降师和部分意军残部阻击英军，而以第15和第29装甲掷弹兵师及部分意军迎战东面美军，并果断将第15装甲掷弹兵师全师调到整个防线的锁喉之地——特罗伊纳，这是第15装甲掷弹兵师自战役开始以来第一次以整师建制完整使用，足见胡比对特罗伊纳的重视程度。师长埃博哈德·罗特少将迅速指挥部队在特罗伊纳周围高地上修筑工事，并精心布置了火力。攻击特罗伊纳的美军正是"大红一师"，师长特里·艾伦少将认为德意军在此地兵力单薄，不堪一击，轻率地只派了1个团投入攻击，结果一头撞上德军密集火力网，死伤惨重。随后美军才鼓足精神，逐渐增加兵力和火力，8月3日夺取特罗伊纳以西及西北诸高地，战至8月4日，美军投入的力量达到最高潮，大口径火炮165门，空中支援的飞机多达72架A-36攻击机，但还是没能攻下特罗伊纳。8月5日，美军新到生力军第9步兵师1个团插入特罗伊纳后方，形成对第15装甲掷弹兵师的合围态势，而且德军也在六天激战中曾先后组织过24次反击，拼死争夺，付出了巨大代价，第15师阵亡人数达1600人，弹药也所剩

巴顿"打耳光"事件

巴顿无疑是在西西里岛登陆战中风头最劲的美军将领，奔袭巴勒莫，抢占墨西拿，硬是压了蒙哥马利一头，成为美军中知名度最高的将领。就在西西里岛战役中，巴顿还惹上一场风波，这就是著名的"打耳光"事件。

8月3日，就在美军整个战役中最惨烈的特罗伊纳争夺战如火如荼进行之时，巴顿来到尼科西亚附近的后方医院看望慰问伤兵，巴顿发现一个没有负伤的人，便问他为什么住院，这名来自第1步兵师叫查尔斯·H.库尔的士兵回答说："将军，我想我的神经有毛病。"巴顿大为恼怒，脱口大骂。接着巴顿又遇到第二个没有负伤的"伤员"——保尔·G.贝内特，一个患有"弹震症"的病人，这次巴顿再也不能克制自己的情绪，怒吼咒骂着，并掏出手枪，然后用另一只手打了他一记耳光，将他的钢盔都打到了帐篷外，医生们赶紧上前劝阻，巴顿仍是大骂不已，而贝内特被吓得魂不附体，当晚即发烧到40度！

这一消息立即传播开来，随即就有随军记者前去医院采访，医院院长也向艾森豪威尔递交了详细情况报告。艾森豪威尔深知这一事件将毁了巴顿的前途，为了使他在以后的战争中还能发挥应有的作用，艾森豪威尔一面派出调查组，分别前往巴顿、医院和基层部队调查。一面写信给巴顿，给予严厉谴责，如有再犯将予免职，并要求巴顿向两位当事人、所有在场医护人员道歉，还要向所辖各部队的士兵代表保证不再有类似事件发生。巴顿立即答应并实现了这些要求。艾森豪威尔随即向有关记者通报情况，并亲自做了说明，表示他们可根据自己判断自行决定是否予以报道，《星期日邮报》记者德马雷·贝斯和《矿工报》记者昆廷·雷诺兹于事后几天就返回美国了，他们和其他记者一样出于保护巴顿的目的，并未进行报道。

但是世上没有不透风的墙，美国本土终于逐渐了解这一事件，不了解实情的美国新闻界立即喧哗起来，艾森豪威尔随即在其司令部召开记者招待会澄清真相。但是就在这次记者招待会上使问题复杂化了，一记者问及主持会议的参谋长史密斯少将，是否给予巴顿处分？史密斯脱口而出"没有进行处分"。事实上虽然没有正式记录在案的处分，但有关道歉、保证也是对巴顿的一种惩罚。记者立即提出抗议，并将消息迅速传回美国，顿时引起了一场轩然大波，巴顿也因此受到了处分，并在即将开始的诺曼底登陆中最初只能作为子虚乌有的第1集团军群司令，干干对德军进行战略欺骗的闲差，并失去了指挥这场史无前例的登陆战的机会。事后艾森豪威尔专门致信巴顿，就出于保护的本意而给巴顿带来的麻烦表示了诚挚的歉意。

无几，在这种情况下罗特才下令撤出特罗伊纳。

美军第3步兵师挟攻占巴勒莫的声威，沿海岸猛攻圣福莱特罗，但是即便得到海面上军舰舰炮的大力支援，连续三天都没能突破德意军阵地。直到特罗伊纳易手，使圣福莱特罗德意军侧翼暴露而于8月7日被迫后撤，第3师才得以渡过福利恩诺河，因此可以说特罗伊纳失守才导致了德军整个防线的最终瓦解。

在此期间，美军部队序列和人事都发生了一些变化，8月1日巴顿解散了暂编军，第2装甲师因坦克无法在崎岖山地使用而留在巴勒莫，第82师则返回北非休整，只有第3步兵师继续战斗在最前线。美第2军军长布莱德雷中将解除了骄横的第1步兵师师长艾伦和副师长特迪·罗斯福少将的职务，由克拉伦斯·R.许布纳少将接任师长，临阵易将可是兵家大忌，何况还是大名鼎鼎的"大红一师"，布

■ 坐在西西里滩头的巴顿将军。

莱德雷这一走马换将可需要极大的勇气，连布莱德雷自己也承认这是西西里战役中"最不愉快的一件事"，但是为了调教出一支纪律严明的王牌劲旅，这样的"修理"还是必须的。

英军方面，蒙哥马利以25日刚到达新锐部队第78步兵师、第51步兵师和加拿大第1步兵师从3面夹击埃特纳火山。在英军强大压力下，德军于8月2日放弃埃特纳火山防线，在坚强后卫部队掩护下主力有序向北撤退。英军第50步兵师经过3个星期苦战之后才攻占东部重镇卡塔尼亚，8月6日德军戈林师放弃防线最后一个要点阿特莱诺，至此德军坚持多日的防线终于彻底崩溃，但是德意军有生力量并未遭到重创，仍按照部队建制井然有序地向墨西拿撤退。

此时，无论是在东面美军面前，还是在南面英军面前，德军防线都已经灰飞烟灭，西西里岛东北角的墨西拿便成为美、英两军竞相追逐的战果，现在就看谁跑得快了！德意军也清楚，西西里岛的最后陷落已为时不远，凯塞林不等希特勒的命令就果断向胡比下达总退却命令，实施代号为"课程"的撤退行动。凯塞林这一擅作主张的消息传到柏林，希特勒并未深加追究，因为他也清楚，如果西西里岛的部队不能安全撤回意大利本土，那么就根本没有足够的兵力来保卫意大利南部了。其实胡比早在10天前就已开始撤退行

动，此时已有4489名伤员和8615名官兵撤回意大利本土。

西西里岛东北部连绵的崎岖山地，成为德意军最佳的自然屏障，越是后撤战线越是缩短，也就是说投入防御的部队也可逐渐减少，使其主力得以逐次抽身撤回意大利本土，而盟军方面空有优势兵力也因地形限制施展不开。为了加快推进速度，巴顿决定利用以巴勒莫为基地的戴维森海军少将的小舰队，组织实施小规模"蛙跳"式两栖突击，8月7日夜，美军以1个加强营在圣阿加塔登陆，可惜登陆时机太晚，德军第29装甲掷弹兵师已经跳出了两栖突击的铁钳。

8月10日夜，美军第二次"蛙跳"两栖突击在布罗洛进行，巴顿安排了许多战地记者前往采访，第3师师长特拉斯科特认为德军抵抗相当顽强，主力部队进展缓慢，恐怕不能及时与登陆部队会合，要求推迟24小时登陆。但是巴顿一意孤行，反对推迟登陆。特拉斯科特只好请布莱德雷去说服巴顿，但也遭到巴顿拒绝。百战百胜的巴顿这次却失算了，主力部队果然未能及时突破德军防御，致使深入敌后的登陆部队孤军奋战，650人中死伤和失踪277人，伤亡率高达27%，也未能有效阻止德军的后撤。8月15日晚，

■ 在西西里小镇上逐屋清剿敌军的英第8集团军士兵。

■ 奔跑中的英军士兵正在攻打一个火车站。

美军在斯帕达福拉实施了第三次两栖登陆，同样没能截断德意军退路。而蒙哥马利也效仿巴顿，于同一天晚上在斯卡莱塔实施两栖登陆，结果还是慢了一拍，早在英军登陆前

德军后卫就已经通过了斯卡莱塔。

与盟军仓促草率的两栖登陆相比，德军的撤退行动就要高明多了。在6天7夜时间里，德意军依靠1支由驳船、登陆艇等船只拼凑而成的船队成功撤出了约2.6万德军和7万意军，9800辆机动车（其中意军车辆200辆）以及包括94门火炮、34辆中型坦克、44辆突击炮和1辆仅存的虎式重型坦克在内的绝大部分重装备，2000吨弹药和1.5万吨其他补给物资，其成功程度甚至超过了德意军最乐观的预计，8月17日清晨6时30分，胡比在意大利靴形半岛最南端的"脚尖"卡拉布里亚得意向凯塞林报告"课程"行动胜利结束。令人难以置信的是，盟军在此海域拥有绝对的制海权和制空权，却在6天里只击沉了德意军7艘船只，如果将此不值一提的战绩归咎于德意军"比鲁尔区还严密的对空防御"显然是站不住脚的，因为德意军在宽约3200米的墨西拿海峡两边只部署了500门高射炮，而盟军能投入的飞机总数超过3000架！

几乎就在胡比高兴地报告胜利结束撤退的同时，8月17日清晨6时30分，美军第3步兵

■ 一般来说投降是件令人沮丧的事情，可浪漫的意大利人却相反，他们举着白旗脸上露出开心的笑容的照片可以说明一切。

■ 3名美军士兵和墨西拿市民的愉快合影。

师——也许这是美军中最擅跑的部队——首先进入墨西拿，赢得了这场赛跑的胜利。而英军由于山间公路遭到德军彻底破坏，举步维艰，只能眼睁睁看着美军出尽风头。2个小时后，1名英军中校才率领着1支由坦克和装甲车组成的车队心急火燎地赶到了墨西拿，

得意扬扬的美军士兵吹着口哨调侃英军："嗨! 你们这些观光客去哪儿了, 怎么现在才到啊?"10时30分, 巴顿穿着笔挺的军装, 坐着车头漆有3颗将星的指挥车开入墨西拿市区, 志得意满地接受墨西拿市政府的投降。

亚历山大向丘吉尔首相报告："至今日 (8月17日) 上午10时, 西西里岛上已无轴心国军队的一兵一卒! 全岛已在我们手中!"可惜, 这份报告实在不地道, 亚历山大巧妙地玩弄了文字游戏, 西西里岛上确实再没有德意军士兵, 但大部分却不是被盟军消灭, 而是携带几乎全部的装备建制完整地撤回意大利本土。

血染的教训

西西里岛登陆战, 岛上守军连同后来陆续增援的德意军总兵力约为31万人 (其中德军约6万人), 有约4万德军和约6万意军撤回了意大利本土, 战役中德军阵亡约8000人, 被俘约5500人, 负伤约13500人 (但大部分伤员都随主力撤回到意大利); 意军有约19万人投降或被俘。德意军损失潜艇10艘, 飞机约740架, 火炮1000门, 德军在西西里的217辆坦克及突击炮损失了118辆。

盟军阵亡5600人 (其中美军2811人), 负伤14400余人 (其中美军6471人), 失踪2870人 (其中美军686人), 总伤亡约2.28万人。损失驱逐舰2艘、坦克登陆舰4艘、医院船1艘、运输船11艘, 飞机375架, 火炮250门。缴获德意军坦克250辆, 火炮500门, 飞机110架。

如果从盟军预定的战役目标来看, 夺取西西里岛, 打通地中海航线, 迫使意大利退出轴心国阵线均已达到, 从双方损失情况来看盟军也是不争的胜利者, 但是正如法国军事评论家亨利·米歇尔所说, 西西里岛登陆战达成了预期的战役目标, 但成功却并不彻底。因为按照通常的登陆战理论, 登陆兵力至少要对防御方兵力形成3∶1的优势, 盟军虽然未在数量上达到这一优势比例, 但在海空火力优势、情报保障、士气民心等方面却占有更大优势, 总体军事力量对比上占据绝对优势地位, 可惜在这样的优势条件下却让西西里岛德军主力4个师建制完整携带几乎全部重装备撤回意大利, 实在不应该。主要原因是盟军登陆之后向纵深推进多采取平面直推战术, 而未充分利用盟军制海权的优势,

■ 乘登陆艇通过墨西拿海峡撤往意大利本土的德军士兵, 这次堪称完美的撤退给日后进攻意大利的盟军造成了艰苦的长期鏖战。

组织在敌战线侧后的两栖登陆以形成合围，使得德意军从容撤回。这4个师日后就是盟军在意大利最为头痛的劲敌，西西里岛斩草不除根的后患最终还是让盟军自己饱尝了苦果。

就登陆战而言，盟军也从西西里岛战役中获得了宝贵的经验，此战成功之处，一是绝对控制战区制海权和制空权，保障了登陆作战的顺利进行，就如战役海军最高司令坎宁安上将所说，"如此庞大规模的船队停泊在敌方海岸边，所受到的损失是那样的轻微，对曾经参与过此前地中海作战的人来说，简直宛如奇迹！"二是出色的战略欺骗，直接造成了德意军统帅部对战局的判断错误，盟军深深体会到这一措施的巨大利益，在以后的诺曼底登陆战役更是将战略欺骗发展到登峰造极的地步。但是盟军在战役中获得的惨痛教训则更为深刻，最重要的就是陆海空协同脱节，接二连三地出现了严重的误伤事件，酿成自相残杀的悲剧。其次参战部队缺乏有针对性的训练，登陆艇驾驶员、运输机飞行员这些技术要求高的专业人员，大多是新手，出现登陆艇迷航，运输机找不到空投

■ 西西里战役后，乘船返回北非的美军伤兵。

■ 1943年7月，巴顿和蒙哥马利在巴勒莫机场愉快地握手道别。

地点、过早投放滑翔机和伞兵等混乱局面，要不是德意军防守松懈，后果真不堪设想。而登陆部队尽管也组织了战前训练，还是远远不够，很多人居然缩在登陆艇内不敢涉水抢滩，如果德意军凭坚据守的话，可能根本

冲不上海滩。战前侦察也不细致，登陆滩头水下的沙丘，给登陆艇造成了很大的麻烦。这些用盟军士兵的鲜血与生命换来的经验，在日后诺曼底登陆中都被很好地加以改进。

德意军抗登陆失败的原因在于指挥不一，德意两军互不信任，使得本来就处下风的劣势更是雪上加霜。意军士气低落，90%的部队毫无斗志，投降被俘者多达20万之众，几乎占全部意军的75%。西西里岛的德军，被艾森豪威尔称为"在西西里的德军装甲部队和伞兵部队，是我们在战争中遇到的最厉害的部队！"充分利用地形，极其顽强地作战，很多据点都是要经过反复争夺，往往是守备部队全部伤亡后才被攻占。但是无论是战略总指挥凯塞林，还是战区指挥胡比，都不想在这个无关大局的小岛损失太多的有生力量，更无意与登陆盟军决战，所以两人最关心的是如何将部队安全撤回意大利本土，并在盟军掌握着战区制海权和制空权的情况下奇迹般地成功实现了这一目标。

从战役打响之时起，凯塞林的心就悬在了半空，情况确实是异常险恶，内有希特勒总退却决策的犹豫，外有盟军强大的海空优势，如何将部队撤回意大利本土，一直是凯塞林深深忧虑的。最初他担心盟军会在墨西拿登陆，后来是担心盟军在意大利"脚尖"的卡拉布里亚登陆，来个釜底抽薪，彻底截断西西里部队生路，要知道当时盟军只要派1个师在卡拉布里亚登陆，就可以轻易地在西西里赢得一场彻彻底底的完胜！而盟军近在

西西里远在北非，都可以很轻松地抽出1个师，海军方面也有足够的登陆舰艇可供随时调用，但却始终没有进行，实在令人费解，或许是盟军人固守于不在航空兵作战半径以外的地区组织登陆战的原则，或许是德军的坚强战斗力使盟军对于组织这样的登陆是慎之又慎，不敢冒险。实际情况是，战役期间除了岛上的4个德军师外，凯塞林在整个广阔的意大利南部总共只有2个师！一旦盟军在卡拉布里亚登陆，那就是一招必杀的绝手。甚至再退一步说，盟军就是在墨西拿以南的地区实施登陆，然后直取墨西拿，就有可能彻底截断西西里岛上的德意军退路。对于这样绝好的战机，后人只有扼腕叹息的分了。

第二章
意大利投降始末

巨变

1943年7月，随着战局不可逆转的恶化，宛如死水一潭的意大利政坛终于开始酝酿激变。7月24日下午17时，在以法西斯党元老、前外交部长兼驻英国大使狄诺·格兰迪为代表的一些有影响力的政治家和法西斯党最高委员会的大多数委员强烈要求下，意大利法西斯党4年来第一次举行最高委员会会议，4年来完全是一个彻底听命于墨索里尼的"花瓶"机构，现在总算要显示一下存在了，而且将是一鸣惊人的显示！会议地点是在罗马市中心威尼斯广场边的威尼斯宫，那是一座文艺复兴时期由著名艺术家阿贝蒂主持修建的宏伟建筑，因罗马教皇将其赏赐给威尼斯大使而得名，其构造之精美，建筑之宏伟，厅堂之宽阔，均为意大利之最，是墨索里尼掌权后的办公地点。会场外，为了保证会议的正常举行，意大利警察总监事先采取了必要的安全措施，原来负责威尼斯宫保卫工作的墨索里尼私人卫队被数量更多的宪兵所取代。

会场内举目四望，是一片沉重压抑的黑色，所有与会者都穿着法西斯党的黑色制服。墨索里尼走上讲台，介绍了目前的形势，最后他以一段激昂的话语来结束演讲："战争往往是一个党的战争，是希望战争的那个党所进行的战争；同时战争也往往是一个人的战争，是宣战的那个人所进行的战争。如果把今天的战争称做墨索里尼的战争，那么1859年的战争可以称之为加富尔的战争。现在是加强统治和承担必要责任的时候了。当我们的国家和领土完整正受到侵犯的今天，我以我们国家的名义，可以毫无困难地变动人事、加强控制和调动一切尚未使用的力量。"但是他的激昂发言并没有像以往那样获得掌声和支持，相反会议刚开始进入讨论程序，格兰迪便首先发难了，其发言的核心内容是如此直接而尖锐，就是呼吁所有意大利人履行神圣职责，以一切代价保卫祖国的统一、独立和自由的同时要求恢复君主立宪制，由意大利国王掌握更大

■ 罗马市中心威尼斯广场边的威尼斯宫。

意大利法西斯头目墨索里尼

当人们说到法西斯主义时，一般首先会提到纳粹德国的希特勒，而实际上，现代法西斯主义的真正开山鼻祖，是意大利法西斯政府的首脑墨索里尼。

贝尼托·墨索里尼1883年7月29日出生在意大利弗利省普雷达皮奥的一个贫穷家庭，父亲是个铁匠，母亲是乡村小学的教师。在墨索里尼家族里，似乎早就有着投身政治的传统，他的祖父和父亲都是当地能说会道的马路政客，特别是他父亲还因具有社会主义倾向而曾被捕入狱。

■ 墨索里尼和希特勒。

墨索里尼1902年从福林波波里师范学校毕业后到瓜尔蒂耶里小学教书，但他耐不住平静的教书生活，仅1年后就浪迹天涯。后流亡瑞士，研究社会科学、政治经济学。这段岁月墨索里尼相当潦倒，当过苦力，也做过乞儿，但也就是在这段岁月里他以家族祖传的出众口才到处演讲，宣扬社会主义，先后被捕11次，最后被瑞士驱逐。回国后加入了意大利社会党，成为该党的讲演人。1908年移居奥地利，先后在《特兰地新闻报》、《民众报》任编辑，1909年主办《阶级斗争报》，由于这份报纸主要宣传社会主义，因此墨索里尼也就逐渐开始为意大利社会党人所熟知。1912年任意大利社会党机关报《前进报》总编辑，墨索里尼为该报撰写了大量稿件，他的文章使报纸销量激增，在3个月里就猛增了3倍。1914年第一次世界大战爆发，因为墨索里尼利用《前进报》鼓动意大利参加世界大战，被坚持保持中立立场的社会党开除党籍并解除《前进报》总编辑职务。但墨索里尼随即在米兰创办《意大利人民报》，后来这家报纸成为法西斯党的机关报。同时组织"革命同志会"，煽动战争，反对革命。1915年意大利参战后，墨索里尼投笔从戎。1917年2月22日，墨索里尼在战场上触雷，身受重伤，先后做了27次手术取出44块弹片。出院后就复员继续主编《意大利人民报》。1919年3月，墨索里尼在米兰召集超期服役并强烈支持意大利参战的145名老兵组织了"战斗法西斯"，这就是日后意大利法西斯党的前身。1921年正式改名为"法西斯党"。1921年大选中，法西斯党获得了22个国会席位，墨索里尼被推举为法西斯党元首。而这法西斯和元首两个名称后来都被希特勒所借用，所以说墨索里尼才真正是现代法西斯的鼻祖。

1922年10月27日，墨索里尼组织10万人向罗马进军，法克达内阁被迫辞职，国王随即任命墨索里尼为政府首脑，从此墨索里尼开始在意大利建立法西斯专政。1926年10月，墨索里尼颁布取缔反法西斯主义组织的法令，除了法西斯党团以外，所有的政党和政治团体都在禁止之列。后来以颁布紧急法为标志，墨索里尼在意大利最终实现了法西斯化。

1935年10月，在墨索里尼的策划下，意大利法西斯军队侵入阿比西尼亚（今埃塞俄比亚），至此意大利法西斯从国内专制逐步走向对外侵略。1936年7月，意大利又联合德国法西斯武装干涉西班牙内战。

1937年11月6日，意大利加入德、日《反共产国际协定》，形成"柏林－罗马－东京"法西斯轴心。

1940年6月，意大利对英、法宣战。墨索里尼组建意大利战时最高统帅部，自任最高统帅，控制了战时意大利的最高军事指挥权。1940年8月意大利进攻英国非洲殖民地索马里，揭开了地中海战区的战争帷幕。9月，意大利军队入侵希腊。但是在北非和巴尔干，意大利军队战斗力低劣，连战连败，只得接受纳粹德国的援助。而实力上的不济，最终使墨索里尼这个法西斯的前辈沦为纳粹德国的仆从。

1943年7月，随着战局逐步恶化，意大利国内反对墨索里尼的势力逐渐增强，最后导致7月24日在法西斯大委员会上遭到不信任的表决，墨索里尼随即于次日被意大利国王解除一切职务，并被投入监狱。9月13日墨索里尼被希特勒派出的德军特种部队营救，随后在德国支持下在意大利北部地区成立了"意大利社会共和国"，

■ 1945年4月墨索里尼及其情妇贝塔西被意大利民族解放委员会下令处死，尸体被运往米兰后倒挂在街头示众。

真正成为德国的傀儡。

1945年4月盟军在意大利游击队配合下，向意大利北部发动进攻，墨索里尼的"意大利社会共和国"土崩瓦解，4月28日，墨索里尼及其情妇贝塔西在逃亡途中被游击队第52加里波第旅抓获，随即被意大利民族解放委员会下令处死，尸体被运往米兰后倒挂在街头示众，结束了其罪恶的一生。

的权力包括军队指挥权，来发挥领导国家的责任！这其实就是一篇罢黜墨索里尼的不信任议案，这是一篇后来被墨索里尼称为"一个心怀怨恨已久的人终于发泄出积愤的演说"，其威力无异于一颗重磅炸弹，连一些不知内情的与会者都分明察觉到了一股浓烈的火药味，更重要的是很多与会者不但早已知道这样一篇演讲，而且明确表态支持这一倡议，其中甚至包括了墨索里尼的女婿——外交部长齐亚诺，可以说此时墨索里尼真是到了众叛亲离的地步。

激烈的讨论一直持续到午夜，主持会议的法西斯党常务书记斯科尔札见时候太晚，而且会议气氛很不正常，预感到会议继续下去可能将有巨变，便想来个缓兵之计，提议休会明天再继续进行。但是格兰迪立即表示反对："不行！我反对！我们好不容易才开始了这场辩论，我们一定要把会开完！"在他的坚持下，会议只休会了10分钟就继续进行。而下一个程序也是最关键的，对格兰迪的提议进行投票表决，当投票表决开始时已经是凌晨2点多了。其实投票表决完全是个例行程序，以格兰迪为首的反对派人士早就安排好了一切，不然也就不会要求举行这个会议了。表决的结果是以19票赞成、7票反对、2票弃权通过了格兰迪的提议。这一结果明白无疑地宣告了墨索里尼21年专制独裁统治的终结。

面对这样的结局，墨索里尼气急败坏地站起来，色厉内荏地说："你们已造成了危

■ 墨索里尼的女婿——外交部长齐亚诺。

机，简直糟糕透了！"当他拂袖而去时，斯科尔札按照惯例正要向他敬礼时，墨索里尼摆手制止："不必了，你是可以原谅的。"会议这才结束，与会者各自回家，尽管此时夜色沉沉但是相信与会者中没有一个人能平静入睡。会场上的争执终于结束，而会场外的较量才刚刚开始，宫廷大臣阿奎罗纳公爵向总参谋长安布罗西奥下达了逮捕墨索里尼的秘密指令，于是安布罗西奥立即安排亲信开始行动，首先接管了电话局、警察局和内政部等要害机构，同时派出宪兵在国王别墅和威尼斯宫附近布置了岗哨。

而墨索里尼回到家，惨白的脸色令妻子大为震惊，当她知道事情经过后，居然脱口而出："你没把他们都抓了起来？"墨索里尼

法西斯的由来

　　"法西斯" (fasces) 一词，最初源于公元前7世纪古罗马时代，在伊特鲁里亚文明中"法西斯"是指国王的扈从所携带的插在一束短棒里的斧头，表示国王对臣民拥有生杀予夺的最高权力。伊特鲁里亚王朝被推翻后，罗马共和国的最高行政长官执政官仍然有12名扈从携带"法西斯"，以显示其至高无上的权力。在近代那些崇尚古典传统的政权也纷纷效仿，连美国国会的讲台旁都刻有它的图像，直到此时法西斯一词并无任何贬义。而最终使法西斯一词变得臭名昭著的是墨索里尼，正是他将所建立的政党命名为"法西斯党"，墨索里尼之所以取这个名字，就是表示其对权利的无限向往。此后，意大利、纳粹德国均采用了这一词语，使之最终成为独裁专制暴政的象征，成为人们所不齿的一个名词。

只是无奈地摇了摇头，毕竟他那不可一世的显赫权势已经烟消云散了。但在他心里，还存着一丝侥幸，那就是意大利国王的态度。

　　翌日，也就是7月25日下午，墨索里尼接到了国王召见的通知，当他到达国王别墅时，终于感觉到不同往日的异样，各处负责警卫的宪兵明显增多，但是在他回忆录里却表示当时毫无怀疑，因为他已经预计到国王将收回他指挥意大利全国武装力量的权力。国王维克多·埃曼努尔三世站在门口迎接他，身上却一反往常地穿着笔挺的大元帅服，无言地向墨索里尼表明自己才是意大利军队的统帅！两人在客厅就坐后，国王开门见山地说道："我亲爱的领袖，现在情况不妙啊，意大利已走到了分崩离析的道路，军队士气一落千丈，士兵们再也不愿意打下去了！……法西斯党最高委员会的表决太可怕了，赞成格兰迪的竟有19票！……此刻你是全意大利最痛恨的人，你能够依靠的就只有一个人，那个人就是我。这就是我要告诉你的，对于

■ 意大利国王维克多·埃曼努尔三世。

你的个人安全，你用不着担忧，我保证给予保护。我正在考虑，你的职位现在由佩特罗·巴多格里奥元帅来担任。"对于国王这番话，墨索里尼竭力保持镇静，只能无奈地回答："您正在做一个极其严重的决定，目前的危机使人民觉得，那个宣战的人一旦被解职，和平就在望了。这个危机将是丘吉尔和斯大林的胜利。我能体会到人民的怨恨，在昨晚的会议上我就很清楚地看到了这一点。一个人统治了这么久，并且使人民遭到了这么多的牺牲，不能不激起愤恨。不管怎样，我祝愿控制目前局势的人好运！"墨索里尼在这个时刻没有向国王表示任何改变主意的请求，而是平静地接受了这一决定，其实从昨晚的会议上，他就知道大势已去。

■ 巴多格里奥元帅。

当墨索里尼和国王告别后走出别墅，走向自己的汽车时，一名宪兵上尉上前拦住了去路，很礼貌地说道："国王陛下派我来保护你，请跟我来。"墨索里尼还没意识到什么，仍旧向自己汽车走去，上尉便断然提醒道："你必须上那辆车！"——那是停在一边的1辆救护车，墨索里尼和秘书只得随上尉上了那辆救护车，车上还有1名宪兵中尉、3名宪兵和两名便衣警卫，他随即被押送到宪兵司令部。第二天巴多格里奥派人送信来，告诉墨索里尼最高委员会将对他进行特别保护，并允许他去想要去的地方。墨索里尼回信表示希望回到故乡普雷达皮奥。但是意大利方面发现德军有营救墨索里尼的企图，便改变这一计划于7月27日将他秘密送到加埃塔，然后再转送到蓬察岛。8月6日又被转移到撒丁岛凯伦山庄，最后又被转移到亚平宁山脉最高峰大萨索山顶的旅馆，直到被德军特种部队营救。

墨索里尼就这样倒台了，没有放一枪一弹，也没有人为他辩护只言片语，他就这样结束了在意大利长达21年的专制独裁统治。当天晚些时候，巴多格里奥元帅根据国王的命令组成了新的无党派政府，臭名昭著的法西斯党被解散，在政府重要岗位任职的法西斯党人都被解除了职务，被关押的反法西斯人士也获得解放。

当晚，意大利电台向全世界宣布了这一消息，意大利人民欣喜若狂，很多人还穿着睡衣就冲上街头狂欢，各地街头的墨索里尼

"魔鬼的杰作"：营救墨索里尼

这是一次在世界军事史上堪称特种部队经典行动的战例。墨索里尼被废黜后，希特勒就立即召开了紧急会议，决定要将他营救出来。这一任务最后交给了党卫军突击队队长奥托·斯科尔兹内上尉，斯科尔兹内先后在德国空军和党卫军装甲师服役，当时正在负责训练一支特种作战部队。接受这一任务后随即以第11空降军军长斯徒登特特别侍从副官的身份前往罗马，开始前期准备。8月上旬德军最终获得了墨索里尼被囚禁在距离罗马约160公里的亚平宁山脉最高峰大萨索山顶的"坎普将军"旅馆的确切

■ 党卫军奥托·斯科尔兹内上尉率领突击队员在为营救墨索里尼做准备。

情报，该旅馆位于海拔1800米的山顶，除了一条缆车与山下连接外，再无其他道路，意军在旅馆共布置了约250名警卫，大萨索山周围道路也都被意军封锁。

8月10日，斯科尔兹内乘飞机对大萨索山顶进行空中侦察，发现旅馆附近有块三角形的草地可以降落滑翔机，于是8月11日，便制订了营救计划，以90名突击队员分乘12架滑翔机对旅馆和缆车站进行空降突击，同时由第2空降师派1个营夺取大萨索以南20公里的阿奎拉机场，突击队救出墨索里尼后就从阿奎拉机场撤离。尽管斯徒登特认为这一计划并不理想，估计突击队伤亡将超过80%，但是也想不出更好的计划，只好勉强同意了。

原定9月12日清晨发起攻击，但是因为滑翔机直到11时才到达起飞机场，中午机场又受到盟军飞机轰炸，最后载着突击队的滑翔机13时才起飞，起飞时因跑道刚遭轰炸，有2架滑翔机撞上弹坑而损毁，只有10架起飞。经过一小时飞行后到达大萨索山，在3600米高度脱钩，这时飞行员才发现原定降落的草地满是石块，根本无法降落，负责直接袭击旅馆的5架滑翔机情急之下只能在旅馆门前的空地上降落，前面4架都顺利着陆，第1架着陆点距离旅馆只有18米！但是第5架因为着陆地点全被前几架堵塞只好改在另一侧着陆，结果撞上岩石，机上10名队员非死即

伤。前4架滑翔机上的突击队员在斯科尔兹内带领下跳出机舱冲向旅馆，只用3分钟就解决了警卫的抵抗，救出了墨索里尼。同时另外5架滑翔机也在缆车站着陆迅速控制了缆车站。不过斯科尔兹内又遇到了新问题，与接应的第2空降师部队失去了联系，

■ 被救出的墨索里尼登上德军为其准备的飞机飞往德国。

不知道阿奎拉机场是否已被德军占领，而此地又不能久留，于是决定用负责接应的轻型飞机接走墨索里尼，不料轻型飞机在着陆时撞毁。正在计穷之时，斯科尔兹内看到在空中盘旋的联络飞机，那是由斯徒登特的专机飞行员格洛克上尉驾驶，负责观察并报告行动情况的。便立即召唤联络机着陆，要求带墨索里尼飞回罗马。格洛克表示这是架单座联络机根本无法坐下3人，但是斯科尔兹内强调这是希特勒的命令，格洛克只好同意。突击队员迅速清除那块草地上的障碍。不过起飞场地实在太小，只能由12名队员拉住飞机，当飞机发动机全力发动后才一起松手，好在飞行员技术高超这才安全起飞，飞抵罗马后再换乘He 111运输机直接飞往柏林。

亲身经历的墨索里尼将这次行动称为"最大胆最浪漫，而在具体行动上又是最现代的！"或许是

解救墨索里尼
1943年9月

1943年7月24日，正当英美军队在西西里岛激战时，墨索里尼被捕下台，意大利新政府开始与盟国进行秘密和谈。墨索里尼被转移到了大萨索山山顶上的一所旅馆内关押，在一次空前大胆的秘密行动中，德军少校斯科尔兹内率领一支由伞兵和滑翔机部队组成的突击队，成功救出了被囚禁的独裁者墨索里尼。

很贴切的评价。斯科尔兹内也因此晋升为少校，并获得一级铁十字勋章。

塑像和画像都在一夜之间被捣毁，对于意大利人民来说，墨索里尼的倒台，就意味着战争和苦难的终结。

西西里导火线

墨索里尼的垮台，似乎是一夜之间的巨变，其实冰冻三尺绝非一日之寒。在德意日三个轴心国中间，在法西斯主义道路上意大利完全可以称得上是急先锋，最早提出法西斯党，最早建立法西斯化政权，最早对别国发动侵略，但是意大利的综合国力与军队战斗力都远不及两个后起之秀，所以在二战全面爆发后，只能沦为纳粹德国在欧洲的仆从。乘着德国进攻法国之机，也出兵参战，从中分得几杯残羹。接着又相继出兵北非和巴尔干，梦想将地中海变为意大利的内湖，重建一个意大利帝国。可惜实在心比天高而力量有限，无论是在北非还是在巴尔干，若无德国的援助，恐怕都是要偷鸡不成反蚀把米了。

随着战争的发展，战役一个接一个失败，幻想一个接一个破灭，连带着战争引发的诸多苦难，都降临到意大利人民头上。连年的战争，巨额的军费，以及许多工业城市在盟军日益猛烈的空袭下被夷为平地，使意大利的经济濒于崩溃。1943年，意大利的工农业生产与战前相比，分别下降了30%和20%，国家的预算赤字高达870亿里拉。物价上涨，生活必需品奇缺，以及名目繁多的苛捐杂税，加深了意大利人民对法西斯政权的不满，特别是意大利军队在苏联、在北非接二连三的惨败，进一步加深了墨索里尼政权的军事、经济和政治危机，墨索里尼自然成了全国人民的众矢之的。为了挽救败局，墨索里尼竭尽全力做最后挣扎，早在2月就对政界和军界高层进行了一些人事变动和清洗，但是他没有认识到，由于一连串的失败，民心已经完全涣散了，等待他的将是一座随时可能喷发的火山。

进入1943年7月，战局进一步恶化，7月10日盟军发起了西西里登陆作战，战火第一次直接烧到意大利国土上，更是成为法西斯政权垮台的直接导火线。特别是盟军空袭罗马和其他重要城市后，人心更加混乱，不少城市发生骚乱。为了进一步孤立以墨索里尼为首的法西斯政权，作为盟军心理战的重要举措，7月17日，盟军飞机在罗马和意大利其他城市上空，散发了由罗斯福和丘吉尔联名致意大利人民的《文告》。

鉴于如此内外交困的局面，墨索里尼不得不腆着脸向希特勒乞援，7月19日墨索里尼在总参谋长安布罗西奥将军的陪同下，乘飞机前往意大利北部小城费尔特利的一处风景旖旎的别墅里会见了希特勒。但是会见中墨索里尼并没有接受安布罗西奥的坦率建议，向希特勒提出意大利迫切急需从战争中解脱出来的要求，而是默默无言地倾听着希特勒长达2个小时喋喋不休的长篇独白，其间只是被罗马首次遭到盟军空袭的报告打断过一次。希特勒用长篇大论来为墨索里尼打气，甚至提出调足够的德军到西西里，来发动一场决定性的进攻。但是对于墨索里尼急需支援的请求，却只是开出了一张"冬季才能提供的秘密武器"的空头支票。随后，希特勒便丝毫没有领受墨索里尼精心准备的盛情款待，当天下午就打道回府了。

而墨索里尼在此次会见中的拙劣表现，使安布罗西奥和其他在场的意大利高级将领对他的最后一丝希望破灭了。当墨索里尼飞回罗马时，座机被在空袭中遭轰炸起火的利特里奥火车站滚滚浓烟所笼罩，险些找不到机场。这似乎再清楚不过地说明意大利所遭受的战争苦难，及早脱身才是上上之选，但是在随后墨索里尼和国王的会面中，墨索里尼虽然也表示意大利将要退出战争，但是居然希望在9月15日才使意大利和轴心国联盟脱离关系，从这一点上可以看出，墨索里尼脱离现实已经到了何等严重的地步，他根本预料不到，他脚下正汹涌汇聚的反抗浪潮离爆发的时间已不远了！

安布罗西奥最担心的是第1"M"黑衫师，那是北非战事大势已去以后，希特勒考虑到墨索里尼的个人安全，特意提供全副德械装备于1943年4月成立的，堪称墨索里尼的铁卫军，总兵力约6000人，其核心部队是装备德制Ⅳ号H型、Ⅲ号N型坦克的"狮"装甲群和装备24门88毫米FLAK37高射炮的"斯克里维亚谷"炮兵营。墨索里尼将该师于7月10日调至罗马附近以加强首都保卫，鉴于该师

与墨索里尼的深厚渊源，为了避免在倒墨行动中节外生枝，安布罗西奥将军刻意设法肢解该师，以分散削弱这支强大的力量。7月21日，第1黑衫师被划归意大利陆军总部直接指挥，完全消除了废黜行动的最大隐患。

7月24日，盟军攻占西西里首府巴勒莫，于是，倒墨的导火线终于烧到了尽头。

长期以来，对于如何将墨索里尼赶下台，是意大利所有社会政治力量都犹豫不决的，因为一方面是法西斯政权那令人不寒而栗的凛凛权威，另一方面是对墨索里尼个人因为长期服从所形成的根深蒂固的恐惧定势，谁愿意冒险去"把铃铛挂在一只凶猛的老虎脖子上"呢？但是随着罗马遭到空袭，西西里首府失陷，连法西斯统治集团内部最信任的心腹，甚至墨索里尼的女婿齐亚诺都开始致力于反对墨索里尼，而且，在这种反对的幕后，是一个包括意大利国王在内的、具有广泛阶层代表的许多人士所共同策划的。

于是，这场压轴大戏的主角，法西斯党的元老，前外交部长格兰迪，一位曾对意大利宣战表示过强烈反对，只是因为形势所迫才不得不屈服的人，终于挺身而出，担负起"把铃铛挂在一只凶猛的老虎脖子上"的重任，他于7月22日来到罗马，向墨索里尼提出举行法西斯党最高委员会会议的要求，掀起了促使墨索里尼垮台的风暴。当最高委员会会议如期召开时，格兰迪是以慷然赴死的心情与会的，他事先去了教堂做了忏悔，

写下遗书，在口袋里藏了把手枪，在公文包里放了两颗手榴弹，做好了最坏的打算去赴会。

秘密谈判

随着墨索里尼的垮台，由巴多格里奥元帅领导的新内阁粉墨登场，但是他们手里却是一个烫手的山芋！很明显所有的意大利人都希望尽快结束战争，避免意大利成为战场。但这又是几乎不可能的，同盟国方面，自然希望将意大利作为空袭德国本土的基地，而德国方面，当然不会轻易放弃意大利这样一个保卫本土的前哨阵地。虽然意大利军队在纸面上还是一支相当庞大的力量，总兵力达170万人，但其战斗力却相当衰弱，在意大利本土的18个师，因为铁路在盟军空袭中遭到严重破坏，而大量的汽车又被葬送在北非，现在要进行任何大规模的调动都很困难。对于意大利，希特勒甚至早在墨索里尼还在台上的时候，就毫不怀疑地认为意大利必将背叛轴心国联盟，除了对墨索里尼外，希特勒从未相信过意大利的国王和意军众多高级将领，所以当墨索里尼下台的当天深夜，原定前往希腊受命组建一个集团军群司令部以应付盟军可能登陆的隆美尔就突然接到希特勒的紧急电话，要他立即飞到东普鲁士的最高统帅部。在最高统帅部，隆美尔得到的最新指令是立即指挥在阿尔卑斯山区集结的部队，开入意大利。7月30日，德军

先头部队就已经以保护意大利补给线严防破坏为由控制了位于国境上的阿尔卑斯山区隘口。守卫隘口的意军最初曾企图阻止德军，但最后还是害怕与德军公开冲突而听任德军控制了隘口。接着德国又表示由德军来负责意大利北部的防御，而使意军可以抽调出更多的部队开赴南部地区迎击盟军的进攻。这样的说法是如此的冠冕堂皇，如果意大利拒绝的话，那就不打自招地承认心有异志，所以意大利新政府无法拒绝，只能眼睁睁看着更多的德军涌入意大利北部。同时，德军精锐部队第2空降师在第11空降军军长，著名的空降战专家斯徒登特中将亲自率领下迅速由法国南部被空运到罗马附近的奥斯蒂亚，加上从意大利北部南下的德军第3装甲掷弹兵师，德军在罗马集结了2个精锐师，虎视眈眈地盯住了罗马的意大利指挥中枢。意大利新政府很清楚，单凭意军根本无法与这些德军对抗，惟一能做的，就是努力打消德国的不满和怀疑，期待局势变化。基于这样的想法，意大利新政府发表公开声明，表示将恪守诺言，继续在轴心国阵营里与同盟国作战。

一方面对德国是虚与委蛇，一方面意大利新政府将主要精力放在与同盟国的接洽上，但是当要开始这方面的努力时，却发现居然找不到可靠的沟通渠道，照理说英美驻梵蒂冈的大使馆是最理想的渠道，却根本无法派上用处，因为英美此前根本没有这样的计划，英国驻梵蒂冈

的公使就明确表示他所使用的外交密码全是老密码，而且可以肯定德国是能够破译的，无法进行这样绝密的联络。而美国驻梵蒂冈公使的情况比英国还要糟糕，他根本就没有外交密码！一直到8月3日，意大利借着向葡萄牙里斯本大使馆派出新任参赞的机会，派出了一名特使与同盟国联系。这位特使就是齐亚诺的前任私人秘书达叶塔侯爵，此次到里斯本就肩负着秘密使命，时间是如此紧迫所以他一到里斯本立即与英国大使坎贝尔接触，表示负有新政府委派的特殊使命。这样明显的信号，同盟国自然知道这是意大利发出的媾和气球。也就是在这一天，同盟国有关意大利停战条件的文件完稿，开始在英美领导层中传阅，以便在意大利提出停战时有所准备。

就在意大利新政府与同盟国开始秘密接触时，为了不过早暴露意大利停战的企图，免遭德国的报复，意大利必须要敷衍应付德国。8月6日，意大利新任外交部长古阿里利亚和总参谋长安布罗西奥在特雷维索会见了德国代表里宾特洛甫和凯特尔，会议始终是在互不信任的气氛

中进行，意大利还是表示将恪守同盟义务，继续与同盟国作战，但是必须得到德国大量的装备和军用物资，然后提出了最重要的请求——将驻扎在法国南部和巴尔干地区的意大利军队撤回国，以加强意大利本土防御力量。在会谈的军事内容中，讨论相当激烈，最后德国在意大利保证将撤回国的部队不部署在边境的条件下同意了这一请求，但是同时隆美尔元帅B集团军群的9个师却越过阿尔卑斯山区源源进入意大利，而根本没有征求意大利的同意。在外交方面，双方的会谈内容空洞而无任何实际意义。

而意大利与同盟国的谈判正在紧锣密鼓地进行，意大利的另一个外交官伯里奥也在与英国驻丹尼尔的外交人员接洽，表示意大利将有条件地投降。由于同盟国早已公开只能接受轴心国无条件投降的原则，同盟国认为只有在意大利首先宣布无条件投降之后，才可能有条件地停止对意大利的敌对行动，

■ 凯特尔（左）和里宾特洛甫（右）。

而且这是作为对意大利退出轴心国阵营的一种奖励，丝毫没有讨价还价的余地。

8月15日，安布罗西奥的参谋长卡斯特拉诺将军作为意大利最高统帅部的全权代表来到西班牙，会见英国驻马德里大使塞缪尔·霍尔，明确表示如果盟军在意大利本土登陆，意大利就立即加入同盟国一方对德作战。鉴于意大利的这种态度，同盟国决定派地中海战区司令部参谋长比德尔·史密斯中将和情报处长肯尼思·斯特朗少将带着军事投降的最后条件前往里斯本与意大利全权代表谈判。

8月19日，双方代表在里斯本英国大使馆里进行了整整一夜的艰难谈判，卡斯特拉诺在认识到史密斯不会做出任何让步之后，只得带着同盟国所要求的投降条款和与同盟国地中海战区司令部联络的密码本及电台返回罗马，当然在回罗马前他还是向史密斯通报了意大利境内德意军的详细部署情况，并在葡萄牙进行公开活动直到28日才返回罗马以掩盖其真正目的。同盟国提出的这些条款包括意大利必须在指定地点集结海军和空军，以便向盟军投降；必须保证所有通往港口和机场的道路畅通，并一直防守到盟军到达为止。这就意味着意大利宣布停战也就是要同德国开战，意大利想方设法要避免自己国土成为战场的希望将全部落空。8月26日，意大利第二位特使扎努西将军在被俘的英国将军维亚尔陪同下来到里斯本，扎努西此行的目的就是强调意大利投降的前提条件是盟军必须先在意大利本土登陆。

8月31日，史密斯在扎努西陪同下，在西西里岛再次会见了刚从罗马领受了最新指示赶来的卡斯特拉诺。风尘仆仆的卡斯特拉诺向同盟国解释，如果意大利是个能自由行事的政府一定将按照同盟国的要求接受停战条件，但是现在德国已在意大利派驻了大量军队，意大利实际在德国控制下，所以停战将不可能在盟军登陆以前宣布。同时意大利迫切希望了解盟军登陆的详情，并要求盟军登陆的力量强大到足以保证意大利国王和新政府的安全。德国人已经察觉到了意大利准备投降的蛛丝马迹，其实德国早已明白意大利在墨索里尼垮台之后早晚会脱离轴心国阵营，只不过不知道这种脱离将会以何种形式在何时发生而已。所以德国已经开始采取必要措施来应付这种情况了，8月23日凯塞林被召到希特勒的大本营，希特勒告诉凯塞林目前已经掌握了意大利准备投降的确切证据，要求一贯信任意大利人的凯塞林不要再被意大利人愚弄，而要准备应付可能的变化。凯塞林回到意大利后随即制订了代号为"轴心"的应变计划，也就是在意大利宣布投降之后立即采取行动解除意军武装的计划。

对于卡斯特拉诺的要求，史密斯给予异常明确的答复，如果意大利停战要在盟军登陆之后才宣布的话，那么就没有必要继续谈判了，当然也不会向意大利提供有关登陆的

■ 美军上士保罗·詹内斯克的吉普车侧面画着有趣的卡通画，其中墨索里尼的头像被打了个叉，上面用意大利文写道：贝尼托完蛋了。

详细情况。同盟国方面的耐心将最晚等到9月1日子夜，届时意大利就必须明确回答是接受还是拒绝。卡斯特拉诺无法做主，只好连夜返回罗马请示。

同盟国已经非常清楚地洞悉了意大利的心理，除非盟军使之相信，盟军将在进攻意大利本土拥有压倒优势，否则意大利是没有胆量签署停战协议的。艾森豪威尔立即建议派遣一个空降师在罗马空降，但是意大利必须保证控制住机场并对德军采取军事行动，这一建议随即获得英美联合参谋长联席会议

的批准，并作为同盟国的条件通知了意大利。

9月3日，卡斯特拉诺重返西西里岛，在锡拉库扎附近的一个橄榄树林里，与史密斯签署了停战投降协议——但是意大利方面对盟军即将开始的登陆作战一无所知，而且不少高级将领对卡斯特拉诺的协议表示异议。在意军高级将领中普遍认为盟军的登陆将会在罗马附近，很快就可与空降在罗马的部队会师，迅速解决罗马地区的德军，意军可以不需要与德军大打出手就能借助盟军力量控制罗马。而盟军方面则认为只要一登陆，意大利投降协定一宣布，罗马地区的意军就会立即调转枪口对德军开火，内外夹击一举消灭意大利南部地区德军，殊不知双方相互都错误估计了对方的意图！如果需要批评谁的话，当然是盟军，因为盟军既然早知道战斗力低劣的意军根本不是德军对手，而且意军迫切希望盟军在罗马附近登陆，但却仍死板地坚持在己方航空兵作战半径内的萨勒诺登陆，且拒不向意军透露一丝半点，使得本来绝好的机会最终付诸东流！

独闯龙潭

刚刚在西西里岛经历了实战洗礼的第82空降师师长马修·李奇微少将和师炮兵指挥官马克斯韦尔·泰勒准将9月1日被紧急召到马耳他岛的第15集团军群司令部,第15集团军群司令亚历山大亲自向两人下达了准备在罗马空降协助意大利军队对德军作战的命令。李奇微并没有因为如此激动人心的战斗而兴奋,反而极其冷静地提出在罗马空降的种种困难,甚至认为一旦出现意外情况,空降部队很可能全军覆没,要求取消此次空降。但是亚历山大却一口驳回李奇微的建议,因为此次空降更主要是从政治方面考虑而且业已与意大利方面达成协议,只能按计划实施。泰勒仅花了一天时间就制订出了代号为"巨人2号"的罗马空降作战计划,但是要真正实施必须得到意大利方面的密切配合,因此李奇微和泰勒又星夜赶往西西里岛,与意大利代表卡斯特拉诺协商有关细节。李奇微提出意大利军队必须保证空降机场的安全,保证意军高射炮不对满载伞兵的运输机开火,还要压制德军在罗马地区的高射炮。此外意军还要在机场根据规定设置照明和导航设备,提供空降兵着陆后迅速开赴战区的机动车辆,提供空降兵

在罗马期间的粮食供给,并随时提供德军有关最新情报。面对这些条件,卡斯特拉诺非常干脆地一口应允。而卡斯特拉诺如此痛快地答应,反而引起了李奇微和泰勒的警觉,因为他们知道在与盟军谈判中,卡斯特拉诺的态度一直是犹豫含糊的,经常是在史密斯强硬的压力下才稍作小小的让步,现在这样爽直痛快,很使人怀疑其承诺的可靠性,特别是在没与意大利国内进行商量的情况下就做出这样的承诺,那就更令人不安了。西西里岛空降作战的失败也使第82空降师的两位当家人格外谨慎,因为第82空降师已经再也无法承受第二次失败了,两人一致认为必须

■ 马克斯韦尔·泰勒准将。

派人前往罗马进行实地调查，看看意大利方面究竟有没有能力完成这些保障。于是两人再次向亚历山大提出建议，必须在空降作战开始前派出高级军官到罗马与意大利方面接洽，掌握实际情况再确定空降作战是否可行。这一请求上报后立即引起了艾森豪威尔的高度重视，因为他已经获得情报，德军对意大利的举动已有所察觉，隆美尔的部队正大举越过阿尔卑斯山进入意大利北部，而在意大利南部的凯塞林部队也已全面进入戒备状态，罗马地区的德军正在集结兵力，意大利政府态度究竟如何，意军对德军作战准备究竟如何，光凭卡斯特拉诺的承诺是远远不够的，必须要有可靠的自己人到罗马去实地了解。所以他立即决定派出特使前往罗马与意大利政府接触，同时准确查明意大利方面的真实态度和备战情况。具有丰富军事才能和深厚军事素质，又有海外考察经验，且精通法语（意大利人一般均会法语）的泰勒自然是特使的不二人选，同时还任命来自空中运输司令部的威廉·加德纳上校为其助手。

泰勒接受这一任务时还以为自己将会受到意大利方面热情招待和妥善保护，罗马之行只不过是一次没有危险的战前实地侦察，却不曾想到此时的罗马已经无异于龙潭虎穴，将会在他的一生中留下深刻的印象。

9月6日泰勒到达巴勒莫，领受了最后的指示：向意大利政府明确说明盟军立场，敦促意大利在9月8日宣布投降；就第82空降师在罗马空降行动与意军协商，落实保障部队安全空降的一切安排。但是被严格规定不得透露萨勒诺登陆的任何情况，最多只能透露盟军的登陆即将开始，以迫使意军迅速行动。最后必须在9月8日下午前就意大利政府态度、意军战备情况以及空降罗马的可行性等情况做出判断，电告地中海战区司令部。

9月7日凌晨2时，泰勒和加德纳登上1艘英军的巡逻艇出发，两人都穿着正式美军军装，以免被德军发现时能作为美军军官获得战俘待遇（如穿便衣被德军发现的话，很可能被就地处决）。随身只携带简单的洗漱用品，泰勒还带了一本密码，以便意大利最高统帅部与盟军地中海战区司令部进行直接联络。在预定海域与意大利海军"伊比斯"号护卫舰会合，两人随即登上意舰。在两舰还未靠近前，泰勒很感疑惑，因为远远看去，意舰上到处是红点闪动，仿佛出了一场红斑狼疮！上了意舰才明白这些令人恐惧的红点原来是水兵穿着的红色救生衣！整艘军舰上弥漫着紧张肃杀的气氛，从舰长到水兵都做好了最坏的准备，惟独护送泰勒的意大利海军情报部长弗郎科·毛杰里上将除外，他一路上都与泰勒谈笑风声，并为泰勒准备了一顿丰盛的午宴。傍晚时分，"伊比斯"号到达罗马附近的达加诺塔港。这时毛杰里笑着说："为了将军的安全，只得委屈你做一次俘虏。"话音未落，不由分说几名水兵便将泰勒和加德纳绑了起来，然后"押下"军舰，押上早就停在码头上的汽车，毛杰里也登上另一辆车，在两辆满载全副武装意军士兵的

只身入虎穴的泰勒

1943年7月，意大利墨索里尼法西斯政权倒台后，新政府随即与同盟国开始秘密接洽投降事宜。为了查明意大利真实情况，盟军决定派出特使到罗马与意大利政府接触，并准确了解意大利新政府的态度与投降有关准备情况。这一重大使命就落到了马克斯韦尔·泰勒将军肩上，他只身勇闯龙潭虎穴的罗马，出色完成了这一艰巨任务。

泰勒，1901年出生在密苏里州基特斯维尔镇的一个律师家庭，曾参加过南北战争的外祖父在泰勒童年时对战争经历有声有色的叙述，深深吸引了泰勒，使其早早确立了从军的志向。

得益于母亲成功的早期教育，泰勒一上学就表现出了极高的天赋，是学校里最优秀的学生，在教师眼里无疑就是现在所说的"超常少年"，经常给他开小灶增加额外的知识。中学毕业，泰勒就坚决拒绝了父亲希望他子承父业的要求，一心想要考入美国著名的西点军校，甚至为了圆自己的从军梦，谎报年龄登记应征。虽然一贯正直的父亲立即揭穿了他，但是父亲也认识到泰勒对军队的痴迷，开始支持他报考西点军校。他为泰勒找到了本地区的国会议员威廉·博兰，因为报考西点军校必须要有国会议员的推荐，而议员的推荐名额也是极富竞争力的，议员所推荐学生的优劣对于议员也具有很大的影响。但是泰勒出众的优异成绩立即征服了博兰，博兰慷慨地将自己可以推荐西点军校和安纳波利斯海军军官学校的2个名额全部都给了泰勒！泰勒同时参加了这两所军校的考试，最终为西点军校所录取。1922年泰勒以优异成绩从西点军校毕业，并按照西点军校优秀毕业生可自行选择兵种的特权，选择了工程兵。

1922年起在汉弗莱工程兵学校学习，随后在驻夏威夷第3工兵团任职，1928年回母校西点军校任法语教官。1933年考入利文沃思指挥与参谋学院尉官班，他是班里最年轻的学员。这是泰勒军事生涯的一个转折点，当年1933年班的学员里，有62人在二战中晋升为将军，而与泰勒一起被破格录取的5名尉官中3人成为上将，1人成为中将！1935年6月毕业后晋升上尉，并被留校任教。面对这一令人羡慕的岗位，但泰勒却并不高兴，因为他更渴望去海外服役，那是成为将军的必经之途。苍天不负有心人，此时陆军参谋处正好征询他是否同意去日本学习日语，泰勒立即答应下来。1935年10月泰勒来到日本东京，出任美国驻日使馆武官助理，用了1年半的时间就迅速掌握了日语，并进入日本近卫师团实习。1937年7月卢沟桥事变后，中国开始全面抗战，泰勒奉命前往中国协助史迪威（也就是日后赫赫有名的中国战区参谋长) 上校搜集战争情报, 年底才回到日本, 主要负责研究日军情况。1939年回国, 进入陆军军事学院深造, 就在学习期间被抽调去拉丁美洲各国考察美国对各国军事援助项目, 拉美之行结束时军事学院毕业典礼已经结束, 但泰勒还是获得毕业证书, 并晋升少校, 随即出任第2步兵师第12炮兵营营长。

1941年7月调任陆军参谋长军事秘书处, 这是泰勒军事生涯的第二个转折点, 也是他仕途飞黄腾达的开始。二战爆发后, 泰勒渴望离开华盛顿的指挥机关去前线一展身手, 但是陆军参谋长马歇尔却驳回了史迪威提名他到中国战区的请求, 就在泰勒失望之时, 知人善任的马歇尔却在1942年7月破格晋升泰勒为上校, 出任第82空降师参谋长。同年12月, 泰勒又被晋升准将, 升任第82空降师炮兵指挥官。1943年9月受命只身前往罗马, 作为盟军特使与意大利接触, 尽管最后没能顺利实现美军在罗马直接空降的计划, 但是泰勒的表现还是颇受赏识。1944年3月, 调任第101空降师师长, 并晋升少将。在他的领导下, 第101空降师成为美军中最精锐的部队, 在诺曼底、荷兰、阿登等战役中表现得极其出色, 获得了第一个也是惟一一个总统嘉奖的师级单位。

战争结束, 1945年9月泰勒就任母校西点军校校长, 1949年9月调任驻柏林美军最高司令, 1951年2月又调任美国陆军助理参谋长, 晋升中将。1953年2月调任在朝鲜的第8集团军司令, 指挥了美军在朝鲜的最后阶段的作战。1954年12月升任远东美军陆军司令, 但3个月后就被调回美国本土, 1955年5月升任陆军参谋长。但是在他任陆军参谋长职位时, 国际局势发生重大变革, 特别是核武器的发展致使常规力量受到削弱, 为了抗议削减陆军军费而于1959年申请退休。但是泰勒退休后潜心研究现代军事理论, 提出了"灵活反应战略", 获得了肯尼迪总统的赏识与器重, 于1961年7月重新加入现役, 就任总统军事代表, 并于1962年10月出任美国军队最高职位——参谋长联席会议主席。在他上任的第二天就发生了冷战期间著名的核危机——古巴导弹危机。1964年7月, 泰勒出任美国驻南越大使, 在他的推动下, 美国逐渐越来越深地卷入越南战争。他也被美国舆论毫不客气地称为"战争罪犯"。1965年8月任总统顾问, 专门负责对越南问题进行建议。1968年随着约翰逊总统卸任, 泰勒也终于真正告别军事政治生涯。退休后他仍致力于国防政策、军队建设和国际政治研究, 发表了很多论著与演讲, 在美国军队中仍享有崇高的威望。1987年4月19日在家中病逝。

卡车护卫下疾驰而去。车队随后穿越达加诺塔城区，在城外偏僻处泰勒、加德纳才被松了绑，和毛杰里一起换乘早已准备好的一辆救护车，在车上换上了伤兵服。救护车随即直奔罗马，越接近罗马检查哨卡越多，精明的泰勒发现沿途标示德军单位的路牌越来越多，很显然罗马已经被德军严密控制了！救护车一直驶到罗马城里的卡普拉宫饭店，此时整个饭店已被意军统帅部征用，意军罗马城防司令部参谋长萨尔维上校将泰勒迎入二楼的一间豪华房间，告诉泰勒意大利方面已准备好房间和晚餐，请两位特使饱饱享用一顿意大利美食，然后舒舒服服洗个澡，睡上一觉。安全问题将由意军负责，确保万无一失。只是原定与他会面的意军总参谋长安布罗西奥因家中私事已去了都灵，无法前来。现在委托罗马城防司令卡尔博内将军于明天上午来此会面。泰勒简直不敢相信，在现在这样紧急时刻，意大利方面居然还如此神定气闲，堂堂的总参谋长居然能为了私事而不来会谈！泰勒立即严肃指出，现在事情紧急，卡尔博内必须马上前来而不是明天上午，这是不容半点商量的！萨尔维见泰勒如此严肃，便没有陪同共进晚餐就去联系了。泰勒刚吃完，卡尔博内就到了。这位衣着考究但却神色沮丧的将军一走进泰勒的房间，就拿出罗马地图向泰勒介绍目前情况，意军在罗马周围地区虽然有5个师，但是缺乏必要训练，装备落后，补给断绝，根本不是德军对手，何况现在德军在罗马附近已集结了

约3.5万人，还拥有200辆坦克，可以说只要一宣布投降，罗马立刻就属于德军了。对于泰勒提到的空降行动，卡尔博内明确表示反对，因为只要意大利一宣布投降，罗马地区的意军自身都还难保，更别说支援盟军空降部队了，而卡斯特拉诺所承诺的那些条件，不要说压制德军高射炮，就连能否守得住机场都很成问题。卡尔博内还指出，如果盟军空降部队得不到登陆部队的直接支援，那么空降就毫无价值，首先意军不能保证安全空降，退一步说即使顺利空降着陆进入罗马市区，面对优势德军也毫无作用，相反只能刺激德军对意大利进行更残酷的报复。说到这里，卡尔博内激动起来："罗马被称为不朽之城，如果在罗马爆发战事，那就是对罗马的毁灭而不是拯救，这是意大利人民所最不愿意看到的事情！"他要求盟军要么在罗马以北登陆，切断罗马地区德军退路从而迫其后撤，要么就干脆放弃在罗马的任何企图而静候其他地区的进展，并强调这一要求不是他个人的意见，而是经过陆军参谋部的同意，代表了整个意大利陆军的意见。至此，泰勒已完全明白"巨人2号"空降行动已无实施可能，那么现在还必须搞清楚的就是意大利政府的真实态度了，因此他根本无暇与卡尔博内继续讨论罗马空降的事情，干脆明确地要求立即会见意大利总理巴多格里奥元帅。这使卡尔博内非常为难，因为泰勒提出会见这样仓促，又是在深夜要求会见历来厌恶深夜被打扰的年迈老元帅。但是泰勒知道此刻时

间的紧迫性，已经顾不得更多了，在泰勒的强烈坚持下，卡尔博内只好给巴多格里奥家打电话，被从睡梦中叫醒的巴多格里奥立即同意了这次紧急会见。于是卡尔博内亲自开车带泰勒和加德纳前往元帅官邸，泰勒到达元帅官邸时已近午夜，被副官引入客厅后，卡尔博内先被召见，随后泰勒才被引入书房，会见时巴多格里奥还穿着睡衣。双方都是军人，而且巴多格里奥事先也从卡尔博内那里了解了情况，所以没有任何客套就直奔主题，巴多格里奥在简要介绍了意大利目前的政治军事形势后，和卡尔博内一样明确表示了反对盟军在罗马空降。泰勒从巴多格里奥的谈话里就判断出了意大利人一相情愿的想法，希望盟军几天后在罗马以北登陆，以便他们能进行必要准备。看来必须要让巴多格里奥意识到时间的紧迫性，所以泰勒清楚地指出，意大利的全权代表卡斯特拉诺已经在9月3日代表意大利政府与盟军签署了停战协议，并同意将在9月8日宣布投降。盟军正是根据这一协议来部署登陆行动，现在要求盟军改变计划是根本不可能了，意大利方面唯一能做的就是遵守协议，宣布投降！说到这里，巴多格里奥还是从考虑意大利方面的利益出发，表示意大利不会在9月8日宣布投降。泰勒只好提醒巴多格里奥，盟军的登陆已迫在眉睫，距离预定登陆时间现在只能以小时来计算，即使不在罗马实施空降，意大利也必须在9月8日按照停战协议宣布投降。巴多格里奥显然没有想到盟军登陆会来得如

此之快，但是德军的强大力量仍使他胆寒，他依然坚持在目前情况下意大利将无法宣布投降。

泰勒见状，只能用最强硬的话来使巴多格里奥明白现状："那么元帅阁下只能面对这样一种结果：卡斯特拉诺代表意大利已签署停战协议，而这一协议是盟军登陆成功和意大利获得解放的保证，如果元帅阁下现在要拒绝履行停战协议，那么对盟军而言就是一种背信弃义的行为！"面对泰勒如此强硬的表态，巴多格里奥只能苍白地辩解，停战协议签订后意大利形势已发生很大变化，现在意大利政府正面临极大困难，意大利将会宣布脱离轴心国阵营加入同盟国一方，但是现在肯定不行，希望盟军能将意大利视为朋友，从朋友的角度体谅意大利的难处。泰勒对这样的辩解毫不为然，进一步指出，如果意大利不能履行停战协议，就请巴多格里奥立即直接与艾森豪威尔联系，说明意大利政府的立场，而泰勒将用所携带的密码为这种联系提供方便。

巴多格里奥只得接受，并立即起草了致艾森豪威尔的电文："鉴于德军在罗马地区的兵力部署，形势已发生了变化，立即宣布停战已无可能。因为这将刺激德国占领罗马并强行接管政府。'巨人2号'行动也因缺乏保卫机场的足够力量而无法实施。谨请泰勒将军返回西西里之便，委托他面呈本政府的意见，本政府将听候您的命令。"写完后，巴多格里奥请泰勒共同署名签发电文，泰勒

给予明确拒绝"我不能为意大利政府对形势的估计承担任何责任，也不能为元帅阁下充当信使。我将自己向艾森豪威尔将军说明情况"。然后泰勒也起草了给艾森豪威尔将军的电文："鉴于巴多格里奥元帅阁下声明不能宣布停战和保证机场安全，'巨人2号'行动已不能实施。巴多格里奥要求泰勒返回并面呈意大利政府的意见，泰勒听候指示。"

当两人签发完电报已是9月8日凌晨1时20分了，泰勒随即告辞，在卡尔博内护送下返回饭店。

直到8日上午8时，意大利方面才通知泰勒，盟军司令部已收到巴多格里奥的电报，但是却没有说明是否收到泰勒的电报。对此泰勒立即表示了强烈抗议，并赶紧再次起草了一份电报，详细说明了意大利政府对局势的看法，明确表示就实地情况已无法实施空降。第二封电报发出去后还是没有任何回音，泰勒心焦如焚，他知道如果盟军没有收到他的电报，按计划实施空降的话，第82空降师将遭到怎样的损失。泰勒开始怀疑意大利方面是否将他的电报发出去，情急之下泰勒使出了最后一招！于11时35分第三次致电艾森豪威尔，电文内容只有两个字："无妨！"这是泰勒临行前与艾森豪威尔秘密约定的暗语，表示在紧急情况下必须取消空降——正如泰勒所担心的，意大利方面果然没有拍发泰勒的前两份电报，但是这份从字面上看来没有问题的电报却清楚地向艾森豪威尔传递了必须取消空降的重要信息——

此时在西西里的机场上，第82空降师早已整队登机，只是由于师长李奇微坚持要有泰勒的消息才能起飞。所以运输机群一直都停在跑道上，直到中午过后如果再不起飞就无法按时到达罗马的最后时刻，李奇微才极不情愿地下达起飞命令。先头的几架飞机刚刚起飞，1架联络飞机便在机场的另一跑道上紧急降落，第15集团军群副参谋长莱曼·兰尼兹少将从飞机上跳下来，他是奉艾森豪威尔的紧急命令亲自赶来通知第82空降师取消行动。于是已经起飞的飞机被召回，空降行动在最后关头紧急刹车。

这时在罗马，卡尔博内通知泰勒，意大利方面决定派副总参谋长弗朗西斯科·罗西中将随他一起返回阿尔及尔，代表意大利政府向艾森豪威尔说明情况。泰勒立即将此事发电报给艾森豪威尔，就在等待回电时，泰勒决定与意军将领做进一步接触，正好意军总参谋长安布罗西奥返回罗马，泰勒立即要求见见这位在目前紧急局势下还能离开自己岗位回家处理私事的意军领导人。就在预定会见前，艾森豪威尔的回电到了，电文措辞非常强硬：目前盟军不可能有任何让步和更改，不管意大利方面怎样，盟军都将于约定时间9月8日17时30分宣布意大利投降。如果到时候得不到意大利方面的响应，那么就将公布意大利方面的行动，将意大利人背信弃义的嘴脸公之于众，看看以后还有谁会把意大利人当作朋友。电文中还同意停止执行"巨人2号"行动，并要求意大利方面立即派飞机将泰勒和加德纳送回盟军司令部。根据艾森豪威尔的命令，泰勒立即取消了与安布罗西奥的会面，虽然电文里没有提及是否同意罗西同行，但泰勒还是决定带罗西一起返回。

17时，泰勒一行到达罗马近郊的琴特谢利机场，刚上飞机还没坐稳，飞机就滑上跑道起飞了——30分钟后，同盟国宣布意大利已接受无条件投降，2小时后意大利方面也不得不宣布投降。9日凌晨3时30分，盟军在意大利南部萨勒诺登陆。而泰勒不知道，幸亏他取消了与安布罗西奥见面迅速赶到机场，才逃过一劫，因为盟军刚一宣布意大利投降，罗马地区德军就开始行动，泰勒的飞机起飞后还不到2小时，机场就被德军控制了。

"轴心"行动

对于意大利这样一个盟友，德国方面是早就不满了，甚至有德军高级将领这样尖刻地说："如果意大利成为我们的敌人，只需要60个师就能解决；而如果意大利是我们的盟友，那就需要80个师来支援他。"希特勒除了对墨索里尼外，对意大利其他人都是极不信任的。但是即便德国知道意大利的倒戈是早晚的事，并为此进行了精心应变准备，但仍希望能尽量拖延意大利投降的最终发生。

相对于意大利方面的备战来说，意大利对德国虚与委蛇的表演可以说是精彩多了，即便是在意大利投降一些迹象已很明显的情况下，依然打消了精明的凯塞林不少疑

惑，例如9月7日意大利海军部长柯尔顿上将当面告诉凯塞林，意大利海军舰队将在次日出海，宁为玉碎不为瓦全与盟军舰队决一死战！说到这里，这位演技远远高于指挥才干的将军居然眼睛里都饱含了热泪，使得感情冷漠的德国人都为之动容。而凯塞林的参谋长韦斯特法尔9月8日来到设在蒙特罗通多意大利陆军总部时，意大利陆军参谋长罗塔上将还煞有介事地与其讨论在意大利南部联合作战的细节，甚至当韦斯特法尔接到同盟国已宣布意大利投降的紧急电话通知时，罗塔还信誓旦旦地保证这是同盟国卑劣的宣传伎俩！

当意大利方面的态度传回地中海战区司令部后，艾森豪威尔决定不予接受意大利方面对宣布停战协议的改变，并立即报告英美联合参谋长委员会，英美最高当局经过紧急磋商后答复艾森豪威尔协议"既然已经签署就应当在有利于军事行动的条件下，公开宣布"。根据这一指示，艾森豪威尔于9月8日17时30分宣布了意大利无条件投降，随后由电台广播了停战宣言的全文。19时，巴多格里奥代表意大利政府在罗马也宣布了停战宣言。在意大利宣布投降后，罗马城内立即陷入混乱，令人啼笑皆非的是双方要员都在忙于逃命，德国大使馆的外交官甚至连机密文件都没处理就奔上最后一班北上的火车仓皇而逃，意大利王室主要成员和内阁成员先转移到陆军总部，再乘车连夜赶到亚得里亚海边的佩斯卡拉港，分乘2艘驱潜快艇于10日凌

晨到达布林迪西，在那里成立了流亡政府。

驻意大利德军分秒不落地立即开始了"轴心"行动，几乎所有意军都被迅速解决了，只在少数地点发生了微弱的抵抗。在罗马附近的德军第1空降师和第3装甲掷弹兵师开始向罗马市区挺进，遭遇了不小阻力，毕竟意军在罗马附近集中了多达5个师的重兵集团。德军第1空降师的1个伞兵营于9日凌晨从福贾机场起飞，在蒙特罗通多意大利陆军总部附近空降，这是斯徒登特黑虎掏心之计，企图一举捣毁意军指挥中枢，不过空降兵遭到意军顽强抵抗，虽然夺取了附近的一些建筑物，并切断了意军总部与外界的联系，但是陆军总部大楼的守军仍凭借坚固楼房死守不退，激战一直持续到10日，意军统帅部下令停止抵抗才放下武器，德军冲进大楼时演技精湛的罗塔上将早已经溜之大吉了。

此外全副德械装备的第1黑衫师已更名为第136"半人马座军团"装甲师，在"轴心"行动中全部装备均被德军收回 (平心而论，希特勒对墨索里尼确实不薄，这些装备即使在德军部队里也应该算是相当先进的，尤其是IV号H型坦克是当时德军现役装备中最好的坦克)，这些先进装备随即调给了在西西里战役中装备损失惨重的戈林师。

凯塞林明白，意军在罗马附近有近5个师之众，而德军只有2个师，即便德军战斗力再强，也是以寡敌众，何况又是在敌国土地上作战，单靠武力是寸步难行的，所以他很明智地采取了软硬兼施的策略，一面通过刚

刚赶到罗马与德军联系的意军元老卡维格利亚元帅向意军威胁，如果意军坚持抵抗，德军将大举轰炸罗马；一面通过广播宣布只要意军士兵放下武器就可自由回家。早已对战争厌倦透顶的意军士兵，二话不说就放下武器，意军的抵抗顿时瓦解，而凯塞林又向卡维格利亚保证，只要意军停止抵抗，德军仍将视罗马为开放城市，不对罗马进行破坏。少数没有溃散的意军部队也不愿意使罗马毁于战火而退至罗马以东的蒂沃利，并最终接受了这一条件，凯塞林于9月10日晚终于成为罗马的主人，而他也确实实践了诺言，从这天直到德军最后撤离，德军在罗马市区的驻军都没有超过一个营，而且没有对城市进行破坏，因为凯塞林也不想背负上毁灭不朽之城的罪名。

凯塞林在罗马地区所采取的措施，实际上完全与希特勒的命令相悖，希特勒是要求除了愿意加入德军继续参战的意军士兵外，其余人都将被作为俘虏送到德国作为强制劳工，但是凯塞林抵制了这一不现实的命令，而实践证明凯塞林"放下武器就可回家"的处置办法简单而有效，其结果比任何所能想到的办法都要理想。除了罗马以外，在巴尔干、克里特岛、法国南部，意军43个师约60万人几乎未作抵抗就被解除了武装，其中绝大部分人都卸甲归乡，只有约4万人被隆美尔所指挥的部队按照命令押送到德国。另有9个师向盟军投降，在巴尔干的10个师向当地游击队缴械。

■ 意大利投降舰队司令指挥官伯刚明尼上将。

■ 意大利舰队向盟军升起了代表投降的信号旗。

意大利海军根据停战协议规定，离开锚泊地驶往盟军控制港口。9月8日凌晨3时，以伯刚明尼上将率领的3艘战列舰、6艘巡洋舰为核心的意大利海军舰队驶离拉斯佩齐亚港，开往马耳他。航行途中被德军发现，德军立即派出飞机对意军舰队进行攻击，15时30分意军舰队在科西嘉岛以西海域遭到德军攻击。6架德军Do 217K轰炸机投下了新式武器——无线电遥控FX-1400滑翔炸弹，1枚炸弹击中旗舰"罗马"号战列舰右舷后侧，穿透舰体装甲一直落到底舱才爆炸，右舷主机也被炸毁，致使航速下降到16节，紧接着第二枚炸弹又在第二炮塔和指挥舰桥之间爆炸，并引发大火，20分钟后大火蔓延到弹药舱，"罗马"号在大爆炸中被炸为两截迅即沉没，包括伯刚明尼上将在内的1254名舰员阵亡。"意大利"号（原"利特里奥"号）战列舰也被1枚滑翔炸弹击中，好在损管得力，虽然进水达900吨总算还能随舰队航行。意军"达诺利"号和"维瓦尔迪"号驱逐舰在规避德军攻击时触雷沉没。9月9日意军另一支舰队，包括2艘战列舰、2艘巡洋舰和1艘驱逐舰从塔兰托起航，顺利到达马耳他。截至11日，意大利海军共有5艘战列舰、7艘巡洋舰、8艘驱逐舰、33艘潜艇、8艘护卫舰和12艘鱼雷艇在盟军舰队接应下陆续到达盟军控制港口。而"波尔萨诺"号、"塔兰托"号巡洋舰、"泽诺"号、"科拉齐耶罗"号和"马埃斯特尔"号驱逐舰及5艘鱼雷艇因未及时驶出德军控制港口而不得不由舰员自行凿

"罗马"号战列舰

　　"罗马"号战列舰是意大利海军"维托里奥·维内托"级的三号舰,"维内托"级是意大利海军在第一次世界大战后开工建造的惟一一级战列舰,也是意大利海军历史上最后一级战列舰。由海军工程总监察长普列塞设计,外型简洁美观,布置紧凑,既拥有强大的火力,又具备坚固的防护,同时航速也较高,是火力、防护与机动三者的完美整合。"罗马"号由的里雅斯特的亚得里亚特伊戈造船厂建造,1938年9月18日铺设龙骨,1940年6月9日下水,1942年6月14日完工服役。标准排水量41650吨,满载排水量46215吨,舰长240.7米,水线232.4米,舰宽32.95米,最大吃水10.44米。动力装置为四台蒸汽轮机,四轴推进,140000马力,续航力14节时为4700海里,20节时为3900海里,最大航速30节。武备为3座三联装381毫米主炮,4座三联装152毫米副炮,12门单管90毫米高射炮,10座双联装37毫米高射炮和16座双联装20毫米高射炮,可载3架舰载机。全舰装甲防护情况为:舷侧装甲带350毫米,甲板装甲207毫米,主炮塔装甲380毫米,司令塔装甲260毫米,装甲总重13545吨,约占排水量的33%。船舷水下部分采用新式防护系统,即以总设计师普列塞名字命名的普列塞系统。在内侧与船体中心线还有纵隔壁,中部动力区与炮塔下部设有三重船底,全舰舷侧及要害部位均得到良好装甲防护,不过水平防护方面相对薄弱。编制舰员1872人。

■ "罗马"号的最后一瞥,巨大的烟团升到数千米的高空。

　　"罗马"号是意大利海军最后服役且最短命的战列舰,服役后由于燃油严重短缺,从未出海执行过战斗任务,连出港也受到很大限制。1943年6月5日在拉斯佩齐亚遭到美军飞机空袭,被击中2颗炸弹,23日再次遭到空袭,又被命中2颗炸弹,经过热那亚船厂修理后于8月13日返回拉斯佩齐亚。1943年9月9日遵照与盟国的停战协议的规定驶往马耳他,途中遭到德国空军的攻击,被2枚无线电制导的滑翔炸弹击中,因爆炸引起大火蔓延到弹药舱而导致大爆炸,舰体被炸成2段沉没,其寿命仅仅15个月。

FX-1400滑翔炸弹

　　世界上第一种投入实战使用的制导炸弹，由鲁尔钢铁公司研制，在1400公斤穿甲弹上加装弹尾组合控制翼组成。最初试验型"弗里茨-X"（Fritz X）被称为X0，而量产型则被称为X1。但在实际中被习惯性地称为"弗里茨-X"，因为是在1400公斤炸弹基础上研制，所以也被称为FX-1400。"弗里茨-X"无线电制导炸弹外形好像是一枚带着翅膀的炮弹，弹体最大直径为562毫米，采用X形稳定面，翼尖为T形，尾翼为箱形控制舵面，并配有5个发光筒，以利于飞行员能精确判定"弗里茨-X"的位置，从而对其航向进行调整干预。"弗里茨-X"无线电制导炸弹采用Lotfe-7型炸弹瞄准具，攻击时由载机（通常是专门改装的Do217或He117轰炸机）从6000－7000米的高度投放，随后载机再爬升300米左右，由瞄准员对炸弹进行弹道修正，"弗里茨-X"开始进行高速俯冲并由火箭发动机加速，在飞行的最后10秒阶段，"弗里茨-X"进行最后一次修正后直冲目标。针对"弗里茨-X"的技术特点，盟军迅速在军舰上加装了ECM电子对抗系统，对"弗里茨-X"进行电子干扰，并大力加强了空中掩护。由于"弗里茨-X"在飞行过程中需要瞄准员的全程遥控，这就要求轰炸机在敌防空炮火范围内的高危险区域停留较长的时间，而且还不能做过于激烈的机动动作，这使得载机很容易成为盟军战斗机和高射炮的靶子，所以后期战绩就乏善可陈了。该炸弹于1942年投产，1943年的月产量达到

■ FX-1400滑翔炸弹。

300枚。其中100枚用于训练，另外200枚投入实战。至1944年停产，共生产了2500枚，但真正投入实战的只有100枚。

　　"弗里茨-X"在实战中取得的主要战果有：1943年9月击沉意大利海军战列舰"罗马"号，重创战列舰"意大利"号；9月11日重创美国巡洋舰"萨凡纳"号；9月13日重创英国轻巡洋舰"乌干达"号（也有为Hs293击伤之说）；1944年1月29日击沉英国巡洋舰"斯巴达人"。

沉。此外，意大利海军正在船坞大修和舾装的"加富尔公爵"号、"帝国"号战列舰、"卡约·马里奥"号、"埃特纳"号、"朱利奥·塞曼尼科"号和"维苏威"号巡洋舰均被舰员自沉。

　　其实早在墨索里尼被废黜之后，有头脑的人就知道意大利的投降已是早晚的事了。所以德军统帅部断然拒绝了意大利提出的增派德军去加强南部防御的请求，因为一旦意大利投降，罗马落入盟军手里，意大利南部

■ （上左）意大利轻巡洋舰"阿布鲁齐"号属于雇佣军队长级V型，它是从热那亚港起航的投降舰队一员。（下左）老战列舰"恺撒"号是惟一从波拉港起航的投降舰艇。（上右）"维瓦尔第"号驱逐舰在前往向盟军投降途中不幸沉没。（下右）未来得及出港的"西北风"号驱逐舰由舰员自行凿沉。

■ 有5艘未向盟军投降的舰艇驶往巴利阿里群岛的马洪港，并被扣留至战争结束。图中可见的4艘从左到右分别为："龙骑兵"号、"机枪手"号驱逐舰、"雷格洛"号轻巡洋舰、"步枪手"号驱逐舰。

的德军就将陷入既无退路又无补给的绝境，即便从西西里撤回的4个德军师处境再危急，都不会派更多部队南下，那将只能徒然增加更多的损失。整个意大利战场就围绕着核心——不朽之城罗马。在意大利投降这一重大事件中，意大利、同盟国和德国三方的行动都是很值得研究的，那就让笔者来一番事后诸葛亮吧。

当意大利一确定退出轴心国阵营的决策后，军事上立即采取了两项行动，其一是抢先向意大利海军舰队主力锚泊的拉斯佩齐亚港派出重兵，将这个军港牢牢掌握在自己手里。其二就是迅速向罗马周围增派部队，当凯塞林问起这些意军部队调到罗马周围是出于什么目的，意大利方面竟然回以"和到罗马的德军一样的任务！"从这时起，德国和意大利之间就开始心照不宣进行必要应变准备了。不过意大利方面毕竟实力不济，还是需要有所掩饰，以免给德军以口实。8月间，意军统帅部两次下达密令，要求各部队严密注意德军动向，加强戒备，并将一些缺乏运输力量的部队事先配置在重点防御地段。但是意军的备战准备远远不够，意军将希望全部寄托在盟军身上，认为盟军将会在罗马以北发动登陆，迅速切断罗马地区德军的退路，迫使德军放弃罗马。而盟军方面始终对意大利方面保持警惕，害怕其出尔反尔背信弃义，所以一直不对意大利方面透露登陆的详细情况，含糊的措辞更加深了双方的误解，从而使这种源自自己利益的一相情愿

的推测与现实之间的巨大差异，将意大利投降这一大好机会葬送掉了。盟军在罗马的空降计划，虽然带有相当的冒险性，但是战争本来就是在风险中博取利益，正如希特勒所说的胜利历来只青睐冒险者。太过谨慎保守的心态才是意大利战场盟军始终挥之不去的痼症，也是意大利战场在巨大优势条件下一直举步蹒跚的根本原因。盟军在罗马空降，空降部队可能遭受一定损失，但是也不能排除，盟军空降可能会给意军带来的巨大鼓舞和心理支持，给德军所带来的震撼和打击。或许盟军的空降就可能彻底改变罗马的局势，这也不是不可能的。但是最终盟军还是遵循着稳妥保守的原则，按部就班地在己方航空兵作战范围之内的萨勒诺登陆，从而将神奇化为平庸，白白付出更多时间和代价。最终出现这样并不能使人满意的结局，最重要的原因是意大利和同盟国之间在时间上的拖延，从墨索里尼倒台到意大利宣布投降，中间居然相隔了40多天！如果两方面能抓紧时间达成协议的话，德国也根本来不及做好必要应变准备，8月间德国在意大利的部队都还根本没有就位，如果意大利在8月宣布投降的话，很可能给德国一个措手不及，即使拿下罗马未必有绝对把握，至少意大利南部可以一鼓而定！相比之下，德国人的表现堪称出色，计划周密，行动果断，在意大利投降与萨勒诺登陆这两大极其不利情况同时出现之时，居然以迅雷不及掩耳的快速反应，挽狂澜于即倒，从几乎是必死无疑的绝境中打

开了一条生路，实在使后人感慨。

9月12日德军特种部队救出了被关押的墨索里尼，18日墨索里尼在意大利北部成立法西斯共和国，墨索里尼立即进行疯狂报复，凡是在法西斯党最高委员会会议上投了赞成格兰迪决议的人，只要落到墨索里尼手里都被处决，甚至连墨索里尼的女婿齐亚诺都没幸免。

10月13日，巴多格里奥的意大利政府宣布"基于德国武装力量对意大利人民采取越来越频繁的敌对行动，意大利与德国处于战争状态"。同盟国同时宣布承认意大利为对德作战之共同一方。

意大利无条件投降虽然最终得以实现，在德意日三个轴心国中，意大利一贯是先行一步的，无论是建立法西斯政党，还是对外侵略扩张，此次还是意大利做了个榜样，成为第一个宣布投降的轴心国，预示着法西斯阵营的最后失败。然而同盟国与意大利之间却因为种种错误的相互认识与理解，导致意大利投降这样绝好机会却没有能对战争进程带来更为现实的益处，实在令人惋惜。

其实，当意大利宣布无条件投降和盟军在意大利登陆之后，连希特勒和德军最高统帅部都认为在意大利南部的凯塞林所部已经是死定了，而一向乐观的凯塞林在迅速解除意军武装，控制罗马的同时始终忐忑不安地关注着盟军的行动，尤其是担心盟军在罗马空降，在9月9日和10日两天，可以说凯塞林是无时无刻不在担忧这种情况，直到德军完全控制罗马后也未见盟军空降，凯塞林这才如释重负——盟军担心罗马空降会遭到全军覆没，而德军则更为担心盟军这样一个冒险但又致命的行动，正如凯塞林所说："一个在罗马的空降，再加上一个在罗马附近的海上登陆，就很可能迫使我们不得不撤出整个意大利南部。"盟军未能充分利用意大利政局动荡之机获取最大的利益，最关键的失着就是行动太过迟缓，从墨索里尼下台的7月25日到盟军在意大利本土登陆的9月9日，足足有6个星期。这中间的延误既有军事上的原因也有政治上的原因。军事上美国方面担心影响在诺曼底的反攻而反对进入意大利本土，一直到7月20日西西里意军基本崩溃之后才同意进攻意大利本土。政治上的原因主要是没有预见到意大利会如此之快投降，因此没能为与意大利政府之间的秘密媾和事先开辟一条可靠的渠道，以至于当意大利政府想要与同盟国方面接触却找不到通道，白白浪费了很多时间；其次是"无条件投降"之说，尽管无条件投降一说有利之处不一而足，但是任何事情都是有利有弊的，意大利新政府自然希望能以比较优惠的条件，于是在谈判中又为了这一点耗费了太多时间，最终达成停战协议花费了太多时间，使德军有时间完成了应对意大利投降的各项准备。太过谨慎保守的盟军终于没能更好地利用这样绝好的机会，同盟国唯一的收获就是终于迫使意大利退出了法西斯阵营，使德意日三轴心断了一轴。

跨过墨西拿海峡

在1943年1月英美首脑卡萨布兰卡会议上，英美最高领导层确定在1943年里地中海战区只进攻西西里，而不进攻意大利本土。但是事情的发展迅速改变了这一原定的限度，在1943年5月英国首相丘吉尔和美国陆军参谋长马歇尔来到阿尔及尔的地中海战区司令部与地中海战区的高级将领商讨地中海战区的下一步战略时，包括美军将领艾森豪威尔在内地中海三军统帅都表示应该再接再厉，在西西里战役之后进攻意大利本土。马歇尔担心进攻意大利本土会影响对欧洲大陆的反攻，所以就让艾森豪威尔制订两个作战计划，一个是进攻撒丁岛和科西嘉岛，另一个则是进攻意大利南部，然后根据形势发展选择其中之一来实施。艾森豪威尔让美军第5集团军负责制订进攻撒丁岛和科西嘉岛计划，而让英军第8集团军制订进攻意大利南部计划。西西里战役还未结束，意大利政局就发生了巨变，墨索里尼被废黜，新上台的巴多格里奥政府很快就向同盟国伸出了橄榄枝。在这种情况下，艾森豪威尔立即决定美军第5集团军放弃撒丁岛和科西嘉岛进攻计划，改在萨勒诺登陆，占领意大利南部重要港口那不勒斯，而英军第8集团军横渡墨西拿海峡，在意大利最南部登陆。英美联合参谋长委员会审时度势，批准这一新计划。在这个新计划中，或许是因为意军在西西里的表现实在差强人意，或许是因为德军在意大利的兵力薄弱，所以盟军似乎成竹在胸，一下子准备在3个地区实施登陆，第一个是由英军第8集团军在意大利靴形半岛的"脚尖"卡拉布里亚登陆，作战计划代号为"湾镇"；第二个由英军第1空降师在意大利重要军港塔兰托登陆，作战计划代号为"响板"；第三个则是由美军第5集团军在萨勒诺登陆，作战计划代号"雪崩"。

在这3个登陆计划中，卡拉布里亚登陆是最早实施的。早在8月16日，西西里战役还未结束，第15集团军群司令亚历山大就向第8集团军司令蒙哥马利下达了正式命令。在这份正式命令里亚历山大强调，"请记住你在意大利南部所牵制的敌军兵力越多，则对于雪崩作战的帮助也越大"。由此看来"湾镇"是为"雪崩"起牵制作用的，从西西里以后，蒙哥马利头牌主角的地位似乎已经一去不复返了，越来越多充当起配角了。蒙哥马利对这一任务也是抱怨有加，因为从卡拉布里亚到萨勒诺距离足有近500公里，这么远的距离在战术上根本谈不到任何配合与协调，而且从卡拉布里亚到萨勒诺只有两条公路，沿途地形狭窄易守而难攻，途中的河流、沟壑、山谷几乎都和公路成直角，防守方只需要少量兵力就能轻易地挡住进攻方重兵集团的猛攻，如果真是从牵制敌军的思想来看，在卡拉布里亚的登陆绝对是一个愚蠢至极的计划。但是毕竟军令如山，蒙哥马利带着满腹怨气还是要组织这次毫无意义的登陆。

尽管蒙哥马利已经知道在卡拉布里亚地区德意军力量非常弱小，但他还是以其一贯的谨慎与保守来组织战役。艾森豪威尔原来要求第8集团军于8月22日发起进攻，但是蒙哥马利表示此时他手上可以使用的登陆艇很有限，最多只能运送4个营的部队，显然投入这点兵力实施登陆是远远不够的，所以要求推迟登陆时间以集结更多的登陆艇，最后登陆时间被推迟到9月3日。

8月31日，盟军出动2艘战列舰、1艘巡洋舰和9艘驱逐舰对预定登陆地点进行了舰炮预先火力准备。

9月2日，再次出动2艘战列舰、2艘巡洋舰和7艘驱逐舰对登陆地点进行舰炮轰击。

9月3日凌晨，由麦尔斯·邓普西中将指挥的英军第13军的2个师分乘22艘坦克登陆舰和270艘登陆艇横渡墨西拿海峡，4时30分英军第5步兵师和加拿大第1步兵师并肩在勒佐附近海滩登陆，登陆部队是在惊天动地的炮火掩护下冲上海滩的，除了2艘巡洋舰和6艘驱逐舰的舰炮火力外，蒙哥马利还集中了英军第30军的全部炮兵以及80门大口径火炮和40门美制105毫米炮，各型火炮总数高达600门！如此密度的炮火简直是在浪费弹药，因为在登陆地点的德意军守军不超过2个营，也没有多少炮火支援。登陆部队在徐进弹幕射击掩护下冲上海滩，发现海滩上居然空空荡荡，不要说守军了，就连地雷和铁丝网都难得一见，部队登陆后迅速向内陆挺进，黄昏时分已占领了意大利半岛的整

个"脚趾头"，控制的登陆场纵深已达10公里，俘虏了约3000名意军和3名德军，所遇到的最顽强的抵抗是1头从勒佐动物园里逃出来的美洲豹。

从次日起，英军的推进就开始遭到德军第29装甲掷弹兵师的阻滞，凯塞林知道该师刚刚从西西里撤回，人员和装备损失都没得到补充，战斗力还未恢复，所以命令只是该师迟滞英军推进，德军并不投入很大的部队来进行阻击，主力有序后撤，仅以后卫依托有利地形进行抗击，并在公路沿途大量布设地雷和饵雷，还对一些关键地域进行破坏性爆破，这些措施使英军前进速度大受影响，截至9月6日才向纵深推进了50公里。而德军第29装甲掷弹兵师则且战且退，在卡坦扎罗以南地区与德军第26装甲师会合。

9月8日英军以1个加强团的兵力在巴尼亚拉附近登陆，截断了德军第29装甲掷弹兵师部分主力的退路，一度引起该师混乱，好在第26装甲师随即果断向登陆英军实施反冲击，打开缺口接应被围部队突围。9月10日，英军尾随德军进至卡坦扎罗、尼卡斯特罗地区，虽然此时英军前面已无德军阻击，但英军还是不得不停了下来，因为公路多处遭到破坏，大批补给物资积压在海滩无法运到前线部队手里，部队补给开始面临困境，此时萨勒诺登陆已经打响，而第8集团军与萨勒诺登陆之间的距离还有350公里之遥！

简单的判断题

西西里战役结束，德国统帅部就开始对盟军在地中海的下一个进攻目标进行分析，根据盟军在西西里战役所表现出的巨大的两栖登陆作战能力（在西西里盟军一次就登陆8个师！）使德军统帅部深为担忧，以这样的能力，盟军在地中海可以随意选择登陆地点进行最致命的打击，而在地中海战区，这一块没有足够甲胄防护的"柔软下腹部"，可供盟军选择的要害之处实在太多了：巴尔干、法国南部、撒丁岛、科西嘉岛、意大利本土等等，无一不是薄弱而要害的地方。

希特勒认为盟军下一个登陆地点将是巴尔干，首先在巴尔干半岛登陆具有其他地点无法比拟的军事政治价值，因为巴尔干是历史上进入欧洲心脏地区最传统的攻击路线，盟军一旦在希腊登陆，那么罗马尼亚、保加利亚、匈牙利就会闻风而降，苏联战场的南翼就将门户大开！而且本来就在徘徊之中的土耳其也很可能加入同盟国阵营，最终将出现苏联与英美盟军携手在东南欧大举反攻的可怕局面，这正是希特勒所一直担心的。其次巴尔干的地形也适合于盟军的机械化部队行动，不像撒丁岛、科西嘉岛和意大利本土那样山脉绵延道路崎岖易守难攻。再说，难道拥有强大两栖登陆实力的盟军会只满足于撒丁岛或科西嘉岛这样的小目标？

德军统帅部的一些参谋人员则倾向于撒丁岛或科西嘉岛，因为这两个岛屿是所有这些目标中防御最薄弱的，也是盟军可以最轻易拿下的，符合先易后难，先弱后强的军事逻辑，而且夺取了这2个岛屿后可以建立起前进的空军基地，大大增强对法国和意大利纵深地区的空袭强度，并为以后在法国南部或意大利本土的登陆提供强有力的空中掩护。

熟悉盟军空军情况的空军元帅凯塞林根据盟军一贯的作战原则来看，盟军是绝不会在岸基航空兵作战范围以外的地区发动大规模军事行动的，这是盟军一条绝对不会违背的金科玉律，即便目标具有再显而易见的巨大价值，即便盟军地中海舰队航空母舰的舰载机力量可能大大胜过德意军队的航空力量。而从盟军现役的战斗机性能分析，在其战斗机作战半径之外的巴尔干地区首先就可被排除。剩下就只有意大利本土最有可能了。意大利本土是个酷似靴形的半岛，其南部山脉纵横，地势崎岖，中部高耸的亚平宁山脉纵贯南北如同整个半岛的屋脊，北部阿尔卑斯山脉众多山隘是地中海通往中欧的天然走廊，整个半岛山地及丘陵占总面积的80%以上。而在意大利本土，也有一连串的诱人目标，从意大利靴形半岛的"脚趾"，到东海岸的塔兰托和最大的航空基地福贾机场，西海岸的那不勒斯，都是理想的攻击目标。尤其是"脚趾"部分的卡拉布里亚，对于盟军来说几乎是一步就可跨过，对于进入意大利本土来说，这是最近在咫尺的距离，任何人恐怕用脚趾都能猜得出的。但是凯塞林认为，卡拉布里亚的登陆由于向北地形不利于

■ 今日萨勒诺海滩。

进攻，极可能是个佯攻方向，而真正的主攻将是在萨勒诺，因为萨勒诺正处在盟军战斗机作战半径的边缘，以盟军装备的主力战斗机"喷火"来说，如果携带副油箱的话可在萨勒诺上空停留20分钟，从盟军所拥有的战斗机数量来看，能有20分钟就足够了。而且萨勒诺附近不到10公里就是蒙特科维诺机场，只要登陆后迅速推进拿下机场就能获得前进航空兵基地，何况萨勒诺以北约50公里就是意大利南部最大港口那不勒斯，那可是盟军垂涎三尺的大目标啊！再加上萨勒诺所在萨勒诺湾入口宽阔，海滩也很宽大，足以展开大舰队和保证登陆舰艇上岸。这些理由加在一起，那么盟军的下一个登陆地点就是一道再简单不过的判断题了，答案就是萨勒诺。

凯塞林的判断可以说一针见血，他牢牢捏住了盟军那有些偏执病态地依赖航空兵的脉搏。其实在盟军下一步进攻目标早就锁定了意大利本土，但在制订具体登陆计划时也有人提出在那不勒斯北面的加埃塔登陆，因为从加埃塔向内陆纵深比较平坦，不像萨勒诺那样会有山地阻隔，但是盟军地中海战区空军司令特德立即指出，如果在加埃塔登陆，超出了岸基航空兵的作战半径，将得不到良好的空中支援，于是空中支援便成为盟军考虑登陆计划的一票否决。

这样简单的判断题，不仅凯塞林这样久历戎阵的卓越军人看得出，连一些非职业人士都看得出，如德国一家电台就曾在评论节目中，准确预测到盟军下一步将是在萨勒诺发起主攻，而在卡拉布里亚将有一次牵制性的助攻。

正是出于这样的考虑，希特勒于8月中旬——巧得很，正是盟军正式下达卡拉布里亚登陆命令的前后，向驻意大利的德军下达训令：意大利的投降是早晚的事情；为了准备应付突发情况，必须控制罗马地区；从那不勒斯到萨勒诺之间是威胁最大的地区，应配置强大的战斗部队。希特勒还特别叮嘱德军第10集团军司令海因里希·冯·维廷霍夫中将，务必将萨勒诺作为防御重点。根据这一指示，凯塞林迅速调整意大利南部德军部署，在意大利中南部的8个师里，将第2空降师和第3装甲掷弹兵师2个师部署在罗马周围，准备必要时控制罗马解决意大利政府及军队指挥中枢。另外6个师里，只有2个师是最近调来的，其余4个师都是刚刚从西西里撤回的。在这4个师中，凯塞林将损失最重的戈林师和第15装甲掷弹兵师集中在那不勒斯休整补充，第1空降师部署在阿普利亚，负责塔兰托和福贾两地防御，第29装甲掷弹兵师则部署在卡拉布里亚，用来对付盟军可能的登陆。新来的2个师里第26装甲师也被部署到卡拉布里亚，作为第29师的后援，而装备最好战斗力最强的第16装甲师则被部署在萨勒诺，准备正面迎击盟军登陆。该师原属德军第6集团军，在斯大林格勒战役中遭到重创，几乎全军覆没，刚刚在法国完成补充，目前全师兵力约1.1万人，装备约80辆IV号坦克和36辆突击炮，但是由于该师调到萨勒诺不久，整个防御态势还未完全形成，虽然也修

建了一些工事，但是远远不够，特别是雷区和海滩反登陆障碍物都没能设立，防御还根本称不上坚固。在意大利南部的德军6个师全归第10集团军指挥，该集团军司令部就设在萨勒诺东南的波拉。凯塞林还亲自来到萨勒诺海滩视察，从表面上看海滩宽广，地势平坦，确实很适宜大部队登陆，但是平原向内陆延伸不过25公里就完全被险峻的山峰所环抱，只要在这些山岭上部署少量炮兵就能彻底压制住平原地区的登陆部队，难怪炮兵出身的凯塞林在看完萨勒诺的地形后，不由得喜形于色地高呼："这里是上帝赐给德国炮兵的绝妙礼物！"

我们可以设想，在这种情况下盟军的登陆将会遇到什么。

没有爆发的雪崩

盟军对德军的部署一无所知，完全陶醉在意大利即将投降的美梦中，只要一登陆就会势如破竹，萨勒诺登陆的代号为"雪崩"就充分说明了盟军高层指挥的这种盲目乐观心态。此次登陆战役由地中海战区海军司令坎宁安上将任最高司令，地面部队由美军第5集团军司令克拉克中将指挥，下辖美军第6军和英军第10军，负责运送登陆部队的是由西部特混舰队司令休伊特海军中将指挥的两栖特混编队，下辖南北2个编队，分别运送第6军和第10军，负责海上掩护的是维安海军少将指挥的航母编队和威利斯海军中将指挥的

战列舰编队，航母编队由2艘轻型航母和4艘护航航母组成，主要为舰队提供空中掩护，以弥补岸基航空兵航程不足。而战列舰编队是由4艘战列舰、2艘舰队航母组成，主要负责海上直接掩护，并接应意大利海军舰队来降。

从9月3日开始，参加登陆的各部队分别从阿尔及尔、奥兰、比塞大和的黎波里等北非港口登船起航，开往西西里岛与从巴勒莫登船起航的部队会合，而后一起向萨勒诺进发。在整个航渡过程中，曾遭到过德军飞机的攻击，有数艘舰艇被击沉。

9月8日晚上，广播里传来了意大利宣布

■ 1943年9月，美国两栖指挥舰"安康"号舰长马瑟上校（左）欢迎克拉克中将登舰，而克拉克也将开始他糟糕的作战指挥。

无条件投降的消息，顿时整个舰队爆发出惊天动地的欢呼，所有的士兵都满心欢喜地认为此次登陆将是一次轻松的旅行，迎接他们的将是鲜花、香槟和热吻。

登陆作战总指挥第5集团军司令克拉克从没有实战经验，更谈不上两栖登陆的实战经验了，从舰队一出发他就想当然地决定以奇袭方式发起进攻，所以不打算进行直接炮火准备，他的这一想法刚出口，就遭到了登陆编队司令休伊特的强烈反对，休伊特参加过北非和西西里两次登陆作战，从血与火的战场上深刻了解到直接炮火准备对登陆成功的巨大作用，而且连很多水手和士兵都猜到登陆地点，

■ 西部特混舰队司令肯特·休伊特少将（右）在与部下商讨作战计划。

所谓发动奇袭的想法是绝对荒唐的，因此强烈坚持必须要进行炮火准备，但是无奈克拉克倔劲十足，无论休伊特怎么解释就是坚持不要炮火准备，要以奇取胜。当舰队遭到德军飞机攻击后，休伊特立即表示既然德军飞机已经发现了舰队，那么所谓的突然性也就无从谈起，奇袭更谈不上了，那就要进行炮火准备。不料克拉克却是茅坑里的石头——又臭又硬，声称虽然德军飞机发现并攻击了舰队，但并不知道舰队的真实航向，更不知道舰队的目的地，所以发动奇袭还是完全可能的，说来说去就是不同意进行炮火准备。休伊特再三劝说无效，只好作罢。而英军第10军军长麦克里里，参加过西西里登陆，完全清楚不进行直接舰炮火力支援的危险性，但是碍于友军又是上级实在不便多说，但是老奸巨猾的英国人，却留了一手，表面上没有坚持要求炮火准备，而私下却命令各舰做好舰炮轰击准备，只要德军炮火一响就立即以还击的名义开火。

9月8日下午，德军飞机一发现盟军舰队，就知道萨勒诺登陆开始了，萨勒诺地区德军从当天下午15时起就进入最高戒备状态，严阵以待盟军的登陆。22时，盟军舰队到达换乘海域，登陆部队从运输船上下到登陆艇，排好队形，开始向海滩进发。

9月9日凌晨2时许，盟军登陆艇正向海滩航行，突然海岸上火光闪烁，德军炮弹呼啸而至——早有准备的英军立即开火，特别首次投入使用的火箭炮艇更是威力无比，转瞬

间就把德军炮火压了下去，在猛烈的舰炮掩护下，英军第10军开始突击上陆，编在英军北部登陆编队里的美军别动队最早上岸，比预定登陆时间早了20分钟。美军别动队登陆点是整个登陆滩头最北端的梅奥里镇，空旷的海滩根本无人防御，美军如入无人之境，上岸后立即按照预定计划3个营兵分三路，一路沿公路冲向阿马尔非，一路直奔萨勒诺，另一路则抢占制高点齐翁兹山口。这片地区正好是德军防御的真空地点，因为虽然德军准确预计到了盟军登陆地点，但是由于兵力实在太少，仅以1个师的部队要来防御近50公里海岸，还要留下一部分兵力作为反击的机动力量，在第一线防御的德军几乎每个营就要负责15公里的海滩，比德军操典所规定的营防御正面最多1000米要足足多出15倍！根本做不到面面俱到。因此给美军别动队捡了个大便宜，异常轻松地拿下具有极大战略价值的海拔1200米的齐翁兹山口。

在美军别动队南面的是英军突击队，他们准时在预定登陆地点维特里上岸，起初也和美军一样，在海滩根本没有遭到抵抗，英军顺利进入维特里镇后，就遭到了闻声赶来的德军阻击，英军突击队不愧是训练有素的精锐之师，与德军在夜色中展开激战，甚至与德军白刃肉搏，终于将德军肃清，完全掌握了这个控制着通向那不勒斯干线公路的交通枢纽，但是英军突击队继续突进的企图却在拉莫里纳隘道为德军所阻，使英军无法突破海滩地势较低洼的颈口卡瓦山谷。

上述两支盟军部队都是现代特种部队的前身，通常是进攻的尖刀前锋，此次果然不负众望顺利完成预定任务，随即转入防御，就地构筑工事，以迎击德军可能的反击，等待后续主力部队到来。

在英军突击队南面的是英军第46步兵师，登陆地点位于萨勒诺以南，由于登陆前猛烈的舰炮火力支援，很大程度压制住了德军炮火，所以突击上陆还是比较顺利，只是有一些部队在上陆时发生错误，错到了友邻第56步兵师的登陆地点，给第56师造成了很大混乱，也使第46师投入攻击的部队实力受到削弱，因此在巩固了海滩后向纵深推进就缺乏足够的后力，在纵深德军的顽强抗击下前进受阻，未能攻占预定目标蒙特科维诺机场。

英军最南面的第56步兵师在突击上陆过程中最大麻烦不是德军的抵抗，而是自找的麻烦，由于舰炮准备时炮击目标发生偏差，登陆艇也就跟着炮火偏差，冲上了错误的海滩，虽然舰炮火力非常得力，使上陆非常顺利，但是登上的滩头因为不是预定海滩，再加上第46师一些部队又跟着凑热闹，也挤到一起，而运载补给物品的后续登陆艇却仍到了原来海滩，整个海滩是乱成一团，因此就根本组织不起

像样的向内陆推进，只有一支小分队一度进入了预定目标巴蒂帕里亚，但很快就被德军反击赶了出来。

北部登陆编队总体来说，登陆还算顺利，人员伤亡也比较轻微，但是登陆日主要目标蒙特科维诺机场和巴蒂帕里亚都没拿下，而且与南部美军登陆编队之间还存在着宽达10公里的巨大空隙，这将是德军反击时的重大隐患。

英军虽说没有实现预定目标，但损失并不大，登陆上岸还算顺利，而美军的南部登陆编队因为克拉克坚持不进行炮火准备以求奇袭之效的愚蠢思想，却饱受了德军火力的痛击。美军第36步兵师所乘的登陆艇在夜色中依靠雷达导航，穿过扫雷舰开辟的安全通道，悄悄向海滩驶去。第一波登陆艇刚刚冲上海滩，迎头就是德军如雨点般密集猛烈的炮弹、子弹，顷刻间就有成片的美军士兵被打倒，幸存者有的蜷缩在沙丘后连头也不敢

■ 一幅描绘美军第36步兵师在萨勒诺海滩登陆遭到猛烈反击的油画。

■ （上）萨勒诺滩头一瞥，注意刚架设好的英军波佛斯高炮。

（中）美军工程兵在萨勒诺滩头铺设道路。

（下）美军45步兵师在烟雾的掩护下冲上萨勒诺滩头。

抬，有的在海滩上四下乱跑，有的拼命向内陆冲去却发现面对的是德军更为密集的火网。海面上有的登陆艇被德军击中，有的登陆艇为炮火所阻被迫转向，从海滩到海面一片混乱。好在美军临战前进行过强化训练，经过最初一段时间的混乱，终于逐渐稳定下来，在各级军官指挥下开始稳住阵脚。美军驱逐舰发现海滩上的不利情况，也主动驶近海滩用舰炮进行火力支援，正是美国军舰的强大火力才压制住了德军140高地和386高地的炮火，为地面部队推进清除了障碍。天亮时，美军终于控制了滩头，师属炮兵的105毫米榴弹炮也被运上岸，第36师开始向内陆推进。德军从6时起就不断发起小规模反击，有时是由坦克支援的步兵分队，有时就完全是由三五辆坦克的纯装甲突击，美军凭借着海军舰炮的强大威力，将这些零星反击逐一击退。

至9日终，美军第6军控制了塞勒河以南平原，进展最快的左翼已向内陆推进约9公里，到达卡帕奇奥。英军第10军虽然登陆比较顺利但向内陆推进却阻力重重，进展迟

盟军萨勒诺登陆作战部队序列

战役总指挥坎宁安海军上将，旗舰为"汉密尔顿"号驱逐舰。

地面部队总指挥美军第5集团军司令克拉克陆军中将

美军第6军，军长道利少将

第36步兵师

第45步兵师

英军第10军，军长麦克里里少将

第46步兵师

第56步兵师

第7装甲师

海军部队总指挥西部海军特混舰队司令休伊特海军中将，旗舰为"安康"号两栖指挥舰。

南部登陆编队，即第81特混舰队，司令霍尔海军少将。辖有运输船18艘、坦克登陆舰30艘、步兵登陆艇32艘、坦克登陆艇6艘、支援登陆艇4艘，其他舰艇65艘，负责运送美军第6军。支援掩护舰队为：3艘巡洋舰、17艘驱逐舰和2艘护卫舰。

北部登陆编队，即第85特混舰队，司令奥利弗海军准将。辖有运输船8艘、步兵登陆舰4艘、坦克登陆舰90艘、步兵登陆艇96艘、坦克登陆艇84艘、其他舰艇34艘，负责运送英军第10军。支援掩护舰队为：4艘巡洋舰、18艘驱逐舰和1艘监视舰。

航母编队，即第88特混舰队，司令维安海军少将。辖有轻型航母1艘、护航航母4艘、巡洋舰3艘、驱逐舰9艘。

海上掩护编队，即H编队，司令威利斯海军中将。辖有战列舰4艘、航母2艘、驱逐舰21艘。

缓。"雪崩"行动最终没能像预期那样轰然而下，一鼓而胜。

9日似乎对凯塞林来说，是一个倒霉的日子，除了要应付萨勒诺登陆和意大利投降这两大头疼事情外，一大早盟军就出动130架B-17轰炸机对凯塞林在罗马东南弗拉斯卡蒂的总部进行了猛烈轰炸，总部建筑几乎被夷为平地，及时进入防空洞的凯塞林侥幸逃过一劫。当手下送来一张从被击落的美军轰炸机残骸里找到的地图，上面清晰而准确地标出了他以及德军驻意大利第2航空队司令里希特霍芬的总部位置，凯塞林终于抑制不住心头的怒火，愤愤地说道："看来在意大利，确实有一些盟军忠实而出色的走狗！"

千钧一发

盟军登陆开始后，德军第10集团军司令维廷霍夫立即从盟军登陆的规模中断定这必定是盟军的主攻，随即于9日上午下令第14装甲军火速向萨勒诺集结准备实施反击。但是第14装甲军军长西西里的悍将胡比却休假未归，代理军长赫尔曼·贝尔克中将居然与凯塞林和维廷霍夫都没有直接的电话联系，维廷霍夫迅速增援第16装甲师的命令通过时断时续的无线电联系耽搁了几小时后才送到贝尔克手里，而这位刚刚到任的代理军长对萨勒诺地区情况几乎是一无所知，生怕盟军会在其他地点再来个第二次登陆，一直都没敢投入主力，只是派了戈林师的1个营前去增援萨勒诺，这1个营的部队简直是杯水车薪毫无作用。德军的防御没有崩溃全靠了第16装甲师自己的努力，该师于9月9日将主力北移，全力抗击英军第10军的推进，因为第16装甲师师长鲁道夫·西肯纽斯少将认为英军的推进对于整个战线威胁更大，这使美军正面的压力大为减轻，也正是美军在这天推进比较迅速的原因，不过第16装甲师也在激战中损失惨重，全师仅存35辆坦克还能使用。到9日晚，凯塞林开始逐步将萨勒诺以北地区的戈林师、第15装甲掷弹兵师和南部的第26装甲师和第29装甲掷弹兵师都调往萨勒诺，雄心勃勃地准备将盟军赶下海。

9月10日，南部美军正面德军压力骤减，使其得以比较轻松地扩展了登陆滩头，并将第二梯队第45步兵师送上岸，该师上岸后即以生力军的新锐奋勇突击，挺进内陆约15公里，占领佩萨诺，渡过塞勒河，逼近公路枢纽彭特塞勒，但随即遭到德军从北部紧急调回的8辆坦克和1个步兵营猛烈反击，被迫后撤。英军方面，第56师连攻下蒙特科维诺机场和巴蒂帕里亚镇两个重要目标，但是好景不长，德军立即还以颜色，第16装甲师发起一次凶猛反击，不仅夺回巴蒂帕里亚镇，而且德军坦克的巨大突击力使整个英军战线都产生了动摇，甚至在某些地点出现了风声鹤唳的恐慌。直到晚上第56师才稳住阵脚，重新整顿之后再次发起攻击，才再次突入巴蒂帕里亚镇。英军第46师这天倒获得不小进展，进入萨勒诺镇，并与北面的英军突击队会师。

至11日晚，登陆已经3天，盟军虽然已有4个整师的部队上岸，但是仍被德军压制在2个狭小而又互不相连的滩头，周围的高地和通向内陆的公路枢纽都在德军手里，原定3天攻占那不勒斯的计划已经泡了汤。德军仅以区区一个第16装甲师，而该师实力只相当于盟军1个师的一半左右，就顶住了数倍兵力且有强大海空支援的盟军，为德军援军到来赢得了宝贵时间，下面就该德军主力来登台了。

在这3天里，德军方面除了表现优异的第16装甲师外，德国空军也不可不提，弱小的德国空军竭尽全力在3天里出动550架次，并使用了最新式的滑翔炸弹，取得了击沉盟军4艘运输船、8艘登陆艇，重创"萨凡纳"号重巡洋舰的战绩，给予盟军海军很大压力。

　　然而德军主力的集结也不是一帆风顺的，遇到不少困难，如最早接到命令的第29装甲掷弹兵师就因为燃料匮乏而不得不在卡拉布里亚停留3天以等待燃料补给，不过这支刚从西西里战役中撤回的部队，一出手就给了英军一个下马威，在戈林师的20辆坦克支援下，一举突破英军突击队在拉莫里纳的防线，并迅速切入英军战线，一直逼近到维特里附近。英军突击队拼尽全力投入反击，才总算遏制了其凶猛的势头，但是通往拿不勒斯的主要公路，也是整个北部登陆的最关键拉莫里纳隘道已被该师彻底封闭。

　　9月12日黄昏，姗姗来迟的德军第26装甲师主力终于到达萨勒诺，这样德军就在萨勒诺地区集结了来自5个师的部队，总兵力约相当于3个满员师，这使维廷霍夫终于有了组织决定性反击的力量和底气，不过当晚的小规模反击就将英军再次逐出了巴蒂帕里亚镇，并给英军第56师造成巨大打击，该师在当晚战斗中仅被俘就达1500人之众，同时这次决定性反击的前奏也使维廷霍夫惊奇地发现在盟军两个登陆滩头之间，居然存在着一个巨大的空隙，从这个空隙可以一直通到海滩，于是维廷霍夫立即将大举反击的矛头狠狠地戳向这里！13日德军第29装甲掷弹兵师和第16装甲师协力向这一空隙猛攻，并迅速撕开了更大的缺口，从美军手里夺下了佩萨诺，

■ 9月11日，美国轻巡洋舰"萨凡纳"号被德国人的滑翔炸弹命中，损失惨重。

■ "萨凡纳"号的3号炮塔被击中的状况。

■ "萨凡纳"号前3座主炮的特写，被击中的3号炮塔惨状历历在目。

■ 被炸死的美军炮手。

附图三 意大利南部登陆

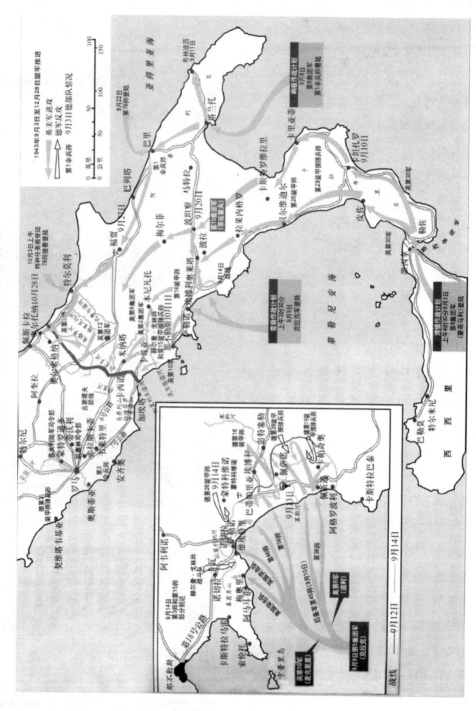

冲跨了美军45师1个营的战线，该营在德军装甲集团和步兵协同攻击下几乎全军覆没，约500人被俘，该营的崩溃迅速导致了美军防线的瓦解！德军在多处已突入美军防线，最近的一处距离海滩还不到800米！维廷霍夫认为胜利已经在握，于下午17时30分兴奋地向凯塞林报告："经过4天的战斗，敌人的抵抗已经土崩瓦解！德国陆军第10集团军已在广阔的战线上全面发起追击！"夜幕降临前，德军主力距离海滩还有约3公里，而在德军主力与海滩之间的，只有美军少量的步兵残部和第45师的炮兵营，似乎已经没有什么可以阻挡德军的滚滚铁流了。在第10集团军当天的作战日志上，乐观的维廷霍夫很自信地写下："萨勒诺之战已近尾声。"在柏林，德国宣传部长戈培尔特意指示各报留下头版显著位置，以便刊登第10集团军将萨勒诺盟军赶下海的辉煌胜利。

此刻，与志得意满的维廷霍夫截然不同，萨勒诺海滩上支撑克拉克继续战斗下去的信心已完全丧失了，盟军整个战线被从中间撕开了大缺口，被生生劈成两半，连克拉克的第5集团军司令部都处在德军炮火的直接射程之内！他一面组织司令部向英军防线内转移，一面命令参谋人员立即着手制订撤退计划——美军第6军撤退的"海上列车"计划和英军第10军撤退的"海狮"计划。整个美军滩头在13日晚的情形是如此严峻，所有的运输船卸载工作全部停止，克拉克甚至要求休伊特火速派军舰接运第5集团军司令部

人员，并集中所有登陆艇，准备将第6军从岸上撤回海上。休伊特一听就急了，让空载的登陆艇靠岸再接上人员和装备满载离开海滩，这是根本无法实现的，哪怕是对海军业务狗屁不通的人，只要有点常识就知道这是完全不可能的。心绪慌乱的克拉克又转而提出，是否可以将北部滩头的英军转运到南部来？休伊特再次从技术上给他否定的答复。这时北部滩头的两位英军将领，英军第10军军长麦克里里和北部登陆编队司令奥利弗准将得知克拉克要准备撤退，立即赶到南部滩头，奥利弗立即直截了当地表示无法想象怎样将正在与德军激战的部队撤出战斗并在敌人火力下登船撤回，这简直是自杀！麦克里里也表示了强烈反对，这两位下属友军将领的强烈意见，使克拉克终于冷静了一些，他不得不解释撤退计划只是在最坏情况下的应急预案，并不是马上就要实施的。令克拉克宽心的是，此时在海滩上，由司机、厨师、文书、搬运工等等非战斗人员组成的杂牌队伍投入了第一线，在他们的苦战掩护下，第45师炮兵营105毫米榴弹炮向德军连续发射了4000发炮弹，终于遏制住了德军的进攻。

萨勒诺海滩的危急情况传到地中海战区司令部，立即引起了艾森豪威尔等战区高层指挥的极度震惊，也使他们放下手里工作，全力组织向萨勒诺海滩的增援，原定经地中海开赴远东的18艘坦克登陆舰被紧急截下，后续部队英军第7装甲师连夜登船。海军，坎宁安上将派"勇士"号和"厌战"号2艘战列

舰火速从马耳他起航，开赴萨勒诺；陆军，亚历山大调动手上所有机动部队，在西西里的美军第3步兵师迅速集结待命驰援；空军，特德集中地中海战区包括战略空军和战术空军在内的所有的作战飞机，暂停了对德国本土、意大利北部和法国南部的轰炸，全部投入对萨勒诺的空中支援。亚历山大还派参谋长赶赴卡拉布里亚督战，严令第8集团军加快推进速度，尽快向萨勒诺靠拢。但是这一切都是远水难救近火，惟一最现实的增援就是美军第82空降师了。

克拉克派专机向正在西西里休整的第82空降师师长李奇微送来了十万火急的求援信："我请你将这封信作为命令，我知道在正常情况下准备一次空降行动所需的时间，但这次是例外，我要求你今晚就得空降！一定得空降！"李奇微自然清楚这封信的分量，丝毫不敢怠慢，仅用8个小时就完成了从制订计划、下达命令到部队集结、登机参战的所有准备工作，12日午夜，由第504团并加

强1个工兵连组成的第一梯队就从西西里岛利卡塔机场起飞，这次空降盟军充分吸引了西西里空降的经验教训，首先向海军舰队通报了运送空降兵的运输机经过情报，地面部队也在预定空降地点用点燃的汽油桶排成醒目的"T"字形标记，加上当晚风轻云淡，空降部队着陆非常顺利，落地后就迅速集合投入战斗。13日晚，由第505团并加强1个工兵连组成的第二梯队也同样顺利地空降着陆。只有由第509团第2营组成的第三梯队在14日夜间的空降中，由于地面硝烟弥漫，使运输机领航员无法看清地面"T"字形标记，结果空降兵被投到了远离目标的德军后方山区，整个伞兵营着陆地域散布在方圆25平方公里范围内，营长也在着陆后受伤被俘，全营损失约200人，无法顺利集合投入战斗，基本上是以小群为单位展开袭扰活动，未能实现预定增援计划。但是第82空降师在紧急情况下临时实施的这次空降行动，基本上还是达到了预期目的，2个团的援军迅速及时到达海滩，

盟军卡拉布里亚及东海岸作战部队序列

英军第8集团军司令蒙哥马利上将
　英军第13军军长邓普西中将
　　第5步兵师
　　加拿大第1步兵师
　英军第5军军长阿弗里中将
　　第1空降师
　　第78步兵师
　　第8印度步兵师

德军在意大利南部作战部队序列

第10集团军司令维廷霍夫中将

萨勒诺地区

　　戈林师

　　第3装甲掷弹兵师

　　第15装甲掷弹兵师

　　第16装甲师

卡拉布里亚及东海岸

　　第1空降师

　　第26装甲师

　　第29装甲掷弹兵师

使得萨勒诺海滩最终能坚持下来。

虽然德军没能在13日夜间实现将盟军赶下海的企图，但在14日还是继续发动猛攻，以竟最后一功。然而这天，盟军的海空优势终于发挥出了令人惊叹的威力，盟军在这天把每一架能起飞的飞机都投入到了萨勒诺海滩及其附近纵深地区，当天出动飞机高达1900架次！然而比起空中打击来，盟军海军舰炮轰击就更为直接有效，维廷霍夫面对盟军海军惊人的炮火，只能哀叹道："这天上午的进攻受到顽强抵抗，但是最严重的阻碍是攻击部队必须忍受从未经受过的强大火力——至少16艘战列舰、巡洋舰和驱逐舰，在海面上一字排开倾泻他们的炮火，这种炮火是如此惊人准确而灵活，任何一个目标只要一经发现就难逃毁灭的命运。"在整个萨勒诺战役期间，盟军海军舰炮倾泻的各种口径炮弹总重超过1万吨！正是在无比强大的

海空火力支援下，美军终于守住了最后的防线。

9月15日，德军没有发起进攻，而是不得不整顿昨天被猛烈的海空火力几乎打散的部队，同时又有一些新的部队陆续到来，其中包括从卡拉布里亚赶到的第26装甲师的最后单位，从罗马和加埃塔地区赶来的第3装甲掷弹兵师的1个团和第15装甲掷弹兵师的2个战斗群，即便算上这些生力军，德军在萨勒诺的总兵力也不过只相当于4个整师，外加约100辆坦克。

而同在这天，盟军也获得了增援，英军第7装甲师在北部海滩登陆，使盟军登陆部队总兵力达到7个师，坦克约200辆。当天上午亚历山大也乘驱逐舰来到萨勒诺海滩，亲自视察了海滩，并与克拉克对战局进行研究，克拉克终于重新拾起豪情万丈，彻底打消了放弃滩头的念头，并豪迈地声称："我们的滩

■ 部署在萨勒诺地区的德军第6装甲师的1辆III号M (Fl) 型喷火坦克。

头固若金汤，我们只要踏上陆地就永不会再退回大海！"此外，英国战列舰"勇士"号和"厌战"号以及6艘驱逐舰从马耳他驶抵萨勒诺海滩，由于与地面部队的火力控制人员通信发生问题，耽搁了7个小时后才开始发威，但是381毫米舰炮一开火，那将近20公里的超远射程和超凡杀伤力，沉重地打击了对手的精神和意志。

经过1天的休整与准备，德军于16日再次发起进攻，一路北面压下萨勒诺，另一路直扑南面的巴蒂帕里亚镇，企图以钳形攻势夹碎盟军战线，但是在盟军空前猛烈的海空火力打击下，进攻准备受到极大妨碍，进攻时间也被迫从清晨推迟到9时，虽然最初仍取得了一些进展，但是最终在实力越来越强的盟军面前，还是无功而返。惟一使德军聊以自

慰的是，德国空军轰炸机使用无线电滑翔炸弹准确命中"厌战"号战列舰，将其重创，方才稍解了连日饱受舰炮轰击之恨。而在陆地上，维廷霍夫终于认清了形势，明白再也没有可能将盟军赶下海了，只得无奈地向凯塞林请求允许撤退。

蒙蒂一生惟谨慎

凯塞林批准了维廷霍夫的撤退请求，维廷霍夫对撤退行动是很不甘心，毕竟他曾经满怀信心准备将登陆盟军赶下海，曾经距离一场久违的胜利只有咫尺之遥，而且单就部队的表现来说，德军在兵力装备均处劣势，又无制海权制空权的情况下，能打到这个地步实属不易，以几个刚刚经历过苦战而未及

时补充的残破之师，打得数量装备远远强大的盟军部队满地找牙，险些要撅着屁股逃之夭夭。正如维廷霍夫在撤退前对部下所说："成功是属于我们的，萨勒诺之战再次证明了德军士兵是优秀的。"不过凯塞林对第10集团军这些日子的表现是相当满意的，以3500人的伤亡使盟军付出了9000人伤亡的代价，还完全粉碎了盟军3天占领那不勒斯的如意算盘。即便一贯以乐观著称的凯塞林却也并不脱离现实，他从来就没想过单靠第10集团军就能把登陆盟军赶下海，他本来只是希望第10集团军在萨勒诺能挡一下盟军，使南部卡拉布里亚的部队顺利撤退，并争取时间使后方部队完成一系列强化的防线也就可以了，不成想维廷霍夫居然打得有声有色，差点给盟军再来个敦刻尔克，所以对维廷霍夫的撤退请求就很爽快地同意了。尽管没能赢得一次值得大吹大擂的胜利，但是希特勒也对维廷霍夫的指挥深为赞赏，将一副上将肩章作为对他的褒奖。

9月17日，第10集团军开始逐次掩护交替后撤，秩序井然地脱离萨勒诺战场，向北后撤。德军后卫部队实施了一系列迟滞作战，并在公路沿途布设了大量的地雷和爆炸物，使得盟军的推进举步维艰。

凯塞林在萨勒诺是毫无遗憾的，但是在整个意大利战场上，却也和维廷霍夫一样心有不甘。早在盟军登陆前，德军统帅部就对在意大利战场的战略有过争论，隆美尔主张一旦盟军发起进攻，意大利的德军就应当迅速北撤，放弃意大利南部和中部，凭借亚平宁山脉建立坚固防线死守意大利北部。因为任何企图坚守意大利南部、中部，包括不朽之城罗马，都是毫无战略眼光的。任何人都看得出，只要盟军利用其海空优势在侧后组织一两次两栖登陆，再加上不可靠的意大利军队随时可能倒戈一击，在南部的部队就将陷入万劫不复的绝境。与其这样白白牺牲，那还不如节约下来用在更值得的地方。凯塞林却认为坚守意大利南部可以有效地阻止盟军对巴尔干地区的进攻，而罗马的得失更多地要从政治上和心理上来考虑。凯塞林甚至认为要守住意大利中部，只需要8个师就够了，如果再能多2个师那他就有力量将任何登陆盟军赶下海。可惜希特勒并不欣赏他的这片雄心，明确告诉他，如果他能以现有兵力守住罗马那最好不过，如果不行，那就准备失去这些部队，包括凯塞林在内。而在希特勒和德军统帅部心里，从盟军登陆和意大利投降那一刻起，凯塞林和他的部队就已经被列为死定定的了。为此，凯塞林直到战后，依然耿耿于怀，"为什么希特勒宁愿失去8个一流的师，却不愿再给我2个师来做扭转战局的努力？"不过到了10月3日，希特勒的看法终于改变，从最早支持隆美尔的意大利战略转而成为凯塞林战略的支持者，下令必须坚守加埃塔至奥尔托纳一线，并从隆美尔的B集团军群中抽出3个师划归凯塞林指挥。

回过头再说盟军，在萨勒诺海滩最为危险之际，海军、空军、空降兵，还有美军第

6军自己都拼尽了全力，而理论上最应该帮上忙的，却一点也指望不上，这就是在卡拉布里亚登陆的英军第8集团军，本来该集团军在意大利脚趾登陆的目的就是为了配合萨勒诺的登陆，牵制德军，并与萨勒诺盟军形成夹击态势。而其表现实在令人无话可说，最初德军还投入第29装甲掷弹兵师和第26装甲师2个师来阻击，但从萨勒诺登陆以后，德军这2个师的主力几乎全部北上，留在南面阻击英军的就只有极少数后卫部队，而拥有数个师之众的英军进展却如蜗牛爬行，诚然德军工兵大量埋设的地雷是一个极大的障碍，尤其是一种叫"斯库"的木壳地雷使英军所使用的磁性探雷器毫无作用，那些曾在北非沙漠里大显排雷身手的印度工兵也是一筹莫展。但导致英军推进如此缓慢的主要原因在于第8集团军司令蒙哥马利身上，或许他在北非追击隆美尔时曾遭到一记回马枪的记忆太过深刻，步步小心时时谨慎，以至于凯塞林公然要求部下尽量利用蒙哥马利"非常谨慎之前进"的机会，从南部抽出更多步兵北援萨勒诺。可以看看第8集团军这种近乎于病态的谨慎严重到了什么程度——9月15日，随第8集团军进行采访的几名战地记者都嫌部队推进实在太慢，而且根本没有这样谨慎的必要，就自己找了几辆吉普车，避开遭到破坏的公路干线，而绕行偏僻小路，居然在80公里旅途中一路畅通，没有遇到过德军一兵一卒，因为德军根本就没有足够的兵力来抗击英军，更别说封锁小路了。这几名记者顺利地遇到了从萨勒诺地区出发巡逻的美军第5集团军的部队，而第8集团军的先头部队要比这些记者整整晚了27个小时才与第5集团军联系上！直到9月20日，第8集团军加拿大第1步兵师才刚刚进入波坦察，那是通往内陆的公路干线枢纽，距离萨勒诺约80公里。但是德军第1空降师立即派出1个连前来阻击，就这么百十来人的1个连居然整整阻挡了加拿大师先头旅1天。肃清波坦察地区小股德军后，加拿大师在几乎没有任何阻隔的情况，用了1周时间才向北推进了65公里，每天平均前进区区9公里，才谨慎小心地进入梅尔菲。而第8集团军实际上就只以这1个师在做向内陆的推进，其主力几乎就停留在卡拉布里亚地区，以补给不足为由止步不前。

而在意大利半岛的东海岸，盟军还组织了一次登陆。早在6月间艾森豪威尔就提出，

■ 1队美军车队正路过1个被废弃的意大利小村庄。

■ 在"响板"行动中不幸撞上水雷的布雷舰"阿布迪尔"号。

在进攻意大利本土时,塔兰托港应是重点目标。但是立即就被以航空兵作战半径奉为不可违背的圭臬的参谋否决了,直到9月3日意大利宣布投降,盟军又通过"超级机密"了解到德军在意大利东海岸的兵力极其空虚,地中海战区海军司令坎宁安,这位曾组织过英军舰载航空兵对塔兰托实施奇袭的海军上将,自然很清楚塔兰托的重要价值,表示只要能有部队,他就一定挤出运送登陆部队的舰艇来,盟军这才重新开始考虑塔兰托登陆计划。不过这时地中海战区的地面部队大都已经或即将投入意大利南部登陆,惟一的机动兵力就只有英军第1空降师了,但是又没有足够的运输机来执行空运,于是只能用舰船将空降师送到登陆地点,这也真是令人啼笑皆非的事情,空降部队被当作陆战队来使用。坎宁安果然没有食言,他拼凑出5艘巡洋舰和1艘布雷舰来运送第1空降师的6000名官兵,并抽调出"豪"号和"乔治五世"号战列舰为编队提供海上掩护,行动计划代号"响板"。9月8日这支登陆编队从比塞大港起航,巧得很,次日下午在海上正遇上了从塔

兰托出海前往马耳他投降的意大利海军舰队,两支相向而行的舰队就这样交臂而过,这一来一往之间似乎宣告了同盟国与轴心国在战争发展上的此消彼长。天黑后,登陆编队驶入塔兰托港,果然没有遭到任何抵抗,而港口设备也大都完好无损,英军惟一的损失是布雷舰"阿布迪尔"号撞上了德军鱼雷艇撤离时布下的水雷,舰上所载400多名官兵也和军舰一起沉入海底。第1空降师在塔兰托登陆后,发现整个东海岸简直是不设防的完全开放地区,可惜由于准备太过仓促,所以第1空降师只携带了少数几辆吉普车,根本没有其他车辆!第1空降师只能以这几辆吉普车再加上从当地征集来的车辆,运载部队四下出击,兵不血刃,连下布林迪西和巴里两大港,第1空降师仅以极其微小的代价就占领了东海岸的3个港口,而此刻第5集团军和第8集团军还在为西海岸的那不勒斯一个港口而苦战不已。第1空降师向四下派出的巡逻队在空阔的地区都没发现任何德军踪迹,因为德军本来在该地区就只有刚刚在西西里遭到沉重打击的第1空降师,即便这样1个残破不堪的师也还被抽出部分部队去增援萨勒诺,在整个东海岸只有约1300名战斗人员,只能退守萨勒诺以北约200公里的福贾,也就说在整整200公里范围再无德军一兵一卒。英军第1空降师完全可以轻松地扫荡东海岸,因为不仅该师就对正面德军

■ "响板"行动中乘着登陆艇向塔兰托发动进攻的英军士兵。

具有4倍以上优势，而且更多的援军正在陆续到达。只要该师果断出击，必获得巨大收获。然而英军一贯的小心谨慎再次裹住了第1空降师的脚，此时的谨慎简直就是锁链的同义词，将所有的绝好机会都抛掉了。因为第1空降师所属的英军第5军军长阿弗里中将就是在北非以谨慎而出名的，更要命的是9月13日后，第5军就划归第8集团军指挥，于是在一个谨慎出名的军长之上又多了一个以谨慎见长的司令，那么第1空降师即使长出翅膀也要被锁在地上。

9月21日，亚历山大下达训令，将盟军在意大利的进军划分为4个阶段：第一阶段巩固萨勒诺至巴里一线；第二阶段攻占那不勒斯港和福贾机场；第三阶段攻占罗马及其附近的重要交通枢纽特尔尼；第四阶段攻占罗马以北的佛罗伦萨和阿雷佐。

9月22日，英军第78步兵师在巴里港登陆，不久第8印度师也在布林迪西登陆，这样

英军在东海岸就拥有了第5军的全部3个师，且卡拉布里亚的第13军2个师也在向东海岸移动，完全可以摧枯拉朽式地推进，但是可以想象，在两位素以谨慎为原则的将领指挥下，在这样有利的情况下也不会做点滴冒险前进的。直到9月27日，第5军第78师才从巴里派出较大规模的部队向外扩张，在福贾的德军闻风而退，英军不发一枪一弹不损一人一马就轻轻松松地拿下了意大利南部最大的机场福贾机场。即便到了这样唾手可得的便宜面前，一生谨慎的蒙哥马利竟仍固执坚持主力不得轻举妄动，或许这时的谨慎二字似乎已经毫无褒奖之意，更确切地应该称之为胆小与心虚。

10月1日，蒙哥马利总算网开一面，同意主力向纵深推进，但是一出手又是那么吝啬，东海岸盟军已有整整2个军5个师，与之对阵的是连1个团都不到的德军，居然摆出了以2个师推进，3个师巩固后方的态势，估计

小心谨慎的蒙哥马利是生怕德国人又从哪里拼凑出一支部队来对其侧翼发动进攻。此时德军第1空降师残部沿比费尔诺河列阵，据守特尔莫利港。以德军单薄的兵力来防御这样宽大正面的防线，实在是捉襟见肘，英军只要一个猛攻就可轻易突破。但蒙哥马利还是没有这样的豪气发动正面强攻，而是在正面攻击的同时以特别勤务旅在特尔莫利以北登陆，这支骁勇之师上岸后迅速攻克特尔莫利港和城区，与正面平推的部队会师，迫使德军再度后撤。但是德军从英军迟缓得近乎笨拙的推进中，看出这并不是一支不可侮的部队，凯塞林命令第10集团军司令维廷霍夫迅速从西海岸抽出第16装甲师，但是维廷霍夫认为该师在新防线上的作用会更大，所以反对调动该师。不过最后维廷霍夫还是服从了凯塞林的命令，第16装甲师还是被这场争执耽搁了4小时，该师从10月2日撤出西海岸战线，经过两天150公里急行军赶到特尔莫利，马不停蹄地向英军发起反击，英军再小心谨慎，还是没能顶住德军这一突施的回马枪，特别勤务旅被逐出特尔莫利镇，并被切断与南面主力的联系，好在英军实力雄厚，第78步兵师全力来援，还有配属的坦克营支援，终于击退了德军反击。不过德军借着反击给英军所造成的震撼，迅速脱离战斗，后撤约20公里在下一道河流特里尼约河建立起防线。德军这次反击，对蒙哥马利来说又是一个必须要坚持小心谨慎的堂皇理由，足足使英军停止前进2个星期，来重新调整兵力和囤

积补给，才向特里尼约河防线发起攻击——简直不能想象，在意大利南部这样畏首畏尾，几乎可以用胆小如鼠来形容的人，居然会是在阿拉曼击败隆美尔的英雄，他在意大利南部这些表现，实在使人无法理解，也许只有用蒙蒂一生谨慎从事来解释了。

奔向那不勒斯

意大利半岛东海岸盟军兵不血刃轻取3个港口，而且都是港口设施基本完备，完全可以满足物资人员卸载的需求，而当面之敌又异常薄弱，照理应该迅速调整部署，将主攻方向迅速改到东海岸，但是盟军事先根本没有预计到东海岸会出现这几乎相当于白拣的胜利，事后又没有任何可以针对这种情况的应变方案，所以既无可能同时在意大利半岛东西两侧发动攻击，也不可能将西海岸的主力调到东海岸，于是，在东海岸的节节胜利，最多不过是一个次要的佯攻方向，而无法将其扩大到一个决定性的胜利。

就在东海岸不费吹灰之力夺取一个又一个港口的时候，西海岸盟军还在为早日拿下那不勒斯而苦战不已，美军第5集团军和英军第8集团军将不得不一座山峰一座山峰去跋，一条河流一条河流去涉，一公里一公里去爬。德军9月17日逐渐撤出萨勒诺地区，19日第26装甲师撤离巴蒂帕里亚。根据凯塞林的命令，第10集团军以戈林师、第3装甲掷弹兵师、第5装甲掷弹兵师以及第1空降师的2个营

意大利南部战役盟军的终极目标——那不勒斯

那不勒斯又名拿波里或那波利，位于北纬40度50分，东经14度17分，处在意大利半岛西南海岸那不勒斯湾的顶端，西临第勒尼安海，海拔高度17米。属亚热带地中海式气候，四季温暖，火山灰形成的土壤极为肥沃丰饶，如此得天独厚的自然环境不由被人羡慕地称为"幸运之地"。那不勒斯城始建于公元前6世纪，曾是罗

■ 美丽的那不勒斯风景，远处就是著名的维苏威火山。

马皇帝的避暑胜地。近代以来成为坎帕尼亚大区的首府，并逐渐发展成为意大利南部最大的城市，是仅次于罗马和米兰的意大利第三大城市，同时也是意大利最美丽的港口。

公元前7世纪时，希腊人占据那不勒斯，并将此命名为Neapolis，后来罗马人、伦巴底人、拜占庭帝国分别统治过这里。直至成为那不勒斯公国后，才获得了自治，但不久再度易手于欧洲各皇室间，包括法兰西的安杰家族、西班牙阿拉贡王国、霍布斯堡、波旁王朝等，直到19世纪意大利统一。　历史众多民族在此生活为那不勒斯带来了不同的文化及生活痕迹，希腊、法国、西班牙的风味在此和谐融和，特别是13到18世纪的欧洲品位，影响深远，现今大多数的重要建筑、观光名胜也多建于此时，那不勒斯人在17、18世纪的巴洛克时期，也发展出自己别具一格的文化艺术特点。

那不勒斯市区建在平坦的海滨和通往维苏威火山方向的低矮山坡上。城区的主要名胜大都集中在市政府广场附近。广场上巨大的圆形喷泉、花坛和国王维托里奥·艾玛努埃莱二世骑马铜像。附近有古色古香的"新古堡"，不远还有国王翁贝托一世长廊和欧洲最大的剧院圣卡洛剧院，那是1737年为纪念圣卡洛三世而修建。那不勒斯附近还有维苏威火山、庞贝古城废墟、卡赛塔皇宫和卡普里岛等游览胜地。人们常说那不勒斯有三宝：维苏威火山、卡普里岛和小甜点，恐怕很少有人知道，饮誉世界的快餐比萨饼也是那不勒斯人所发明。意大利名谚曰："朝至那不勒斯，夕死可矣。"其独特的城市魅力可见一斑。

在萨勒诺以北地区节节阻击盟军的推进，尽可能推延盟军的推进，以争取建立后续防线的宝贵时间。第15和第16装甲掷弹兵师则撤至那不勒斯以北约30公里的沃尔图诺河，沿河构筑二线阵地"维克多"防线，凯塞林特别指示维廷霍夫在撤出那不勒斯之前必须对该港进行彻底破坏。此外担负后卫的第29装甲掷弹兵师和第26装甲师则向东后撤，会合第1空降师主力迎击英军第8集团军的进攻。

■ 那不勒斯以北的沃尔图诺河。

直到9月20日，美军第5集团军才终于冲出了萨勒诺滩头开始向纵深推进，南翼美军第3步兵师和第45步兵师分别对埃瑟诺和奥里维托斯特拉发起攻击，德军后卫部队早已将沿途所有桥梁彻底炸毁，而要修复或重建这些桥梁，首先必须肃清附近山峰上的德军阵地，因此美军不得不在崎岖艰险的山道上苦苦拼杀。北翼英军于23日发起攻击，首先以第46和第56步兵师猛攻索伦托山地各高地，以便撕开一条通道进入诺切拉平原，使二梯队的第7装甲师能充分发挥其钢铁洪流的优势，长驱直入那不勒斯。但是坚守在索伦托山地的德军戈林师非常顽强，仅仅三四个营的少数兵力，就使整整2个师的英军在强大火力支援下连续3天几乎是寸步未进！一直到26日英军才取得了进展，这一进展也不是英军

凭实力所赢取的，而是德军在前一天夜间主动后撤了，因为他们已经圆满完成了预定阻击任务。此后阻挡在英军面前的障碍就只有被破坏的桥梁和公路了，要在险峻的山路上重新修复可不那么容易，因此英军一直到9月28日才刚刚冲出连绵的山区，进入平原。但是区区30公里的平原地带，英军也居然花费了两天之久，直到10月1日先头部队才进入那不勒斯，比萨勒诺登陆计划的规定足足晚了3个星期！

德军利用这段时间在那不勒斯港进行了彻底破坏，除了有历史价值的名胜建筑、博物馆、教堂以外，凡是所有不能被带走的东西，几乎都被炸毁，从桥梁、铁路到发电厂、储油罐，甚至啤酒厂和面包坊都遭到彻底破坏，而作为盟军最渴望的目标，港口设

■ 德军撤离那不勒斯之前，用大量的废弃物堵塞航道，对当地港口设施进行破坏。

施更是化为一片废墟，码头、仓库、起重机都荡然无存，连港口的航道都被沉船所阻塞，可以说那不勒斯已经完全丧失了一个港口的功能，这就是盟军花费巨大代价所获得的终极目标。

美军也在不断克服道路桥梁被破坏的困难，缓步向纵深推进，日平均推进距离还不到5公里，于10月2日进入本尼凡托。10月14日，美第5集团军攻占了卡普亚，同英第8集团军会师，从而在意大利南部建立了一条绵延近200公里的牢固战线。由于那不勒斯的失守，萨勒诺战役终于画上了句号。正是由于盟军在意大利南部的登陆行动，使撒丁岛和科西嘉岛两地面临巨大的直接打击，为了

保存有生力量，根据希特勒尽量撤出两地德军的指示，在凯塞林的精心组织下，撒丁岛德军于9月19日撤至科西嘉岛，再会同科西嘉岛守军撤回意大利北部，10月5日除少数部队外，两个岛德军主力撤回意大利北部，使盟军在萨勒诺战役的最后阶段又赢得了两个额外的收获。但是从整个战役来看，原本以为将是横扫千军如卷席的"雪崩"最终成为了一只蠕动的蜗牛，从9月9日登陆到10月6日，美军伤亡4847人，英军伤亡7272人，合计12119人。而同时期德军伤亡才不过8000人，如果算上双方在人数、装备和海空控制权上的悬殊差距，单从伤亡数字来看，盟军可是不折不扣的失败者。而且萨勒诺战役发起之

时，正是意大利宣布投降之际，在意大利的德军正处于内外交困的险境之中，却能在俯仰之间化解意大利投降的负面影响，解除意军武装消除后顾之忧，然后在萨勒诺给了盟军结结实实的一击，险些将盟军赶下海，最后还能全身而退，不慌不忙地将那不勒斯炸成一座死城后退守"维克多"防线，单就军事表现，德军确实要胜过盟军一筹。

反观盟军在这样优越的有利条件下居然没能一举消灭意大利南部德军，其表现实在不敢恭维。盟军在萨勒诺战役所受挫折的最重要原因是登陆地点上的错误选择，在意

大利本土可供盟军登陆的地点主要有四个地区：最南部的卡拉布里亚、罗马南部 (即萨勒诺)、罗马以北和东海岸。在这四大区域中，上上之选的主攻方向是东海岸，因为在东海岸南部的塔兰托地区，德军只有第1空降师的残部，支援其作战的炮兵力量只有3个炮兵连！如果盟军有魄力在东海岸的佩斯卡拉地区登陆，那就更是打在德军的死穴上了——该地区是德军在整个意大利半岛上防御最薄弱之处，而且一旦盟军登陆，也无法从罗马或意大利北部其他地区抽调部队前去增援，只要盟军在此一登陆，就将直接威胁意大利

■ 美军伞兵第505团2营的士兵正穿过那不勒斯城一条宁静的街道。起初盟军以为他们将面临一场激战，但德军却在盟军到来之前就撤离了那不勒斯。

南部地区德军侧后，迫使德军不得不放弃包括罗马在内的广大地区而仓皇北撤，当然这是事后诸葛亮式的复盘。中策是在罗马以北登陆，切断罗马以南德军退路，迫其退出罗马。但是实际上，盟军却选择了一个下下之选——萨勒诺和卡拉布里亚，连傻瓜都猜得出的登陆地点，即便在萨勒诺能顺利登陆的话，向内陆推进也必须沿着连绵山地艰难跋涉，任何对公路、桥梁的彻底破坏都将极大迟滞进军速度。而卡拉布里亚，虽说距离西西里岛最近，但是从意大利这个"靴形"半岛来看，是在其"脚趾尖"的部位，即便登陆成功，也必须得经过长长的整个"脚板"才能到达"脚踝"，再向"小腿"推进，距离实在太漫长了。而使盟军最终选择这样平淡无奇的登陆地点，最最重要的一个因素就是制空权，凡是不在岸基航空兵作战范围内的目标一律不加考虑，可能是盟军对空中力量的过分依赖，也可能是西西里登陆初期德意军的空袭给盟军造成的印象太过深刻，总之登陆地点必须在航空兵作战范围就成为了盟军制订作战计划时一条不容许丝毫违背的金科玉律。其实在意大利半岛由于盟军空军的长时间突击与压制，德军空中力量已经异常微弱，简直可以忽略不计了，在这种情况下依旧呆板地抱着这样的戒律实在说不过去。而最终的实际结果却正好与盟军所希望的背道而驰，对制空权的考虑，不但没使战役顺利实现目标反而付出了更大的代价。

但是萨勒诺战役毕竟是盟军在欧洲大陆所发动的第一次大规模的两栖登陆，其意义之深远不言而喻。而萨勒诺登陆中盟军所获取的最大经验，就是在登陆行动中，突击上岸之前海军舰炮火力准备所发挥的关键作用。作为登陆行动的海军指挥，休伊特中将在战后总结里就专门批评了不进行舰炮火力准备来换取所谓登陆突然性的做法，强调登陆作战中海空火力准备将是必不可少的一环。英国海军战史专家罗斯基尔上校也在《海上战争》一书里总结萨勒诺登陆作战经验时就明确指出，"登陆前必须进行猛烈的海空火力准备，以尽可能压制和削弱敌方防御，这是萨勒诺战役所获得的最重要的教训。"

第四章
安齐奥战役

古斯塔夫防线

　　1943年对于同盟国一方而言，绝对是扬眉吐气的一年，从年初开始，从浩瀚辽阔的太平洋，到波涛汹涌的大西洋，从冰天雪地的俄罗斯草原，到烈日酷暑的非洲大沙漠，赢得了一个又一个的胜利，战争的主动权逐渐转到了同盟国手里。

　　在欧洲战区的南翼，1943年5月盟军占领突尼斯和比塞大，北非地区的德意轴心国军队宣布投降，至此盟军完全彻底肃清了北非德意军队，地中海战区的形势豁然开朗——轴心国在欧洲最为柔软的下腹部——意大利本土，便毫无遮掩地暴露在盟军的利剑之下。7月盟军发起西西里岛战役，9月又在意大利南部登陆，战火终于烧上了第一个轴心国本土，意大利墨索里尼法西斯政府于7月垮台，新政府于10月13日宣布退出轴心国同盟，并对德宣战。此时，几乎所有的人都认为，同盟国在意大利的胜利已是瓜熟蒂落，指日可待。但是纳粹德国在意大利方面的大员凯塞林空军元帅，一位出身炮兵部队的空军指挥员却以其异常出色的战地指挥，率领驻意大利德军充分利用意大利由南向北渐趋险峻的山势走向，实施了一系列堪称经典的山地阻滞战。盟军自9月3日在萨勒诺登陆后，在谨慎稳妥的战略思想指导下，行动极为迟缓，面对兵力薄弱的少数德军部队，足足花费了将近一个月才占领预定目标那不勒斯，而德军主力已安然退守沃尔图诺河防线。盟军第5集团军拿下那不勒斯后，又未能兵贵神速地挺进，磨蹭到10月12日才向沃尔图诺河防线发起攻击，此时意大利秋雨已是淫淫不绝，泥泞的道路和常有的如注豪雨，自然成为进攻方最为头痛的"敌人"，天时、地利，再加上德军所固有的顽强，防守沃尔图诺河防线的德军3个不满员的步兵师如期完成了凯塞林坚守防线至10月16日的要求，北撤至下一道防线，从加里利亚诺河口到利里河谷的外围防线继续抵抗。由于恶劣天气的影响以及德军后撤时对道路桥梁实施的系统而彻底的破坏，盟军对外围防线的进攻一直拖到11月5日才开始，德军防御力度也在逐渐增强，盟军的进展也许只有用"寸进"才能最恰当地来形容。直到1944年1月，盟军方才逼近了凯塞林预定的主防御线——古斯塔夫防线，因为围绕此防线的争夺之时正是意大利冬季，所以也被称为冬季防线。

　　正是因为凯塞林的杰出指挥，希特勒于11月21日确定了在意大利长期坚守的战略，解散隆美尔的B集团军群，而将驻意德军合编成C集团军群，由凯塞林任总司令，该集团军群下辖维廷霍夫中将的第10集团军和冯·马肯森的第14集团军，共有23个师，370架飞机。凯塞林以第10集团军15个师坚守古斯塔夫防线，而将第14集团军8个师驻防意大利北部，作为古斯塔夫防线的后备力量。但是B集团军群中战斗力最强的4个师(其中3个装甲师)却在集团军群解散后被立即调往苏联战场，而凯塞林还要在意大利北部留下若干个师以控制广阔的地区，实际在第一线增加的兵力仅仅三四个残破的师而已。

古斯塔夫防线，西起罗马以南约80公里的西海岸拉皮多河口，向东穿越亚平宁山脉，横贯整个意大利半岛，直到亚得里亚海滨桑格罗河口的奥尔托纳，该防线以海拔约1000米的卡西诺山为核心 (罗马位于卡西诺山西北约160公里)，卡西诺山上还有西方世界极负盛名的卡西诺修道院，山脚下是有着2.5万居民的卡西诺镇，德军依山峰天险筑有大量钢筋混凝土防御工事，布设了无法逾越的雷区地带。水流湍急的利里河和拉皮多河所冲击而成的利里河谷在卡西诺山上可以一览无遗，而通往罗马的必经之路六号公路 (也称卡西利纳公路) 正从利里河谷经过。卡西诺山四周崇山峻岭连绵不绝，这些山峰日后就成为双方反复争夺的焦点。德军在卡西诺山精心构筑了坚固的防御阵地，很多工事都被伪装在岩石后面，甚至将修道院下面的一个山洞改造成弹药库以便就近补给。从地形上看，可以说古斯塔夫防线确实是易守难攻，德军也自豪地称为"坚不可摧"的防线。

从萨勒诺到古斯塔夫防线，盟军在意大利南部的进攻战简直可以用令人沮丧来形

■ 一幅反映古斯塔夫防线附近美军阵地的油画，因为围绕此防线的争夺之时正是意大利冬季，所以也被称为冬季防线，画中可见已被大雪覆盖的美军炮兵阵地，左边还有几个烤火的士兵。

容，在指挥战略的谨小慎微、恶劣天气、险峻地形和德军顽强抵抗这四方面因素共同作用下，整整4个月才推进了区区110多公里，平均每天前进1公里都不到！并最终在古斯塔夫防线前彻底地停滞下来，成为在整个1943年大趋势下格格不入的不协调音符。分析一下盟军如蜗牛般进展的原因，固然有天气恶劣地形不利的客观原因，但更主要的是盟军指挥方面太过谨慎的保守，回看战役进程，可以发现盟军其实有很多次谈不上绝佳也算得上极好的机会都被白白地浪费，每每要等到集结起足够的兵力和补给之后才有进取的雄心，而在盟军集结的时候，相比盟军实力更为脆弱的德军可没闲着，从容地建立起防线，如果盟军穷追猛打的话，他们可连喘息的机会也没有。更令人不解的是，盟军每取得一小步的进展，就又要停下来巩固既得地区，进攻前要等待，进攻得手后还要等待，时间就这么过去了，而有利的战机更是消逝无踪。以至于英国首相丘吉尔愤愤地说道："……对于如此有价值的力量竟然如此完全被浪费，在这场战争中是很难找到同样的例子的！"凯塞林元帅的参谋长韦斯特法尔更是一针见血地指出盟军的最大失误就在于根本不应在萨勒诺登陆尔后按部就班地从南向北逐步推进，如果以在萨勒诺登陆的兵力直接在罗马以北登陆，那么不仅可以迅速肃清罗马附近区区2个师的德军，而且能干净利落地切断意大利南部数个师德军的补给线，一举控制整个罗马以南广大地区，这还不包括占领罗马所带来的巨大政治影响。而之所以盟军选择萨勒诺登陆尔后逐步推进的根本原因是制空权，萨勒诺正处在盟军战斗机作战半径范围之内，再往北就超出战斗机作战半径了。其实德军在意大利的航空力量已经微弱到可以忽略不计的地位，盟军无视战场实际死板恪守登陆地点必须在战斗机作战半径内的教条，结果反而使地面部队付出了更为巨大的代价。

正是鉴于盟军在战斗中所付出的相当惨重的伤亡代价，不包括病患，仅单纯战斗伤亡就逾4万之众，远远大于德军损失，这更使原本就对地中海战区三心二意的美国觉得，在这个山脉连绵河流纵横的狭长半岛国家，最多只能保持有限的力量，进行有限的军事行动。到了1944年初，这一心理更为强烈，美国军方甚至已经消极悲观地认为盟军在意大利战场的作用，充其量就是牵制了德军C集团军群的20来个师（此时德军师级编制人数不满员已是家常便饭，驻意德军作为次要方向即使在满员情况下也不过只有盟军师级编制的三分之二），不使其投入苏联战场或用以增强"大西洋壁垒"的防御。而在意大利的盟军，由美第5集团军和英第8集团军组成的第15集团军群，仅地面部队就有19个师又4个旅，虽说光从师级单位的数字上似乎相差无几，而实际兵员人数上，盟军几乎是德军的一倍，以这么大的力量去牵制这么小的敌方力量，实在有些得不偿失。

丘吉尔的计划

面对意大利陷于僵持停滞的战局，感到最不满意的人无疑就是英国首相丘吉尔了，自从北非战场全面胜利后，英美两国的高层就对地中海战区的战略产生了巨大分歧。英国主张沿西西里岛、意大利半岛向北，在南欧开辟对德作战新战场，并将土耳其拉到同盟国一边，从2个侧翼削弱德国，尔后再在法国北部大举登陆。而美国方面则认为北非战场胜利后应该将全部力量都集中到西欧，直接在法国北部登陆开辟第二战场。两种不同意见分歧的关键是，东南欧是大英帝国的传统势力范围，英国想借助美国的力量重新恢复在该地区的影响，而美国也很清楚英国的这一上不了台面的战略企图，自然不愿意做这个白出力的冤大头，几经交涉英美之间才达成了妥协，这才有了西西里和意大利南部的作战行动。但是当意大利南部战局停滞不前后，美国又将意大利战场局限为有限行动战区，只希望保持有限的压力，仅仅发挥牵制德军力量的作用。这与丘吉尔的理想相去甚远，于是在1943年11月底的德黑兰会议上，丘吉尔再次阐述了他的计划。

在美国和苏联两大巨头的共同坚持下，同盟国方面已经达成了将1944年5月（或6月）在法国北部的登陆列为最优先地位，同时将在法国南部登陆的计划列为第二优先地位的协议。丘吉尔深知这一战略决定已是无法改变的，善于机变的丘吉尔鼓动如簧巧舌，表

示将以十分之九的力量投入在法国开辟的第二战场，只需以十分之一的力量用于地中海，而这十分之一的力量将取得的利益肯定将超过所投入的力量。

对于意大利战场，同盟国方面确实存在不同看法，以英国方面为代表认为，盟军在意大利投入的力量越多，军事行动的力度越强，就越能吸引更多的德军从而减少德军在法国的兵力，为法国北部的登陆创造有利条件。而美国方面认为在意大利的任何行动都应该以不削弱、不影响在法国北部的登陆为前提，因为只有法国北部才是真正的决战，能够一战而定大局。而且美国对英国垂青意大利战场，还有重重怀疑，担心英国借刀杀人，担心美国被英国拖入东南欧剪不断理还乱的纠纷中，担心英国会以意大利为借口拖延甚至逃避承担在法国北部登陆的责任。为了打消美国方面的顾虑，丘吉尔立即提出即使在意大利采取行动，其战略目标也是有限的，只不过是占领罗马，然后向北到达意大利长靴形半岛"腿部"的比萨——里米尼一线就可以了，绝对不会影响在法国北部的登陆。丘吉尔的这一表态，才使美国方面勉强同意了在意大利发动一场新的攻势。

丘吉尔计划的具体方案就是盟军第15集团军群司令哈罗德·亚历山大上将在11月制订的"鹅卵石"计划，那是亚历山大为了突破古斯塔夫防线而制订的，计划先在古斯塔夫防线正面发动进攻，再在防线侧后的安齐奥进行登陆，两面夹击最后攻占罗马。这一计

划因11月和12月两次向古斯塔夫防线正面突击均告失利后，便在美第5集团军司令克拉克的请求下，还未开始就被束之高阁——当丘吉尔问起攻占罗马有何计划时，亚历山大便顺手捡起了这颗刚刚扔掉的"鹅卵石"，于是丘吉尔便以此方案为蓝本召集地中海战区的盟军将领进行讨论，在丘吉尔眼里，盟军在安齐奥的登陆将不是一颗只能硌脚的鹅卵石，而是一只牙尖爪利的野猫，将会一把抓碎德国佬的心脏！

纸面上的计划总算通过了，但实际操作遇到的第一个问题就是运载工具不足，为了准备法国北部的登陆，盟国方面登陆舰艇的筹备已经是以艘为单位了。为此丘吉尔亲自出马向美国总统罗斯福游说，成功说服罗斯福取消了原定在亚洲缅甸孟加拉湾支援中国战区的两栖登陆行动，并推迟了一批登陆舰艇离开地中海的时间，才好不容易凑出了87艘登陆舰，基本能满足计划运送2个师部队所需88艘登陆舰的最低限度，可以说勉强达到了要求。但是这批登陆艇还有一个条件，即在登陆2天后就必须离开战区，求战心切的丘吉尔毫不犹豫地接受这一苛刻条件，对他来说，只要能够在安齐奥打响，一切都可以接受。

1944年1月8日，正在摩洛哥度假胜地马拉喀什休养治病的丘吉尔正式批准了"鹅卵石"计划，安齐奥登陆终于进入了实质性运作阶段。

"鹅卵石"计划总指挥是盟军地中海战

■ 第5集团军司令克拉克（左）第3步兵师师长美国陆军少将卢西恩·特拉斯科特（右）。

区总司令英国海军上将安德雷·坎宁安，地面部队是隶属于美第5集团军的美军第6军，军长是美国陆军少将约翰·卢卡斯，下辖美国第3步兵师，师长美国陆军少将卢西恩·特拉斯科特和英国第1步兵师，师长英国陆军少将彭尼，海军总指挥是第81特混舰队美国海军少将洛里，下辖南北两个特混编队，南编队司令由洛里兼任，编有巡洋舰2艘、驱逐舰11艘、护卫舰2艘、防空舰1艘、炮舰2艘、扫雷舰艇23艘、潜艇1艘、各型登陆运输船只127艘，负责运送美军第3师，北编队司令英国海军少将罗布里奇，编有巡洋舰2艘、驱逐舰12艘、防空舰1艘、扫雷舰艇16艘、潜艇1艘、各型登陆运输船只87艘，负责运送英军第1师。

盟军计划先以第6军的2个师在安齐奥登陆后，迅速向阿尔班山区挺进，切断六号公路和七号公路（也称阿皮亚公路），截断古斯塔夫防线德军后路，在取得巩固的滩头之后再投入第二梯队美军第1装甲师、第45步兵师和英军第56步兵师扩张战果，同时古斯塔夫防线正面盟军发起强大攻势，两下夹击，围歼当面德军。整个战役组织工作由于曾经有过计划，因此比较顺利，各项准备工作也都有条不紊地紧张进行着，虽然时间比较仓促，但是一切都在按照计划进行。预定参加登陆的地面部队和海军也很快在萨勒诺海滩开始了联合登陆演习，秣马厉兵积极准备。

和丘吉尔的雄心勃勃、准备工作紧张有序形成强烈反差的是两位前线指挥员的心态，美军第5集团军司令美国陆军中将马克·克拉克刚刚指挥过萨勒诺登陆，还未从惨烈血腥的战斗中回过神来，从他内心来讲是极不愿意执行这个计划的，首先他对海军在登陆两天后要撤走感到无法理解，这样仓促的海上支援，仗怎么打？而且在好不容易才七拼八凑集结来的87艘登陆艇中，只有14艘是新式登陆舰，其他都是无法搭载登陆艇的老式登陆舰，这些老掉牙的登陆舰只能携带俗称"鸭子"的履带两栖车，虽说两栖车使用方便，但是速度慢载重小适航差的缺陷在战前的登陆演习中就暴露无遗，遇到风浪后就有40辆两栖车翻沉。更重要的是克拉克对英国方面提供的情报心存疑团，他根本不相信德军在安齐奥地区力量薄弱，认为这只不过是英国人为了能在安齐奥登陆而编造的谎言，只是出于能顺利通过决策的考虑，他担心在安齐奥的登陆又将是萨勒诺悲惨一幕的重演。正是出于这些顾虑，克拉克把迅速切断六号公路和七号公路作战目标抛在一边，给第6军军长的命令中只是"在占领和控制安齐奥及其附近地区的同时，向阿尔班山区前进"。他心里的算盘是想等古斯塔夫防线正面盟军开始攻击后，再根据正面情况进行调整。

青出于蓝而胜于蓝，登陆作战最高指挥第6军军长卢卡斯在克拉克的影响下，其心态更为谨慎，确切说是更为消极悲观。当得知要指挥部队在安齐奥登陆后，卢卡斯的第一反应就是"这回将要比加利波利更惨！"（加利波利登陆战是第一次世界大战中登陆方惨败的一次登陆战），这位性格内向的将军在日记里尽情吐露了自己的恐惧和担忧："鹅卵石计划没有任何军事上的意义。……我觉得自己就像是被牵上屠宰场的羔羊。……

■ 美军第6军军长卢卡斯将军（左）与1名英军军官讨论战况。

这里充满着加利波利的气味，指挥这事的还是那位业余教练（指丘吉尔，加利波利战役也是由丘吉尔一手策划）。"不仅在日记里，而且即便是在部下、同僚甚至上司第15集团军群司令亚历山大面前都曾流露过这样的想法，可是不知为什么，对战局如此悲观的卢卡斯还是被任命为此次登陆作战的前线最高指挥。

来自外部的压力更进一步加剧了卢卡斯的沮丧和恐惧，克拉克在临行前给卢卡斯的忠告居然是："可别像我在萨勒诺那样自讨苦吃！忘记该死的罗马城吧！"第5集团军司令部作战部长美国陆军准将布莱恩说得更为直接：第6军登陆后可根据战况自主决定行动。这就等于是给了第6军可以无视切断古斯塔夫防线德军后路这一任务最堂皇的借口。而卢卡斯的好友，著名的血胆将军巴顿临别赠言简直就是一句诅咒："在整个美国陆军中，我最不愿意看到你丧命，但这次恐怕是见不到你了！"

在这样的氛围下踏上征途的卢卡斯，可想而知将是以怎样的心态去指挥这场登陆战。

登陆安齐奥

安齐奥位于罗马西南约56公里的海滨，早年是个渔港小镇，因其附近海滩沙质细腻，海水清澈，岸边松林深翠浓荫，再远处群山连绵叠嶂，风光秀丽，而与罗马交通又

很便捷，自然而然便成为一处度假休闲的胜地。尽管战火不绝，但安齐奥似乎远离尘世，依然宛若世外桃源，唯一不同的是，来自国外和罗马的游人少了很多，漫步海滩探幽松林的多是戎装在身的德军官兵，俨然成为凯塞林犒赏古斯塔夫防线德军官兵放松休假之地。然而对于盟军而言，风光旖旎的安齐奥海滩，却丝毫没有放松休闲的心情，有的只是惨烈的战争画面。

1月21日，总数达3.6万人的登陆部队以及装备的火炮、坦克、车辆和补给物资陆续从那不勒斯登船，随即由253艘各型舰艇组成的登陆编队拔锚起航。为了迷惑干扰德军对该编队动向的准确判断，登陆编队出海后先是故意绕经卡普里岛向南航行，直到黑沉沉的夜幕笼罩了海天，编队才转向安齐奥，经过一夜航行于次日拂晓2时到达安齐奥海域。同时，盟军空军出动大批飞机对意大利各机场尤其是对侦察机基地佩鲁贾机场进行了重点轰炸，有效压制了德国空军的活动，从而保证了安齐奥登陆编队的航渡安全与隐蔽。巧的是，就在盟军庞大的登陆舰队浩浩荡荡驶向安齐奥时，德国军事情报局局长卡纳里斯海军上将正在凯塞林的集团军群司令部，他向凯塞林保证在最近的将来盟军绝不会在意大利有力量发动一场登陆战——就在卡纳里斯这番话说完后几小时，盟军士兵的作战靴就踏上了安齐奥的海滩！这也从反面说明了盟军此次登陆作战在情报保密方面的杰出努力。而作为优秀的战略指挥官凯塞林元帅

却并不相信情报机关的分析，因为同时情报机关也证实盟军在那不勒斯港集中了高达40万吨位的运输船只，这么多吨位的船只完全可以进行一次相当规模的两栖登陆，虽然他考虑到盟军会在意大利战场实施两栖登陆，但他认为盟军登陆地点将会是在罗马以北地区，因为罗马以北登陆才对意大利战场更具有威胁。在这些因素共同作用下，安齐奥才成为德军在意大利战场的最薄弱之处。

黎明前，盟军登陆开始了，整个登陆行动异常顺利，比萨勒诺海滩的演习还要完美，凌晨2时，在一阵惊天动地的炮火支援之后，满载士兵的登陆艇冲上海滩，德军在安齐奥的部队只有少数负责在敌登陆时破坏港口设施的工兵，而且他们完全没有进入角色，不少人是穿着睡袍在床上成了俘虏的！5时许，美军在安齐奥以东约6公里处登陆，英军在安齐奥以西约8公里处登陆，部队遇到的抵抗微乎其微，几乎没有伤亡就顺利实现了曾经忧心忡忡的登陆计划。盟军士兵对此次登陆的评价就是"没有抵抗，没有炮火，没有伤亡，甚至连袜子都没湿！"接到登陆成功报告的第15集团军群司令亚历山大兴奋地致电丘吉尔："我们的进攻完全出乎敌人的意料！"8时许，美军第3师占领安齐奥小镇。至22日午夜，第6军的3.6万名官兵、3000台车辆及补给品已全部上岸。

此时，不要说附近的阿尔班山地和六号公路已经成为盟军的囊中之物，就连不朽名城罗马也是唾手可得，因为此刻从安齐奥到

■ 进攻安齐奥的南部登陆编队中的英国辅助防空舰"帕劳马雷斯"号，该舰由西印度群岛香蕉运输船改装而成。

■ 第81特混舰队旗舰——美国海军两栖攻击舰"比斯内克"号。

罗马，德军全部的防御力量就只有第29装甲掷弹兵师的区区2个营不过1000人而已！登陆完全取得了预期的突然性，而且正打在德军整个意大利战场最为脆弱的命门死穴，正如德军韦斯特法尔将军所说，只要盟军从滩头出发，大着胆子向罗马挺进，一路上就没有什么可以阻挡的了。之所以安齐奥登陆如此成功顺利，一个重要原因是德军高层指挥的判断错误，凯塞林认为意大利战场只是同盟国方面一个次要战场，盟军不会再在意大利投入更大的兵力。而德军情报机关也得出了相同的结论，以盟军目前在意大利的力量，根本不可能在攻击古斯塔夫防线的同时，再有力量在更北面发动一次两栖登陆。正是基

于这一判断，凯塞林正巧于登陆之日取消了古斯塔夫防线以北地区德军的戒备状态，以使这些部队能放松喘口气，而且还刚刚将原来作为抗登陆预备队的2个师调往古斯塔夫防线反击盟军的攻势。但是，作为一个堪称帅才的优秀指挥官，凯塞林还是留了一手，那完全可以说是决定胜负的一步伏笔先着——他详细周到地制定了代号为"理查德案件"的部队机动预案，驻扎在意大利北部地区的德军部队可以按照这一预案，从事先准备就绪的路线迅速地机动到盟军可能的登陆地点，这些路线都经过精心选择，即使是在冰雪严寒的恶劣天气下也能迅速通过大量部队，在容易遭到冰封的路段，工兵部队早已准备了破冰开路的方案和所需工具、原料；在空袭中易遭破坏的桥梁，工兵部队都事先勘测了架桥点预备了架桥器材；在一些偏僻的支路上还建立了隐蔽的中途补给点，囤积了燃料、弹药和食品。由于安齐奥地区德军迅速被歼，没能及时报告，所以凯塞林一直到22日下午17时才刚接到盟军登陆的报告，但他立即下令实施"理查德案件"计划，并命令原准备投入古斯塔夫防线反击部队暂缓行动，驻扎在意大利北部的德军第14集团军就立即按照这一机动预案开始了行动。

与德军动若脱兔的迅捷反应相反，登陆盟军却是令人难以置信地磨蹭，至今还在海滩徘徊，尽管登陆可以说是非常之顺利，德军除了一两次稀疏的空袭外，几乎是毫无抵抗，即使没有飞兵急进罗马的雄心与胆略，

至少可以轻松地控制住关键的阿尔班山地和六号公路，但是卢卡斯因为出发前的刺激受得太深，死板地执行巩固滩头阵地的命令(盟军原以为在滩头还将进行一场激烈的鏖战，根本没想到滩头几乎是不设防的)，在他心里始终执拗地抱定这样一个前提：只要古斯塔夫防线正面盟军没有取得突破，他就不向纵深推进！于是，他只是命令部队占领从东南墨索里尼运河到西北莫莱塔河口一线，以安齐奥海滩为核心建立起一道弧形的防线。

当凯塞林获悉登陆盟军非但没有向纵深推进反而在海滩挖壕做工事，简直都不敢相信自己的耳朵！就在盟军裹足不前的时候，德军部队则正星夜飞兵兼程赶往安齐奥，仅仅24小时后，如天而降的德军部队就迅速控制了阿尔班山地，并以炮火封锁了通往罗马的六号公路。可以说，盟军在安齐奥出其不意的突然效果到此时已经彻底化为乌有了，再想向罗马进军可就没那么容易了！

滩头血战

1月23日，德军第14集团军司令冯·马肯森将军赶到安齐奥前线，凯塞林已经指派他来全权负责指挥对安齐奥登陆盟军的反击作战，此时陆续划归冯·马肯森麾下的部队已有第1空降军和第76装甲军，在不久的将来这2个军所辖兵力将多达8个师。这些部队几乎全部来自于意大利北部，老谋深算的凯塞林可并没有想动用古斯塔夫防线的兵力，安齐奥

的危机并没有丝毫动摇他坚守古斯塔夫防线的决心，何况希特勒还曾特意下令必须不惜一切代价以最激烈的战斗来坚守每寸土地，因为古斯塔夫防线的胜利将会具有深远的政治影响。同时希特勒还慷慨地允许凯塞林可以随意调用意大利北部的任何部队，并许诺还将再给凯塞林2个步兵师和2个独立重型坦克营的增援，以便使凯塞林拥有足够强大的力量来挫败盟军在安齐奥的登陆，因为现在德国不仅太需要一场胜利的鼓舞，而且可以彻底打消盟军在意大利战场再有任何侧后登陆的念头，并进而对盟军未来在法国的登陆产生消极影响。

就在德国陆军大举开赴安齐奥的同时，几个月来几乎已经销声匿迹的德国空军也向

安齐奥投入其所能投入的最大力量，以显示其存在，而且还使用了由亨舍尔公司研制的秘密武器——无线电制导的滑翔炸弹Hs293。面对德军一波又一波空袭和越来越猛烈的炮火，安齐奥滩头的盟军也逐渐预感到了不祥之兆，美国第3步兵师师长特拉斯科特和英国第1步兵师师长少将彭尼一再要求卢卡斯立即下令向纵深推进，第15集团军群司令亚历山大也不断催促卢卡斯迅速向纵深挺进，以策应古斯塔夫防线的作战。打心眼里不愿冒冒失失向纵深进军的卢卡斯在上下压力下，不得不有所表示，而且2个整师的部队以及大量车辆、物资都猬集在狭小的海滩也确实有些拥挤，于是卢卡斯终于同意向外突击，以扩展滩头阵地，但是攻击目标也相当有限，只

Hs293滑翔炸弹

　　1940年起由德国亨舍尔公司开始研制，由赫伯特·瓦格纳博士主持项目开发。在SC-500普通航空炸弹上安装轻质合金的弹翼和尾翼，以提高攻击距离，这就成了1940年5月最早问世的HS293V2型滑翔炸弹。1940年7月又在炸弹和载机上分别安装无线电指令接收和发射系统，使炸弹具备定向机动攻击能力，这就是Hs293V3型可控滑翔炸弹。1940年12月又将液体火箭发动机加挂在Hs293V3腹下，大大提高了有效攻击航程，成为Hs293AO型滑翔炸弹。1940年12月17日，Hs293AO在佩内明德实验场试飞成功。1943年7月，在Hs293AO上安装了最新成果固体火箭发动机，并取得成功，成为世界上第一种真正实战的Hs293A1型滑翔炸弹。Hs293A1型滑翔炸弹最大射程18公里，重1045公斤，长3.82米，弹径0.47米，翼展3.10米，可由He111、He117、Do 217和Fw 200等飞机携带发射，通常这些滑翔炸弹载机不需要冒着被击落的风险去突破防空火力网，而在防空火力射程之外发射，再以无线电控制引导炸弹飞向目标。但好景不长，盟军很快掌握了对付这种炸弹的有效方法，对滑翔炸弹的无线电遥控频率实施无线电干扰，使其改变弹道而坠海。整个二战期间，Hs293A1一共生产2300余枚，在无干扰的情况下命中率约40%，击沉盟军舰船数十艘。

■ （左）安齐奥滩头登陆一景，注意图中一艘被击中的登陆艇。

（下）美军第601坦克歼击车营在安齐奥滩头做间接火力支援。

是奇斯泰尔纳小镇和卡姆波莱奥火车站，这也充分说明了卢卡斯对向纵深内陆推进的深深恐惧。

奇斯泰尔纳小镇，位于蓬廷沼泽的边缘，镇子不大，但是七号公路和那不勒斯至罗马的铁路都从该镇经过。卡姆波莱奥火车站则正处在安齐奥海滩通往阿尔班山山脚阿尔巴诺镇的公路上，两个不起眼的小地方却都是安齐奥地区的交通要冲，兵家必争之地。

攻占奇斯泰尔纳小镇的任务落在美第3师头上，德军很清楚该镇的价值，早就部署了重兵坚守，因此从海滩到小镇的每一条田

■ 德军远程火炮极大地阻碍了美军DKUW两栖运输车向安齐奥海滩输送物资。

埂，每一间房屋都要经过激烈的反复争夺，美第3师师长特拉斯科特见正面强攻苦战一天进展缓慢，深知兵贵神速，如果再拖延时日只会付出更大的代价，所以决定当晚实施夜袭，渗透穿越德军防线来个黑虎掏心直取奇

斯泰尔纳镇。夜袭的部队是配属该师的精锐部队——头戴黑色贝雷帽的陆军游骑兵6615部队，这支部队曾在北非、西西里和萨勒诺大展身手，他们训练有素，作风顽强，善打硬仗恶仗，堪称虎贲劲旅，渗透穿插突袭，更是拿手好戏，所以特拉斯科特对此次夜袭寄予厚望。夜深之后，别动队悄然出击，他们沿着被称为"潘塔诺壕沟"的水沟隐蔽前行，一路上都是匍匐前进，成功地渗透穿越德军防线，一直到达距奇斯泰尔纳镇中心仅800米，这才一跃而起，向着奇斯泰尔纳镇如下山猛虎一般扑去——就在别动队全部冲上大路时，德军的炮火忽然间铺天盖地般倾泻而下，原来德军早已发现他们的行踪，就一直耐心地等待他们进入开阔地带，才以密集火力实施覆盖射击，美军这支精锐之师只携

美国陆军游骑兵

美国陆军游骑兵是一支历史悠久的部队，早在17世纪殖民地时期，游骑兵（RANGER）就是指机动灵活的小型骑兵侦察部队，RANGE一词最早的意思是指侦察骑兵的巡逻范围，自然这支部队的士兵就被称为"RANGER"。

第一支正规的游骑兵是1756年由罗伯特·罗杰斯少校组建的9个连，这支劲旅异常出色的表现，使游骑兵成为优秀与荣耀的代名词。美国独立战争中最著名的游骑兵就属弗朗西斯·马利隆指挥的绰号"沼泽狐狸"部队。

二战爆发后，美军于1942年6月19日在北爱尔兰组建了第一支游骑兵——第1游骑兵营，该营的49名官兵参加了1942年底的袭击第厄普之战，成为第一批与德军正式交手的美军部队。随后该营转战北非，因其优异表现深受器重，游骑兵因此迅速扩编为6个营。诺曼底登陆中，参战的第2游骑兵营（也就是影片《拯救大兵雷恩》拯救分队所在部队的原型）在德军密集火力压制下其他部队无法前进的关键时刻，奋勇突击为后续部队打开了突破口，赢得了第29步兵师副师长诺曼·科塔准将的由衷称赞："游骑兵，开路先锋！"这句话从此就成为游骑兵的座右铭。

战争结束后，6个游骑兵营相继被裁撤，只有曾在缅甸与中国军队并肩作战的第5307大队被改编为第475步兵团，得以保存。1954年改称第75步兵团，1987年又恢复游骑兵的名称，正式改称第75游骑兵团，成为美国陆军第一支常设的游骑兵部队。该团编制人数2300人，下辖3个营，该团不论平时和战时都处于高度戒备状态，随时都有1个营轮值待命并且保持最高战备，这个战备营能在18小时内抵达全球任何地点并投入战斗。在现代战争情况下，游骑兵主要是以远距离空中机动深入敌后进行侦察和其他具有战略意义的行动。而作为传统，绣有"RANGER"字样的黑色贝雷帽永远都是游骑兵荣誉的象征。

安齐奥战役双方参战部队序列

盟军方面：

地中海战区总司令 坎宁安上将（后威尔逊上将）

第15集团军群总司令 亚历山大上将

美军第5集团军司令 马克·克拉克

美军第2军军长 杰奥雷斯·凯斯

美军第6军军长 卢卡斯（后特拉斯科特）

自由法国军军长 阿方索·皮尔·朱安

英军第8集团军司令 奥利弗·利斯

英军第10军军长 麦克里尔

英军第13军军长 奥利弗·利斯

波兰军军长 安德斯

最高峰时总兵力达30个师，作战飞机约4000架。

德军方面：

C集团军群总司令 凯塞林元帅

第10集团军司令 海因里希·冯·维廷霍夫

第14装甲军军长 冯·森格尔

第51山地军

第14集团军司令 冯·马肯森

第1伞兵军

第76装甲军

总兵力23个师，作战飞机370架。

带轻武器，全靠勇敢和隐蔽来赢得胜利，当突然性完全丧失时，他们就像赤身裸体落入陷阱的猎物，毫无遮掩任人宰割！这完全是一场屠杀，在出击的767人中只有6人得已侥幸逃回，其余人员非死即俘！美军对奇斯泰尔纳镇的进攻就以这样惨痛的损失而宣告结束。

英军对卡姆波莱奥火车站的攻击也不顺利，战斗还没开始，三个军官带着作战计划和标注好的作战地图误入德军阵地，人图俱失，彭尼不得不将进攻推迟，以便对作战计划进行必要修正。战斗开始后英军第1步兵师比较谨慎，没有贸然投入主力而是先派出一支排级规模的侦察巡逻分队，小分队从海滩出发沿着公路向内陆前进，一直前进了约5000米，在卡罗切托村 (位于卡姆波莱奥火车站以南约6000米) 遭到了一幢坚固的红砖墙建筑里射出的密集火力拦阻，小分队没有重型武器支援只好退回海滩，小分队指挥在向师长彭尼少将汇报时大概觉得这幢建筑有几分类似工厂厂房，便将其称为"工厂"。而实际上这是一个标准的农民居住小区，原是意大利政府为来此垦荒的农民所建。这个名不符实的建筑群，日后将是双方拼死争夺的焦点，因为这个建筑群正建在地势最高之处，当初建设者选择这个地点只是为了使房屋免

遭漫水之灾，而在军事上却无形之中成为控制附近低洼地区的制高点，自然成为必争之地。

彭尼获悉德军在距离海滩如此之近的地区出现，立即意识到德军已经在安齐奥附近地区集结了相当的力量，如果盟军不迅速向纵深挺进，不抢在德军后续重兵赶到之前进入阿尔班山区，那么就会被德军困在狭小的滩头！彭尼果断投入第1师最精锐的禁卫军旅向"工厂"发起攻击，经过一整天的激战，付出了相当代价之后终于拿下这个关键的制高点，打开了通向卡姆波莱奥火车站的

安齐奥　　　　　　　　　　　　　　高速公路

旧铁路路基

■ "工厂"近景。

道路。

战至27日，美军距离奇斯泰尔纳镇还有6.4公里之遥，而英军进展虽快但离卡姆波莱奥火车站也有2.4公里。密切关注战况的丘吉尔和亚历山大都对如此缓慢的进展深感不满，当天丘吉尔发给亚历山大的电报就流露出深深的忧虑："如果你们的军队（指安齐奥的登陆部队）被封锁在那里，而主力部队（指古斯塔夫防线正面部队）又不能从南面推进，则形势不妙。"

特拉斯科特和彭尼两位战地指挥官通过近日来的战斗都已明显感觉到德军正在逐步加强安齐奥地区的力量，如果不尽早向内陆挺进，那么就很可能演化为第二个加利波利！于是两人不约而同地向卢卡斯提出应迅速向内陆挺进。1月28日亚历山大和克拉克亲临安齐奥海滩视察战况，亚历山大对登陆将近一周以来几乎寸步未进大为不满，严词催促卢卡斯尽快向内陆挺进，以配合古斯塔夫

防线的作战行动。来自上下两方面的压力，再加上第二梯队装备150辆M4坦克的美军第1装甲师已经登陆，在安齐奥的盟军已达6.8万人、500门火炮和237辆坦克、装甲车，使卢卡斯有了进攻的底气，稍稍打消了悲观畏敌之心，于是卢卡斯终于下令开始进攻！然而这一决心下得实在太晚了，几乎不费吹灰之力唾手可得的胜利机会已经失之交臂，德军早已掌握了在对手拥有制空权的不利情况下调集部队的经验，已经在安齐奥集结了可观的部队，雄心勃勃的凯塞林不仅有充足的信心挫败登陆盟军的攻势，甚至豪情万丈地准备消灭至少是将登陆盟军赶下海！

1月30日，距离登陆之日整整8天之后，盟军才发起了第一次像样的总攻：3个师倾巢而出，兵分两路并肩突击。右翼美军第3步兵师猛攻奇斯泰尔纳镇，左翼美军第1装甲师和英军第1步兵师攻击卡姆波莱奥火车站。

右翼美军第3师的攻势遭到了德军顽强的

■ 美军第1装甲师第13装甲团的一队M4A1谢尔曼式坦克在为突破安齐奥滩头攻入内陆做准备。

■ 1辆休整中美军第1装甲师69装甲炮兵团车名为"Anna"的M7自行榴弹炮，摄于内图诺附近。

抵抗，美军的推进简直可以用蠕动来形容，到了那不勒斯至罗马的铁路边，美军连蹒跚蠕动也最终停了下来，就地掘壕转入防御。

盟军主攻方向是左翼，投入了唯一的1个装甲师，在英军右翼迂回，与英军夹击卡姆波莱奥火车站。英军第1步兵师也非等闲之辈，终于从德军防线中杀开一条血路，攻到了火车站边，其前锋营已经冲上了阿尔班山区的第一道山坡。不过越接近阿尔班山区德军的防御也越坚强，就在突破阿尔班山区的关键时刻，由于地形限制，美军第1装甲师的坦克却无法按计划实施迂回，因为公路上德军早已布置下重重路障，公路边田野里沟渠纵横，加上连日阴雨，早已是一片泥泞，坦克根本无法通行。攻取火车站的重任就只能由英军步兵独自承担起来了。火车站周围地形非常险恶，铁轨在地势低洼之处，无形之中成为一个路堑，而要攻占火车站必须越过铁轨，也就是说英军步兵必须先从铁轨己方一侧高地冲下路堑，再向上仰攻冲上铁轨另一侧德军占据的高地，这简直就是一个绝好的"屠杀场"——担负攻击任务的英军英格兰舍伍德林地营的士兵们刚顺着山坡冲下路堑，就落入了德军迫击炮、轻重机枪和步枪组成的交叉火网，即使能冲过德军第一道火网到达路堑，也仅仅是个开始，接着还要在德军绵密火网下冲上不高但却相当陡峭的高地，而在整个冲击过程中英军步兵根本没有还手之力，全然是任人宰割的鱼腩！英军以无比的英勇发起一次次攻击，一次次以失败

127

附图四 在意大利的缓慢行军

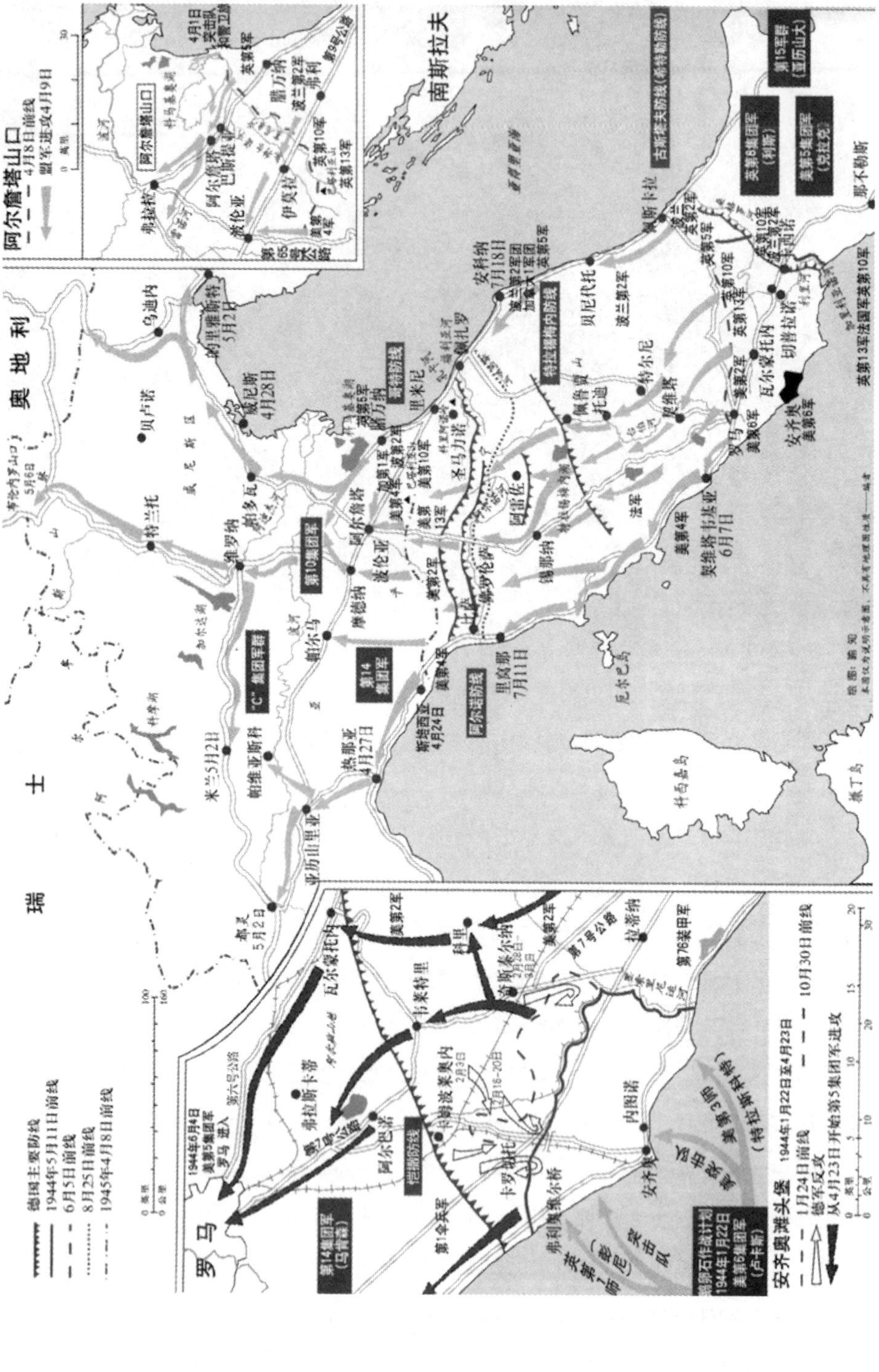

而告终，直至全营拼光——山地营最后连伤兵在内只剩下8名军官和250名士兵！有力使不上的美军第1装甲师师长哈蒙少将望着尸横遍地的战场，痛心地说道："我从没见过在这么小的一个地方死了这么多的人！"

虽然盟军的第一次总攻没能攻下卡姆波莱奥火车站和奇斯泰尔纳镇两个预定目标，但是英军还是撕开了德军的防线，沿着公路推进了约20公里，逼近阿尔班山区。英军这片以巨大伤亡为代价夺取的楔形阵地，依托公路的狭长伸向阿尔班山区，犹如一柄长剑刺入德军腹地。

殊死争夺

尽管盟军1月30日的总攻并未达到预期目标，但毕竟还是取得了一些进展，盟军应该充分利用直逼阿尔班山区的楔形阵地继续猛攻，从阿尔班山区打开突破口。卢卡斯却再次停了下来，或许对他看来30日的攻击已经应付了来自上下的压力，或许惨重的伤亡又将他刚刚积聚起来的底气和信心打消了。然而德军却丝毫没有犹豫，第14集团军司令马肯森手上的部队已集结有42个步兵营、1个装甲营和40个炮兵连，他自恃已具有相当力量，未等援军全部到达就果断发起了反击。

2月3日，随着猛烈的炮击，德军大规模反击揭开了序幕，反击矛头直指威胁最大的英军第1师的楔形阵地。当天大雨倾盆，盟军飞机受恶劣天气影响无法进行空中支援。

德军从几个方向同时向英军猛攻，德军居然极富创意地大摆山羊阵，将千余只山羊赶向英军布设的雷区，用山羊趟雷以便迅速在雷区开辟通道，随后德军部队汹涌而来，英军的楔形阵地本来就是个突出部，正面侧后全线告急，德军装甲部队截断了通往海滩的公路，坚守在阵地最顶端的英军第3旅被汹涌而来的德军分割开来，岌岌可危。而此时天降大雨，盟军依赖的空中掩护也无法实施，硝烟雨云使海面上的盟军舰艇也无法提供舰炮火力支援，英军第3旅兵力火力均处劣势，只得且战且退，英军一直退到"工厂"一线才稳住阵脚，而付出巨大代价才夺取的楔形阵地也就随之易手。左翼的美军第3师防线侧翼是一片泥泞的沼泽，相对比较安全，因此得已在奇斯泰尔纳以南建立起一道防线。

借着连日暴雨，盟军空中力量无法出动的有利条件，德军连续组织反击，虽然盟军第二梯队的美军第45步兵师和英军第56步兵师相继登陆，但战局仍是不容乐观。虽然盟军还保持着一条危急但还算完整的防线，卢卡斯还是未雨绸缪地以在距海滩约10公里，横跨在铁路和公路之上的天桥为核心，从莫莱塔河至墨索里尼运河一线建立了最后的防线。但是卢卡斯却没意识到外围防线的困难，尤其是英军第1师因连日苦战伤亡惨重，残破的第1师已经实在没有力量守住地形复杂的防线了，连侧翼的制高点布翁里波索山都没有足够的守备部队！

2月7日，疲惫不堪的英军终于没能守

■ 盟军士兵行进在墨索里尼运河边。

住布翁里波索山，德军已乘势冲上通往"工厂"的道路。英军自然明白布翁里波索山失守意味着什么，第1师竭尽全力组织力量对布翁里波索山进行了反复争夺，但是整整一天的厮杀，英军还是未能夺回布翁里波索山，只得退过卡罗切托河。此时的英军第1师实力已经降至最低谷，根本无力阻止德军的进攻。果然2月8日德军便轻松突破了该师防线，随即德军便向"工厂"发起猛攻，英军第1师集中全部残存力量固守"工厂"。

在德军一波又一波强力攻击下，2月10日战局骤变，对安齐奥海滩具有重要意义的制高点"工厂"终于失守，德军可以直下海滩，卢卡斯急忙拿出最后预备队——2个步兵营和2个坦克连，于11日向"工厂"发起反击。可是这点兵力简直是杯水车薪无济于事，盟军耗尽了最后预备队，还是没能夺回"工厂"。

亚历山大于2月14日再次来到安齐奥海滩，视察战场后他召开了记者招待会，会上这位敦刻尔克的英雄向记者信誓旦旦地保证："安齐奥绝不会是第二个敦刻尔克！"

至2月15日，德军已在安齐奥集结了10个师约14万人，而且还有一支力量颇为可观的航空兵提供空中支援(这在1944年简直就是奇迹了)。踌躇满志的马肯森决定以"工厂"为出发阵地，沿公路展开主力，直扑海滩，一举消灭被困在滩头的盟军。卢卡斯也清楚德军的主攻方向肯定是从阿尔班山区到海滩的公路，他利用战斗间隙迅速调整部署，以新到达的英军第56步兵师第168旅和美军第45师坚守公路沿线，美军第3师则负责左翼防御，以英军第1步兵师为预备队守备最后"天桥"防线。

2月16日清晨，德军开始了总攻前的炮火准备，盟军炮火随即还击，双方展开了激烈炮战，炮弹爆炸的烟尘弥漫天空，呛人的硝烟几乎使人窒息，双方前沿阵地都好像被炸成月球表面一般，虽然德军拥有超级巨无霸火炮——280毫米的K5列车炮，但是盟军大口径火炮在数量上占有几乎一倍的优势（600门对370门），炮战的最后胜利还是被盟军所取得。不过德军仍旧发起攻势，坦克、装甲部队、步兵从"工厂"后面阵地涌出，向盟军防线发起全线攻击。东侧戈林师和西侧的第4伞兵师为佯攻，中央第76装甲军为主攻，集中了步兵教导团、第3装甲掷弹兵师、第114和第715步兵师全力突破，其攻击重点正是美军第45师第179团的防御地域，美军依托工事和已在战火中成为废墟的农舍残垣断壁拼

死抗击，战斗相当激烈，但是德军凭借兵力上的优势以及有力的空中支援，以一波接一波不间断的攻势终于在黄昏时分从179团阵地上撕开了一个缺口，马肯森立即投入了以步兵教导团为骨干的14个步兵营，在坦克掩护下，决心乘势扩大突破口并一举突向海滩。被即将到手的胜利喜悦充满头脑的马肯森忘记了，公路两侧可供大部队展开的地形并不多，在狭窄的公路上一下子投入这么多的部队，拥挤的队形无疑是盟军炮火的最理想目标，在海滩纵深的美军火炮和海面上的军舰舰炮当仁不让地开火了，而且盟军因为早已预计到这里必将是德军的主攻地点，炮兵观测员早已精确测绘了位置坐标，现在只需把目标坐标通报给炮兵，炮弹就像长了眼睛那样准确地落到德军队形里，密集炮火完全覆

■ 有"安齐奥安妮"之称的德军K5 280毫米列车炮。

131

K5列车炮

　　K5列车炮是由德国著名的军工企业克虏伯公司于1934年开始研制，1936年制成并开始全面技术检测，1940年起正式列装部队。因为该炮全面采用了当时最先进的火炮制造技术，所以被誉为"真正的列车炮"。而且由于该炮在安齐奥的显赫声名，盟军将其称为"安齐奥安妮"或"安齐奥特快"，而德军士兵则亲昵地称之为"苗条的贝尔塔"。

　　标准K5列车炮口径为283毫米，76倍身管（21.539米），发射225公斤标准榴弹时初速为1120米/秒，最大射程60公里，最大射速15发/小时，整个列车炮全重218吨，全长31.1米。至战争结束时，德国共建成25门K5列车炮。

　　一个完整的K5列车炮系统包括1门K5列车炮、1辆列车炮牵引机车、1辆柴油机车、1辆发射药车、2辆炮弹车（每辆车可携带113发280毫米炮弹）、2辆货物牵引车、1辆零配件运输车、1辆铁甲巡逻警戒列车、1辆火力控制车、1辆高射炮车、3辆人员运输车和1辆炊事车。

盖了德军队形，简直是教科书上才能见识到的完美效力射——极受希特勒器重的精锐之师步兵教导团在瞬间几乎被一扫而光，德军攻势也就在盟军炮火下土崩瓦解。这次攻势也是希特勒典型瞎指挥的杰作，希特勒直接过问进攻的细节，甚至要求炮兵实施以一战时的徐进弹幕射击，并坚持要把缺乏实战经验但却以纯正雅利安血统和忠诚于纳粹事业而著称的步兵教导团作为突击先锋。

　　马肯森并不甘心失败，迅速整顿部队于入夜后发起夜袭，因为白天防线的缺口盟军可以用迫击炮和机枪火力封锁，而到了夜间这些缺口就很容易被渗透。擅长夜战的德军第4伞兵师借助夜幕从美军第157团和第179团结合部渗透进来，再次撕开了一个突破口。天色刚明，德军飞机就临空助战，凶悍的贴

地攻击配合滚滚而来的坦克部队将突破口扩展到约3.5公里宽，大批坦克、步兵通过这个突破口冲上公路，向海滩挺进。眼看安齐奥海滩就要不保，卢卡斯向地中海战区发出了紧急呼救，安齐奥严峻的局面迫使盟军将以地中海战区机场为基地的战略航空兵临时暂停对德国本土的空袭，而将打击矛头转移到安齐奥。在盟军猛烈的海空火力掩护下，美军拼尽全力才将防线稳定在最后的天桥防线前1000米，并在德军突破口的两侧都保持了坚固而顽强的防御态势，使德军装甲部队强大的突击力无法全部释放出来。但少数德军坦克却碾过美军阵地隆隆冲向海滩，这少数德军坦克一直冲到天桥才被最后防线上的英军反坦克炮摧毁。就在这天，坚毅果敢的特拉斯科特被提升为第6军副军长，担负起整个

海滩的实际指挥权。

2月18日，德军新的生力军第26装甲师到达战场。马肯森便以该师为骨干，再次发起强攻。强大的德军装甲师几乎是毫不费力地冲过美军弱不经风的防线，直取最后的天桥防线。但是美军即使在防线被突破的情况下依旧坚持在各自的工事里，顽强阻击尾随坦克的德军步兵。德军坦克还沉浸在突破美军防线的喜悦中，憧憬着即将杀到海滩赢得最后胜利之时，天桥防线前那不足千米的开阔

地却成为一片难以逾越的天堑！盟军的海空火力大发其威，海面上4艘巡洋舰和20多艘驱逐舰的舰炮铺天盖地而至，短短半天时间，盟军这些军舰发射的127毫米以上口径炮弹就超过2万发！空中盟军先后出动530架次轰炸机，投下1100吨炸弹，如雨点密集的炮弹、炸弹构筑起一道死亡之墙，将德军牢牢挡在最后防线前，仅在这片开阔地上德军遗弃的尸体就有数千具。

夜色降临但战火依旧弥漫，德军将最后的希望寄托在夜袭上，企图利用夜间渗透避开盟军凶猛炮火，而盟军炮火不管三七二十一向着德军攻击的必经之路上毫不吝啬地倾泻着炮弹。盟军每个人都知道如果天桥防线不保，那么整个安齐奥滩头就将彻底崩溃，于是能战斗的每个人都拿起了枪，甚至连海滩上的吊车司机和厨师都参加了战斗，到处是激战，很多地方都发生了惨烈的白刃肉搏……29日天明，德军终于在硝烟与晨雾中败下阵去。18日一天一夜的鏖战，可以说是安齐奥的转折点，德军

■ 美军轰炸机轰炸德军阵地。

在这场大规模的攻势中付出了3500人伤亡的惨重代价，却依旧没能实现将盟军赶下海的目标，而德军失去的不仅是胜利，还有最后的预备队和最后的一丝勇气。

在特拉斯科特的坚持下，卢卡斯终于同意在德军倾注全力却未取得突破之时发起反击，美军第1装甲师和刚刚登陆的英军第169步兵旅兵分两路发起反击，如风卷残云般肃清德军后卫部队控制的若干零星据点，并迫使德军仓促后退。德军前不久志在必得的士气已经开始消沉，甚至在盟军反击中第一次看到数百名德军士兵打着白旗茫然地走出阵地上投降——从此后德军再也没能对天桥防线发动过进攻！

2月20日，德军重新组织力量作最后尝试，结果还是一无所获。而在安齐奥盟军人事方面终于发生了期待已久的变化，22日在亚历山大的坚持下，克拉克终于下令特拉斯科特接替卢卡斯就任第6军军长，这一任命毫无疑问极大地激励了士气，因为无论美军士兵还是英军士兵，都对犹豫不决坐失战机的卢卡斯极为不满，而特拉斯科特则因其在战斗中的卓越表现赢得了全军上下的一致信任。

2月28日，根据希特勒的命令，德军再次拼凑4个师向盟军阵地发起攻击，不过主攻方向却改到了右翼的奇斯泰尔纳镇，特拉斯科特的老部队美军第3师严阵以待给予来犯之敌以迎头痛击。

3月2日，绵绵雨季终于结束了，阴云消散之后，盟军航空兵终于可以一吐郁闷，大举出动，当天出动飞机达到800架次以上，猛烈轰炸和低空扫射给予安齐奥地区德军以沉重打击，空中打击之猛烈程度连与之对阵的盟军士兵都不由得为对手感到可怜！3月4日，马肯森终于痛苦地接受事实，下令停止攻击，除了留下5个师继续围困海滩盟军，其余部队陆续撤回后方休整补充。盟军为了保住安齐奥，也付出了巨大的代价，仅人员伤亡就高达11600人（其中美军2400人）。

第五章
巍巍卡西诺

坚固防线

卡西诺山丘，位于罗马和那不勒斯之间，俯瞰利里河谷并控制着由南面进入罗马的主干道——六号公路。海拔519米的蒙特·卡西诺山不仅是整个地区的制高点之一，而且它还是由南面沿着公路通往罗马的必经之地。在罗马帝国鼎盛时期，罗马军队曾在海拔519米的"Casinum"（卡西诺的拉丁文名）山顶建立了一个巨大的堡垒。公元8世纪，西罗马帝国覆没。基督教传入亚平宁半岛后，一个名为本笃（Benedictus，也译作本尼狄克）的修道士领着一群信徒在山顶上建立了一座修道院。尽管亚平宁半岛在此后的1300多年中经历了多次战火，但修道院却奇迹般地在战争中幸存了下来，并因它的悠久历史而成为了基督教宝贵的历史遗产和意大利境内著名的宗教圣地。然而，它终究没有能躲过迄今为止人类历史上最大的浩劫——第二次世界大战的战火侵蚀。

卡西诺修道院

位于卡西诺山上的卡西诺修道院，是意大利中部享有盛名的古老修道院，基督教徒的圣地之一。由开创西方教会正规修道院运动的意大利人圣·本笃于公元529年所建的第一座修道院，是本笃会教派的开宗之地，也是西方隐修院制度的源头，在基督教世界具有崇高的地位。1349年曾遭受强地震破坏，后修复。1866年意大利政府将修道院改为国立纪念馆，其中图书馆收藏文物古迹甚多，不仅有提香、戈雅、格列柯等著名画家的真迹，还有包括奥维德、贺拉斯和西塞罗等人手迹在内的7000多件文物珍品。卡西诺修道院宏伟壮观，大气磅礴，占地面积约为2个足球场。为了表示修道院永远保持中立地位，不偏袒战争中的任何一方。来访的朝圣者于进门时都能清楚地看到石门框上用拉丁文刻下的字母：Pax（意为和平女神）。

在修道院山脚下，有一个名为卡西诺的小镇。至1943年，小镇有一个火车站，交易广场和供上山朝圣者旅居的诸多旅馆，镇上共居住着大约10000人。从小镇出发，沿着一条蜿蜒崎岖的羊肠小道，就能直达修道院。直到1943年8月，小镇都没有因战争打破往日的宁静，朝圣者依旧络绎不绝，人民仍然安享太平生活。

1943年10月当战火迫近后，75岁的修道院院长格里高里·迪阿美里接受了德军的建议，将修道院里的珍贵文物转运到罗马的圣安塞欧修道院和圣保罗修道院，而修道院则在战争中被盟军飞机几乎完全炸毁。战争还未结束，本笃会教派的教徒和修道士就开始了重建工作。今天，卡西诺修道院已基本恢复原貌，依旧是基督教的一处圣地。

1943年12月到1944年5月，盟军为了通过公路进军罗马，而与坚守卡西诺一线阵地的德军展开了漫长而血腥的战斗。围绕卡西诺修道院的一系列战斗成了第二次世界大战中最激烈而残酷的战斗之一。其中，德国第1空降师以其出色的表现为自己赢得了"卡西诺绿色魔鬼"的称号。

由于盟军在海空火力占有压倒性优势，德军在意大利山地作战中除了将必要的前沿阵地，观察哨和炮兵前进观察员设在正斜面和山脊外，主要阵地则设在地下坑道或是反斜坡，最大限度地免遭盟军的火力打击。在防御战中，德军通常在阵地前沿布设大片雷场，并以机枪火力点予以封锁，防止盟军侦察兵渗透。当盟军工兵试图在进攻前排雷开辟通道时，就会遭到后方德军轻重机枪群交叉火力的打击。这一战术在先前萨勒诺山区和沃尔图诺河流域的战斗中已被证明它的可行性。凯塞林元帅选择古斯塔夫防线除了因防线核心卡西诺山丘有利于德军发挥山地战特长并能有效地封锁从南面进入罗马的六号公路外，还看中了卡西诺地区的水文状况。水流湍急的拉皮多河先是从山丘的东面流过，至519高地脚下的卡西诺镇时拐向南面，与加里河汇合。接着，加里河蜿蜒2公里后又和利里河、加里利亚诺河交汇。德军计划利用该地区密集的水网将卡西诺山丘地带变成一片片沼泽地和突起的高地群。为此，德军事先把所有通往卡西诺的桥梁全部炸毁，各条公路或是炸毁，或是被水淹，或是布设反坦克屏障，甚至连所有的羊肠小道也被炸毁并布设地雷。德军试图依靠此举将盟军死死地阻击在古斯塔夫防线前。

在步兵有效利用高地反斜坡布设阵地的同时，为其提供火力支援的德军炮兵则大部分部署在圣·安吉洛高地四周。各门火炮间拉开大小不等的距离，同时炮组成员还对每个炮位和每门火炮都进行良好伪装。此外，德军炮兵还在许多暴露和隐蔽地段建立假炮兵阵地，将盟军毁灭性的打击火力引开，掩护真正的炮兵阵地展开。中、小口径迫击炮连通常隐蔽在高地的岩洞或是山洞中。作战时，炮组成员抗起炮座和炮筒从洞中钻出，并在附近展开射击。发射完毕后，迅速撤回山洞，以免被盟军炮火摧毁。这样既能为步兵提供强劲的火力支援，也方便炮组成员的机动和隐蔽。可以说，迫击炮是德军（包括德国第1空降师）在卡西诺战役中屡挫强敌的三大制胜法宝之一（另外2个是手榴弹和MG42轻机枪）。为了拓宽射界，德军除了将防线前沿遮挡视线的树林成片炸倒外，还无情地将意大利平民居住的房屋成片爆破。

1944年初，凯塞林元帅指挥的C集团军群共下辖2个集团军：第14集团军在意大利北部驻防，第10集团军防守意大利南部。从1943年9月起，第10集团军在维廷霍夫上将的指挥下与北上的美国第5集团军和英国第8集团军进行了一系列的拉锯战，并逐步向北撤退。至12月，第10集团军各部完全撤至古斯塔夫防线：防线左翼的佩斯卡拉南面地区由第76装甲军把守，防线右翼的卡西诺山丘地带由第14装甲军防守。指挥第14装甲军的是德军中难得的高级知识分子，51岁的弗雷德里希·冯·赞格尔中将。一战前，他曾在牛津大学求学，在研究生阶段以优异的成绩获得了著名的罗式奖学金。第一次世界大战爆发后，他弃笔从军。战后，他因出色的表现而获准继续留在国防军中服役。二战爆发后，他在东西两线多次出生入死，并在苏联前线因卓越的战功而获得了骑士铁十字勋章。1943年10月，赞格尔中将接掌第14装甲军。第14装甲军下辖4个师：第94步兵师、第44"最高条顿骑士团"帝国掷弹兵师、第15装甲掷弹兵师和第5山地师。

■ 第14装甲军指挥官冯·赞格尔中将。

在卡西诺战区右翼防御的是第94步兵师，该师负责加埃塔湾至蒙特·费托，与英国第10军下属的3个步兵师对峙。第94步兵师的前身已在斯大林格勒战役中全军覆没。1943年中，第94步兵师重建完毕并于8月进入意大利布防。该师是第14装甲军中唯一一个实战经验不足的步兵师。

镇守战区中央的是第44"最高条顿骑士团"帝国掷弹兵师和第15装甲掷弹兵师的2个装甲掷弹兵加强团。和第94步兵师一样，第44"最高条顿骑士团"帝国掷弹兵师也是命运多舛。一战时曾在俄国战场全军覆没。二战爆发后，又在斯大林格勒战役中再度覆没。之后，德国招募奥地利志愿兵，重建了该师，番号为第44"最高条顿骑士团"帝国掷弹兵师。8月，第44帝国掷弹兵师投入意大利战场，经过4个月的激战，该师的战斗力已大为削弱。

第14装甲军编制内战斗力最为强悍的当属第15装甲掷弹兵师。它的前身就是在北非战场上无坚不摧的非洲军团第15装甲师，该师于1943年5月在突尼斯向盟军投降。北非战役结束后，依靠从北非撤回的残兵和从斯大林格勒撤出的第6集团军伤愈官兵，德国又在意大利西西里岛重建了第15装甲掷弹兵师。经历西西里岛、萨勒诺和沃尔图诺地区的惨烈激战后，第15装甲掷弹兵师已蒙受了惨重的损失，战斗力大不如前。无奈之下，赞格尔只得将第15装甲掷弹兵师拆散，作为机动预备队加强给各个步兵师。

坚守战区左翼的是林格尔中将指挥的第5山地师，该师于1941年5月的克里特战役中大放异彩，在第7航空师（第1空降师的前身）的支援下最终压倒了守岛的新西兰第2步兵师并夺取了克里特岛，为这场血腥的战役画上了圆满的句号。1944年初，第5山地师奉命转移至卡西诺山地，纳入第14装甲军序列，但在第一次卡西诺战役爆发时仅有2个山地步兵团到位。这样，凯塞林在古斯塔夫防线的关键地段——卡西诺山丘共有35000名守军。

在凯塞林计划凭借卡西诺的地利优势将盟军挡在罗马大门跟前的同时，盟军地中海战区司令亚历山大上将也在考虑着如何尽快通过公路进军罗马，利用D日前兵力充足的阶段，尽快结束意大利战事。为了突破德军的古斯塔夫防线，亚历山大和手下的参谋制订了详细而周密的进攻计划：英国第10军下属的3个步兵师将沿着加埃塔湾向德军防线右翼展开攻击；朱安中将指挥的法国远征军将对德军防线左翼的山丘地带实施突击；最为重要的卡西诺地区交给了美国第2军。两翼进攻的英军和法军必须尽可能压迫德军防线后撤，孤立卡西诺地区，为美国第2军进攻创造良机。整个计划的关键在于美军能否拿下卡西诺，打通六号公路。

赶赴卡西诺

1944年1月11日夜至12日凌晨，第一次卡西诺战役爆发。法国远征军率先对德军防线左翼发动进攻。尽管德军第5山地师进行了顽强抵抗，但阵地仍被阿尔及利亚和摩洛哥山地兵突破，不得不后撤。战至15日，法军达成了战役初期目标并击退了第15装甲掷弹兵师1个团的反击。17日，法军挟初胜余勇，继续追击败退的第5山地师。在右翼，英国第10军的进攻也获得了初胜。第56步兵师越过冰封的加里利亚诺河面，向德军第94步兵师阵地发动进攻。次日清晨，英军顺利地夺取了明图尔诺和图福，并建立了一个牢固的桥头堡。第94步兵师在英军的猛攻下完全无法招架，被迫放弃阵地。在撤退过程中，94师遭到了英军炮兵的火力追击，伤亡惨重，溃不成军。这样，盟军在古斯塔夫左右两翼的进攻已达成了初期目标，即压迫两翼的德军后撤。

20日，美国第2军在主攻方向——卡西诺地区也发动了进攻。当天，第36"得克萨斯"步兵师试图渡过拉皮多河，但遭到德军第15装甲掷弹兵师的顽强抵抗，在付出了极为惨重的代价后才勉强在河对岸建立了一个桥头堡。虽然古斯塔夫防线已经多处受创，但德军的危局才刚刚开始。

为了协同美国第5集团军的正面进攻，美国第6军也于1月22日在安齐奥登陆，试图从侧背攻击古斯塔夫防线，与正面进攻的友军实施钳形攻势。然而，德国C集团军群司令凯塞林元帅也非等闲之辈。在得知盟军登陆后，他在第一时间内作出了反应。在不动用

美国第34步兵师和第36步兵师战斗序列

第34步兵师	第36步兵师
师部	师部
第133步兵团	第141步兵团
第135步兵团	第142步兵团
第168步兵团	第143步兵团
第125野战炮兵营	第131野战炮兵营
第151野战炮兵营	第132野战炮兵营
第175野战炮兵营	第133野战炮兵营
第185野战炮兵营	第36侦察营
第34侦察营	第155工兵营
第109工兵营	第155机械营
第109机械营	第36补给连
第34通信连	第736武器维修连
第34补给连	第751和753坦克营
第34宪兵连	第636和805坦克歼击营
第734武器维修连	第443高炮营
第752坦克营	第83化学迫击炮营
第752坦克歼击营	
第100步兵营（1943年9月到1944年5月31日配属第34步兵师作战）	
第442步兵团战斗群（1944年6月12日到1944年8月10日配属第34步兵师作战）	

古斯塔夫防线一兵一卒的情况下，从后方抽调了正在整补的戈林伞兵装甲师，第26装甲师，第29和第3装甲掷弹兵师迅速反击，将盟军压制在狭小的滩头阵地。

在卡西诺防线正面，德军所承受的重压仍然没有缓解。防线左翼的第94步兵师在英国第10军的攻击下几近崩溃，右翼第5山地师也在法国远征军的进攻下后撤了近8公里。然而，美国第2军在至关重要的卡西诺地区的进攻却被德军第15装甲掷弹兵师和赶来增援的第90装甲掷弹兵师打退。在连续两天的激战中，美国陆军第36"得克萨斯"步兵师在拉皮多河对岸夺取了一个小型桥头堡，但却付出了伤亡2066人，其中近千人阵亡或是失踪的巨大代价。至24日，第36步兵师被迫停止进攻。当天，新加入战局的美国陆军第34步兵师接手继续对卡西诺镇北面展开攻击，但仍被德军的顽强抵抗所阻。1月26日，新西兰第2步兵师和英印第4步兵师组成的新西兰第2军抵达卡西诺战线并准备接替美国陆军第2军防务，担任主攻。在防线两翼危机在不断加剧的时候，负责守卫古斯塔夫防线的德国第14装甲军军长赞格尔中将于1月25日向属下各师总结战况时也表现出了深深的畏难情绪："……敌人对冬季防线（即卡西诺防线）的进攻已经使通往罗马的六号公路赤裸裸地敞开在眼前。为此，我必须不惜一切代价动用所有手段说服上层终止卡西诺战役，后撤建立一条新的防线……最好能撤到安齐奥桥头堡后方。"

当赞格尔中将向凯塞林元帅提出这个方案时，却被乐观的元帅一口否决。不仅如此，凯塞林还任命在西西里战役时曾担任第15装甲掷弹兵师师长，时任第90装甲掷弹兵师师长的白德尔中将暂时接替赞格尔中将，负责整个卡西诺战区的防务。同时，从西海岸赶来的第90装甲掷弹兵师也接过了备受重压的第44帝国掷弹兵师的防务。然而，整个战区依然兵力匮乏，难以抵挡盟军发动的新一轮大规模进攻。为此，白德尔中将一上任就向凯塞林元帅提出了将奥托纳驻防的德国第1空降师调来增援的请求。

然而，第1空降师经过西西里、萨勒诺、沃尔图诺、奥尔格尼亚和奥托纳的连番激战后，战斗力已经严重下降。全师兵力从1943年10月萨勒诺战役时的6727人减少到12月的3098人。在战斗力严重下降和补充兵力迟迟无法到位的情况下，师长海德里希少将于12月奥托纳战役结束后向凯塞林元帅屡次提出将第1空降师撤回法国休整和补充兵员的请求。但凯塞林元帅知道第1空降师的价值所在，对这些请求全部予以回绝。1月下旬，第1空降师又一次接到了转移的命令。不过此行的目的地不是法国，而是卡西诺！残缺不全的第1空降师再一次走上了战场。

2月1日，当凯塞林元帅正部署对盟军安齐奥滩头阵地进行反击的时候，C集团军群司令部却突然接到卡西诺战区的急电，报告卡西诺镇北面重要的卫星镇——卡伊拉被美军第34步兵师下属的168步兵团攻占。该镇的地理位置极为重要，该镇后山有一条小径直通附近高地，然后通过迂回曲折的山脊线可直达卡西诺修道院。这条小径在盟军方面称之为卡文迪许小径。夺取卡伊拉小镇后，美军迅速出击，抢在德军采取反措施前攻占了卡文迪许小路两侧的制高点。如此一来，六号公路前方除了3公里的山路外，已经没有什么可以挡住美军前进的步伐了。为了挽救战局，凯塞林元帅除了动用手头上最凶悍的部队——第1空降师外，已别无选择。

1日下午，凯塞林元帅一个电话打到了

位于奥托纳小镇的第1空降师师部，要求师长海德里希少将率领全师官兵以最快速度撤出奥托纳，并转移至卡西诺战区，守住战线。当时，海德里希少将正在师部与部下痛饮白兰地，以庆祝自己在奥托纳巷战中因杰出表现而获得橡叶骑士铁十字勋章的荣誉。然而，这通紧急电话却打断了师部的庆功宴。放下电话，海德里希沉着脸对部下说道："卡西诺出事了！"接着，他要求师部作战主管参谋立即就全师兵力和装备现状进行盘点，并下令参谋长拟订集结和行军方案。十分钟后，作战主管参谋报告，驻扎在奥托纳小镇的师部、后勤部队、炮兵、伞降步兵、工兵、通讯兵、警卫连、炊事兵、机动车辆驾驶兵以及救护兵等所有兵种加起来的兵力仅为3098人。经过6个多月惨烈的激战后，各连兵力已减少至不足1个排，全师兵力加起来也不到1个团。尽管兵力薄弱，但全师的士气仍然很高昂。他们相信，卡西诺不过是又一个西西里、萨勒诺或是奥托纳。他们一定会在卡西诺挡住盟军的进攻，创造另一个辉煌。

兵力清点完毕后，海德里希的目光又聚焦到了卡西诺地区。距卡西诺最近的第1空降师部队是舒尔茨战斗群和教导伞兵营。不过，上述两支部队都陷入了安齐奥海滩的奇斯泰尔纳镇之战，无法脱身。于是，第1空降师的王牌——第3伞兵团3营就成了第一支从奥托纳开赴卡西诺战区的部队。

第一次卡西诺之战

1日晚20时，3营在鲁道夫·约翰·克雷策少校的率领下搭乘卡车，离开奥托纳小镇，向卡西诺急驰。经过连续不断的激战，此时的3营只有4名军官、52名士官和184名士兵。经过20个小时的艰难行军，3营于2日下午赶到了卡西诺战区。在卡斯特罗奇恩欧小镇附近高地的一个山洞里，克雷策少校向白德尔中将报到。当天，美军第135步兵团2营夺取了481高地，突入了德军防线纵深。为了拔掉这个钉子，白德尔中将命令第90装甲掷弹兵师展开反击，力图夺回高地，但以失败告终。因此，在克雷策少校到来后，白德尔中将就把反击的重任交给了3营。3日傍晚，3营从阿尔巴尼塔农场出发，经由603高地和706高地向481高地和卡伊拉小镇展开反击。进攻前，克雷策少校在附近高地部署了2个MG42机枪小组，为进攻部队提供火力支援。4日凌晨，经过艰难的夜间山路行军后3营来到481高地山脚。当3营经过艰难的攀爬接近主峰时，美军发现了对手并以步机枪猛烈扫射。德军伞兵迎着猛烈的机枪火力，一边以步枪机枪和手榴弹还击，一边继续向主峰推进。经过短促的激战后，3营夺回了481高地。傍晚，C集团军群参谋长威斯特伐尔少将向凯塞林元帅汇报战况时说道："元帅，恭喜你！我们英勇的伞兵夺回了481高地，但不知还能守多久。"

事实上，克雷策少校尽管夺回了481高地，但随即遭到美军第135步兵团2营和3营兵力的反包围。无奈之下，克雷策少校于夺回高地后不久就忍痛命令3营放弃了481高地，后撤监视美军。同一天，C集团军群司令凯塞林元帅再次给奥托纳小镇的第1空降师师部打来电话，严令海德里希少将率领所部尽速赶往卡西诺战区。通过不断地袭扰和反击，阻止盟军的突破。此时，奇斯泰尔纳小镇周围的激战也逐渐陷入胶着。于是，海德里希少将把舒尔茨战斗群从小镇中抽调出来，集中用于卡西诺方向。

2月5日，从481高地撤出战斗的第3伞兵团3营在营长克雷策少校的指挥下转移至卡斯泰利，与第44"条顿最高骑士团"帝国掷弹兵师一部成功换防。卡斯泰利是卡西诺山丘地区一个古老的堡垒和视界良好的制高点。甚至在今天，人们站在卡斯泰利时仍能将六号公路一览无遗。次日清晨，克雷策走出自己的临时营部时，惊讶地发现，卡斯泰利竟可以俯视包括卡西诺修道院在内的整个地区，是一个绝好的制高点。事后，他回忆道："幸运的是，设在卡斯泰利的临时营部可以俯视整个战区，是个绝好的观察点。因此，我只要通过阵地前沿的侦察兵发现当面敌人的进攻动向，就可以立即决定展开反击的最佳时机。为了掩护营部，我在指挥部前方的建筑物废墟里布置了1个MG42机枪小组。当天清晨，我发现敌人的一支巡逻队从临时指挥部附近的高地下山，但没有遭到我

■ 阿尔巴尼塔农场。

方任何火力拦阻，如此情况不禁让我感到担忧。看来，不仅左翼通往卡伊拉的公路地段已出现了缺口，而且593高地显然落入了敌手。我的营部几乎被孤立在中央，下属各连的防线似乎仍未取得联系。局面真是混乱不堪啊！"

事实上，克雷策回忆有误。伞兵机枪小组并没有放过这支美军巡逻队，当美军巡逻队进入机枪射程后，德军机枪手扣动了扳机，一连串的子弹向美军飞去。美军巡逻队也以轻机枪还击，经过短促交火，双方都没有损失，美军安全地撤回了战线。午间，防线对面的美军炮兵对卡斯泰利堡垒实施了猛烈的炮击。同时，Ju 52运输机群也飞抵卡斯泰利上空，为3营空投给养。不过，大部分空投筒因为没有降落伞挂载而在触地时摔毁，结果里面装的香烟、香肠、干酪、黄油、面包和牛肉罐头在废墟上摔得到处都是。

第一、第二次卡西诺战役中德军第1空降师参战部队序列

第1伞兵团

  第1伞兵机枪营（营长施密特少校），120人

    1连（连长劳恩上尉）

    2连（连长里克中尉）

    3连（连长克利青中尉）

  第1伞兵团1营（营长勒尼希中尉），200人

    1连（连长洛伦茨中尉）

    3连（连长施密特少尉）

    4连（连长格恩巴斯上士）

  第1伞兵团2营（营长格罗施克少校），194人

    5连（连长察恩中尉）

    6连（连长门格斯中士）

    7连（连长舍恩中士）

    8连（连长迪特里希中士）

  第3伞兵团3营（营长克雷策少校），240人

    9连

    11连（连长克尔纳中尉）

    12连（连长勒纳少尉）

  第4伞兵团3营（营长格拉斯梅尔上尉），250人

  第361装甲掷弹兵团1营（营长博特勒上尉），200人

下午，美军的炮火经过试射后越来越准，对临时营部构成了严重的威胁，迫使克雷策少校和传令官特斯克中尉被迫离开卡斯泰利，寻找较为安全的地点建立临时营部。当他们沿着山路向修道院方向撤退时，遭到了1挺美军机枪的火力拦阻。特斯克中尉中弹负伤，但克雷策少校却幸运地躲过了这一劫。傍晚，克雷策少校在648高地的阿尔巴尼塔农场又建立了临时营部。648高地位于重要的575高地、593高地和505高地构成的三角地带中，是该地区的制高点。虽然农场已在先前的盟军炮击中化为一片瓦砾，但厚重而结实的外墙仍然屹立不倒。即使是被500磅的航空炸弹直接命中，也难以将它摧毁。农场位于修道院西面约2000米，一条蜿蜒曲折的羊肠小道通往修道院。此外，向北沿着崎岖的山路行进可抵达美军控制的卡伊拉小镇。由于整个农场除了地窖外，其他建筑物都在盟军毁灭性的空袭和炮击下坍塌，因此克雷策少校把营部设在了地窖，警卫班和2名报务员携带电台也进驻农场。随后，在克雷策少校的指示下，警卫班人员被派往卡斯泰利四周设防的各连阵地，命令他们撤回648高地附近的山洞或反斜坡重新构筑阵地。

当克雷策少校两次转移营部的时候，先前在安齐奥奇斯泰尔纳奋战的第1伞兵机枪营（隶属于舒尔茨战斗群）也于5日兼程疾进，抵达了卡西诺地区。和3营一样，第1伞兵机枪营也在1943年中后期不间断的激烈战斗中蒙受了惨重的损失。1943年11月底，沃尔图

诺河流域战役结束后，第1伞兵机枪营就仅剩174名官兵了。在1944年2月初在安齐奥地区的奇斯泰尔纳小镇与美国陆军第3步兵师的激战中，第1伞兵机枪营再度蒙受了惨重的损失，仅1连就伤亡55人。抵达卡西诺战区时，全营总兵力还不到100号人。抵达战区后，根据白德尔中将的命令，第1伞兵机枪营被加强给把守修道院高地北坡的第211装甲掷弹兵团。在任务简报中，营长"机枪手施密特"维尔纳·赫伯特少校被告知凯塞林元帅亲自下令卡西诺战区作战的所有德军部队严禁涉足修道院（除了军医进入修道院协助治疗和德军中的部分教徒参加礼拜仪式外），违者严惩不怠。随后，伞兵机枪营奉命进入修道院山北坡防御。

当天，美国陆军第34步兵师继续向卡西诺山丘地带向前推进。第135步兵团3营攻抵706高地附近，1营抵达修道院山脚下，准备向山顶展开攻击。第133步兵团迫近卡西诺镇外围，与驻守小镇的德军第211装甲掷弹兵团展开激烈巷战。同时，第168步兵团3营也运动至593高地和修道院高地之间，与135步兵团3营一起两面夹击修道院。美军摆出了一副志在必得的架势。

为了迅速夺取登顶，第168步兵团3营在营长克斯纳少校的指挥下直接向山顶发动进攻。结果，美军的进攻遭到了伞兵机枪营极为顽强的抵抗。尽管3营在近几天的山地战中共蒙受了165人的伤亡，但在经验丰富的伞兵机枪手看来，美军的山地进攻战术仍然幼稚

■ 593高地。

无比。第1伞兵机枪营以机枪群构成的交叉火力网轻松地打退了美军的进攻。

在5日进攻失败后，美军改变战术，决定首先拿下俯瞰整个卡西诺山丘地区的593高地(同时也是封锁六号公路的一个极为重要的制高点)，以火力压制修道院山 (519高地)，再以步兵向修道院和卡西诺镇展开攻击。清晨，第135步兵团2营在强大的炮火掩护下，从593高地北坡发动进攻。由于此前一直着眼于解除盟军对修道院高地的直接威胁，而忽视了593高地。因此，在美军发动进攻时，驻守高地的德军仅由第3伞兵团3营1个步兵班和第90装甲掷弹兵师约1个排的兵力构成。尽管守军兵力弱小，但仍进行了极为顽强的抵抗，

加上左右两翼的德军以机枪火力和迫击炮火力进行不间断地侧射拦阻，美军进展缓慢。激战从清晨一直打到黄昏，入夜后美军终于消灭了所有的德军，夺取了593高地。如此一来，除了575高地和505高地外，已经没有任何天然屏障可以阻挡美军向六号公路推进的步伐。更为糟糕的是，593高地的失守，修道院附近德军一举一动都处于在美军的监视和火力打击的范围之内。为此，白德尔中将于当夜命令第361装甲掷弹兵团1营从左翼，第3伞兵团3营从右翼展开反击，不惜代价夺回593高地。经过惨烈激战，顽强的第3伞兵团3营终于夺回了593高地。

舒尔茨战斗群

2月7日，舒尔茨战斗群先头部队在舒尔茨上校的率领下，赶到了卡西诺战区。该战斗群主要由第1伞兵团 (欠3营) 构成，由第1伞兵团团长卡尔·洛尔·舒尔茨上校指挥。由于第1伞兵团3营奉命返回法国休整，并纳入重组的第5伞兵团 (隶属于第2空降师) 战斗序列，所以舒尔茨战斗群赶到卡西诺战区时兵力被削弱了三分之一。为了填补兵力空缺，白德尔中将把第361装甲掷弹兵团1营加强给舒尔茨战斗群。

在舒尔茨上校抵达卡西诺战区后就接过了601高地至修道院高地的防务，白德尔中将指示舒尔茨上校要不惜一切代价确保上述防线的稳定。为此，舒尔茨战斗群除了原有的第1伞兵团1营和2营外，还得到了第3伞兵团3营、第1伞兵机枪营和第361装甲掷弹兵团1营的加强。左翼为第4山地步兵营 (隶属于第5山地师)，右翼为把守卡西诺镇的第211装甲掷弹兵团。由于战斗群主力第1伞兵团1营和2营要在次日才能抵达。因此，舒尔茨上校在7日的主要任务是巡视防区，了解防线对面的敌情态势。傍晚时分，舒尔茨上校在阿尔巴尼塔农场附近高地，紧扼六号公路至593高地山路的一个高地的反斜面建立指挥部。

相对于大部分德国军官的靠前指挥，美军军官的指挥方式可用"安逸"来形容。除了每天的巡视外，其他时间都是躲在一线阵地后方的某个掩体里像下着国际象棋般地指挥着整个部队的作战和驻防。当新西兰第2步兵师进驻战区时，他们惊讶地发现美国同行的日子竟是如此地潇洒。除了打仗外，军官所过的"奢侈"生活是新西兰军官难以想象的。一名新西兰军官回忆道："就我个人印象而言，几乎没有任何一名美国军官靠前指挥或是和手下的士兵们打成一片。"

8日，第1伞兵团1营和2营通过公路和徒步交替机动，终于赶到了卡西诺战区。至此，舒尔茨战斗群集结完毕。于是，舒尔茨上校向1营和2营下达了新的部署命令。3个伞兵连集结于加里河谷，担任预备队。1营和2营沿着阿尔巴尼塔农场和593高地通往修道院的山脊线 (盟军称之为"死亡之谷") 布防，驻扎在593高地和修道院高地之间的各个制高点。尽管1营和2营的兵力都不满200人，但大部分都是服役多年的老伞兵。其中，1营营长沃尔特·维尔纳·冯·舒伦堡少校和2营营长库尔特·格罗施克少校更是如此。舒伦堡少校曾在波兰、荷兰、克里特和俄国前线出生入死。在俄国，他因出色的战功而获颁骑士铁十字勋章。1943年9月，接任1营营长，并指挥全营先后在萨勒诺、沃尔图诺河流域和奥托纳浴血奋战，是名副其实的老兵。2营营长格罗施克少校战前曾在帝国警察和赫尔曼戈林团服役。二战爆发后，格罗施克少校加入第7航空师，先后参加波兰战役、奥斯陆伞降、多德雷赫特和纳尔维克作战。之后，又在克里特的赫拉克利翁、列宁格勒前线的涅瓦河畔、斯摩棱斯克以及意大利奋战。因战绩出色，获颁一级铁十字勋章和德意志金质勋章。

2月9日，美国陆军第34步兵师再度恢复对593高地的进攻。兵力单薄的第3伞兵团3营无力阻挡美军的推进，被迫撤至周围高地，监视美军的举动。10日午夜前，克雷策少校沮丧地向舒尔茨上校报告重要的593高地再度落入了敌手。舒尔茨上校当即命令克雷策少校不惜任何代价夺回593高地。10日凌晨1时，克雷策出动一支突击队在一名经验丰富的军士长率领下向高地展开反击，但很快就被美军猛烈的机枪火力击退。接着，克雷策少校亲自出马，再度展开了反击。事后，克雷策回忆道："突击队分成两部，一部担任夺回主峰任务。得手后，另一部再超越前进，肃清残敌。我除了命令突击队全部装备轻机枪、冲锋枪和手榴弹外，还带上了足够的弹药和一个无线电通讯班，以保持和营部的联系。在夜幕的掩护下，我们穿过了防线的右翼，小心翼翼地向高地运动。期间，我们除了遇到一个机枪手阵亡的机枪火力点外，没有遭到任何抵抗。接近主峰，一面古老的围墙挡在了面前。我们先是向围墙内投出密集的手榴弹并立即卧倒。然而，爆炸过后，墙后面却没有半点动静。当我们爬过围墙时发现主峰已空无一人。不久，我们就夺回了整个593高地，随行的通信兵向舒尔茨上校报告了这个好消息……"

此时，卡西诺已成了盟军地中海战区的一个烫手的山芋。美国和英国国内的媒体都在竭力地吹嘘："卡西诺战役已经结束，德军在意大利的抵抗即将崩溃，通向罗马的大门即将向盟军敞开。"在舆论的压力下，第5集团军司令克拉克中将严令第34步兵师师长赖德少将要不惜一切代价于近日拿下卡西诺地区，打通六号公路！在上级的重重压力下，赖德少将决定倾尽全力作最后一搏。11日清晨，美军第168步兵团在博特纳上校的指挥下计划从北坡向修道院高地直接展开攻击。拂晓前，美国第2军军属炮兵和第36"得克萨斯"步兵师、第34步兵师的师属炮兵一起对修道院高地的德军阵地进行长达15分钟的炮火准备。接着，第168步兵团793名官兵跃出阵地，沿着北坡蜿蜒的山路，在两道徐进弹幕背后缓缓向主峰推进。经验丰富的第1伞兵机枪营没有马上开火，他们等到延伸弹幕通过，美军进入理想射程时，才进入阵地，向美军猛烈扫射，并不时地投出密集的手榴弹。

在德国伞兵精准而猛烈的火力打击下，美军顿时乱了方寸。不少官兵当场中弹倒下，其他官兵也纷纷散开，四处寻找隐蔽处。接着，第1伞兵机枪营又以短点射逐个将暴露的美军士兵打倒。为了压制德军机枪火力，美军前进炮兵观察员立即呼叫炮火支援，对德军可疑的机枪火力点进行集中射击。乘着炮击间隙，美军官兵从隐蔽处走出，重组队形，并准备继续前进。就在这时，第1伞兵团2营6连在代理连长奥托·门格斯中士的指挥下冲出阵地，向美军展开了坚决的反击。这是德军步兵，尤其是伞兵常用的战术。通常，伞兵在防御战中先让进攻之敌较为轻松地夺取部分地段。当敌人逐渐放松警惕，并认为进攻任务不过如此的时候，再以急促的机枪交叉火力压制进攻之敌，打乱敌人的进攻队形。待敌人慌乱之际，再以坚决果断的反击恢复阵地，粉碎敌人的进攻。即使在第一次反击失利，伞兵也会毫不犹豫地立即发动第二次反击。不管伤亡多大，伞兵会持续不断地反击直到恢复原阵地。在6连凶狠的反击下，美军的进攻被彻底瓦解。大批美军极不情愿地举起了双手，向6连投降，并被押解至修道院后山的临时战俘营（设在反斜坡的山洞里）。令美国战俘感到震惊的是，6连的军纪非常严格。除了枪支、弹药、日志和地图外，战俘们的其他私人用品均允许保留。

对修道院高地进攻失败后，此前强渡拉皮多河蒙受了惨重损失的美军第36步兵师再度出动。第142步兵团又于11时由修道院高地北面，沿着卡文迪许小径向阿尔巴尼塔农场发起猛攻。第141步兵团1营和3营接过伤亡惨重的第135步兵团2营防务，对至关重要的593高地发动进攻。在常规的炮火准备后，第141步兵团2营在徐进弹幕的掩护下，向593高地发动进攻。弹幕延伸后，第3伞兵团3营官兵从山洞和阵地附近的散兵坑爬出，进入阵地并以猛烈的机枪火力顽强地阻击。尽管遭到伞兵顽强的抵抗，但美军仍受命不惜一切代价向前推进。16时45分，2个营打到仅剩182人，

但仍顽强地向前推进。战至傍晚，3营一部在克雷策少校的率领下向美军展开坚决反击。虽然美军打退了德军的反击，但2个步兵营的兵力已锐减至不到100人，进攻只得叫停。11日夜，重要的593高地除了一个不大的立足点在美军手中外，包括主峰和一个中世纪的城堡废墟仍牢牢地控制在德军的手中。

11日夜，第5集团军司令克拉克中将向各部下令停止进攻，第一次卡西诺战役以盟军失败告终。继第36步兵师于拉皮多河激战丧失战斗力后，担任对卡西诺地区主攻的第34步兵师也蒙受了惨重的损失。在1月24日至2月11日激战中，第34步兵师共阵亡318人，负伤1641人，失踪392人。参加进攻的各营平均伤亡率达49%，全师官兵的士气降到了冰点。战斗结束后，第34步兵师在向第二军和集团军提交的作战报告中对此役评论道："惨重的损失不仅使各营的战斗力大为削弱，而且极大地挫伤了官兵的士气。"

在这场激烈的战役中，新加入战局的第3伞兵团3营也蒙受了极大的损失。从2月5日到11日，3营共伤亡105人。虽然德军伞兵在整个战斗中始终面临弹药、食物、补给和医疗品短缺，而对手美国第34步兵师在物资补充方面可谓十分充裕，但伞兵们仍以无畏的勇气和自我牺牲精神投入了战斗，并凭借着丰富的作战经验和技巧成功地挫败了第34步兵师的进攻。不过，德军伞兵并没有能得到多少休整时间。盟国地中海战区下属的第15航空队B-17"空中堡垒"重轰炸机群正在意大

利南部各个机场进行着对卡西诺地区的大规模轰炸准备，下一个考验将很快来临。

新西兰第2军

2月12日，盟军在卡西诺战区的部队进行了换防。由伯纳德·弗里伯格中将指挥的新西兰第2军接替美国第2军，开始承担对卡西诺地区的主攻任务。新西兰第2军下辖新西兰第2步兵师 (师长霍华德·柯本伯格少将)、英印第4步兵师 (师长福兰克·特克少将) 和从西海岸调来英国第78步兵师。其中新西兰第2步兵师接替美军第36"得克萨斯"步兵师，英印第4步兵师接替美军第34"红牛"步兵师。正在路上的英国第78步兵师担任军属预备队。特别要说明的是英印第4步兵师，成员主要由印度的拉其普特族、本杰比族、锡克族以及闻名世界的尼泊尔廓尔喀族战士组成。1940年在利比亚，1941年在埃塞俄比亚，1942年在北非的出色表现，已经使英印第4步兵师在盟军阵营中赢得了极高的声誉，在北非的老对手德国非洲军团则将第4英印师称为盟军中"最好的师"。该师编制为传统的三三制，每个步兵旅都由英军步兵营、印度步兵营和廓尔喀步兵营各1个混编组成。所有士兵都是志愿兵，军官也都是大英帝国军官团中最为卓越的一批。虽然说各国军人在作战特点上有很大的不同，英军善打线形防御战，印度军人善打山地战，而廓尔喀军人则是白刃格斗和突袭战的好手，他们组合在一起，成就了

■ 新西兰第2军指挥官伯纳德·弗里伯格中将。英印第4步兵师的伟业。

还要特别介绍一下新西兰第2师，当时新西兰是个人口还不足200万的国家，但却是二战中第一个动员本国军队参战的英联邦国家，而且最后参战部队不是1个师，而是1个总兵力达到了2.5万人的远征军——第2新西兰远征军，所谓第二，是相对于第一次世界大战时派出第1远征军而言。这支远征军不仅有作战部队，还包括了所有的辅助单位——辎重、医疗等等，甚至还有一支由新西兰妇女组成的女子服务队。

对于这个人口还不足200万的国家，一支2.5万人的远征军几乎就牵扯到了这个国家的每个家庭。所以当新西兰师投入战争时，它是一支小小的经过精心挑选的国家军队，有一个国家在注视着它的每一个举动，一家全

国性的报纸随时报道它遇到的所有细节，一个政府关注它的福利和表现。新西兰师的军人们一直处于他们远在12000英里外的祖国的聚光灯下，这种程度要比一个英国师或者一个美国师要来得高得多，所谓物以稀为贵。正在阅读有关卡西诺战役报道的英国妻子们，没有一个会知道她的丈夫正参与其中，即便她知道她的丈夫是在意大利。如果一家新西兰报纸宣布新西兰人正在卡西诺战斗，这个国家每一个直接或间接有关的家庭都会直接或间接地加以关注。

这样的结果，再加上这些男儿们自己天然的自信性格，就几乎足以使新西兰师想当然地将他们自己列为精锐部队，总是促使他们要比其他人表现得优秀。如果一个人干得好，消息会传回遥远家乡所在的镇或者村庄。如果他干得不好，消息也同样会传回去的。

需要强调的一点是，一个典型的新西兰男人拥有步兵战斗所要求的许多素质。例如坚强、勇敢、诙谐幽默、身体强壮（在新西兰橄榄球有着如板球在英国一样的宗教般的重要性），总的来说他们也很有智慧，因为新西兰走在时代前沿的有效的全国教育体系此时已经运行了一段时间。和苏格兰人一样，许多是他们后裔的新西兰人也非常注重教育。

对于步兵来说，他们有另外两个非常有价值的品质。就是首先他们非常注重独立行动，这是因为他们中的许多人曾独自经营偏远的农场或牧场，这是一种能够教会男人不

依赖他人独自思考、行动的生活方式。由于同样的道理，他们也是天然的随机应变者，而步兵战斗的胜利因素有一半就是靠随机应变。此外，一个从零开始用他自己的双手和智慧发展农场的人会更适应需要在特别困难情况下保全机器、仪器和通信设备，并且有能力在需要坚忍不屈和个人适应性的情况下组织和管理一种简单而有效率的生活方式的现代战争。

这就是新西兰士兵——一个平静的粗犷的男人，对一切稀奇古怪的东西都持怀疑态度；他会用吐一口唾沫来擦皮鞋的方式进行嘲讽；一个不喜虚饰只会埋头工作的男人；一个依靠他自己的双手自力更生的男人；一个以他的坚强而骄傲却又很少以之炫耀的男人。美国人嘲笑新西兰士兵喜欢戴着帆布帽而不是钢盔，这正说明气质上新西兰士兵可能更为接近同样有着这种对自身能力的信念，却又无意炫耀的苏格兰和北部英格兰士兵。

在欧洲战场，这些见识不广的"Kiwi"（新西兰人的自我称呼，源自新西兰独有的几维鸟，新西兰特产猕猴桃也被称作"Kiwi Fruit"——奇异果）也着实对他们的美英表兄们的生活方式感到惊奇，甚至美国人"奢侈"的移动洗浴房也能让他们惊叹不已，但他们决不会因此而对自己的简陋的战地洗浴设备感到惭愧。

由于新西兰军队的管理是封闭的，这支小小的军队也具备有着候补名单俱乐部所具

有的资质。这不仅对它的成员起到了刺激提高效率的作用，同时使升迁缓慢且其竞争敏感。升迁在其他师可以通过以这种那种理由调到别的师的方式来加以实现，这没有也无法发生在新西兰师。各个单位的情况基本和战争开始时一样，只有因伤亡和政府将在海外服役一段时间的人员招回本土的制度所产生的顶替。

正是由于这些品质，以及这些品质在战斗中的应用，使得英国指挥官将新西兰人列为世界上最好的步兵。非常尊重他们的还有对手德国人，德军参谋常常这样报告："敌人正在使用新西兰人，这显然意味着会有什么大事发生。"这是一封典型的推荐信。

当1943年10月新西兰人从北非转到意大利时，当时这种转移不过是一次例行任务，护航使用的是正常的航空兵和海军力量。新西兰第2师的师长弗里伯格对此很不满意。他要求新西兰防务大臣将新西兰军队在旅程中得到适当保护的问题提到最高层。防务大臣将此要求呈交总理彼特·弗雷瑟，弗雷瑟总理再将这个要求转给英国首相丘吉尔先生，丘吉尔就这个问题询问了英国坎宁安海军元帅，元帅向丘吉尔保证，这个"在我们的老朋友新西兰军队航渡地中海的过程中，他们将得到所有可能的照应。我们同样非常了解他们的价值，我们将非常小心地保证他们的安全抵达，使他们能打击敌人，我将直接关注这件事。"

听到这样的回答，弗里伯格将军当然很高兴，而最后新西兰人则在最高等级的护卫下驶向意大利。

就这样，1943年10月2日，在北非战役中赢得巨大荣誉，同时也蒙受了沉重伤亡(459名阵亡，1562名受伤)的新西兰第2师奉命从埃及调往意大利战场。该师分两批分别于10月6日和19日到达塔兰托港，和他们同时到达的有4600辆各种车辆、150辆坦克以及大炮，显示出他们是一支精锐的机械化部队，但这些装备是否适应意大利崎岖不平的山地？他们又是否能继续在北非沙漠中取得巨大的光荣？所有的人都在期待这些问题的答案。

1943年2月，地中海盟军将公认的第二次世界大战中最好的2个师——新西兰第2师和第4英印师，合并组成了新西兰第2军，由弗里伯格担任军长。将这样一支精锐部队投入卡西诺战场，从中可以充分看出盟军高层对卡西诺战场的重视。

轰炸修道院

盟军对以卡西诺山为核心的古斯塔夫防线的第一轮攻势以失利而告终，唯一的收获就是迫使德军从安齐奥后方调来了2个预备队师。盟军第二次进攻古斯塔夫防线，主要原因是安齐奥的形势岌岌可危，就在正面盟军从古斯塔夫防线撤回的当天，安齐奥盟军的关键堡垒"工厂"失守，所以迫切需要正面盟军再次发动攻势，以增强对古斯塔夫防线

第二、第三次卡西诺战役中的新西兰第2远征军战斗序列

新西兰第2远征军
　新西兰第2步兵师
　新西兰第4装甲旅
　　第18（奥克兰）装甲团
　　第19（惠灵顿）装甲团
　　第20（南岛）装甲团
　　第22摩托化营
　新西兰第5步兵旅
　　第21（奥克兰）步兵营
　　第23（南岛）步兵营
　　第28（毛利）步兵营
　新西兰第6步兵旅
　　第24（奥克兰）步兵营
　　第25（惠灵顿）步兵营
　　第26（南岛）步兵营

英印第4步兵师
　英印第5步兵旅
　　第4埃塞克斯步兵团1营
　　第6拉其普特步兵团1营
　　第9廓尔喀步兵团1营
　英印第7步兵旅
　　皇家苏塞克斯步兵团1营
　　第16本杰比步兵团4营
　　第2廓尔喀步兵团1营
　英印第11步兵旅
　　第2喀麦隆高地营
　　第6拉其普特步兵团4营
　　第7廓尔喀步兵团2营

英国第78步兵师
　第11步兵旅
　　兰开郡燧发枪团2营
　　萨利团1营
　　皇家诺森伯兰郡燧发枪团5营
　第36步兵旅
　　皇家东肯特郡团5营
　　皇家西肯特郡团6营
　　阿盖尔郡及萨瑟兰郡高地团8营
　第38（爱尔兰）步兵旅
　　伦敦爱尔兰步兵团2营
　　皇家爱尔兰燧发枪团1营
　　恩尼斯基林燧发枪团6营

的压力，调动德军兵力，缓解安齐奥海滩的危机——这真是本末倒置，原先安齐奥登陆是为了打破古斯塔夫防线的僵局，现在反而要古斯塔夫防线正面来挽救安齐奥。

新西兰第2军抵达战区后，美国第5集团军参谋长格伦瑟少将向弗里伯格简单地介绍了第一次卡西诺战役的主要情况，并声称第34步兵师经过艰苦的战斗，已经完全控制了极为重要的593高地。这样，新西兰第2军就可以从593高地出发，直接向修道院高地发起攻击。末了，格伦瑟少将对弗里伯格说道："先前第34步兵师和第36步兵师的进攻都不幸失败，现在火炬交给你们了，希望你们能一举夺取卡西诺地区，彻底打通六号公路。能否迅速抵达罗马，就看你们的啦。"弗里伯格并没有为达成任务后的美好前景所打动，他苦笑道："我们接过的火炬已经太多了！"言下之意是"火炬接得太多了，我们的手指都被烫伤了"。随后，格伦瑟少将又问弗里伯格："你们有多大把握？""五五开。"弗里伯格毫不犹豫地答道，接着弗里伯格还补充说如果战斗陷入胶着，并且部队伤亡超过1000人的话，他就将停止进攻。

基于格伦瑟少将提供的情报，弗里伯格中将决定以新西兰第2步兵师向西渡过拉皮多河，对卡西诺镇和卡西诺火车站实施突击。而英印第4步兵师将从593高地出发，直接对修道院周围重要的高地群发起攻击。

当天，弗里伯格中将把新西兰第2步兵

师师长霍华德·柯本伯格少将和英印第4步兵师师长特克少将召到军部举行战地军事会议并拟订具体的进攻计划。当特克得知自己的任务是攻克修道院高地时，他心里不禁暗暗吃了一惊。在会上，他强烈建议进攻前必须组织重轰炸机群对卡西诺修道院实施大规模轰炸。理由是修道院很可能驻有德军炮兵观察哨，必须予以彻底摧毁。会后，弗里伯格中将立即把这个请求上报盟军地中海战区司令亚历山大元帅。由于轰炸修道院是一件大事，搞不好会引起宗教争端。经过慎重的研究，地中海战区司令部还是下不了空袭的决心。最后亚历山大特意召开了有随军大主教参加的高级将领会议，专门讨论轰炸卡西诺修道院之事，经过激烈争辩，来自前线的特克少将终于说服了随军大主教同意轰炸卡西诺修道院。据说此事还惊动了梵蒂冈教皇，并得到了教皇默许，而在轰炸之日，教皇一整天都在为此事而祈祷。鉴于卡西诺修道院在西方世界影响极大，如果指派执行轰炸任务可能会有麻烦，所以盟军是在地中海战区所有航空兵部队里进行志愿报名，起飞前随军牧师也特意对志愿报名的空勤人员进行了宽恕解释。

事实上，德国人在卡西诺地区的表现十分地绅士。除了德国空军戈林伞兵装甲师的舒格勒中校出面协助将修道院所有珍贵文物转移到安全地方外，还特意派出了2名德军宪兵担负修道院的警卫，以防止德军散兵擅自进入。负责整个意大利战区作战的C集团军群司令凯塞林元帅也亲口向梵蒂冈承诺决不会有1名德国士兵进入修道院。与此同时，83岁高龄的修道院院长也在第一次卡西诺战役进行得如火如荼的时候，向世界发表公告："我郑重声明，没有任何1名德国士兵进入了蒙特·卡西诺修道院。修道院是完全中立的！"德国第14装甲军军长赞格尔中将事后也回忆道："我乐于见到修道院远离战火。我想不会有哪个疯子仅仅为了战术上的需要就要毁灭这个宝贵的文化遗产。甚至在当时的情况下，德国炮兵观察哨也不必设在修道院这样一个显眼的目标内。根据我军的战术条令，我方炮兵观察哨在山地战中应设在半山腰的一个经过伪装良好的隐蔽点。"

尽管梵蒂冈和卡西诺修道院不断向外界声明并没有任何1名德国士兵进入，但盟军情报部门就是不听，仍然确信修道院已被德军利用。更重要的是，完好无损的修道院耸立在519高地山头如同在盟军士兵头上悬挂的一把利剑，给士气造成了很大的影响。最后，亚历山大出于保持进攻部队士气的考虑，勉强同意了第5集团军司令部和新西兰第2军军部的请求。

2月14日，天气放晴。弗里伯格被告知次日将晴空万里，对卡西诺修道院的大规模空袭将于次日展开。因此，弗里伯格将新西兰第2军的进攻日期定为2月16日，英印第4步兵师将首先从593高地向修道院高地发起攻击。一天后，新西兰第2步兵师将渡过拉皮多河，向卡西诺镇和火车站发动进攻。当天，盟军战机飞临修道院上空撒下了大量的传单。

意大利朋友们：迄今为止，我们一直尽量避免对蒙特·卡西诺修道院的轰炸。然而，德国人利用了这一点。现在，激战已经逐渐迫近这个神圣的地区。为了赶走德军，我们必须违背初衷，将火力直接对准修道院。我们郑重向你们提出警告，以使你们能够挽救自己的性命。迅速撤离修道院，这是一个紧急通知。出于善意，我们发出了这个

Italian friends,

BEWARE!

We have until now been especially careful to avoid shelling the Monte Cassino Monastery. The Germans have known how to benefit from this. But now the fighting has swept closer and closer to its sacred precincts. The time has come when we must train our guns on the Monastery itself.

We give you warning so that you may save yourselves. We warn you urgently: Leave the Monastery. Leave it at once. Respect this warning. It is for your benefit.

THE FIFTH ARMY.

Amici italiani,

ATTENZIONE!

Noi abbiamo sinora cercato in tutti i modi di evitare il bombardamento del monastero di Montecassino. I tedeschi hanno saputo trarre vantaggio da ciò. Ma ora il combattimento si è ancora più stretto attorno al Sacro Recinto. E venuto il tempo in cui a malincuore siamo costretti a puntare le nostre armi contro il Monastero stesso.

Noi vi avvertiamo perché voi abbiate la possibilità di porvi in salvo. Il nostro avvertimento è urgente: Lasciate il Monastero. Andatevene subito. Rispettate questo avviso. Esso è stato fatto a vostro vantaggio.

LA QUINTA ARMATA.

■ 美军向修道院散发的英文和意大利文传单。

警告。

美国第5集团军

对于盟军"善意"的警告，许多修道士深感愤怒。一名修道士阅读了传单内容后，用笔在传单的背后发泄了自己的不满："你们（指盟军）到底要干什么！卡西诺修道院的一名修道士的致辞。"同时，部分传单飘落到了修道院高地北坡的伞兵机枪营阵地。第1伞兵团团长卡尔·洛尔·舒尔茨上校看到这份传单。当他读到盟军断言"然而，德国人利用了这一点"这句话时，感到十分愤怒。于是，他立即命令团部通信班用明码向盟军发报，解释德军并没有进入修道院。与此同时，第1空降师师长理查德·海德里希少将也看到了传单并下令师部通信连用明码致电盟军，指出没有1名德军士兵进入卡西诺修道院。如果盟军执意要轰炸修道院的话，造成的后果将不堪设想。

舒尔茨战斗群在向盟军抗议对卡西诺修道院空袭的同时，也意识到了即将到来的进攻。为了准备在空袭结束后，立即进入修道院废墟。舒尔茨上校命令约200名伞兵集结于距主峰不到300米的山腰，力争在空袭结束后1小时占据主峰。同时，他还命令准备在山脚准备1支运输队（主要由驴子组成），在空袭结束后将弹药和补给尽速运上高地。面对强大的英印第4步兵师，把守卡西诺地区（卡西诺镇除外）的舒尔

茨战斗群兵力少得可怜。坚守修道院高地北坡的第1伞兵机枪营仅有大约100名官兵。第1伞兵团1营和2营各有约150名官兵。第3伞兵团3营经过不断的苦战后，兵力锐减至65人。2月初，当舒尔茨战斗群刚刚抵达卡西诺战区时，兵力尚有750余人，但仅仅过了1个星期，就伤亡了约250名伞兵。为了加强舒尔茨战斗群，由弗兰茨·格拉斯梅尔上尉指挥的第4伞兵团3营（约250人）从奥托纳兼程疾进，抢在第二次卡西诺战役爆发前赶到了战区。这样，第二次卡西诺战役爆发时，舒尔茨战斗群仍有约750名官兵。

战前，舒尔茨上校对部署进行了调整：修道院高地北坡仍由第1伞兵机枪营把守；第1伞兵团1营坚守569高地；第1伞兵团2营驻守444高地；第4伞兵团3营防守593高地。第3伞兵团3营转移至601高地，接过第361装甲掷弹兵团1营防务。这样，战斗群的防线正面宽度约为5公里，但兵力却仅为730人。在防御力量如此薄弱的情况下，舒尔茨上校

■ 修道院内的艺术品被德军转移至安全地带。

仍然表现出了极大的乐观。在对属下的训话中，他说道："你们现在已经成了全世界的新闻杂志、英国上议院和下议院以及各国政府谈论的焦点。我们的战线已变得极为重要。我们曾将美国人打退。现在轮到英国人和印度人上来了。我敢肯定，你们仍然能恪尽职守！孩子们！别忘了，现在全世界的目光仍然聚焦在你们的身上。在战斗中，要像一名真正的德国伞兵那样，牢牢地将阵地守住！"

1944年2月15日9时，盟军向卡西诺修道院散发了大量宣传单，要求在修道院中的非军人在30分钟内撤离修道院。此时在修道院里除了神职人员外还有大量来自山下卡西诺镇上避难的平民。盟军此举似乎很是人道，但是修道院里很多行动蹒跚的年老神职人员和教徒根本来不及在短短30分钟内撤离。

9时30分，当蒙特·卡西诺修道院的修道士们开始高声齐唱古老的拉丁圣歌时，在修道院内避难的平民却不安地听到了远方传来的巨大轰鸣声。老人们开始祈祷，妇女们开始担忧，而孩童们则开始哭泣。此时，隶属于美国陆航第15航空队的142架B-17"空中堡垒"重轰炸机和114架B-26"掠夺者"和B-25"米切尔"中型轰炸机排着整齐的队形，在空中拖着长长的凝结尾流，浩浩荡荡地飞向卡西诺修道院。不到1分钟，投鞭断流的盟军机群飞抵目标上空，开始实施大规模

■ 修道院主教格里高利·迪阿美里被德军护送到了安全地带。

轰炸。刹那间，弹如雨下，接二连三的爆炸声震耳欲聋。整个高地伴随着巨大的爆炸在不停地摇晃。难民和修道士的第一反应就是立刻卧倒或是四处躲藏，大主教及时地躲进了地下室并不断地向上帝祷告。尽管如此，人类智慧的结晶——蒙特·卡西诺修道院在盟军毁灭性的空袭下仍然无法幸免。天花板在塌陷，围墙在倒塌，横梁在燃烧。成吨的石块被炸上天空，碎片如同仙女散花般砸向四周。此次空袭，美国15航空队共投下453吨高爆弹和燃烧弹。空袭结束后，盟军炮兵又对修道院实施了猛烈的炮击。两重灾难使蒙特·卡西诺修道院完全化为了一片瓦砾。在这次非人力所能抗拒的灾难中，共有300名难民和修道士不幸身亡。

伞兵菲历克斯·梅雷斯回忆道："突然间，修道院被灰红色的烟云所笼罩。在烟云中，

157

不时发出白色的强烈闪光。望着这一幕，我们目瞪口呆。几乎没有人会相信盟军竟然会摧毁这个具有重大文化和历史意义的建筑

■ 轰炸结束后，美军又对修道院进行了炮击。

物。这帮蠢货的作为反倒使我们打消了进入修道院的顾虑。"

听到盟军猛烈轰炸修道院的消息，作为虔诚的本笃教派教徒的德军第14装甲军军长赞格尔中将不由得叹道："这些白痴终于这么干了！"

具有讽刺意味的是，这次空袭竟然没有炸伤任何一名德军。驻防修道院高地的第1伞兵机枪营的官兵在掩体中冷冷地注视着这次空袭。他们打算等空袭和炮击一结束就立刻跃出掩体，进入阵地准备迎击盟军的进攻。这次空袭除了给修道士和难民造成惨重的伤亡外，在593高地集结准备进攻的英印第4步兵师因未能及时接到空袭情报，反倒有几名

■ 从美军轰炸机上拍摄的正在遭受空袭的卡西诺修道院（白圈中）。

第1皇家苏塞克斯步兵营（隶属于英印第7步兵旅）的官兵被飞溅的修道院碎石砸伤。对此，营长格雷尼中校回忆道："他们通知了修道士和敌人，但就是没有通知我们！"这句话无疑是对盟军空袭卡西诺最好的嘲讽。

二打卡西诺

2月15日傍晚，英印第4步兵师代理师长H.W.迪默兰准将向第1皇家苏塞克斯步兵营下达了夺取593高地的命令。连日激战后，593高地山路上石块林立，部队难以展开，加上英印第4步兵师对当面德军情况知之甚少。因此，格雷尼中校仅动用C连（63名士兵和3名军官组成）发动一次试探进攻。入夜后，C连展开队形。1排和2排并肩前进，3排随后跟进，全连以倒"品"字队形小心翼翼地沿着山路向主峰进发。沿途，他们遭到了周围高地德军盲目的火力袭扰。为了避免无谓的伤亡，他们只得隐蔽起来，待德军停止射击后才悄悄从隐蔽处走出，缓缓接近高地。在英军看来，主峰的德国伞兵似乎都在呼呼大睡，对他们的到来没有丝毫的反应。然而，他们错了。当英军迫近至伞兵阵地不到50码时，第4伞兵团3营的MG42机枪突然开

■ 轰炸过后的卡西诺修道院的航拍照，可见其惨状。

火，密集的火力顷刻间将冲在最前面的英军士兵全部击倒。接着，伞兵又猛投手榴弹。在猛烈的机枪火力和手榴弹群的打击下，C连被完全压制。除了盲目地向可疑的德军火力点投掷手榴弹和开火射击外，英军几乎毫无办法。最后，C连在突破无望的情况下只得在机枪火力掩护下艰难地与伞兵脱离接触，撤

回了出发阵地。是役，C连伤亡32名士兵和2名军官。而得胜的伞4团3营仅有3名士兵轻伤。第一轮较量，德军完胜。

16日清晨，迪默兰准将向弗里伯格中将报告了昨日傍晚进攻失利的消息。弗里伯格鉴于593高地的要点仍在德军手中的事实，决定改变战术，绕过593高地，直取修道院。但这个提议遭到了迪默兰准将的强烈反对。他认为在没有拿下极为重要的593高地之前，直接对修道院发动的任何进攻都会遭到来自593高地的侧击。因此，他要求首先拿下593高地。但弗里伯格中将严令英印第4步兵师无论如何也要在17日对修道院直接发动进攻，配合新西兰第2步兵师对卡西诺镇的进攻行动。回到师部，迪默兰准将直接命令格雷尼中校于当晚率领第1皇家苏塞克斯步兵营对593高地展开全面进攻，务必夺取高地。根据指示，第1苏塞克斯步兵营将于16日晚22时对593高地发起总攻。然而，进攻部队急需的手榴弹却直到23时40分才运到。17日0时，第1皇家苏塞克斯步兵营展开了攻击。格雷尼中校以C连为右翼，D连为左翼，齐头并进，向593高地展开猛攻。担任预备队的A连和B连随后跟进。然

■ 轰炸结束后，1名德国伞兵从掩体中走出来。这次轰炸对德军毫发无损，却有几百名修道士和难民被炸死，对盟军来说真是一大讽刺。

而，C连和D连仅仅前进50米就遭到了第4伞兵团3营的顽强抵抗，密集的机枪子弹横扫英军队形，大量的迫击炮炮弹也不断在队形中爆炸。更为糟糕的是，还不断有伞兵跃起向英军投掷手榴弹。C连和D连的进攻很快就被伞兵击退。不过，跟进的B连和A连仍不顾一切地前进。不久，A连迷了路，走进了一条4.5米深，6米宽的裂缝，再也无法前进。他们除了对德军进行盲目射击外，毫无办法。与此

同时，B连突破了伞兵的阵地，和伞兵展开了激烈的肉搏战。在他们的拼死掩护下，十多名英军士兵强行冲上了主峰。但还是被伞兵猛烈的交叉火力死死地压制住了。拂晓前，三发绿色信号弹升上天空。第1皇家苏塞克斯营只得停止进攻，在榴弹炮火力和迫击炮火力的掩护下，跟跄地撤回了出发阵地。第二次夺取593高地的战斗再次以失败告终。当晚，第1皇家苏塞克斯步兵营共有12名军官和250名士兵参战，伤亡人数为10名军官和130名士兵。

在第二次夺取593高地的进攻再次失败的同时，弗里伯格中将也开始受到上级的重压。美国第5集团军司令克拉克中将和参谋长格伦瑟少将纷纷打来电话，催促新西兰第2远征军尽快发起对修道院的主攻，缓解盟军在安齐奥滩头阵地的压力。在如此重压下，弗里伯格中将于17日命令英印第7步兵旅旅长洛维特上校制订新的进攻计划。根据洛维特上校的方案，英印第4步兵师将于18日凌晨2时发动全面进攻。第1皇家苏塞克斯步兵营A、C、D连和第6拉其普特来复枪团4营将从黑鱼高地出发，夺取593高地，然后再沿着山脊线，从右向左朝444高地推进。第9廓尔喀来复枪团1营和第2廓尔喀来复枪团1营将于4时向444高地发起进攻，并以444高地为跳板，向400米开外的修道院高地发起总攻。当廓尔喀兵攻入修道院后，对空发射信号。届时，第4埃塞克斯步兵团1营和第6拉其普特步兵团1营将从北面向卡西诺镇发动进攻，会同从东面进攻的新西兰第2步兵师两面夹击小镇。为了支援英印第4步兵师的进攻，盟军共投入了500多门火炮。

17日午夜，第6拉其普特来复枪团4营按计划从黑鱼高地出发，向593高地推进，开始了第三次征服593高地的努力。然而，印度兵还没爬到半山腰就遭到了伞兵猛烈的机枪火力和迫击炮火力的拦阻。尽管如此，印度兵仍顽强地向主峰前进，经过激烈战斗，第6拉其普特来复枪团4营于18日凌晨3时30分报告夺取了593高地。但仅过了10分钟，丢失阵地的第4伞兵团3营展开反击，将印度兵完全赶出了高地。这样，英印第4步兵师对593高地的第三次进攻再度失败。第6拉其普特步兵团4营共伤亡196人，4名连长全部阵亡。1名英印第4步兵师军官在报告中对第6拉其普特来复枪团1营现状评价道："该营经过这次血战后，包括所有身经百战的老兵在内，都失去了斗志。"1名在593高地附近工作的印度军医，在两天的激战中共救治了约240名伤员。在医疗报告中，他写道："我从未见到过如此多的负伤军官，他们面色苍白，毫无表情可言。"第4伞兵团3营最终以顽强的斗志守住了重要的593高地。

凌晨4时，第2廓尔喀来复枪团1营也向444高地发起了进攻。虽然廓尔喀营在与第1伞兵团2营的兵力对比上占据2.5：1的优势，但2营约150名官兵在营长格罗施克少校的指挥下早已准备妥当。伞兵在所有通往主峰的小径上都埋设了地雷和陷阱。当右翼B连和C

连的廓尔喀兵开始踏上高地时，德军伞兵都隐蔽在高地的灌木丛中冷冷地注视着这群来自尼泊尔的高山战士。各连连长都耐心地等待，直到廓尔喀兵迫近至约80米时，才向所部下令开火。顷刻间，猛烈的机枪火力就从四面八方向廓尔喀人的队形扫来，密集的手榴弹群也如同雨点般地落下。在猛烈的火力打击下，廓尔喀兵不得不停止前进，四处寻找隐蔽处。在危难关头，C连1个排仍坚决前进，试图强行冲过火制地带，向主峰推进。然而，他们却一头闯进了雷场。在一连串的地雷爆炸过后，全排仅有3人幸存。五分钟后，B连和C连就在进攻中减员三分之二，完全丧失了进攻能力。

相比之下，右翼推进的A连和D连要幸运得多。他们成功地避开了德军2营的主力，并和第9廓尔喀来复枪团1营的3个连沿着444高地山脊线向450高地推进。拂晓前，他们前出至450高地附近。然而，德国伞兵再一次表现出了极为强悍的战斗力。坚守569高地的第1团1营在廓尔喀营向445高地运动时，就迅速派兵增援445高地。在1连和3连共约90名官兵的顽强抵抗下，5个廓尔喀步兵连竟没能再接近主峰一步！战至天明，伤亡惨重的2个廓尔喀步兵营除了撤退外，别无他法。在历时4个小时的战斗中，第2廓尔喀来复枪团1营共伤亡11名军官和138名士兵，第9廓尔喀来复枪团1营共伤亡96人。而与2个廓尔喀步兵营对阵的德军伞兵总数还不到230人！为了表彰在445高地争夺战中的出色表现，科赫中尉和奥

托·门格斯中士各获得了1枚骑士铁十字勋章。

在舒尔茨战斗群以绝对劣势兵力挫败英印第4步兵师对修道院高地进攻的同时，新西兰第2步兵师也对卡西诺镇发动了进攻。17日，第28"毛利"步兵营A连和B连强渡拉皮多河成功，在穿过一片雷场后直捣卡西诺火车站。经过短促激战，毛利营硬是将第361装甲掷弹兵团3营一部赶出了火车站。18日下午14时，第211装甲掷弹兵团在仅有的2辆Ⅳ号坦克的掩护下，向火车站展开反击。2辆Ⅳ号坦克充分地利用了自己的机动性和火力，不断掩护掷弹兵肃清毛利营的火力点。在坦克的有力支援下，德军夺回了卡西诺火车站。伤亡惨重的A连和B连被迫撤过了拉皮多河对岸。此役，第28"毛利"步兵营伤亡128人。这次进攻的失败标志着第二次卡西诺战役的终结。

19日，英军冒雨继续攻击，但是苦战竟日毫无进展。鉴于连日激战，伤亡惨重而进展甚微，取得突破性进展的可能性几乎没有。盟国地中海战区司令亚历山大上将便决定再打三天看看，如果36小时之后再无进展就鸣金收兵——23日，盟军还是在原地踏步，亚历山大只得下令停止进攻。第二次卡西诺战役以盟军惨败，德军完胜而告终。

此次攻势，盟军伤亡非常惨重，主攻的精锐部队第4英印师伤亡超过了3000人！尽管在前几年的战斗中，英印第4步兵师一直以山地攻坚战出名，但这一次他们在593高地、444高地和445高地却碰上了劲敌——德国第1

英军中的廓尔喀雇佣军

在英国军队中，由来自尼泊尔山区的廓尔喀人组成的部队以其纪律严明、骁勇善战而闻名于世。早在1813年3万英国军队在印度曾和1.2万廓尔喀人进行过2年的战斗，虽然英国最终赢得了胜利，但是廓尔喀人的顽强与善战却给英国人留下了极其深刻的印象。根据英国与尼泊尔签订的条约，英国享有招募廓尔喀兵的特权。从1815年起英国皇家军队的编制中便有了第一支由廓尔喀人组成的战斗营。从此，开始了廓尔喀人在英军中长达近200年服役的悠久传统。

廓尔喀人自幼生活在尼泊尔山区，长年在坎坷的山路上行走，练就了一双"铁脚板"。他们性格坚忍沉静，身体健壮强悍，特别擅长山地战和近战。廓尔喀士兵人手一把库克利弯刀，这种弯刀酷似狗的后腿，呈L形，刀背既厚又钝，但刀锋却异常锐利。最锋利的刀刃正巧就是在L形的拐角之处，薄而锋利。这样的结构初看没有什么突出之处，但正是刀身处这一锋利的小小弯曲，使其拥有了无与伦比的穿透力，和超过普通刀几十倍的劈杀力，几乎不需要特别用力，就能发挥出大力砍杀的巨大威力。据说这种弯刀一经拔出就必须见血，而廓尔喀成年男子一般都能一刀将水牛的头斩下！随着廓尔喀士兵在世界各地征战，库克利弯刀也因此威名远扬。

廓尔喀部队在英军中最初只有3个营，历经多年的扩编，最高峰时曾有8个团，印度独立时，廓尔喀部队一分为二，一半加入刚刚组建的印度陆军，另一半第1、6、7、10廓尔喀步枪团则继续留在英军中。廓尔喀人累

■ 库克利弯刀。

计曾为英军提供过超过25万名的优秀士兵，并参加过历次英国参与的对外战争，较著名的如二战、马岛战争等。此外英国以前在香港的驻军中就曾有廓尔喀营。

目前在英军中约有廓尔喀士兵3700人，分别属于5个廓尔喀营。但最近已有消息，英军准备裁减甚至终止招募廓尔喀士兵。

每年有数千名廓尔喀青年来到尼泊尔西部城市博克拉的英国廓尔喀士兵招募中心申请当兵，经过严格的选拔，在几千人中只有200多人能幸运成为英军中的一员。加入英军后至少服役5年以上，有的甚至会超过20年。廓尔喀士兵穿着标准的英国陆军制服，但另外配发廓尔喀软帽。普通廓尔喀士兵年薪约8500美元，他们每2年回家探亲一次。回到家乡他们会受到特别的尊敬，也是备受欢迎的求亲对象。每年他们都将军饷的大部分寄回家乡。对尼泊尔来说，这是仅次于旅游业的一项重要外汇收入来源。

空降师的舒尔茨战斗群。

相对于盟军惨重的损失，和一无所获的战绩。舒尔茨战斗群在兵力和火力处于绝对劣势的情况下仍然守住了每一寸阵地。他们不仅漂亮地粉碎了英印第4步兵师所有的进攻，而且伤亡人数甚至比第一次卡西诺战役还要低！舒尔茨战斗群在第二次卡西诺战役中共伤亡125人，其中38人阵亡。为了嘉奖伞兵的杰出表现，舒尔茨战斗群兼第1伞兵团团长舒尔茨上校获得了橡叶骑士铁十字勋章，成为德国国防军中第146位橡叶骑士铁十字勋章获得者。此外，第3伞兵团3营营长克雷策少校、第1伞兵团2营库尔特·格罗施克少校和他手下的奥托·门格斯中士、1营的科赫和第1伞兵机枪营营长维尔纳·赫伯特·施密特少校各获得1枚骑士铁十字勋章。H.W.里克中尉、保

罗·欧内斯特·勒尼希中尉、格奥尔格·沙赫中士、布鲁诺·迪特里希中士、戈特洛布·沙赫下士、海因茨·汉特克下士和雅各布·哈克下士各获得1枚德意志金质奖章。

对于拼死顽抗的德军第1空降师，连亚历山大都表示了敬意"这些德国伞兵承受了整个地中海空前密集的火力打击，我真怀疑在这个世界是否还有别的部队能像他们那样承受这样猛烈的火力，然后再以他们那样的凶悍进行战斗。"德军伞兵第1师也因此战而被人称为"卡西诺的绿色魔鬼"。

第1空降师就位

在舒尔茨战斗群以绝对劣势兵力挫败英印第4步兵进攻的同时，德国第1空降师其他部队也陆续赶到。2月26日20时，第1空降师师长理查德·海德里希少将接替白德尔中将负责卡西诺地区的防务。为了便于和第14装甲军军长赞格尔中将保持通畅的联络，海德里希少将把师部设在了第14装甲军军部(距六号公路15公里)附近。当天，海德里希少将向赞格尔汇报了第1空降师现有实力：第1伞兵

■ 具有"卡西诺防御者"之称的第1空降师师长理查德·海德里希少将。

团660人，第3伞兵团800人，第4伞兵团1160人。不过，上述兵力还包括了各团在卡西诺北面集结待命的预备队。3个伞兵团在一线的实际兵力分布如下：第1伞兵团610人，第3伞兵团735人，第4伞兵团880人。而在这些一线兵力中，有将近20%的人员因伤病暂时失去了战斗力。因此，德国第1空降师于全面接管卡西诺地区后，一线可用的作战兵员仅为1780人。与当面新西兰第2远征军下辖的英印第4步兵师和新西兰第2步兵师相比仍处于绝对劣势。但伞兵的斗志却依然昂扬，他们坚信无论敌人多么强大，他们都能牢牢地守住阵地。27日，海德里希少将对第1空降师防线进行了调整：第1伞兵团为左翼，防御601高地至蒙特·凯罗高地一线；第3伞兵团为右翼，坚守卡西诺镇和卡西诺修道院；第4伞兵团居中，把守593高地至445高地一线。在整个部署中，第3伞兵团的任务最重，因此该团得到了第1伞兵机枪营（不到100人）、第361装甲掷弹兵1个营、1个反坦克连、1个工兵连以及5辆突击炮的加强。在火炮支援方面，第1伞降炮兵团被部署到蒙特·凯罗地区。

新近抵达卡西诺战区的第3伞兵团团长路德维格·海尔曼上校将团部设在阿关诺村的一幢农庄。从那里，横穿卡西诺镇的铁路线，六号公路和修道院高地东、南两面地带都在团部的一览无余之下。在卡西诺战役前，海尔曼上校就以出色的战绩名震盟国和德国军界。无论是先前指挥的连、营或是团，海尔

曼上校都从未被对方击败，并因赫赫战功而获得了不少的勋章：在列宁格勒，获得了德意志金质十字勋章；在克里特，获得了骑士铁十字勋章；在西西里岛，他的骑士铁十字勋章上又被加上了橡叶。在西西里战役中，他更是留下了一句令德国伞兵颇为自豪的命令："德国伞兵打到哪里，就应该守到哪里！"

在海尔曼上校的命令下，第3伞兵团1营和第1伞兵机枪营换防，坚守修道院高地，并以一部兵力进驻修道院废墟隐蔽待命。2营在第1伞降工兵营1连的加强下，接替第211装甲掷弹兵团2营担任卡西诺镇的守备任务。经过两次卡西诺战役后，兵力已锐减至65人的3营撤出一线，转移至卡西诺东北20公里的丰塔纳利里附近担任全团预备队。此外，加强给第3伞兵团的第8装甲掷弹兵团2营约200名掷弹兵、第4伞降坦克狙击连、1个工兵连和反坦克连被部署在防线右翼的加里河对岸，担任预备队。这样，海尔曼上校在加里河对岸就有了1个营级规模的预备队，能够对盟军的突破施以强有力的反击。虽然有这支预备队的保障，但海尔曼上校和手下伞兵仍决心依靠自己的力量阻止盟军对卡西诺镇和修道院的突破。第3伞兵团1营营长伯姆勒在回忆当时情况时就曾说道："让第1空降师退出卡西诺镇和修道院是不可想象的。为了维护我师名誉，牺牲再大也是值得的。我们决心为卡西诺战至最后一兵一卒，一枪一弹。"

卡西诺修道院高地

根据团长海尔曼上校的部署，第3伞兵团1营担任蒙特·卡西诺修道院高地的防守重任。指挥1营的是出生于巴登－沃滕贝格的鲁道夫·伯姆勒少校，时年29岁。鲁道夫·伯姆勒少校是一名老伞兵。在1939年9月的波兰战役中，伯姆勒少校以出色的战绩赢得了1枚二级铁十字勋章。战役结束后，他加入了第7航空师。在克里特战役中，他指挥第3伞兵团8连进行了英勇战斗并获得了一级铁十字勋章，但不幸身负重伤。1942年中，第3伞兵团1营从战斗序列中调出，加强给在阿拉曼前线奋战的拉姆克伞兵旅。时年27岁的伯姆勒由上尉晋升少校，并接任1营营长一职。在随后进行的阿拉曼战役和东线的历次作战中，伯姆勒表现出色，并连续两次获得德意志金质十字勋章。1943年7月，西西里战役爆发。伯姆勒少校指挥的第3伞兵团1营于敌后伞降，并奉命死守被英军围困的交通要道——琴图里佩小镇。虽然英军对小镇发动多次大规模进攻，但1营以顽强的斗志将英军死死地顶在镇外。直到上级下令撤退后，1营才在营长伯姆勒少校指挥下，安全地从敌后突围并作为全军后卫撤过了墨西拿海峡。

虽然1营大部分军官都是新面孔，但拥有丰富的作战经验的仍占到了一半。在营部参谋中最出色的要数贡特尔·布赖尔少尉，他是一名经验丰富的老伞兵。于1939年加入德国第7航空师，并在第3伞兵团11连服役。1941

年5月，克里特战役打响。布赖尔少尉因在德国伞兵学校就读而错过了这场战役。不过，布赖尔少尉反而因祸得福，第3伞兵团3营伤亡惨重，大部分战友都不幸罹难。1942年，布赖尔随同3营前往东线。在围绕维博尔斯卡加的争夺战中，3营的阵地被突破，绝大部分官兵非死即伤。布赖尔少尉也被一发子弹击中，负伤并失去了意识。当他恢复知觉时，1名红军士兵从他的身旁经过。为了避免遭到补枪，布赖尔少尉只得装死。直到夜幕降临，才和几名幸存的战友一道艰难地爬回了己方战线。之后，他又于斯摩棱斯克的防御战中再度负伤。1943年初，布赖尔少尉伤愈复出，回归第3伞兵团3营，并在伯姆勒少校麾下服役。

战后，布赖尔少尉对第3伞兵团在第三次卡西诺战役前的集结部署情况回忆如下："第3伞兵团各营于1944年2月中旬抵达卡西诺战区后方，并在罗卡塞基亚小镇完成集结。3月20日傍晚，2营官兵乘坐卡车从罗卡塞基亚小镇出发，抵达卡西诺小镇中央的欧陆旅馆。1营也于当夜经由罗卡·加努拉向修道院高地主峰进发。爬高约500米后，前方只剩一条羊肠小道。接着，我们又沿着这条小道继续向主峰前进。最终，我们好不容易才抵达修道院废墟门口。踩着凌乱的石块，我们又向前走了大约50米，来到了一个洞口。洞高约3米，视野开阔，更重要的是旁边有许多厚重的石墙残骸，即使大口径炮弹直接命中也不易贯穿。因此，营长伯姆勒少校和营副维尔纳·克

■ 防守卡西诺修道院高地的德军伞兵。

鲁格中尉一道将营部设在这个山洞里。"

但3天后，营部又转移到修道院内的一个地窖里。布赖尔继续回忆道："新的营部虽有多个房间，但屋顶天花板尽是一堆被扭成麻花状的巨大的碎石。营部共征用两间房屋。第一间是营长伯姆勒少校，克鲁格中尉和布赖尔少尉以及其他营部士官使用的指挥部。第二间是营部通信班使用的报务室。不久，报务室在盟军的炮击中被直接命中，报务员克莱尔中士身负重伤。2间房屋在对着盟军战线方向都由厚达2.5米的石墙遮挡。"

在防御部署上，1连和3连接替第1伞兵机枪营，驻防修道院高地北坡。2连在罗卡·加努拉和城堡山主峰，封锁由城堡山方向进攻修道院的接近路线。担任预备队的4连在4挺重机枪、2挺MG42轻机枪和2门迫击炮的支援下直接负责卡西诺修道院的防务。

虽然在两次卡西诺战役中，骡子已被证明是最为有效的山地运输工具，但参战的德军没有由畜力组成的畜力运输单位。因此，伞兵不得不从当地集市上采购大批骡子(盟军同样也被这个问题困扰，双方的解决方式如出一辙。这让意大利山地牧民在亲历战争痛苦的同时，也享受到了战争带来的好处。利用这个机会，几乎所有养骡子的意大利山地牧民都狠敲了交战双方的竹杠)。此外，为了保障一线部队的弹药粮秣足够，海德里希在派出后勤部队驱赶骡子运输队上山的同时，还命令军乐队身背补给上山。军乐队人员除了沿着小径将口粮、淡水、弹药、书籍、家书以及香烟送到一线部队手中外，还不时地举行战地演奏会，极大地鼓舞了一线伞兵的士气。

在第3伞兵团的部署中，重要的卡西诺镇由2营负责。指挥2营的是来自奥地利的斐迪南德·福尔廷上尉。和大多数第1空降师营长不同，福尔廷上尉并没有经历过1940年北欧和西欧作战中那些令人惊心动魄的空降作战。他加入空降兵的时间比较晚，直到1940年下半年才宣誓入伍。1941年5月，福尔廷作为第3伞兵团7连的1名少尉排长参加了惨烈的克里特空降作战。在干尼亚周围的争夺战中，7连伤亡惨重，几乎完全丧失了战斗力。包括

连长在内，将近四分之一的官兵不幸殒命沙场。时任中尉的福尔廷因表现出色获得了二级铁十字勋章，但他也在此役中身负重伤，不得不住院疗养了大约2年时间。出院后，他奉命前往新组建的第2空降师师部任作战主管参谋，但他的老部队 (已由第7航空师改称为第1空降师) 伞兵第3团在意大利却因不间断的战斗而蒙受了极为惨重的损失。此时，他们急需经验丰富的营连级指挥官。正当他感到踌躇之际，前线传来战报，第3伞兵团2营营长利布舍尔上尉在奥托纳防御战中被俘，空出了营长的位置。于是，第1空降师师长海德里希少将向时任上尉的福尔廷发出了召唤，他打算把2营的位置留给福尔廷上尉。然而，福尔廷上尉的任职却引来第3伞兵团团长海尔曼上校的极大不满。首先，海尔曼上校认为海德里希少将插手他属下营长任命一事有越

■ 在卡西诺山地战中，骡子被双方军队认为是最有效的山地运输工具，因而大量采购。

权之嫌。其次，他和许多第3伞兵团的高级指挥官对福尔廷上尉并不了解，心里对福尔廷上尉能否胜任营长一职心里没底。再次，福尔廷此前的履历中，从未有过营的任职经历，这使得海尔曼上校对2营在即将到来的卡西诺镇争夺战中的表现打上了一个巨大的问号。此时，卡西诺是全世界的焦点。而据守修道院高地和卡西诺镇的伞兵第3团又肩负重任。一旦丢失卡西诺镇或是修道院，后果都将不堪设想。鉴于全师战斗力最强的第3伞兵团3营因兵力已不足100人，仅有局部防御能力而被迫撤往后方担任预备队。而把守战区重心之一的卡西诺镇的2营则是由一名从未担任过营长职务的福尔廷上尉指挥，这不得不让海尔曼上校对今后的战局发展感到深深的忧虑。

海德里希少将之所以插手福尔廷上尉的任职自有他的道理。虽然福尔廷没有营长的经验，但2营不少排长和班长都是他的老部下。在众多老部下中，要数6连的卡尔·纽霍夫中士表现得最为出色。他曾在克里特岛的干尼亚、俄国的维博尔斯卡加和斯摩棱斯克、西西里岛的卡塔尼亚、意大利的萨勒诺、沃尔图诺河流域和奥托纳地区屡立战功，并获得了1枚德意志金质十字勋章、2枚一级铁十字勋章、1枚战伤奖章以及1枚近战勋章。正是看中福尔廷上尉可以依靠他出众的人脉关系进行指挥调度，独具慧眼的海德里希少将才放胆在最为关键的时刻将福尔廷上尉扶上2营营长的位置。第三次卡西诺战役的实践证

明，海德里希的选择没有错。2营正是在福尔廷上尉的指挥以及友军部队的支援下，出色地顶住了新西兰第2步兵师的进攻并守住了卡西诺。

在2营的战斗序列中，战斗力最强的部队当属伞兵6连。连长齐格弗里德·姚姆洛夫斯基中尉是一名典型的东普鲁士人。作为一名老伞兵，姚姆洛夫斯基于1939年波兰战役爆发后就加入了德国空军伞兵部队。1941年5月，姚姆洛夫斯基中尉因严重膝伤错过了惨烈的克里特战役。伤愈归队后，他随同2营两次前往东线，并先后获得二级铁十字勋章和一级铁十字勋章各1枚。1943年7月到12月，他又率领2营从西西里一直打到奥托纳。期间，他获得了1枚德意志金质十字勋章和1枚银质战伤勋章。此外，姚姆洛夫斯基中尉本人还是1名出色的狙击手，并获得了著名的狙击手缎带（即击毙60名敌人以上获得的殊荣）。不仅如此，6连中还有许多伞兵在入伍前曾是护林员或是猎手，经过战争的锻炼后，他们相继成为了出色的狙击手。

2月20日22时，伞兵6连抵达卡西诺镇。姚姆洛夫斯基中尉回忆道："当夜，乌云密布。敌人炮兵在不间断向小镇发射榴弹轰击的同时，也发射照明弹照亮整个村庄。借着光亮，我连先是沿着1条壕沟进入小镇，然后沿着部分建筑物继续前进。期间，我们不断地遭到敌人的炮火袭扰，并多次暂停行军，就地隐蔽。经过接连不断的战斗，我连仅剩33人。由于我是2营中服役时间最长，经验最

为丰富的在任连长。因此，我连受命担任预备队。一旦我营阵地被敌人突破或是发生其他不预期事件，则我连必须立即顶上前线，投入反击。为此，我连集结于小镇西部边缘的一栋校舍。营部在新任营长福尔廷上尉的指挥下也进驻同一建筑物。在那里，福尔廷上尉和第211装甲掷弹兵团2营营长穆勒上尉举行了换防仪式。穆勒上尉简单地介绍卡西诺镇周围的形势和己方控制范围。最后，穆勒还告诉我们他预计敌人很可能于近期再度对卡西诺镇发动进攻，但具体时间不明。"

战争进行到这个阶段，伞兵的生物钟已经完全变了。在休战期间，大部分伞兵都是昼伏夜出。在昼间，整个战线仅由少量兵力警戒。入夜后，大部分伞兵必须彻夜值勤。如果盟军展开进攻，则伞兵立即进入阵地进行阻击。若是盟军没有发动进攻，伞兵的主要任务就是加固防线，补充给养，擦拭武器以及熟悉卡西诺镇各个街道，以便在战斗打响时以最快速度穿过街道和建筑物群，占领各个支撑点并与指挥部取得联系。期间，伞兵2营对可能进行的巷战进行了多次演习。正是这些准备，让德国伞兵在兵力处于劣势的情况下，于第三次卡西诺战役中给新西兰步兵上了一节生动的巷战防御课。

3月13日，第三次卡西诺战役开始前2天。8连连长肯佩中尉因故回国。之前曾在8连服役的6连连长姚姆洛夫斯基中尉临时代理8连连长，指挥6连和8连作战。姚姆洛夫斯基

中尉继续回忆道："从兵力上来说，8连是6连的2倍。8连的重机枪群部署于镇内制高点，重型迫击炮分队部署于B阵地。8连准备以机枪火力和迫击炮火力协同打击可能攻入小镇的强敌。作为预备队的指挥官，我很清楚只要我们能以强大的火力控制小镇，并做到各种火力有效协同的话，就一定能粉碎兵力占优的进攻之敌。"

至第三次卡西诺战役爆发前，2营在镇内的兵力部署如下：5连（共有官兵65人）防守小镇北面，7连（共有官兵45人）坚守小镇东面，8连的重机枪群以及重型迫击炮分队进驻城堡山脚的制高点。6连（共有官兵33人）进驻欧陆旅馆附近的校舍担任预备队。

科利谢姆

第1伞兵机枪营作为第1空降师战斗力最强的一支部队曾在克里特、米乌斯河、斯摩棱斯克、西西里和意大利本土参加了多次惨烈的阻击战。尽管经常在战况极为不利的情况下，和盟军许多战斗力强悍的部队对阵，但表现出色的第1伞兵机枪营却从未丢失过哪怕一寸土地。前6个星期，能者多劳的第1伞兵机枪营从安齐奥的奇斯泰尔纳打到卡西诺。哪里出现了危机，哪里就有第1伞兵机枪营的身影。在连续不断的激战中，第1伞兵机枪营也蒙受了惨重的损失。至第三次卡西诺战役前，全营仅余下不到100名官兵。原1连连长奥托·劳恩上尉暂时接替重伤后送的维尔

纳·施密特少校，担任第1伞兵机枪营代理营长。

和第3伞兵团1营换防后，第1伞兵机枪营撤出修道院高地北坡，转移至卡西诺镇南面较为平静区域休整。建制最为完整的3连（共48名官兵）部署于加里河东面，随时准备以机枪火力封锁卡西诺火车站。1连部署在南面的科利谢姆，里克中尉指挥的2连部署在更南面的防区，位于第1伞兵师和第15装甲掷弹兵师防线结合部。尽管兵力严重短缺，但第1伞兵机枪营仍然士气高昂。

当第一、二次卡西诺战役正如火如荼进行的同时，第1伞降工兵营仍在奥托纳地区待命。3月初，第1伞降工兵营作为第1空降师的殿后部队，乘坐汽车，通过公路机动，抵达了卡西诺地区的罗卡塞基亚小镇。在那里，第1伞降工兵营进行了短暂的休整并补充了一批新兵。尽管如此，2连和3连仍因兵力不足无法形成战斗力。因此，2个连不得不前往601高地，担任第1伞兵团的预备队。而仍然保有战斗力的1连在连长科茨少尉的指挥下于3月10日抵达设在卡西诺镇。他们的任务是协同第3伞兵团2营坚守卡西诺镇。根据福尔廷上尉的命令，1连作为2营的预备队在营部附近集结待命。一旦战事爆发，第1工兵连即可随时增援小镇北面。抵达战区后，1连的工兵们立即干起了自己的本行——加固地下掩体，最大限度地降低盟军的大规模空袭和炮击给小镇守军造成的人员伤亡和装备损失。工兵海因茨·奥斯特曼回忆道："地下掩体的建

筑材料主要来自于（在空袭和炮击中）被毁的房屋。顶板用石板和横梁进行加固，以抵消盟军炮火的威胁。由于小镇已被敌人围困，因此我们不得不在夜间进行这项作业。为了保护在昼间冒着生命危险执行重大任务的传令兵，我们还在废墟和建筑物群中开辟了不少隐蔽通道和地道。几乎每个晚上，设在罗卡塞基亚的营部都会开出1辆卡车，将我们急需的补给运抵卡西诺镇。"

对于新西兰第2远征军而言，他们和德国伞兵早已成了一对老冤家。1941年5月，德国第1空降师的前身——第7航空师曾在克里特与新西兰第2步兵师交手。在那次作战中，新西兰人处于守势，伞兵处于攻势。尽管新西兰人在作战中进行了顽强的抵抗并让德国伞兵付出了惨重的代价，但笑到最后的仍然是德国伞兵。在这场惨烈的会战中，德国第7航空师阵亡3077人，负伤1046人，失踪17人。新西兰第2步兵师的损失也不小，除了阵亡671人和负伤1000余人外，还有2000多名新西兰军人走进了德国人的战俘营。当时，负责指挥新西兰第2步兵师的正是现任军长弗里伯格。他认为克里特之战是他人生中最大的污点。他发誓一定在下一次和德国伞兵对阵时要将其完全击败。现在，这对老冤家又在卡西诺地区狭路相逢。这一回，攻守双方的位置进行了对调。不仅如此，新西兰人还在兵力、炮兵火力、坦克数目和航空火力上都占据绝对优势。虽然新西兰人占有优势，并且进行了充分的战役准备，但复仇之战却并不

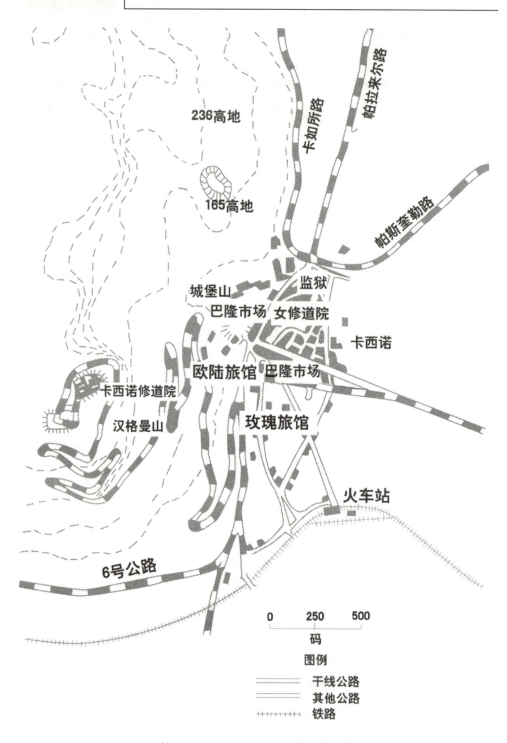

236高地

165高地

帕拉来尔路

卡如所路

帕斯奎勒路

城堡山

监狱

巴隆市场

女修道院

卡西诺

卡西诺修道院

欧陆旅馆 巴隆市场

汉格曼山

玫瑰旅馆

火车站

6号公路

0　250　500

码

图例

———— 干线公路

———— 其他公路

+++++++++ 铁路

附图五　卡西诺镇周边图

好打。

　　除了上述兵力和火力的优势外，弗里伯格中将还有另一张王牌——专门破译埃尼格密码电文的盟军"超级"小组。通过他们提供的情报，弗里伯格对防线当面的敌情态势了如指掌。相比之下，第1空降师师长海德里希少将的情报主要是依靠前沿阵地的观察和对盟军战俘的审讯得到。在观察并监视敌情方面，海德里希少将于美国陆军第15航空队的重轰炸机群炸毁了卡西诺修道院后就立即命令1个炮兵观测小组和1个侦察观测小组进入修道院废墟，用高倍望远镜持续地密切监视整个卡西诺地区的盟军动态。与此同时，新西兰第36观测连也在蒙特·特罗基奥建立了1个观察哨，密切监视防线德军据守的各个高地和六号公路的敌情动态。另外，弗里伯格自第二次卡西诺战役失败后，就组织军部和新西兰第2步兵师、英印第4步兵师指战员对前两次的战役进行认真的总结。通过总结分析，他发现美国陆军第2军在第一次卡西诺战役中于修道院高地北面的卡如索小径展开2个营进攻兵力的同时，还从601高地至修道院高地一线同时投入了4个营的兵力遂行进攻作战。这证明了只要保持适当的间距，即使在卡西诺这样的高地猬集的山丘地带也同样能展开较大的兵力，对德军施以重击，以兵力优势压垮对手。事实上，弗里伯格在第二次卡西诺战役中就抄袭了美军这一手。在动用英印第4步兵师6个营（第1皇家苏塞克斯步兵营，第6拉其普特来复枪团4营，第9廓尔喀来复枪团1营，第2廓尔喀来复枪团1营，第4埃塞克斯步兵团1营和第6拉其普特步兵团1营）对601高地至修道院高地进攻的同时，还动用新西兰第2步兵师下属的第28"毛利"步兵营对卡西诺火车站展开攻击。为了封闭英印第4步兵师和新西兰第2步兵师防线间宽约1公里的缺口，新西兰第2步兵师还投入了至少2个营的兵力。这样，在第二次卡西诺战役中，弗里伯格中将在卡西诺地区投入的进攻兵力达到了9个营，其中7个营担任直接进攻任务。进攻兵力的密度超过了第一次战役时美国第2军的兵力投入规模。然而，担任主攻的英印第4步兵师在兵力和火力上占优，兵员素质上乘（在盟军中以擅长山地战著称的印度兵和尼泊尔的廓尔喀兵）的情况下，仍然被兵力弱小的舒尔茨战斗群打得步履难行，而伤亡对比达到了惊人的4∶1就已无言地证明了在山地战中使用人海和火海进攻战术的失当。可惜的是，弗里伯格对此并没有给予足够的重视。在英印第4步兵师大吃苦头之后，轮到新西兰人来品尝了。

　　基于两次卡西诺战役的经验教训，弗里伯格决心在第三次卡西诺战役中调整作战重心。将主攻方向由修道院高地转移至卡西诺镇。新西兰第2远征军制订的进攻计划如下：(1) 在预定进攻当日清晨，集中338架重轰炸机和176架中型轰炸机挂载1100吨高爆炸弹对卡西诺镇进行3个半小时的轰炸。(2) 空袭结束后，集中新西兰第2远征军611门火炮对卡西诺镇和修道院高地各坡实施历时4小时的徐进弹幕射击和炮火准备。预计在进攻发起后的24小时内，新西兰第2远征军将消耗炮弹20万发。(3) 新西兰第6步兵旅在第19装甲团B连坦克群的支援下了弹幕背后跟进，以每10分钟100米的速度前进，向卡西诺镇和城堡山发动进攻。(4) 英印第4步兵师将在第20装甲团C连的支援下，攻取593高地，并以此为跳板，向修道院高地展开攻击。(5) 下午14时，第6步兵旅将抵达卡西诺镇并夺取镇内重要据点欧陆旅馆。(6) 入夜后，第6步兵旅将完全夺取卡西诺小镇，并协同英印第4步兵师一道对卡西诺修道院展开攻击。

根据弗里伯格中将的判断，对卡西诺镇的猛烈空袭和炮击可在瞬间内将镇内大部分守军消灭。这样，担任突击先锋的5个新西兰步兵连共约800名步兵将在13辆谢尔曼坦克的支援下攻入小镇，并于24小时内达成任务。按计划，进攻将在下午实施，进攻作战的代号为"狄更斯"行动。这一次，弗里伯格信心十足，他在向盟军地中海战区司令亚历山大上将、美国第5集团军司令克拉克中将和其他盟军高级指挥官汇报作战计划时声称这次作战很快就将得到胜利。他甚至开玩笑地邀请各级指挥官届时一定不要错过这次大捷。不过，弗里伯格在战前却遇到了另一个麻烦。那就是自盟军轰炸卡西诺修道院后，全世界的目光都已经聚焦到这个小小的山头。全世界都在关注盟军轰炸了修道院后，究竟还需要多久的时间才能拿下卡西诺地区。部分急躁的报刊于第二次卡西诺战役失败后竟

然发表评论声称轰炸卡西诺修道院除了造成人道主义灾难外，对撼动德军防御体系毫无效果。这些评论无形中对盟军轰炸卡西诺带来了很大的负面效应。为了避免新闻媒体的泄密和猜忌，盟军采取了一系列新闻管制措施。但这项措施却遭到了新西兰政府的极大不满。新西兰是一个位于南太平洋的岛国，人口仅200万。为了组建远征军赴欧洲参战，几乎每一个新西兰家庭都贡献出了自家的壮丁。因此，新西兰部队在前线的一举一动自然牵挂着全国百姓的心。然而，从第二次卡西诺战役开始以后，新西兰政府却发现来自新西兰第2远征军的新闻量猛然锐减。而且，在播报的新闻中很大一部分是来自英美媒体，这个情况自然引起了国内人民强烈地不满。为了平息国内民怨，新西兰政府向弗里伯格施压，要求他提供新西兰第2远征军现状和未来行动计划。被逼无奈的弗里伯格中将只得向新西兰防卫部回了一封电文："正如你们在新闻上得知的一样，恶劣的气象状况使我们无法发动大规模进攻。新西兰第2远征军，现由新西兰第2步兵师，英国第78步兵师和英印第4步兵师组成，美军的一支装甲部队将加强给我们。我军将以上述兵力在500门火炮支援下向卡西诺地区发动进攻。无疑，这一仗将是我们在战争中所经历过的最激烈的战役之一。敌人依靠拉皮多河掩护侧翼，并充分利用地形优势遂行防御作战。新西兰第2远征军将以绝对优势的空袭和炮击对敌人阵地实施饱和打击，同时动用400多辆坦克展开

进攻，力争一举突破德军防线。"

3月14日，根据"狄更斯"方案，轰炸结束后支援第6步兵旅攻占卡西诺镇的重担落在了新西兰第19装甲团B连的肩上。第19装甲团的前身是新西兰第19步兵营。与新西兰第2步兵师一样，第19装甲团的前身也在1941年巴尔干战役中留下遗恨。1941年4月26日凌晨5时，德国第7航空师第2伞兵团在科斯林地峡伞降，试图夺取横跨地峡的大桥，堵截盟军的撤退。在德军伞兵凌厉的攻击下，新西兰第19步兵营和1个澳大利亚步兵连尽管进行了顽强抵抗，但仍不敌伞兵攻势，科斯林大桥落入了德军之手。第19步兵营于此战中蒙受了极为惨重的损失，一天之内就有17人阵亡，148人被俘。该营官方战史描述道："我营惨重的损失不仅严重削弱了战斗力，而且几乎每一名幸存人员都失去了自己的好友。"

希腊战役结束后，第19步兵营幸存官兵撤至克里特岛北面的苏达湾，并在加拉塔斯东面的卡拉特索斯小镇布防。5月，德国第7航空师对克里特实施大规模空降攻击。负责夺取卡拉特索斯的是第3伞兵团2营，时任营长的海德里希也参加了此战，并在卡拉特索斯南面约2公里处着陆。其中，7连在距第19步兵营阵地不到1000米处着陆，8连正好在第19步兵营阵地上空伞降，9连在公墓高地附近着陆。9连在付出重大伤亡的情况下夺取了卡拉特索斯附近重要的制高点——公墓高地。傍晚，第19步兵营出动约300人，在3辆轻型坦克的掩护下向公墓高地展开反击。然而，9连在连长海尔曼(现任第3伞兵团团长)的指挥下死死地顶住了新西兰人的反击，顽强地守住了高地。三年后，历史再度重演。第3伞兵团和第19步兵营的继任者——第19装甲团于卡西诺镇又一次狭路相逢。

在克里特，第19步兵营共有63人阵亡，77人负伤，14人失踪，120人被俘。这是德国伞兵继科斯林地峡战斗后欠下第19步兵营的又一笔血债。这样，在整整一个月的巴尔干-克里特战役中，第19步兵营总计伤亡465人，而该营的满编兵力仅650人。战役结束后，第19步兵营残部撤至埃及进行休整和补充。1941年11月，恢复元气的第19步兵营随同其他友军一道，参加了英国第8集团军发动的"十字军行动"，将德国非洲军团从埃及和利比亚边境一举击退至利比亚的的黎波里地区。在这次辉煌的作战中，第19步兵营共抓获约400名战俘，自身仅伤亡30人。此战胜利后，第19步兵营士气大振。1942年9月，第19步兵营改编成装甲部队，并扩编为团。为此，该团进行了艰苦的换装训练。直到1943年中旬才形成战斗力。意大利本土的奥尔索尼亚之战(对手是德国第1空降师)是该团改编后的第一次实战。1944年1月底，第19装甲团和新西兰第2步兵师其他部队一道抵达了卡西诺战区，准备参加第三次卡西诺战役。

新西兰第6步兵旅下属的第24步兵营将作为第一梯队向卡西诺镇展开攻击。第24步兵营也参加过众多二战初期的艰苦战斗，并蒙受了惨重的损失。在希腊和克里特损失152人，在利比亚损失523人，在埃及损失424人，在突尼斯损失224人。1943年10月9日，第24步兵营在意大利鞋跟处的塔兰托港登陆，第一次踏上了意大利本土。在意大利本土的首次作战中，第24步兵营轻松突破了了德国二流部队——第65步兵师的防线。然而，当第24步兵营对奥尔索尼亚小镇发动进攻时，却遭到了德国第26装甲师和第1空降师一部的顽强抵抗，被迫停止进攻。随后，第24步兵营转入休整并进行了补充。1944年1月底，当第24步兵营转移至卡西诺战区时，兵力已达35名军官和741名士兵。抵达战区后，第24步兵营立即展开利用冲锋舟和浮桥在密集河网地带遂行强渡作战的训练。然而，该营营长却在此期间不幸患病，只得将指挥权移交给皮克少校。此外，全营4个连的连长也有3个因病离岗。

除了第24步兵营外，第25步兵营也将作为第一梯队向卡西诺镇实施突击。在抵达意大利战区前，第25步兵营也在战争初期的各个战场上蒙受了不小的损失。在希腊损失180人，在利比亚损失402人，在埃及损失480人，在突尼斯损失171人。其中，在希腊和北非，第25步兵营曾与德军战斗力最强的几支部队较量，并以出色的战绩证明了新西兰步兵能够达到与德国步兵同样的战斗力。抵达意大利战区后，第25步兵营参加了奥尔索尼亚小镇的激烈争夺战。在1943年12月2日至1944年1月13日的战斗中，第25步兵营遭受

了第二次世界大战中最惨重的损失，共伤亡360人。最令人痛心的是，大量富有作战经验的军官和士官非死即伤，严重地削弱了该营的战斗力。战斗结束后，该营奉命转移至意大利西海岸整补。至第三次卡西诺战役前，第25步兵营仅缺员62人，基本上恢复了战斗力。2月初，第25步兵营奉命进驻卡西诺镇北面的前意大利军营，接替美国第36步兵师的防务。第二次卡西诺战役中，第25步兵营奉命为进攻卡西诺火车站的第28"毛利"步兵营担任侧翼掩护。从2月16日至3月14日，该营共有8人阵亡，62人负伤。3月1日，麦克达夫少校接任营长一职。次日，新西兰第2步兵师师长柯本伯格少将在蒙特·特罗基奥小镇视察防务时不幸踩上了1枚反步兵地雷，一只脚当即炸飞，另一只脚后来也不得不切除。只得由第6步兵旅旅长帕金森准将接任师长一职。这样，新西兰第2步兵师、第6步兵旅、第24步兵营和第25步兵营的指挥官都在战前易人，给即将到来的战事蒙上了一层阴影。临阵先折大将，显然不是什么好兆头，尤其是对于新西兰师这样非常需要富有战略眼光的高级军官的部队。

此外，第6步兵旅还下辖第26步兵营。该营也是一支具有光荣传统的新西兰步兵部队。在希腊损失76人，在利比亚损失449人，在埃及损失494人，在突尼斯损失133人。北非战役中，第26步兵营是第8集团军中和德军装甲部队较量最多的步兵营之一。他们曾多次在战场上遭到上百辆德军坦克的猛攻。虽

然，该营在多次大规模反坦克防御战中几乎没有得到任何己方坦克的支援，并仅配有少量的反坦克武器，但在战斗中却没有擅自放弃自己的阵地。在一次与非洲军团最精锐的第15装甲师一部的对阵中，第26步兵营仅以12人伤亡为代价，俘虏德军约200人。在1941年11月北非战场进行的"十字军行动"中，第26步兵营表现得尤为出色。11月27日，第26步兵营多次击退德军发动的坚决进攻，毙伤敌84人。次日，第26步兵营又以伤亡12人为代价，俘获157名德军。尽管每次战斗伤亡率较低，但"十字军行动"中的连番恶战积累下来，也令第26步兵营蒙受了惨重伤亡。战役结束时，全营编制内的25名军官就只有6人在岗。第三次卡西诺战役前，第26步兵营抵达战区并作为第6步兵旅预备队，奉命在战役中随时增援第24和第25步兵营对卡西诺镇的攻坚战。

在克里特战役的总结中，弗里伯格认为缺乏空中支援，兵力稀少，重武器欠缺是失败的三大主因。3年后，在卡西诺战场，盟军已经完全取得了制空权，新西兰第2远征军获得了完全的行动自由。相反，失去制空权的德国第1空降师只能在夜间机动。在航空火力上，弗里伯格随时可以呼叫空军向预定进攻地带投下上千吨高爆炸弹。在兵力对比上，新西兰第2远征军占有绝对优势，3个步兵师共拥有30000多名步兵，30000多名作战支援和后勤部队。而德国第1空降师仅拥有1500余人，相当于1名伞兵要对抗20名盟军士兵。在

坦克对比上，新西兰第2远征军拥有400多辆坦克，而第1空降师仅有5辆突击炮，相当于1门突击炮对抗80辆坦克。在炮兵对比上，新西兰人拥有的火炮数量是德国人的三倍以上。更为糟糕的是，德国人的炮弹质量远远不能令人满意。根据第19装甲团官方战史记录："德军发射的炮弹有很大一部分是哑弹。在A连防区，德军共发射约140发炮弹，其中100枚是哑弹。这很可能是在德国工厂中工作的外国劳工的贡献。"在这样占绝对优势的兵力和火力支援下，弗里伯格中将对作战胜利自信满满。尽管他认为这必将是新西兰军队在欧陆战场上面临的最艰难的战斗之一，但结局必定是以盟军胜利告终。然而，历史却和他开了个大玩笑……

第三次卡西诺战役

3月15日，期待已久的第三次卡西诺战役终于爆发了。美国陆航第15航空队338架重轰炸机和美国陆航第12航空队176架中型轰炸机于当天清晨从意大利南部各个重要的空军基地出发，向目的地——卡西诺小镇飞去。

清晨，第1空降师师长海德里希少将仰望了一下天空。看到整个天际万里无云，他开始有些担心。从2月下旬抵达卡西诺战区以来，前线已经连续下了近两个星期的雨，使盟军的空中优势受到了极大的制约。而在天空突然放晴的时刻，盟军很有可能利用天时之际再度对卡西诺修道院发动总攻。虽然如

此，第1空降师的情报主管参谋却判断盟军此时仍在补充兵力和调整部署，预计进攻将在月底进行。因此，海德里希少将决定当天前往会晤第3伞兵团团长、老战友海尔曼上校，视察第3伞兵团在卡西诺小镇和修道院高地的备战情况。清晨8时，海德里希少将抵达了第3伞兵团团部。在那里，他和几天前飞往柏林，和海尔曼上校就当前的战局进行了详谈。除了第3伞兵团的防务外，两人还就战争前景进行了讨论。早在海尔曼上校飞往柏林前，海德里希和海尔曼就对当前战局进行了一次详细的讨论。两人都认为苏联红军从1944年开始连续发动的三次大规模攻势和美英盟军在西西里和意大利本土的进攻展现了盟国强大的战斗力，德国打赢战争已经是痴人说梦。现在摆在眼前的只有和谈结束这场战争一途，否则战争继续进行的结果将是德国的灭亡。对此，海德里希少将和海尔曼上校都倾向于把前线的真相报告元首。然而，当海尔曼上校飞抵柏林参加受勋仪式时却被告之元首因身体不适无法出席。尽管如此，海尔曼上校仍然竭尽全力地试图让元首了解前线危如累卵的形势。他明白，作为一名职业军人，自己的职责除了将部队从毁灭中解救出来外，还肩负着把祖国和人民从战争的水深火热中拯救出来。遗憾的是，海尔曼的这番苦心没能如愿。授勋仪式结束后不久，心情郁闷的海尔曼上校返回了卡西诺战区。听完海尔曼上校的讲述，海德里希少将心都凉了。他只说了一句："看来，我们只能打到

底了。可是，祖国的命运将何去何从呢？"

当海德里希少将正在第3伞兵团部和海尔曼上校商讨战事的时候，在距团部7公里的切尔瓦罗小镇附近的一个农舍里，盟军地中海战区司令亚历山大上将、盟军地中海战区航空兵司令埃克中将(原第8航空队司令)、美国第5集团军司令克拉克中将和新西兰第2远征军军长弗里伯格中将都在紧张地等待地毯式轰炸的到来。他们认为，这次空袭加上随后的毁灭性炮击，必将使镇内守军灰飞湮灭。虽然往后继续向修道院高地的攻击会异常惨烈，但攻克卡西诺镇应该不会有什么问题。8时30分，轰炸终于开始。最初，弗里伯格中将从望远镜中看到了镇内发生的第一起爆炸，刹那间尘土飞扬。30秒后，3人都听到了爆炸的巨响。接着，巨大的爆炸声一阵紧似一阵，令弗里伯格震撼不已。站在他身旁的埃克中将对这次地毯式轰炸的视觉效果显得极为满意。在屋里，他得意地对弗里伯格说："今天，我们对卡西诺镇进行了极为猛烈的轰炸。我甚至希望硝烟散尽后，我们还能看到部分生还的守军。无论如何，这次轰炸过后我们必将轻松占领该镇。"

338架重轰炸机和176架中型轰炸机排成长1000米，宽约500米的庞大编队飞临卡西诺镇上空。机群以中队为单位，逐次投弹，平均每个中队投弹时间为1刻钟。轰炸整整持续了3个半小时，共有约1000吨高爆炸弹投在了这个不到1平方公里的小镇。在距卡西诺镇不到1公里的1个小山头上，第7廓尔喀步

■ 美国陆航的500多架轰炸机对卡西诺镇进行了狂轰滥炸，将其变成了一座废墟之城。

兵团2营的1名军官回忆道："卡西诺镇在轰炸中形同炼狱。噢，仁慈的上帝——如果还有幸存者的话，请你怜悯一下这些可怜人吧。不过，我对是否有人能躲过此次轰炸表示怀疑。"德军第115装甲掷弹兵团 (隶属于第90装甲掷弹兵师) 的一名掷弹兵也回忆道："今天，撒旦降临卡西诺镇。除了弥漫的浓烟和飞扬的尘土外，我什么也看不见。"正在第3伞兵团团部视察的海德里希少将在听到第一次爆炸声后，立即冲出团部，向卡西诺镇方向望去。事后，他回忆道："起初，我们还不清楚他们究竟想干什么。当第二波机群投弹时，我们一切都明白了。每一分钟都是那么

长，好像一个世纪那样。在卡西诺镇的一切几乎都毁于此次空袭。我个人对在克里特战役中亲自带出的第3伞兵团的命运感到极为担忧。"

于是，海德里希少将和海尔曼上校立即命令通讯兵联络3团下属各连、营以及第14装甲军军部。然而，与上述部队和指挥部始终无法取得联系。在通讯兵徒劳联络的同时，海德里希和海尔曼将双目紧贴在望远镜目镜边框上，注视着卡西诺镇。海德里希少将继续回忆道："……卡西诺镇完全被浓烟所笼罩。一波接一波的轰炸机群飞临卡西诺镇，将挂载炸弹全部投下。此次轰炸持续了约四

个小时。我担心镇内的守军在轰炸过后是否还能有人活着。"

午间时刻，当最后一架轰炸机从视线中消失后，包括新西兰第2远征军、美军、法军以及3门缴获的意大利列车炮 (240毫米) 在内共约900余门火炮又向卡西诺镇实施大规模炮击。弹幕从小镇北面开始，以每10分钟100米的速度向南缓缓移动。预计经过130分钟后，弹幕将席卷整个小镇，平均每秒钟有5发炮弹在镇内爆炸。在这轮猛烈的徐进弹幕掩护下，新西兰第6步兵旅将迅速跟进，肃清镇内残余的守军。尔后，弹幕将越过小镇，向修道院高地方向延伸。此外，负责地中海战区空中战术支援任务的美国陆航第12航空军也派出战斗轰炸机群前往卡西诺镇上空为步兵提供空中支援。平均每10分钟就有8架P-38战斗机或是P-47战斗机抵达卡西诺上空并不断向镇内一切移动目标投掷小型炸弹、发射火箭弹和进行低空扫射。据统计，从13时到17时，第12航空队对卡西诺镇执行攻击任务的战斗轰炸机达到了295架次。在人类历史

上，还从未有过在1天内就有如此少的人在如此小的镇内遭到如此大吨位的炸弹、炮弹和航空火箭弹的攻击！第3伞兵团2营面临着极为严峻的考验。轰炸结束时，海德里希只对海尔曼上校说了这样一句话："如果我们丢了卡西诺镇，你必须负全部责任。你的名字也将被永远留在国防军耻辱簿里，受人唾骂。该怎么做，自己看着办吧。"自此，惨烈的第三次卡西诺战役拉开了帷幕。

■ 一名在卡西诺镇内的德军士兵拍摄的美军炮击的场景。

就在双方指挥官都在认为如此大规模的轰炸肯定能将守军连同小镇一起摧毁的时候，坚守卡西诺镇的第3伞兵团2营和第1伞降工兵营1连却奇迹般地撑过了这个难熬的时刻。一名2营的伞兵事后回忆道："密集的炸弹接二连三地落下。我们清楚地意识到敌人此举是想把我们彻底消灭。尽管轰炸持续时间是如此地长，但他们的企图并没有完全得逞。在猛烈的轰炸下，弥漫的硝烟遮住了太阳，甚至连黎明的一丝微光都无法透入小镇。这似乎表明世界末日已经来临。许多战友被炸伤，更多的战友被不断地掩埋和掘出。不少排和班的官兵都中弹身亡。在轰炸中幸存的官兵三三两两地冲出不断倒塌的建筑物中，跃进街上的弹坑。大伙纷纷卧倒在地，双手抱头，捂着耳朵，规避如雨点般落下的弹雨。一些因大轰炸导致精神崩溃状态的官兵摇摇晃晃地在街道上行走，直到被炸弹击中，消失得无影无踪为止。部分官兵为了避开被炸中的厄运，从阵地中跃出，并拼命地向朝着敌人战线的小镇北面冲去。"

2营7连连长海因茨·舒斯特少尉回忆道："当我们听到引擎轰鸣声从远方传来时，我就命令全连官兵立即进入各自掩体和散兵坑，等待轰炸的到来。空袭很快就来临。敌人机群排成密集的编队飞临小镇上空投弹，炸弹落下的尖啸声和飞机引擎发出巨大的轰鸣声交织在一起如同一章恐怖的战场交响曲。整个大地在持续不断的爆炸下不住地颤抖。当第一波密集的爆炸声结束后，是一阵短暂的平静。尽管硝烟弥漫，但我仍以最快的速度跃出掩体，奔向附近的两个据点查看情况。然而，微弱的光线使我根本看不清周围的情况，结果刚出去不久就不断地跌入四周密布的弹坑。这时，不知是哪传来一阵喊声：'我们没事！'不多时，第二波轰炸机群又飞临小镇上空。此时，我根本来不及作出任何反应。当密集的炸弹再次落下时，我只得就地卧倒。接二连三的爆炸后，小镇再度被浓密的硝烟笼罩，黑暗再次包围了我们。我对这些战友说了一句：'我还会回来的！'之后就离开了这个鬼地方。接着，我不顾周围炸弹击中的危险，不断地翻滚和匍匐爬行，最终返回了阵地。当我接近自己的掩体时，又一波轰炸机群临空。战友们都伸出双手援助，硬是抢在又一波炸弹落下前将我拽进了掩体。乘着又一次轰炸间隙，我再次跃出阵地，穿过满目疮痍的大地，查看情况。到处都是被炸弹摧毁的建筑物。一只从瓦砾中伸出的双手无言地述说了空袭的惨状。当我返回时，连部战友从我疲惫而呆滞的目光中就可以看出情况的严重性。这该怎么办呢？正当我们冥思苦想的时候，新一波的轰炸又开始了。我们只得再度卧倒，互相靠在一起，用手捂着耳朵，张开嘴巴，防止耳膜被巨大的爆炸声震破。在一波又一波的猛烈轰炸下，为了活命，我们只得不断地爬行转移阵地。在我们看来，只要我们还在运动，那就还有活着的希望。就在这样的情况下，我们奇迹般地挨过了轰炸，连部16人毫

第三次卡西诺战役中德军第1空降师战斗序列

第1空降师师部 (师长海德里希少将), 3100人。

第1伞降炮兵团 (团长施拉姆上校)

1营 (营长施内勒尔上尉)

3营 (营长特拉佩上尉)

第1伞兵机枪营 (营长劳恩上尉), 100人。

1连

2连 (连长里克中尉)

3连 (连长克利青中尉)

第1伞降工兵营 (营长弗勒明少校), 175人。

1连 (连长科茨少尉)

2连 (连长伦贝格少尉)

3连 (连长哈克比特上尉)

4连 (连长桑德斯少尉)

第1伞降坦克歼击营 (营长布鲁克纳少校), 250人。

1连 (连长德科少尉)

2连 (连长乌尔班少尉)

3连 (连长法伊尔阿本德上尉)

4连 (连长森佩特中尉)

5连 (连长霍伊泽尔上尉)

6连 (连长库尔茨中尉)

第1伞兵团 (团长舒尔茨上校), 660人。

第1伞兵团1营 (营长勒尼希中尉)

1连 (连长施罗德少尉)

2连 (连长安德斯中尉)

3连 (连长施密特少尉)

4连

第1伞兵团2营 (营长格罗施克少校)

5连 (连长察恩中尉)

6连 (连长门德斯少尉)

7连 (连长阿布拉蒂斯上尉)

8连（连长维奇希少尉）

　第1伞兵团3营（营长尼尔廓姆斯基上尉）

第3伞兵团（团长海尔曼上校），800人。

　工兵排（排长拉梅尔特少尉）

　13连

　14连（连长雷比格少尉）

　第3伞兵团1营（营长伯勒姆少校）

　　1连（连长黑尔曼中尉）

　　2连（连长毛尔少尉）

　　3连（连长哈宁中尉）

　　4连（连长福格特中尉）

　第3伞兵团2营（营长福尔廷上尉）

　　5连（连长默斯科普中尉）

　　6连（连长纽霍夫中士）

　　7连（连长舒斯特少尉）

　　8连（连长姚姆洛夫斯基中尉）

　第3伞兵团3营（营长弗兰克中尉）

　　9连（伤亡殆尽）

　　10连（连长克莱因上士）

　　11连

　　12连（连长拉赫瑠上士）

第4伞兵团（团长格拉斯梅尔少校），1160人。

　13连

　14连（连长埃克尔少尉）

　第4伞兵团1营（营长拜尔上尉）

　　2连（连长波莱因中尉）

　　4连（连长库特上士）

　第4伞兵团2营（营长许布纳上尉）

　第4伞兵团3营（营长迈尔上尉）

■ 遭受猛烈轰炸而浓烟滚滚的卡西诺镇。

发无损。"

在卡西诺镇北面防守，距新西兰步兵阵地仅30米的第1伞降工兵营1连部分在一线修筑据点的官兵于轰炸中也未能幸免。格奥尔格·施密特上士也回忆道："第一波轰炸机群在小镇南面的卡西诺火车站投下密集的炸弹。当我们回过神来的时候，第二波轰炸机群就已飞临小镇上空。这次，我们的阵地成了轰炸的目标。整个天空和大地都在颤抖，好像一只巨大的拳头狠狠地砸向了小镇，使它地动山摇。炸弹一波接一波地落下，在我们的阵地上猛烈地爆炸，然后巨响声逐渐逝去。烟尘弥漫进我们躲藏的地窖里，我们的双眼、双耳和嘴巴都塞满了尘土，但我们都还活着。敌人似乎在试探我们的生命力究竟有多么顽强。不久，下一波炸弹又从天而降。

我和其他3名战友紧紧地靠在一起，以便随时进行互救。又一波轰炸结束了，我们艰难地挪动了一下，互相摸了摸对方，确认大伙都还活着。尽管弥漫的硝烟遮住了我们的视线，但我们能听到和感觉得到，这一波轰炸机群已经远去。几分钟后，一道白色的光束穿过硝烟，从出口射进了地窖。看到这丝光线，我立即爬了过去，从出口爬出了地窖。展现在眼前的是成堆的瓦砾，街道对面的建筑物群除了一栋楼房外，其他均被炸毁。我连一个班的工兵正进入楼房，占据阵地。当我打算继续沿着街道往下走去，查看情况时，下一波轰炸机群又来了，我只得以最快速度返回了地窖。这一波空袭结束后，黑暗再度笼罩了整个地窖。在能见度几近为零的情况下，我们只能靠感觉和手摸来逐渐接近出口。然而，我们摸到的除了碎片和瓦砾外，几乎没有碰到任何洞口。完了，我们被困住了。就在这时，又一波轰炸机群临空。于是，我们只得老老实实地在地窖里再待上一段时间。"

距伞降工兵阵地不远处是6连和8连的阵地。15日清晨，6连连长兼8连代理连长齐格弗里德·姚姆洛夫斯基中尉经过一个晚上的忙碌后正躺在自己的行军床上小憩。当第一波炸弹在镇内爆炸时，他猛然从床上跃起："一名传令兵站在入口，他向我报告大约有50到60架闪电式正在投弹（注：这名传令兵将盟军的重型或中型轰炸机误认为是P-38式战斗机）。听到他的喊声，'它们终于来了'这个念头突然从脑海中闪过。当我钻出地窖时，传令兵又向我报告：'看那，它们真多啊！'就在这时，首波炸弹的爆炸声淹没了他的声音。此时，整个小镇如同地狱般的恐怖。轰炸一阵紧似一阵。我们除了蜷缩避弹和焦急地等待外，什么也做不了。接着，是一阵短暂的平静……我们在想这是不是意味着轰炸的结束呢？这时，迫击炮分队长库布里希上士跃进了我的地窖。他的动作如同兔子般的敏捷，也幸好如此才使他幸免于难。他向我报告，整个小镇在空袭中完全被毁。随后，他又离去，寻找他分队所在的位置，但一切都是徒劳。不久，新一波炸弹又如同雨点般地倾泻而下，我们的地窖在不断的爆炸中再度摇晃起来。此刻，我感觉我们就像在大西洋执行破交任务时遭到盟军深水炸弹

攻击中的U艇官兵。这次轰炸结束后，又是一次较长的间隙。'我要求2名志愿者立即前往X和Y两处阵地查看。'我对连部其他官兵下达了命令。很快，8连的1名传令兵和我最亲密的战友扬森下士立即跃起，向出口跑去。当扬森刚刚离开出口时，又一波炸弹落下。8连的那名传令兵当场被出口外的一次爆炸气浪弹回了地窖。不多时，大量炸弹又在周围爆炸，1枚炸弹甚至直接命中了地窖的前方出口。幸运的是，头顶上的建筑物仅是缓缓倒塌，让我们有足够的时间从地窖后方撤到靠前的位置。不过，尽管连部人员伤亡轻微，但我们在地窖内预置的大量武器弹药被压在了废墟下。而出口也被不断落下的石块堵住，我们被困在了里面。不久，轰炸结束。待爆炸声逐渐远去后，我下令：'立刻清除出口！我们必须离开这儿！'于是，大伙儿一起开始清除瓦砾，挖掘出口。由于我们在轰炸中几乎被炸懵了，我们究竟干了多久已经记不清了。我只记得我们挖了很久也没能清除瓦砾，包括我在内的部分官兵开始失去了信心。看来，我们将被困死在这个地窖里了。不久，我不知从哪里又恢复了勇气和信心，亲自带头继续挖了起来。我一边挖，一边向部下鼓劲：'别想太多，我们一定要挖开它！我们决不能像在下水道的老鼠一样困死在这里！'"

在姚姆洛夫斯基中尉的连部被困在地窖废墟的同时，第8连的各个机枪小组阵地周围也遭到了弹雨的洗礼。当空袭开始的时候，

部分机枪手和装填手们正在进行着机枪的维护和擦拭作业。炸弹爆炸时，8连的机枪手海因里希·霍夫斯泰特尔立即离开机枪阵地，钻到一堵残垣背后卧倒在瓦砾间。弥漫的硝烟让他根本无法呼吸到新鲜空气，张口闭口都是带着大量粉尘的污浊烟尘。这些吸进的尘土让他感到口渴难耐。但在这个时候，去哪才能找到水呢？霍夫斯泰特尔在想，如果上天非要他在今天死去的话，那么机枪阵地应该是他最好的墓地。

在附近，同样是来自8连的卡尔·迪普和另外2名伞兵在首波炸弹落下时就迅速地冲进了附近的　幢农舍里避弹。然而，这幢农舍很快就被附近爆炸的炸弹掀翻，3名伞兵只得冲了出来。在街道上，他们遇到另外7名跑上街头的伞兵。大家在其中1名对小镇非常熟悉的伞兵带路下，打算跑进一个直通高地的建筑物的地窖里避弹。进入地窖不久，迪普

■ 轰炸之后的卡西诺镇，一片废墟。

又开始担心起来。他试图说服其他9名伞兵这里并不安全，但其他战友根本不听他的劝告。于是，迪普决定冲出地窖，去其他地方隐蔽。几分钟后，这栋建筑物就被炸弹直接命中，9名战友所待的地窖被倒塌的建筑物压倒。看到这一幕，迪普赶紧跑了过去，用步枪枪托拼命地敲击废墟，但深达2米的地窖下面却没有任何回应。在他准备扒开瓦砾，援救战友时，下一波轰炸机群又开始了新一轮轰炸。无奈之下，迪普只得打消救援的念头，再度寻求隐蔽。

在大轰炸中，挨炸最多的就是5连。盟国空军轰炸机群投下的第一批炸弹就正正落在了他们的头上。轰炸来临时，5连的大部分官兵正在各个建筑物的地窖内小憩。突如其来的爆炸声将他们纷纷震醒。1排排长沃尔特·弗勒利希上士飞也般地冲进了他的指挥部并下令各个班的班长立即搞清各自防区的受损情况。1名班长很快向他报告，整个防区内除了1门藏匿的突击炮被炸毁外，全班官兵无一伤亡。接着，弗勒利希上士又命令此波空袭结束后全排官兵立即离开地窖，进入一线阵地，尽可能靠近新西兰人战线，避开弹着区。然而，他们还没能完全动身离开，下一波炸弹就落了下来。1排机枪手默斯勒和其他4名跑出地窖的伞兵立即跃进街道上的1个小型散兵坑里，并用1块钢板将坑口盖住。这个时候，他突然想到自己的MG42机枪的枪管因先前不间断的射击而导致枪管发红，无法使用，如果盟军在此时进攻的话，那么自己不

就束手无策了吗？于是，他乘着轰炸间隙返回了地窖，开始疯狂地寻找他存放的备用枪管。不久，新一波轰炸来临。1枚炸弹准确地击中了他所在的建筑物，将他压在倒塌下来的成吨瓦砾下。然而，默斯勒却奇迹般地依靠自己的力量扒开瓦砾，从废墟中爬出，并再次向原先的散兵坑跑去。途中，他听到两旁倒塌的废墟下面不断传出求救声。默斯勒立即停止前进，跑到废墟旁，扒开瓦砾，试图救援被困战友。在他的不懈努力下，2名困于废墟下的伞兵被救出。随后，他又把这2名获救的伞兵带到了那个钢板遮挡的散兵坑内隐蔽。接着，默斯勒不顾双手血流如注，在轰炸仍未完全结束的情况下，又试图回去救人。就在这时，撞见他的排长弗勒利希上士对他吼了一句："立即返回阵地！"默斯勒才心不甘情不愿地向散兵坑跑去。途中，他们看到了1名高举双手走来的士兵。最初，他们以为是1名前来投降的新西兰步兵，但很快他们就认出他是1名伞兵。这名伞兵告诉他们，新西兰人已经撤出了该区域。听到这个消息，弗勒利希上士打算立即展开反击并占领这个阵地，接着他将自己的想法报告连长贝尔哈德·默斯科普中尉。对此，默斯科普中尉表示赞同，但他必须先征得营长福尔廷上尉的同意，并确认此次反击是否能得到其他部队的协同。

与此同时，被困许久的第1伞降工兵连格奥尔格·施密特上士终于熬到了出头之日。具有讽刺意味的是，救他出来的不是其他的伞

187

兵而是1枚炸弹。这枚炸弹不偏不倚地击中了地窖的出口，将堆积在出口的瓦砾和碎石全部炸飞。看到出口被打通后，施密特上士和其他3名工兵立即冲了出去，向1连连部所在的欧陆旅馆附近跑去。旅馆背后的山洞里，他们和连长科茨少尉以及连部班的其他人相遇。此外，在他们周围还有福尔廷上尉指挥的大约80名伞兵。

现在让我们来看一下营部的情况。营长福尔廷上尉在轰炸一开始就敏锐地意识到这一回盟军是冲着卡西诺镇而来。为了最大限度地在空袭中保存2营的战斗力以应付随后的进攻，福尔廷上尉率领营部、6连部分官兵和第1伞降工兵连的部分工兵一起跑到欧陆旅馆背后的一个山洞里躲了起来。此后，他还不断地指挥在校舍内隐蔽的部分官兵疏散至山洞里。福尔廷上尉的做法不仅挽救了大约80名伞兵的性命，而且为2营保留了一定的战斗力，为接下来守住卡西诺镇打下了坚实的基础。和福尔廷会合后，施密特上士请求将一线的其他工兵也带来这里。得到福尔廷的允许后，施密特上士很快就消失在了硝烟中。不多时，15名工兵也赶到了山洞。这样，福尔廷上尉身边集结的兵力已达105人。

大轰炸结束后，各连上报共有25名伞兵在轰炸中身亡，40人被俘。包括轻重伤员在内，剩余兵力为30名工兵和150名伞兵。但福尔廷最担心的还是各连连长的命运，尤其是肩负着指挥6连和8连重任的姚姆洛夫斯基中尉，在轰炸结束后仍然处于失踪状态。为

此，福尔廷上尉只得指派他的老战友纽霍夫中士代理6连连长，该连还得到了16名工兵的加强。福尔廷上尉清楚地知道，海德里希之所以敢于让自己担当守卫卡西诺镇这个重任就是看中了他的能力。因此，福尔廷上尉决心不惜一切代价死守卡西诺镇，直到援军的到来。如果没有援军，他将与其他将士一道战至最后一弹。

修道院高地

在盟国空军轰炸机群对卡西诺镇实施空袭的时候，有部分炸弹偏离目标，落到了修道院高地。空袭结束后，1营营长伯姆勒少校立即着手清点损失。令他感到吃惊的是，1营的运气竟是如此的好。仅有寥寥几枚炸弹落在了修道院的废墟上，据守修道院的大约80名伞兵毫发无损。尽管人员伤亡轻微，但1营也并非事事顺心。营部通信参谋贡特尔·布赖尔回忆道："和各连的联络全部中断，尤其是2连，直到晚上还无法取得联络。令我感到不解的是，伯姆勒对此竟然不甚关心。"

在伞兵被轰炸搞得晕头转向的时候，预定进攻的新西兰第25步兵营已经做好了战斗准备。按计划，A连将对卡西诺镇东面展开攻击，B连对西面发动进攻。2个连将在通往欧陆旅馆的T字形交叉路口——卡希利纳街会合。这个重要的T字路口在新西兰战史中被称为"吉斯林路"，这将是新西兰人首个目标。各连在进攻首日的作战任务是：A连将

夺取六号公路北面的城区；B连夺取西部城区并前出至欧陆旅馆；D连将夺取城堡山（193高地），随后由第4埃塞克斯步兵团1营接过防务，全连进入卡西诺，掩护B连右翼；C连将作为全营预备队从卡西诺镇北面的175高地出动，在A连背后跟进，肃清六号公路北面城区的残敌。15日5时30分，在卡西诺镇北面的新西兰第25步兵营A连和B连主力后撤至位于轰炸线外的较为安全的意大利军营前100码的预设阵地，但诸如反坦克火炮、迫击炮和机枪仍留在阵地上，以便轰炸结束后能迅速返回出发阵地并展开攻击。在那里，新西兰步兵目睹了大轰炸的壮景。1名新西兰步兵回忆道："早上8时30分，首波轰炸机群飞临卡西诺镇上空，实施大规模轰炸。当大量炸弹在镇内接连不断地爆炸时，整个卡西诺镇上空充满了巨大的尘土并弥漫着挥之不去的浓密硝烟。"

15日12时，新西兰第25步兵营共715名官兵从前意大利军营出发，进入军营东面300米的一条山谷集结，准备展开攻击。12时30分，空袭结束。当最后1架轰炸机离去后，新西兰、法国和美国军队的炮兵开始了猛烈地徐进弹幕射击。伴随着猛烈的炮火支援，新西兰第25步兵营的进攻开始了。A连（连长桑德斯少校）担任突击先锋，沿着卡如索公路向小镇北面推进。B连（连长霍伊上尉）、第19装甲团的6辆谢尔曼坦克、第25步兵营营部、C连（连长米尔恩中尉）和D连（连长希维特少校）依次跟进。

抵达小镇北面的监狱，A连离开公路，向拉皮多河岸转向。跟进的B连则排成一路纵队沿着卡如索公路继续向前推进，夺取小镇西面并打开通往欧陆旅馆的通道。随后，东面的A连强渡拉皮多河，在掩护B连左翼不受德军反击袭扰的同时，向镇内的卡希利纳街推进。进入小镇后，营部和C连停止前进。D连待B连前进至城堡山下时，超越B连，向城堡山发起攻击。在最初的1个小时里，A连和B连除了遭遇零星的步枪火力外，几乎没有遭到什么有组织的抵抗。新西兰人以极其微弱的损失代价顺利地占领了小镇的西半段。在新西兰人看来，经过如此大规模的轰炸后只要还有人活着就是一个奇迹。渐渐地他们放松了警惕。1名新西兰步兵事后回忆道："走进卡西诺让我感到似乎看到世界的末日。"不过，对于新西兰步兵而言，进攻首日最要命的敌人不是向他们零星开枪的伞兵，而是轰炸后完全走样的地貌。进攻前，第25步兵营官兵曾花费了很大精力来熟悉和记忆航空照片中的卡西诺结构和地貌。然而，大轰炸过后，一切都变了。几乎所有的建筑物在轰炸中倒塌。原来的开阔地、广场和公路上瓦砾堆积如山，巨大的弹坑密布各处，部分道路甚至被完全掩埋，这一切都使得原先制定的进攻路线显得毫无意义。在这种地形前进，不要说是坦克，就连步兵都是困难重重。

当新西兰步兵小心翼翼地在徐进弹幕的掩护下突入小镇时，第19装甲团B连的13

附图六 第三次卡西诺战役

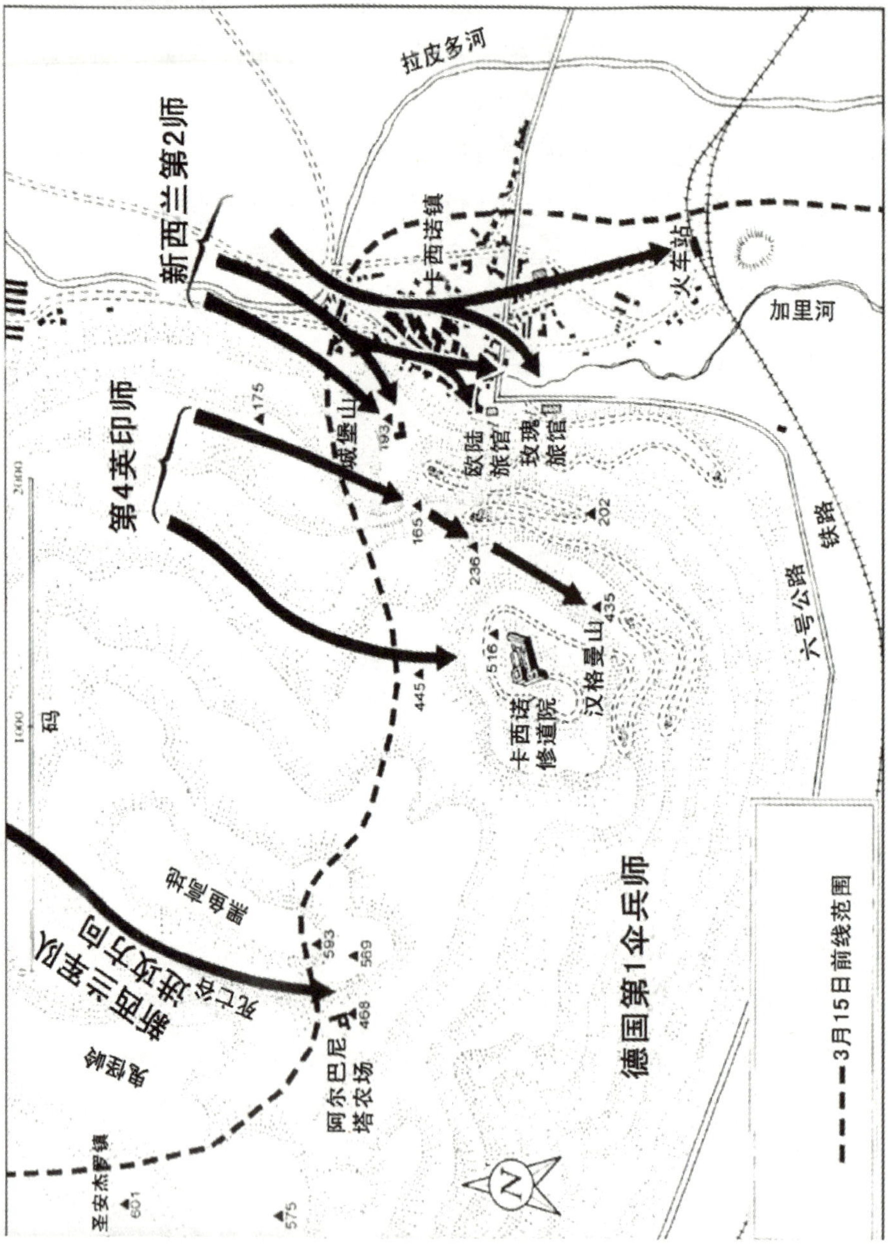

新西兰第2师

第4英印师

德国第1伞兵师

拉皮多河

卡西诺镇

火车站

加里河

欧陆旅馆

玫瑰/旅馆

▲175

城堡山

▲193

165▲

236▲

202▲

435▲

汉格曼山

516▲

卡西诺
修道院

445▲

六号公路

铁路

码

2000

1000

▲593

569▲

阿尔巴尼亚
塔农场

468▲

601▲

圣安杰罗镇

575▲

N

- - - - - - 3月15日前线范围

的弹坑和堆积的瓦砾给堵在了路上。这样，6辆坦克只得掉头返回，准备转移至小镇外，然后再沿着卡如索公路推进。

抵达小镇外围时，装B连连长利克斯少校通过无线电听到沿着卡如索公路推进的

■ 隐藏在废墟中的德军伞兵，他们在废墟中时隐时现，打得新西兰人摸不着方向。

辆谢尔曼坦克也从小镇北面约1000米的一个隐蔽处中开出。其中，7辆坦克伴随B连，沿着卡如索公路向南推进；剩余6辆坦克则支援A连沿着帕拉莱尔公路推进。在新西兰步坦协同，缓慢推进的同时，炮兵除了实施徐进弹幕射击进行炮火掩护外，还不断发射烟幕弹，遮住进攻队形，以免遭到远处德国炮兵部队和修道院山脚下的机枪火力拦阻。各个坦克车长都把坦克顶部舱盖打开，探出半截身子，好像他们即将进入一个已经解放的小镇似的。据当时参战的一些新西兰步兵回忆，这些坦克兵似乎斗志昂扬。看样子，他们经过了几个星期的休整后急于参战以打出坦克兵的威风。然而，刚推进没多久，装B连就遇到了麻烦。负责支援A连，沿着帕拉莱尔公路推进的6辆谢尔曼坦克被狭窄公路上密布

7辆坦克也遇到了同样的困难。因此，他立即呼叫架桥坦克赶来填补弹坑，为坦克前进铺平道路。令人啼笑皆非的是，奉命前来支援的架桥坦克竟然也因密布的弹坑而无法前进。无奈之下，利克斯少校只得率领车上乘员跳下坦克，拿起铁铲和镐锹向前走去。与此同时，另外2辆谢尔曼坦克的车组成员也跳下了坦克，跟着利克斯少校。然而，他们很快就进入了伞兵5连的防区。3名伞兵从隐蔽处跃出，试图向利克斯少校一行开火，但被眼疾手快的利克斯少校等人用冲锋枪打倒。接着，其他伞兵又从四面八方向他们开火。尽管德军的狙击火力并不猛烈，但却打得很准，迫使利克斯一行不得不四处寻找隐蔽。这时，利克斯少校也和步兵以及坦克兵失去了无线电联络，不得不派出1名坦克手充当传

令兵去向6旅报告。不过，这名坦克手还没跑出多远就被1名伞兵打倒在地。接着，利克斯又派出1名坦克手，但他也很快被伞兵打倒。第三名担任传令兵的坦克手尽管从隐蔽处冲出后立即采取Z字路线行进，但仍被伞兵迅速解决掉了。连续3名坦克手的阵亡令利克斯终于意识到这样做除了损兵折将外，没有任何意义。于是，他决定呆在原地等待夜幕的降临。

午间，城堡山也遭到了新西兰步兵的攻击。负责把守城堡山的是由皮特·毛尔少尉指挥的第3伞兵团1营2连（共43人）。战前，第3伞兵团团长海尔曼上校和师长海德里希少将就曾多次前往城堡山视察。期间，海尔曼对毛尔少尉的指示只有一句话："一旦战事爆发，必须不惜一切代价守住城堡山！"为此，2连连部就设在高地的一个农舍里。为了避免盟军炮兵和空军的打击，工兵于战前对这个建筑物进行了良好的伪装并用巨大的石块和横梁进行了加固。在这个仅有一层的农舍里，有一个梯子通向底层的地窖。当卡西诺镇遭到盟国空军重轰炸机群实施的大规模地毯式轰炸的时候，毛尔少尉立即率领2连大部分官兵进入地窖避开可能落在头顶上的炸弹。在轰炸过程中，部分官兵因从未经历过如此大规模的轰炸而感到十分恐惧。然而，经验丰富的毛尔少尉以平和的心态和笑容逐渐缓和了他们紧张的情绪。大轰炸结束后，1名伞兵奉命钻出农舍，观察情况。

透过望远镜，这名伞兵对卡西诺小镇和修道院高地进行了仔细的观察。修道院方向似乎没有挨到什么炸弹，情况令人放心。但卡西诺镇就不同了，轰炸过后整个小镇完全化为了一片瓦砾。观察结束后，这名伞兵立即返回农舍，向毛尔少尉汇报情况。接到报告，毛尔少尉也钻出了地窖，用双筒望远镜仔细查看卡西诺镇的情况。令他感到震惊的是，大约12辆坦克和几百名新西兰步兵正沿着卡如索公路突入小镇。从新西兰人摆出的密集队形的架势来看，他们似乎在进行一次游行而非进攻。镇内几乎没有一丝有生命的迹象，难道是2营的官兵都在轰炸中罹难了吗？如果真是这样的话，那么2连是否应立即组织反击，在小镇抵挡一阵呢？一时间，毛尔少尉还拿不定主意。为了弄清全盘状况，他命令手下通讯兵立即呼叫1营和2营各部，试图与他们取得联系。然而，大轰炸令所有的有线和无线通讯暂时中断。接着，毛尔少尉又派出了1名传令兵返回修道院高地，和1营营长伯姆勒少校取得联络并领受作战任务。在此期间，毛尔少尉决心固守城堡山。

13时，新西兰第2远征军部分炮兵部队开始对城堡山实施徐进弹幕射击。同时，第6步兵旅的迫击炮群也一起朝城堡山开火。按计划，第25步兵营B连将夺取城堡山角东南的居民区，作为D连进攻的跳板。然而，B连的前进却遭到了伞兵的顽强阻击，进展缓慢。在没有合适进攻跳板的情况下，D连只得转向175高地（位于卡西诺镇采石场西南450码和城堡山北面700码），然后进入两个高地间的峡谷集结。13时10分，在猛烈的炮火掩护下，D连 (约180名官兵) 向城堡山发动进攻。在展开正面仰攻的同时，连长希维特少校还派出16排，从城堡山侧面的165高地爬上主峰，协同正面进攻部队夹击守军，争取一战而克。希维特少校的妙计完全出乎2连的意料。当16排从侧面爬上主峰时，仅仅与2名伞兵遭遇。双方都感到极为惊愕，但人数占优的新西兰人首先扣动了扳机，密集的子弹瞬间将2名伞兵撂倒。得手后，新西兰人开始朝2连连部所在的农舍推进。起初，毛尔少尉一直没有发现敌人，直到新西兰步兵迫近至不到50码才发现对手。于是，他赶紧率2连官兵撤进农舍，准备做最后一搏。1个名叫麦克尼斯的新西兰步兵很快就冲到了农舍前，并用枪托猛砸大门。见状，毛尔少尉一个箭步冲到一个窗户前，抄起冲锋枪，瞄准麦克尼斯，准备将他干掉。就在这千钧一发之际，斯托克维尔举起步枪，一枪打穿了毛尔少尉的胸膛，从而救下了麦克尼斯。同时，砸门不成的麦克尼斯决定用手榴弹来结束这场战斗。他先是向农舍投掷了第一枚手榴弹。爆炸过后，整个农舍碎片四散，硝烟弥漫，不少呆在屋内的伞兵被炸成重伤。接着，麦克尼斯又投掷了第二枚手榴弹，除了呆在地窖的伞兵外，其他人员非死即伤。1名负伤的伞兵挣扎着爬了起来，向窗户外回敬了1枚手榴弹，但未能给新西兰人造成任何伤亡。最后，麦克尼斯又向窗户里投掷了第三枚手榴弹。爆炸过后，幸存的伞兵停止了抵抗，向新西兰人举手投

降。至此，伞兵2连剩余的兵力只有据守罗卡·加努拉的12名伞兵。虽然仅有2挺MG42机枪和2把MP38冲锋枪，但12名伞兵在面对正面进攻任务的新西兰军2个排 (第17排和第18排) 的步兵攻击时仍然进行了极为顽强的抵抗。他们在沃尔特·林道上士的率领下将携带的手榴弹打光，子弹也几乎消耗殆尽，真正做到战至最后一弹。弹药告罄后，林道决定放弃城堡，向连部所在的农舍撤退。然而，他们刚撤出城堡就遭到了来自主峰方向机枪火力的打击。在新西兰步兵的两面夹击下，12名伞兵最终也只好举手投降。除了1名伞兵艰难地逃回修道院外，伞兵2连全体官兵非死即伤。总计36名伞兵被俘，7名伞兵 (包括2连连长毛尔少尉) 阵亡。新西兰第25步兵营D连阵亡6人，负伤15人，绝大部分伤亡是发生在罗卡·加努拉的争夺战中。连长希维特少校因此次出色的表现被授予了优异服役十字勋章。

卡西诺镇

　　空袭过后，处于卡西诺镇最前沿的伞兵5连实力已降至32人。面对B连的进攻，伞兵5连无力阻击。在先期零星的战斗中，5连连长贝尔哈德·默斯科普中尉和4名伞兵阵亡，8名伞兵负伤。此外，8连的卡尔·迪普在返回阵地时被新西兰步兵俘获。默斯科普中尉阵亡后，鲁道夫·赖施琛巴赫上士接过了指挥权。

　　由于5连分散的兵力已无法有效阻击新西兰步兵的推进，所以在福尔廷上尉部署好

兵力固守各个要点前，迟滞新西兰步兵推进速度的重任就落在了伞兵7连的身上。好在7连连长舒斯特少尉幸运地躲过了大轰炸。空袭一结束，他就领着16名幸存官兵从小镇东北面的废墟中爬出。当这些死里逃生的幸存者正准备坐下来歇口气的时候，坦克引擎的轰鸣声和履带碾过大地所发出的嘎吱嘎吱声一下子让伞兵们警觉起来。很快，3辆谢尔曼坦克就从前方的烟幕带中现身，正缓缓地向南开进，B连的新西兰步兵以一路纵队在后跟进。在舒斯特少尉的眼里，新西兰人似乎是来卡西诺镇游行而非作战的。不久，从城堡山方向传来了枪声。卡西诺镇内的新西兰人

终于警觉起来。坦克车长跳进炮塔并关闭舱盖。步兵也散开队形，警惕地搜索前进。待谢尔曼坦克进入射程后，布吕姆上等兵扛起一具反坦克火箭筒从隐蔽处以半蹲姿态向先导坦克发射了1枚火箭弹，准确命中目标。中弹后，坦克逐渐停止了前进，车内的组员纷纷跳下坦克，四处寻找隐蔽。跟进的2辆坦克被引导坦克的残骸堵塞，伴随前进的步兵也纷纷卧倒在地，小心翼翼地搜索德军的火力点。由于伞兵们手头上仅有几支步枪和少量的手榴弹，因此舒斯特少尉决定采取不断变化射击位置的游击战术来进行阻击。这样既可以避免遭遇敌人火力的反击，又可以让敌

■ 新西兰步兵在谢尔曼坦克的掩护下攻入卡西诺镇。

人难以判断己方的兵力及规模。就这样，7连的16名伞兵和新西兰人玩了一个下午的捉迷藏游戏，为福尔廷上尉的部署和海尔曼上校以及海德里希少将的决策赢得时间。

在7连阻击的同时，8连部分官兵也从废墟中钻出，返回原阵地。其中，机枪手海因里希·霍夫斯泰特尔和另外2人返回了城堡山下的机枪阵地。从那里，他们可以清楚地看见7连的小股伞兵正以灵活而巧妙的战术有效地迟滞着突入小镇的新西兰步兵。除此之外，他们无法和任何一支友邻部队取得联系。因此，3人除了守在MG42机枪旁，监视新西兰人的动态外，再不能有什么作为。

随着伞兵的抵抗力度的加强，新西兰人的推进速度开始逐渐减缓。更为糟糕的是，他们还面临着许多自身的问题。按计划，B连将于下午14时攻抵欧陆旅馆附近。然而，命运却和他们开了个大玩笑。13时，各连和营部的通讯突然中断。而且从这个时候起，B连的步兵才惊讶地发现镇内据守的德国伞兵似乎并没有被大轰炸所消灭。现在伞兵从各处废墟间向行进的新西兰步兵开火。一时间，双方展开了激烈的巷战。最初，B连试图占领城堡山脚，协助D连的进攻。但在城堡山脚附近废墟的伞兵机枪火力和狙击火力的打击下，被迫左旋向镇中心靠拢。整整一个小时，B连在伞兵猛烈的火力打击下，完全无法前进一步。14时，在肃清了德军几个火力点后，B连终于再度前进。

英勇的行为随处可见。6排排长在攻打城堡山脚下的一个建筑物废墟时被伞兵机枪火力打伤。接任的T.W.塔洛克中士也很快被伞兵扔出的手榴弹炸伤，但他仍然强忍巨痛，率领全排战士在1辆坦克的全力支援下消灭了2个火力点。然而，前方仍有2个据点挡住了他们的去路。此时，6排的兵力已减至12人。更为糟糕的是，坦克也因四周密布的弹坑无法继续前进，为其提供炮火支援。但塔洛克中士仍不服输，率部在据点两翼占据阵地，以火力压制对方，然后采用爆破战术炸掉了这2个据点。在这次战斗中，塔洛克中士又一次负伤，并被担架抬走。由于这次杰出的表现，塔洛克中士被授予了优异服役十字勋章，而6排也因为集体战功而获得团体嘉奖令。

至17时，B连仅前出至卡希利纳街北面约300米的校舍（原2营营部所在地），离终极目标——欧陆旅馆还差得远呢。此外，新西兰人在时间进度表上也落后了。原计划，步坦协同在徐进弹幕背后跟进，以每10分钟100米的速度前进，直到抵达欧陆旅馆。然而，他们在越过5连防区后就遭到了7连的阻击。在14时到17时整整3个小时中，沿着被挤压至镇中心地带的B连和伞兵7连的16名官兵以及5连的部分伞兵展开了激烈的巷战。与此同时，卡西诺战区的众多德国炮兵部队也不断地向卡如索公路实施猛烈的炮击，大大迟滞了新西兰步兵的推进速度。在巷战中，双方都杀红了眼，甚至连佩戴红十字臂章的医疗兵和救护兵也不放过。1名新西兰步兵回忆道：

■ 新西兰军医在废墟中寻找伤兵，他们的处境也很危险，经常会遭到杀红眼的德军的射杀。

"双方对红十字旗帜和红十字臂章的藐视是我毕生仅见。救护兵弗雷德·温瑞特试图救助1名德国伤兵时被狙击手击毙。"A连连长桑德斯少校也在报告中证实他亲眼看见许多新西兰担架员在救助伤兵时被德国狙击手打伤。不过，红十字的救助精神在什么时候也不会陨落。尽管战场十分危险，但双方的救护兵和医疗兵都不顾自己的安危，冒着弹雨在战场上抢救重伤员，他们的出现给残酷的战斗带来了一丝温暖和人性。其中，新西兰救护兵普里查德在进攻首日不顾四处纷飞的弹雨将多名伤员背下战场，最后累倒在工作岗位上。因此次杰出的表现，被授予了优异服役十字勋章。

在B连受阻的同时，沿着帕拉莱尔公路前进的A连的进展则相对顺利。为了便于协同指挥镇内的战斗，A连连长桑德斯少校在所部进入卡西诺镇后将连部设在了镇内的邮局附近。12时50分，尖刀排在仅遇少量伞兵的抵抗的情况下，顺利地前出至距修道院不到100码，距卡利希纳街东面150码之处。13时，A连继续向六号公路推进。这时，伞兵的抵抗开始激烈起来。藏匿于卡西诺镇内的女修道院的德国伞兵用MG42机枪向他们猛烈射击。此外，他们还遭到来自卡西诺火车站和镇内的迫击炮火力打击。14时10分，徐进弹幕射击结束。半小时后，德军第71火箭炮团的前几轮齐射弹群就全部打在了A连的进攻区域。

在猛烈的炮火和密集的机枪火力打击下，A连难以前进一步。无奈之下，连长桑德斯只得请求给予炮火支援。随后，A连在炮火支援下再度向六号公路北面卡希利纳街发动进攻。为了攻抵六号公路，A连必须拿下女修道院。虽然据守修道院的德国伞兵数量少之甚少，但他们和阻击B连的伞兵7连的17勇士一样，凭借娴熟的作战技能和有利地形巧妙地击退了A连的进攻。

战至傍晚，A连仍无法前进一步。无奈之下，桑德斯少校只得下令停止进攻，全连撤回邮局四周休整。与此同时，作为全营预备队的C连仍在小镇北面的监狱附近待命。

黄昏时分，卡西诺镇下起了毛毛细雨。随后，雨下得越来越大，由一阵阵的小雨逐渐过渡到大雨甚至是暴雨。暴雨的来临，使得B连和伞7连下午的激烈巷战骤然降温，双方只得暂时脱离接触。17时30分到18时，新西兰第2步兵师师属炮兵集中火力对卡西诺火车站实施了半小时的猛烈炮击。

战斗停止后，舒斯特少尉立即将身上最后的口粮，少量的食糖和几块黑面包分发给属下。虽然肚子勉强被填饱，但在卡西诺镇的激战中伞兵们最为缺乏的是饮用水。整整一个下午的战斗中，伞兵7连的官兵们滴水未沾。战斗结束后，他们口渴难耐，但随身携带的水壶里早已滴水不剩。幸亏这场大雨使伞兵们的干渴得以缓解。

入夜后，伞兵5连代理连长赖施琛巴赫上士命令海因茨·黑帕军士长和贝尔哈德·迪特尔斯列兵返回欧陆旅馆，找到2营营长福尔廷上尉，向他汇报5连的情况。当两人刚刚从废墟的隐蔽处钻出，试图沿着街道向南撤退时被1个新西兰机枪阵地挡住了去路。虽然新西兰人并没有发现他俩，但若不除掉这挺机枪，他们就无法继续南行。为了打掉这挺机枪，

■ 一名新西兰步兵机枪手以断壁为掩护，射击德军。

两人先是匍匐爬进一个弹坑。然后，迪特尔斯抓起一个石块朝对面的废墟砸去，引开新西兰人的火力。当石块砸到瓦砾并发出响声时，新西兰机枪手立刻警觉起来，拉动枪栓朝声源猛烈扫射。借此机会，迪特尔斯从背后匍匐爬到机枪阵地附近，并将1枚手榴弹扔了进去。轰的一声巨响，2名新西兰机枪手倒了下来。看到机枪火力点被端掉，迪特尔斯顿时感到了一阵轻松。他回头对黑帕小声地说道："海因茨，过来吧。这儿没了！""我走不了了。""怎么回事？""脚被打断了！"于是，迪特尔斯赶紧跑回去，脱下军服将炸断的小腿进行了简单的包扎。随后，在迪特尔斯的搀扶下，2人抵达了福尔廷上尉营部所在的山洞里。在那里，迪特尔斯简单地向福尔廷上尉报告了5连和7连的作战情况，并声称如此稀少的兵力是无论如何也挨不过24小时的。直到此时，福尔廷上尉才得知了前线的确切位置，并制订了预备队增援方案。因此次出色的表现，迪特尔斯被提升为上等兵。6个月后，他在哥特防线的里米尼防御战中阵亡。而他的战友黑帕虽因迪特尔斯的相救而捡回一命，不过却永远地失去了一条腿。

8连在空袭过后因代理连长姚姆洛夫斯基中尉的失踪，一度群龙无首。空袭过后庆幸得以生还的霍夫斯泰特尔于入夜后打算派人回营部报告这个情况并领受作战任务。1名机枪手奉命出动，但两小时后都不见回来。最后，霍夫斯泰特尔决定自己向福尔廷上尉报告。在回程途中，他模模糊糊发现了1名戴着英式钢盔的士兵。他立刻端起冲锋枪朝人影方向打了一梭子弹，只听见对方发出了一阵惨叫声。但很快他自己也被四处跳飞的弹片击中了大腿并昏倒在地。午间，他从昏迷中苏醒，发现自己还是呆在原地。由于战前附近不到25米的一个山洞是伞兵2营的一个据点。因此，他决定走到那里休息顺便检查伤势。不过，他腿上的伤势却使他无法正常行走，迫使他不得不爬进附近一个巨大的弹坑。翻进弹坑后，他才惊讶地发现里面竟然坐着20名新西兰步兵。还没等他反应过来，20支黑洞洞的枪口就已经指向了他的脑袋。对于霍夫斯泰特尔而言，战争结束了。他是伞兵8连唯一一名被俘的伞兵。与此同时，6连连长姚姆洛夫斯基中尉经过万般努力后终于从倒塌的地窖废墟中脱身。他回忆道："下午，我们又一次开始了挖掘作业。经过几个小时的奋战，我们终于扒开了一条裂缝。但旁边紧挨着的巨大石块使我们根本无法移动。为了求生，我们只得向外呼喊求救。2名路过的营部传令兵听到了我们的求救声并停住了脚步。在他们的帮助下，我们终于清除了地窖出口。被压12个小时后，我们终于重见天日。此刻夜幕已经降临。卡西诺镇已经完全变了样，原来一栋栋的建筑物都化为了一片片瓦砾，空旷的街道上堆满了瓦砾。其中1名传令兵告诉我，营部已经转移至欧陆旅馆，我们仍然可以和福尔廷上尉他们取得联系。我的6连和其他连队的部分官兵也隐蔽在洞中。但，小镇东面和北面的形势呢？应该立即组织侦察并建立新的防线！7连在哪里？那几门突击炮还在吗？到底还有多少人滞留在小镇北面和东面，他们能否建立一条新防线呢？为了搞清状况，我决定和两名伞兵匍匐爬进小镇东北面的废墟。这些倒塌的建筑物废墟是我们良好的隐蔽所和据点。新西兰人似乎对这种类型的战斗很不适应。他们只是小心翼翼地在废墟间搜索前进。每当MG42机枪响起，他们就立即闪避起来。而隐蔽在废墟的伞兵往往利用这个时机迅速转移阵地，从另一个地方向他们开火，让他们错误地夸大我们的兵力数目，从而被死死地钉住。与此同时，我决定不断地向前线塞入小分队。这些小股兵力在我的指挥下逐次进入废墟中参加巷战。此外，我还派兵和两翼取得联系，向前线输送弹药并通过不断的谈话提高部队的士气。随后，我离开一线，前往8连阵地视察。"

夜间，伞兵6连在代理连长纽霍夫上士的指挥下，进入5连右翼并牢牢地控制了该区域。午夜过后，姚姆洛夫斯基中尉前往城堡山脚，并一个接一个地视察6连和8连各个分散的据点，指示伞兵如何加固阵地，并提醒伞兵在盟军炮击和空袭中尽量注意隐蔽，减少损失，保存战斗力。通过摸底，姚姆洛夫斯基发现他指挥的2个连的MG42机枪只剩下4挺，迫击炮还有2门。让他感到欣慰的是，他负责指挥的6连和8连除了霍夫斯泰特尔被俘外，其他官兵仍健在。2个连如此强悍的战斗力让姚姆洛夫斯基中尉对未来的战斗充满了希望。

黄昏时分，福尔廷上尉对卡西诺镇形势判断如下：在小镇北面，伞5连仍在左翼防守，尽管B连部分兵力突破了他们的防区，但他们仍可能对后续推进的敌人进行阻击，兵力约为32人；纽霍夫中士指挥的6连（6名工兵和33名伞兵）防守右翼。在小镇东面，舒斯特少尉指挥的7连17名伞兵仍在坚守；姚姆洛夫斯基中尉指挥8连约50名官兵奉命把守卡希利纳街北面的镇区。向小镇各个地段塞入小分队的同时，福尔廷上尉也在不知疲倦地安排伤员的转移和联络后方，组织Ju 52运输机乘夜向镇内的伞兵控制区空投补给。营部的传令兵也不断地往来于营部和镇内各地，将最新战况及时地转告福尔廷上尉。午夜，福尔廷上尉在摸清了形势后派出了第一批预备队。第1伞降工兵连的施密特上士和14名伞降工兵从营部所在的山洞出发，侦察卡希利纳街南面和卡西诺火车站附近是否有敌人活动迹象。令工兵感到吃惊的是，1个月前激战的焦点——卡西诺火车站竟然空无敌踪。施密特上士返回营部后将这些消息向营部进行了汇报。最初，福尔廷上尉表示怀疑，但最后他还是相信了这个消息。

当夜，第3伞兵团派给2营的第一批援军——团部直属的1个伞降工兵排（排长拉梅尔特中尉）抵达2营营部。福尔廷上尉给他们的任务是作为全营最后的预备队，随时准备前往被突破的地段进行反突击。不久，第二批援军——第14反坦克连一部赶到，福尔廷命令他们前往玫瑰旅馆布防，以反坦克火力封锁通往玫瑰旅馆的通道。此外，师长海德里希少将还推迟第3伞兵团3营预定返回法国，纳入新组建的第3伞兵师战斗序列的时间，并下令该营立即准备投入战斗。第二次卡西诺战役结束时，3营仅剩65人，几乎完全丧失了战斗力。9连几乎全军覆没，其他3个连的军官也非死即伤，只得由士官来指挥。3月初，国内派来170名仅受过基础步兵作战训练的补充兵，他们毫无实战经验可言。更糟糕的是，功勋卓著的营长鲁道夫·克雷策少校离开卡西诺，回到了奥地利。因此，训练这些新兵蛋子的重任就落在了全营唯一一名军官弗兰克中尉的肩上。第三次卡西诺战役爆发前，7名伤愈的老兵归队，这是弗兰克中尉在战前收到的唯一一个令人振奋的消息。尽管3营战斗力远远没有恢复，但海德里希少将别无选择。在他的命令下，弗兰克中尉率领3营于15日夜领取了弹药和口粮后，通过急行军于午夜前赶到了第3伞兵团团部向海尔曼上校报到。

为了继续凑集援军，海德里希还下令在战役前就配属第3伞兵团作战的第8装甲掷弹兵团2营抽调1个排的兵力赶往卡西诺镇。午夜前，海德里希少将还向第14装甲军军长赞格尔中将请求把第4伞兵团1营从601高地调走，投入卡西诺镇的战斗，空缺将由第115装甲掷弹兵团2营（营长鲁斯特少校）。赞格尔中将反复权衡后，同意了他的请求。然而，第115装甲掷弹兵团2营因驻地距601高地较远，布防完毕需要2天的时间，但若将掷弹兵部署到卡西诺镇则仅需不到1天的时间。但海德里希在最关键的时候选择信任伞兵而非掷弹兵，他决定不惜一切代价投入伞兵，挡住新西兰人前进的步伐。

午夜，新西兰第25步兵营报告控制了小镇的三分之二，但在新西兰人所谓的"控制区"内，伞兵们仍在废墟间不断地进行战斗。A连在15日结束前抵达邮局附近；B连在小镇北面前出至距欧陆旅馆不到300米校舍，C连在监狱附近集结，D连在夺取了城堡山后被第4埃塞克斯步兵团1营替下，全连返回出发阵地休整。乘着夜色，第25步兵营对昼间消耗的弹药进行了补充并将伤员转运出城。C连连长米尔恩中尉描述道："当夜，我们接到的命令：巩固阵地，并向不明区域派兵巡逻。担架员也不断出动将伤员抬回。整个小镇遭到不间断的炮击。虽然运输队无法将补给运入，但每辆坦克却自动返回后方将我们急需的弹药和手榴弹运进小镇，使我们不必担心弹药的短缺。"15日，第25步兵营阵亡1名军官（布莱基少尉）和14名士兵，2人伤死，2名军官（查普曼少尉和默里少尉）和42名士兵负伤，1名士兵负伤失踪。

16日凌晨4时，第24步兵营B连（连长特恩布尔少校）进入卡西诺镇归第25步兵营节制。该连奉命在第25步兵营营部附近集结。行军途中，B连因迷路，致使1名士兵摔下山崖，5名士兵摔伤，但仍按时完成集结。B连

附图七 1944年2－3月盟军对卡西诺发起的3次进攻

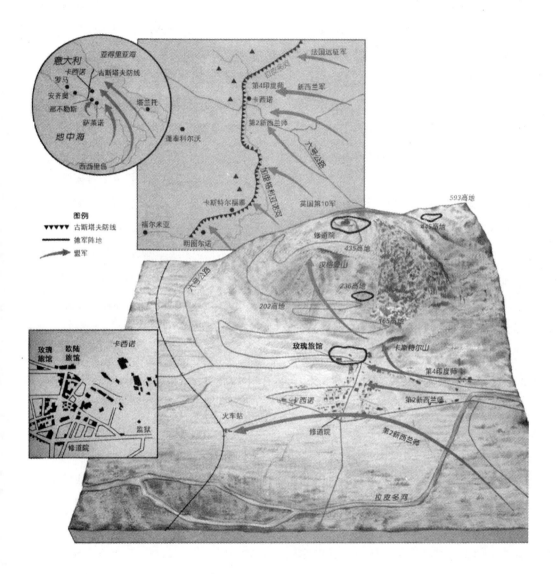

的任务是在16日接替第25步兵营B连向欧陆旅馆发动进攻，争取迅速将其攻克。凌晨5时整，B连和镇内作战的第25步兵营A、B、C连都取得了联系。特恩布尔少校把连部设在了邮局附近，各排沿着六号公路北面侧道布防。

15日下午17时25分，预定于进攻当日攻占卡西诺火车站的第26步兵营也奉命进入小镇。担任突击先锋的D连沿着帕斯奎勒公路向拉皮多河和卡西诺小镇推进。途中，D连仅遭遇零星的炮火袭扰。17时45分，在帕斯奎勒和帕拉莱尔公路交叉路口，D连尖刀排(16排)遭到突如其来的机枪火力打击，3人负伤。在肃清了敌人火力点后，D连于夜间穿过小镇东部边缘的废墟，沿着通往六号公路和修道院的侧道抵达卡希利纳街附近。与此同时，A连、B连和C连以及营部也在向小镇进发。他们的目标是小镇南面的卡西诺火车站。但当晚不合适宜的大雨致使道路泥泞不堪，再加上各个路段都被堆积如山的瓦砾所堵塞，因此第26步兵营直到16日昼间都无法就位对卡西诺火车站发动进攻。宝贵的时间在白白地逝去。

在第6步兵旅下属的各个步兵营依次投入战斗的时候，盟军还乘夜将4个工兵连投入卡西诺镇，清除卡如索公路上的地雷、填补弹坑并疏导交通。这样，在16日到来时，进入卡西诺镇的新西兰第2步兵师的兵力达到了2500人之多，而与之对抗的德军第2营(包括步兵、工兵、文书、军乐兵、炊事兵和驾驶

兵)实力仅为300人。尽管兵力和火力相差悬殊，但伞兵仍然打算守住小镇。

尽管口渴难耐，尽管夜色平静，但7连连长舒斯特少尉指挥的17名伞兵仍然提防着新西兰人可能的夜袭，好在B连没有夜战的习惯，才使得舒斯特虚惊一场。天明后，新西兰人释放了1名被俘的德国救护兵，向舒斯特少尉劝降。结果，这名救护兵被舒斯特少尉以叛国罪枪毙。当日，在7连防区，B连和伞兵除了零星的交火外，没有大规模激战，这使舒斯特少尉得以派兵搜救被压在倒塌的建筑物下的生还战友。表现最为出色的是塞普·森德尔巴克列兵，他从一个倒塌的废墟中救出了4名伞兵，但其中1名因伤势过重而死。在随后的搜救任务中，森德尔巴克列兵又发现了6名新西兰步兵和2名德军伞兵并排坐在一个巨大的弹坑里。森德尔巴克和被他解救的2名伞兵一起将6名新西兰步兵缴械。但由于对方有3人是伤兵，7连无法为俘虏进行救治。因此，森德尔巴克只得把他们全部释放。

入夜后，舒斯特少尉意识到7连已无法坚持。他们既无法和福尔廷上尉取得联系，同时口粮、饮用水和弹药也极度匮乏。除了突围，别无选择。22时，幸存的17名伞兵在舒斯特少尉的指挥下兵分3路，从3个方向实施突围。其中，舒斯特少尉指挥的小组向蒙特·凯罗方向突围。途中，他们遭到了零星的机枪火力拦阻，但仍毫发无损地穿过了废墟，来到了小镇边缘。舒斯特决定带领大家

摸索着返回修道院。在修道院高地北面，他们又一次遭到了机枪火力拦阻，但仍幸运地躲过一劫。至16日午夜，舒斯特少尉一行仍在向西撤退的途中。

16日凌晨，伞兵8连在姚姆洛夫斯基中尉的指挥下，抓紧时间对据点进行加固和伪装。之后，部分官兵奉命担任临时担架员把重伤员抬回营部所在的山洞医治，返回时带上全连急需的口粮、饮用水、步机枪子弹和迫击炮弹。天明后，新西兰步兵继续向卡希利纳街北面的镇区发动进攻。8连各个据点都对新西兰军进行了顽强阻击。其中，库布里希上士和1名迫击炮炮手直接把迫击炮架设在距新西兰步兵进攻轴线不远处，不停地轰击新西兰军的进攻队形。在迫击炮火力和机枪火力的有效打击下，战斗很快陷入胶着状态。

在2营营部，福尔廷上尉在听完施密特上士的侦察汇报后，决定再度派出一支搜索队前往小镇北面查明形势。这支搜索队共25人，由沃尔特·科茨少尉指挥。当搜索队来到一个叫做"鱼市"的小广场（位于营部东北150米）时，遭到了新西兰机枪的射击，科茨少尉不为所动，决心利用广场上密布的弹坑，采取蛙跳跃进方式突破新军的火力封锁线。然而，搜索队此举却付出了一定的代价。当科茨少尉准备跳进广场北面最后一个弹坑时，不幸被一梭子弹打中了小腿，跟随的1名救护兵当场中弹毙命，阿尔布雷希特上士也在快要冲出火力封锁线时中弹阵亡。亲

眼目睹此景的8连代理连长姚姆洛夫斯基中尉回忆道："在我的帮助下，科茨少尉从弹坑中爬出并被搀扶着进入一个设在山洞的包扎所。令人气愤的是，营部竟然没有把他们搜索的情况通知我们，否则我们无论如何也会尽全力支援他们(突破封锁线)！"

获救后，幸存的工兵无意间发现在广场的北角有一栋半塌的建筑物。于是，工兵立即冲了进去并占领了整栋楼房。楼房视野良好，近可控制整个"鱼市"广场，远可作为连接营部和小镇北面各连的枢纽，战略位置十分重要。令他们感到不解的是，新西兰人竟然对如此重要的据点视而不见。

在科茨少尉工兵据守的建筑物北面约150米的地段是伞兵6连的防区。纽霍夫中士指挥的6连官兵大部分藏匿于防区内仅存的一栋堪称完好的建筑物中。因四周建筑物在空袭中全都倒塌，因此它为藏匿其中的伞兵提供了良好的视野，但在另一方面也成为盟军榴弹炮群、迫击炮群和坦克群显眼的打击目标。由于6连许多官兵在孩童时就善于射猎，所以他们在第三次卡西诺战役期间大发神威。突入小镇的新西兰军军官、坦克车长、传令兵、工兵和电信员成了他们主要的猎杀对象。其中，科斯勒列兵是6连狙击手中的佼佼者。虽然他没有受过专业的狙击培训，但他的枪法却丝毫不亚于受过专业训练的王牌狙击手。在和平时期，他就热衷在斯泰尔马克山脉的森林地带猎杀岩羚。尽管善于在山涧跳跃躲避的岩羚对好猎手来说都是一个难

以对付的猎物，但科斯勒却能在400米开外轻松地一击毙命。在卡西诺镇，科斯勒列兵使用的狙击武器是1挺MG42轻机枪。为了射杀沿公路推进的新西兰军并让自己的射击位置免遭盟军火力的反击，科斯勒把机枪架在了离公路不远的一个倒塌的废墟间。在拓宽射界的同时，他还在牢记狙击手的另一个要则——要想狙击先得伪装，要想射杀敌人先得保护自己。在伪装上狠下了一番工夫，这些努力使他在整个第三次卡西诺战役期间在不断射杀敌人

■ 隐藏在废墟里的德军机枪手，尽管数量不多，但却是对进入镇内的新西兰士兵的极大威胁。

的同时，从未遭到1发炮弹乃至1发子弹的还击。这足以说明科斯勒列兵是一个出色的狙击手。然而，令科斯勒和6连的其他伞兵在整个战役期间面临的最大敌人不是新西兰步兵和坦克，而是空袭过后因建筑物倒塌而飘荡在镇内的大量粉尘和新西兰人不断释放的烟幕。为了减少吸入这些污浊的空气，伞兵们不得不戴上防毒面具作战。这也许是德军在二战中唯一一次戴防毒面具进行的巷战。更糟糕的是，口粮和饮用水也极度缺乏。

至16日午间，虽然新西兰第2步兵师已经占领了大半个小镇。但伞兵2营仍决定死守剩

余的地段。新防线已基本形成，防线中央是6连，两翼是8连和5连残部。若新西兰步兵向6连防线展开猛攻的话，他们除了遭到6连的顽强抵抗外，8连的机枪火力将会对突入防线的新西兰步兵进行侧击。同时，后方的迫击炮和榴弹炮火力也将对防线前沿实施火力覆盖，拦阻第二梯队的跟进。从奥托纳小镇争夺战中，伞兵总结出了一条经验，那就是进攻的盟军步兵对两翼火力侧击十分敏感。一旦遇到这种情况，他们会选择立即停止进攻并呼叫榴弹炮群、迫击炮群和坦克对可疑火力点进行火力清扫，消灭据点后方才继续前

进。因此，伞兵在卡西诺镇争夺战中依照自身的劣势和优势，再结合先前的经验教训，发展出了一套有效克敌的防御战术：前沿兵力配置少屯多摆，虚张声势；火力配置前重后轻。在面对盟军步兵集团进攻时，先以正面火力阻击，待敌人进入射程后再以侧翼猛烈的机枪火力和迫击炮火力拦阻。压制敌人后迅速转移射击阵地，让敌人呼叫的炮火打击落空。当敌人认为原来的火力点被消灭并继续前进时，机枪和迫击炮又从另一个侧翼阵地向敌人射击，直到将敌人压制，再转移阵地。正是运用这个战术，伞兵将兵力和火力效能发挥到了极限，不仅有效地保存了自己弱小的有生力量，而且给予敌人极大的杀伤，为最终守住卡西诺镇奠定了战术基础。

欧陆旅馆

在伞兵2营各连防线较为平静的同时，欧陆旅馆附近却点燃了战火。凌晨，第3伞兵团3营下属的10连和11连率先赶到了2营营部，向营长福尔廷上尉报到。根据福尔廷上尉的命令，2个连前往邮局东面布防。天明后，第25步兵营A连和第26步兵营一部协同对邮局附近的修道院展开攻击。

为了给进攻的步兵提供强大的炮火支援，第19装甲团3辆谢尔曼坦克通过不断绕道，终于找到了一条适合前进的道路，赶到了步兵身旁。其中1辆坦克直接开进女修道院废墟，向伞兵据点猛烈开火。由于手中没

有任何反坦克火箭筒或是反坦克手榴弹（地雷），因此伞兵在进行了一阵抵抗后于下午晚些时候撤出了女修道院。黄昏前，新西兰步兵完全控制了修道院。与此同时，第19装甲团大量参战的谢尔曼坦克在炮兵释放的浓密烟幕的掩护下抵达小镇边缘。在小镇东面，美国第48工兵营和新西兰第17野战工兵营在拉皮多河上架设了两座贝利式浮桥，使大量坦克直接进入小镇东面，支援第26步兵营作战。此外，新西兰工兵和美军工兵还尽力在公路上清除瓦砾，架桥填补弹坑，以便让更多的坦克顺利进入小镇支援步兵的进攻作战。

在欧陆旅馆方面，第25步兵营A连奉命于16日协同第24步兵营B连一道展开攻击。由于第25步兵营营部和B、C、D连仍然无法取得联络。因此当天的进攻重任就落在了A连的身上。根据营部的命令，桑德斯少校指挥A连在同左翼进抵卡希利纳街附近的第26步兵营保持联系的情况下，和右翼的第24步兵营B连一道向欧陆旅馆至校舍之间的六号公路展开攻击，夺取并守住该公路段两侧地带，为进攻欧陆旅馆创造良机。凌晨时分，营长要求桑德斯乘夜发动进攻，力争在天明前完成任务。但桑德斯和特恩布尔却一致否决了这个建议，并决定拂晓发动进攻。

6时15分，第25步兵营A连和第24步兵营B连在第26步兵营B连11排的支援下，从卡希利纳街出动，向欧陆旅馆方向展开攻击。右翼推进的B连在出发后没多久就遭到伞兵的

坚决抵抗。右翼B连以11排和12排为先导，在麦克科代尔少尉的指挥下沿着六号公路向欧陆旅馆展开攻击。途中，埋伏在附近山坡的德军MG42机枪小组向他们射出密集的弹雨，令11排蒙受了3人阵亡，7人负伤的惨重损失。但新西兰步兵仍继续前进，并在麦克科代尔少尉的指挥下冲进了旅馆前的一个建筑物中。经过5个小时的激烈巷战，11排和12排夺取了建筑物并俘获2名德军。然

■ 欧陆旅馆的废墟，背景是城堡山。

而，德军5连和10连部分官兵利用熟悉地形的优势，将新军11排和12排围困在建筑物中，这2个排直到17日才奉命撤出建筑物，B连的进攻完全被德军的火力压制。

第26步兵营B连11排从邮局附近发动进攻。和第24步兵营B连一样，11排出动没多久也遭到了来自四周废墟德军的猛烈的机枪火力和狙击火力打击。在没有任何重武器支援的情况下，11排强行穿过了一片开阔地。但前进至一片废墟时就被德军火力牢牢钉死，一步也无法前进。第25步兵营B连试图支援11排，但发动的进攻也被猛烈的机枪火力打退。傍晚，11排撤回了出发阵地。当天，11排阵亡1人，2人负伤。

相较而言，第25步兵营A连的进攻还算顺利。其中，8排在劳森中尉的指挥下，顶着德军伞兵炽烈的机枪火力强行夺取了距欧陆旅馆北面200码的建筑物，并和第25步兵营B连1个排会合。7排也克服重重抵抗，夺取了8排临近的建筑物。战至傍晚，A连甚至前出至距欧陆旅馆不到30米，但在德军的顽强抵抗下被打回了出发阵地。16日当天，第25步兵营A连和B连共阵亡4人，负伤10人，1人被俘。在监狱附近担任预备队的C连和第24步兵营其他3个连也因德军不间断的炮击而蒙受了惨重的损失。

尽管进展缓慢，但新西兰人仍在一步步地逼近欧陆旅馆附近的伞2营营部。看到战线在逐步地后撤，营长福尔廷上尉有一阵子甚至认为大势已去而下令营部参谋开始烧毁文

件。但随后他接到镇内各个现有据点和防线在新军猛攻下仅丢失女修道院的报告后又恢复了信心。黄昏时刻，3营13连赶到了欧陆旅馆。这下子，他完全恢复了自信。入夜后，13连被派往东面10连和北面6连之间的防线结合部。11连转至小镇南面的卡西诺火车站侧道设防。

盟军在16日战斗中取得的进展十分有限。在修道院高地方向夺取435高地和236高地，在卡西诺镇内夺取了邮局附近的女修道院。在炮火支援方面，盟军炮兵因双方散兵线相距太近而不敢贸然向镇内开炮。盟军炮兵在16日的主要任务是释放烟幕，压制德军榴弹炮群和迫击炮群。此外，强大的盟国空军也全力以赴地支援进攻。16日共出动中型轰炸机196架次，战斗轰炸机125架次，投弹307吨，主要攻击目标是利里河谷和塞科河谷的德军榴弹炮群和火箭炮群阵地。至16日午夜，新西兰第2步兵师累计已向卡西诺镇投入3个步兵营并控制了小镇的三分之二，其先头部队距欧陆旅馆不到30米。

为了增大对德军的重压，美国第5集团军司令克拉克中将要求弗里伯格中将抓住战机，一举将新西兰第2步兵师全部机动兵力压进卡西诺镇，扫清镇内各个据点，尽早夺取卡西诺镇，协同英印第4步兵师向卡西诺修道院发动最后进攻，打通进军罗马的六号公路。这回，军事庸才克拉克中将总算是出了一个中肯的主意。只可惜像这样的闪光在漫长而残酷的意大利战役中实在是太少太少

了……但这个在事后看来是非常正确的建议却被弗里伯格中将一口回绝了。甚至连英印第4步兵师代理师长迪默兰准将向他提出："要想完全占领卡西诺就得最大限度地投入步兵，并不断展开攻击，直到彻底肃清镇内所有的据点为止。"然而，固执的弗里伯格还是拒绝了他的建议。弗里伯格认为新西兰第2步兵师为了巷战已经投入了3个步兵营，若将兵力全部投入的话，那么新西兰第2步兵师即使攻克了卡西诺镇，也没有精力再对修道院进行攻击了。更重要的是，加大兵力投入就会增加伤亡，而这又是新西兰国内所无法容忍的。为了在拿下卡西诺镇后，新西兰第2步兵师还有足够的兵力向修道院发起攻击并对国内人民有所交代，新西兰第2步兵师必须保留足够的预备队！不过，弗里伯格没有想到的是，如果拿不下卡西诺镇，那么保留再多的预备队又有什么用呢？这个问题他直到19日才想通，并将手头上所有的预备队全部投入了小镇的巷战，但到了那时，第1空降师已经稳住了局势。战机白白地丧失了，即使兵力和火力占的优势再大，战机没有了，要这些又有什么用呢？

第3伞兵团团部

空袭结束后，海德里希少将在第3伞兵团团部就地指挥卡西诺镇的防御作战。16时，待盟军对卡西诺镇的徐进弹幕越过小镇北面后，海德里希少将通过双筒望远镜发现了正

由北向南突入小镇的新西兰步兵和伴随支援的坦克群。为了支援镇内守军，海德里希命令第1伞降炮兵团集中火力向卡如索公路实施猛烈的拦阻射击。随后，他又向陆军第71火箭炮团（装备六管火箭炮）团长沃尔夫·安德列埃上校请求提供炮

■ 这种外号为"哭哭啼啼的小东西"的家伙其实是德军名为"Nebelwerfer"的6管150毫米火箭炮，它让盟军士兵感到胆寒。

火支援。他打算最大限度地集中炮兵火力对进攻走廊实施火力覆盖，从而迟滞新军的进攻，并有效支援各个据点的防御，为预备队的集结和投入战斗赢得时间。作为1名在一战时就曾多次在炮战中出生入死的老兵，安德列埃上校当然明白此刻的炮火支援意味着什么。因此，他在第一时间就应允支援。刹那间，71火箭炮团的火箭炮群齐声怒吼。密集的火箭弹群拖着长长的尾焰，划出大大的弧线，带着犀利的尖啸声飞向卡西诺镇。遭到火箭炮火拦阻后，新西兰步兵立即请求炮兵支援。接到报告后，盟军炮兵群立即转移火力，集中打击71火箭炮团阵地。每当德军火箭炮群进行一轮齐射后，盟军炮兵就对71炮兵团还以颜色。尽管如此，第71火箭炮团的炮兵仍然顶着盟军炽烈的炮火奋战了一个下午。至黄昏，全团装备的88门6管火箭炮共有81门在炮战中被盟军炮兵摧毁。但这个代价

是值得的，正是在第71火箭炮团不惜代价的支援下，兵力不足的伞兵2营才艰难地顶住了新西兰步兵的进攻，挨过了最难熬的第一天并守住了卡西诺镇。第三次卡西诺战役结束后，第71火箭炮团团长安德列埃上校因这天出色的表现被授予骑士铁十字勋章。

德军这种6管火箭炮口径为150毫米，是在一种烟雾发射器的基础上改进而成，每当这种火箭炮的第一发炮弹落地，盟军士兵就开始忐忑不安等待其余五发炮弹什么时候落下。更令人感到胆寒的是这种火箭炮恐怖的声响，其炮弹出膛的声音酷似一头大象愤怒地低吼。为了抵消这种火箭炮给部队带来的巨大精神压力，盟军特意给它起了"安德鲁姐妹"或"哭哭啼啼的小东西"之类的贬低性蔑视性的绰号，却依然无法改变普通士兵对这种火箭炮的恐惧。

在第71火箭炮团应允支援后，海德里希

少将和海尔曼上校仍觉得不够，他们还在继续联络其他的炮兵部队以投入战斗。他俩都清楚地知道无论伞兵2营在镇内进行的抵抗多么顽强，一旦炮火支援中断，小镇就会在顷刻间落入敌手。战后，海尔曼在回忆录中写道："在技术娴熟的通讯兵的努力下，伴随第3伞兵团作战的炮兵前进观察员不断地联络附近的炮兵部队。位于战区的炮兵连依次应允投入战斗，甚至是附近驻防的第90装甲掷弹兵师和第5山地师师属炮兵也加入了战斗。我师的各个重机枪分队和迫击炮排也按照火力协同打击和最大限度地发挥各种火力效能的精神制定了一个周密协同的火力协同打击方案。随着战役的推演，这个火力协同打击方案逐渐将所有武器射击管制都纳入其中，甚至连步枪和枪榴弹的具体射击任务也作了明确规划。"海尔曼的火力协同打击方案对上至迫击炮下至步枪的打击目标是这样分配的：迫击炮火力打击较为集中的步兵群或是在射界内除坦克外的其他重装备，力争分割盟军的步坦协同或是迫使进攻的盟军步兵分散兵力；重机枪群只打击较大的步兵进攻集团，力求大量杀伤步兵；轻机枪群的目标是对进入射程的步兵大小进攻集团实施拦阻或是近抵射击，为各个据点的守军提供直接的火力支援；自动和半自动步枪主要打击分散的步兵，须待步兵进入理想射程后方可开火，使每名伞兵都成为流动狙击手，逐渐消耗盟军步兵的有生力量并给对方造成巨大的心理压力；反坦克火箭筒专打进入射程

的坦克，其他重武器由枪榴弹或是迫击炮予以打击。

城堡山

为了防止德军的反击，英印第4步兵师于15日黄昏前将第4埃塞克斯步兵团1营全部派上城堡山，晚上23时30分完成换防。16日清晨，师部命令第6拉其普特步兵团1营向城堡山运动，加强守军实力。最初，A连和B连成功地抵达了目的地，但随后出动的C连和D连在沿着山脊线向高地运动时却被附近高地的德军炮兵前进观察员发现，结果招来了一阵猛烈而准确的炮火急袭。2个连伤亡惨重，至战役结束时仍未恢复战斗力。

3时，第4埃塞克斯步兵团1营向城堡山附近165高地发动进攻，并迅速拿下这个无人把守的高地，为下一步的进攻扫清了道路。4时30分，第6拉其普特步兵团1营A连和B连对236高地发动了进攻。负责守卫236高地的是第3伞兵团3连，连长是身经百战的哈宁中尉。经过西西里、萨勒诺、沃尔图诺河流域和奥托纳的连番激战后，全连兵力已降至26人。在15日的大轰炸中，3连奇迹般地毫发无损。由于236高地可俯瞰由北面通往卡西诺镇的3条公路以及南面的火车站和北面的监狱全貌，因此该高地成了德军和盟军争夺的焦点。尽管兵力弱小，但哈宁中尉仍对守住高地信心十足。他命令所部沉着地等到印度人离主峰不到150米才下令开火，3连仅有的2挺MG42

轻机枪发挥了至关重要的作用。在致命的机枪火力和准确的步枪狙击火力打击下，A连和B连伤亡惨重。与此同时，附近高地的德军榴弹炮群和迫击炮群也对主峰前沿实施火力覆盖，这更增加了印度人的混乱。更为糟糕的是，1发炮弹准确地击中了第6拉其普

■ 1名英军士兵拍摄的城堡山，被炸得就剩残垣断壁。

特步兵团1营营部，包括营长在内的所有营部人员非死即伤。除了放弃进攻，撤回城堡山外，印度人别无选择。第一次对236高地的进攻以失败告终。

8时30分，第6拉其普特步兵团1营又对236高地发动了第二次进攻。这一次，A连和B连在烟幕的掩护下向主峰进发。然而，2个连的进攻再次被3连击退。面对惨败，清晨被炸伤的营长显然失去了理智。他在前沿包扎所接受治疗时将怒气统统撒在了医务人员的身上，整个包扎所几乎被他掀翻。

跟在拉其普特营身后的是第9廓尔喀步兵团1营，他们的任务是以城堡山、165高地和236高地为跳板向距修道院高地仅250码的435高地（即汉格曼山）发动进攻。因此，他们的进攻的先决条件是埃塞克斯步兵营牢牢地守住城堡山，拉其普特步兵营全力夺取165和

236两个高地。16日零时，廓尔喀营来到了卡西诺镇北部边缘，等待拉其普特步兵营进攻得手的信号。然而，直到凌晨2时都没有等到任何信号。于是，营长南格尔少校决定不等信号，按计划向435高地直接展开攻击。

在伸手不见五指的黑夜里，全营摸索前进。道路上密布的弹坑和堆积的瓦砾让廓尔喀兵费尽千辛万苦才来到城堡山附近公路。然而，伞兵8连的1个隐蔽的机枪火力点却封锁了他们前进的道路。无奈之下，南格尔只得率部离开公路，继续绕道向城堡山前进。最终他们成功地走到了城堡山脚下。于是，南格尔少校决定在此建立营部，并把A连和B连留下。C连和D连兵分两路，摸索着向435高地推进。D连在推进过程中被附近高地埋伏的德军发现，随即遭到了猛烈的机枪火力拦阻。不到1分钟，全连就伤亡了15名官兵，被

迫撤回到营部附近。而C连则在德林克霍尔上尉的指挥下在黑暗中完全失去了联络。

当英印第4步兵师在城堡山、165高地和236高地发动进攻的时候，把守修道院高地和周围高地的德军第3伞兵团1营也没有闲着。15日大空袭后，负责守卫修道院高地的1营4连就在连长福格特中尉的指挥下把修道院废墟变成了一个巨大的堡垒，整个修道院内共布置了6挺MG42轻机枪，形成了一个纵横交错的火力网。此外，德国炮兵连的炮兵前进观察员也纷纷进驻修道院废墟。正是在炮兵前进观察员的指引下，后方炮兵部队先是重创了增援城堡山的拉其普特步兵营C连、D连，后又以准确而猛烈的炮火有力地支援了3

连在236高地的防御战，粉碎了A连和B连的进攻并端掉了拉其普特步兵营营部。盟军轰炸修道院所造成的苦果只能由他们自己吞下。

从修道院废墟里，1营营长伯姆勒少校清楚地看到了拉其普特营对236高地和165高地进攻失败。但令他感到不解的是，城堡山附近出现盟军的身影，难道它已经落入盟军之手了吗？伞兵2连还没有消息吗？当这些疑问在伯姆勒少校的脑海中萦绕时，他突然发现在435高地上有几个晃动的人影，他们会不会是2连呢？如果是的话，2连或许已经占领了从236高地起，经由435高地到修道院间的山脊线。那样的话，修道院高地就可以高枕无忧了。然而，当他再一次透过双筒望远镜观

■ 位于后方的德军重型榴弹炮兵，他们在炮兵前进观察员的指引下重创了盟军的进攻。

察435高地时，他才发现自己的判断大错特错。原来，伯姆勒少校发现的是凌晨失踪的廓尔喀营C连。他们正在向435高地发起最后的进攻。

435高地，盟军称之为汉格曼山，它是盟军向修道院发动最后进攻的跳板。由于高地原来建有高压电缆架，后在空袭和炮击中被毁，残留的高压电缆仍留在山上，远看过去和绞刑架极为相似，因此盟军贴切地将它称为汉格曼山 (Hangman Hill，意思是悬吊人的高地)。C连在连长迈克尔·德林克霍尔上尉的带领下，静悄悄地穿过了已成为一片废墟的卡西诺镇的边缘，偷偷地摸上435高地，并夺取这个仅有少量德军警戒的重要高地。435高地的失守让第1空降师在

■ 位于汉格曼山反斜面上的德军伞兵。

卡西诺战区的形势骤然严峻起来。首先，435高地位于修道院高地和卡西诺镇之间，占据高地的盟军可以居高临下封锁一条经由修道院对卡西诺镇的重要补给线。其次，盟军已占据了一个可以直接向修道院发动最后进攻的跳板。

傍晚，拉其普特营再以A连和B连对236高地发动了当天的第三次进攻，他们的对手仍然是伞兵3连。虽然清晨连续两次的战斗中，3连都将盟军的进攻打退，但自身兵力也仅剩下不到20人。尽管附近炮兵全力支援，

但3连仍难以抵挡优势之敌的猛攻。印度人在付出重大伤亡的情况下，逐步向主峰迫近。伞3连连长哈宁中尉不断给伯姆勒少校急电求援。鉴于236高地和435高地危急的态势，伯姆勒少校直接向在第3伞兵团团部督战的第1空降师师长海德里希少将提出了增援的请求。海德里希少将照准所请，把原定601高地的预备队——第1伞降工兵营3连1排和2排拨给了1营。抵达修道院后，营长伯姆勒少校指派2排 (35人) 反击435高地，第1排25名工兵在扎姆中士的指挥下前往236高地，增援在那里

212

困守的3连，并夺回罗卡加努拉。

当1排的25名工兵准备从修道院出发的时候，拉其普特营A连和B连已经夺取了236高地。3连终于没能守住高地。在16日一天的战斗中，3连伤亡20人，健在的5名官兵在连长哈宁中尉的带领下撤出高地，在通往修道院高地的山脊线上占据阵地，仍以仅存的1挺MG42轻机枪朝印度人继续射击。虽然拿下了236高地，但印度人在当天三次进攻中已经筋疲力尽。总结15日和16日在修道院高地方向的战斗，第3伞兵团1营虽然连续丢掉了重要的城堡山、435高地、236高地和165高地，2连伤亡殆尽（仅1人逃回），3连仅剩6人，据守修道院高地的4连也因盟军不间断的战斗轰炸机空袭和榴弹炮群的炮击而蒙受了3人阵亡、11人负伤的代价，但对整个战局最为重要的修道院高地和通往该高地的山脊线仍在1营手中。2天激战过后，1营兵力降至80人，加上新近抵达2个伞降工兵排，总兵力也不过160多人。尽管兵力对比当面盟军处于绝对劣势，但对上述失守高地的反击却是势在必行。

修道院高地

尽管卡西诺镇和修道院高地周围的形势已经朝着不利的态势发展，但在第3伞兵团团部内密切注视战局发展的海德里希少将和海尔曼上校却依然没有放弃。午间，2营的沃尔夫冈·格布哈特少尉奉福尔廷上尉之命抵达

团部报告镇内的战况。当海德里希得知镇内各个重要据点除了邮局附近的女修道院失守外，其他仍牢牢地掌握在伞兵手中的时候，内心稍稍地松了一口气。他指示格布哈特少尉立即返回营部，并告诉福尔廷上尉一旦情况允许，他将亲自进入卡西诺镇视察。格布哈特少尉离去后，海德里希少将和海尔曼上校又对卡西诺镇内的形势进行分析并研究对策。两人一致认为如果确认弗里伯格对修道院高地的进攻不甚坚决的话，第1空降师将冒着沿线高地守备力量被削弱的危险将驻防的伞兵撤下，投入到卡西诺镇的争夺战。此外，弗里伯格在持续两天的战斗中都没有对卡希利纳街南面发动进攻，因此海德里希可以放心地把卡希利纳街南面的高地驻防的伞兵抽调回来，集中用于卡西诺镇争夺战。除了这些援军外，海德里希手中还握有一张王牌——集结于修道院高地西南角的第4伞兵团1营。不到最关键的时候，海德里希是绝对不会将这张牌打出的。除了作战外，海德里希还对往返于战区内救援伤兵的救护兵给予了极大的关注。根据各营的医疗官的报告，救护兵勇敢地冒着炮火和双方的机枪火力打击，穿梭于火线，将伤员抬上救护车后撤。尽管救护车上的红十字十分显眼，尽管救护兵右臂上佩戴的红十字臂章十分的鲜艳，但盟军视而不见，对他们进行了残酷的射击。对此，海德里希备感震怒。他除了去电公开表扬各营救护兵的英勇行为之外，还命令师部通信连向盟军发出明码电文，要求盟军停

■ 第10集团军司令维廷霍夫中将。

止射杀救护兵和摧毁救护车的行动。

下午，第14装甲军军长赞格尔中将抵达第3伞兵团团部视察战况。海德里希少将和海尔曼上校就当前的作战态势和伞兵的对抗措施向赞格尔进行了简单的介绍。听完战报，赞格尔对第1空降师在如此不利的态势下仍能顽强奋战的作战意志和战斗技能深感敬佩。战后，他回忆道："在卡西诺，轰炸给意大利难民和德国陆军中最顽强的战士都造成了毁灭性的打击。然而，伞兵的斗志却远超出了我们的想象。空袭过后，他们从倒塌的废墟和掩体中爬出，并迅速地以顽强的斗志投入到激烈的战斗中。他们的出色表现实在是难以用言语形容。几乎所有人都认为空袭过后幸存的伞兵在大轰炸下必然身心崩溃，但事实却证明了这些传统看法都是无稽之谈。"

伞兵的出色表现甚至让高层指挥也感到震惊。当天傍晚，C集团军群参谋长、前非洲军团作战主管参谋威斯特伐尔少将在和第10集团军司令维廷霍夫中将了解战况发展时说了这么一句话："我敢打赌，你正为手头上有这么一支出色的伞兵而感到欣慰。"维廷霍夫答道："当然！……只有他们才能干得如此漂亮，他们是最棒的！"

3月17日1时，第3伞降工兵连1排24名工兵在排长扎姆中士的指挥下，带着充足的步枪机枪子弹和手榴弹离开了修道院。1名工兵回忆道："我们悄无声息地离开修道院，沿着山脊线摸索前进。4点，我们抵达了236高地。在接近高地山腰的一个险弯，3连幸存的6名伞兵仍在操纵1挺MG42机枪顽强地抵抗着拉其普特营的进攻。敌我相距不过20米远。在3连连长哈宁中尉向我们简单地介绍了当前的敌我态势和高地的地形后，我们立即展开了反击。然而，我们刚出发没多久，就遭到了敌人猛烈机枪火力的压制，敌人还从附近埋伏的树丛中向我们投掷手榴弹。相比之下，第二次进攻则要成功得多。弗兰茨·德雷格尔用1枚2公斤重的空心装药炸弹将敌人的机枪火力点端掉。接着，我们一跃而起，从撕开的口子里冲了进去，并用更多的炸弹将敌人的机枪火力点逐个炸毁，最终我们成功地夺回了236高地。接下来，我们乘胜追击，又拿下了左翼的192高地。当我们继续向前推进，准备夺取连接罗卡·加努拉的一个马鞍形高地时却遭到了猛烈的机枪火力阻击。这时天色已亮，我们只得停止进攻，撤回到192高地和236高地。昼间，我们开始巩固阵地并监视435高地。"

这次对236高地的反击战堪称经典，德军仅以25人对拉其普特营2个连展开反击，并一举夺回了236高地和临近的192高地，付出的代价仅为1人阵亡，4人负伤。

凌晨时刻，德军第3伞降工兵连2排也在斯坦因穆勒上士的率领下向廓尔喀人据守的435高地发动了进攻。从修道院出发前，斯坦因穆勒上士命令全排官兵一字排开听取任务简报。直到这时，他才沮丧地发现自己排的士兵着装五花八门。部分人身着新式伞兵服，部分人身着老式跳伞服，其余的人甚至同时身着这两种军服，但头上统一顶着圆形的钢盔表明他们是一群伞兵，是德国陆军中最顽强的战士！简报完毕后，2排在斯坦因穆勒上士的带领下，向435高地进发。然而，这一仗并不好打。在2排出发前，廓尔喀营已经开始有组织地向435高地增援了。南格尔少校在16日下午证实了他的C连已占领435高地的报告后马上就做出了将A连、B连、D连全部派上高地增援的决定。为了避开来自修道院的德军伞兵机枪火力打击和炮火拦阻。南格尔计划以班排为单位，摸黑向435高地运动。至黎明前，第9廓尔喀步兵团1营约800名官兵全部进入了435高地。而这个时候，2排仍未抵达山脚！黎明时分，2排终于抵达435高地并在修道院的第3伞兵团1营4连机枪火力

和迫击炮火力支援下向占绝对优势的廓尔喀营展开反击。第9廓尔喀步兵团1营作战日记记载道："D连抵达高地时，正逢德军迫击炮群对高地的炮火急袭。紧接着，德军就对高地发动了一次坚决的反击。进攻从高地南坡发起，进攻范围逐渐向北坡的峭壁延伸。整个高地遭到了来自修道院花园和墙根处的机枪火力和迫击炮火力覆盖。进攻之敌一边冲锋，一边向我营据守的石墙背后投出大量的手榴弹。整个战斗残酷而激烈！"

在德军猛烈的迫击炮火力和机枪火力的打击，以及2排的猛攻下，廓尔喀营暂时撤出了主峰。但得手不久的2排随即遭到廓尔喀营D连和C连凶狠的反冲锋，被迫放弃高地，撤回了修道院。在这次兵力悬殊的战斗中，2排共有18人负伤，但无一阵亡。通过这一仗，1营营长伯姆勒少校意识到除非付出巨大的代价，否则夺回435高地决无可能。因此，他决定改变战术，以修道院内的迫击炮火力和狙击火力压制435高地，同时切断对高地的补给线，将廓尔喀营困死在435高地上。伯姆勒的围困战术在当天就发生了效用。在德军猛烈而准确的迫击炮火力打击下，当天试图为435高地运送补给的后勤部队伤亡惨重且无法前进一步。为了给廓尔喀营强行运送补给，弗里伯格中将决定在17日夜出动拉其普特营2个连掩护由军工和毛驴组成的运输队为435高地运送补给。这条补给线从盟军控制区北面出发，经由城堡山、236高地，重点是435高地。然而，沿线附近都是伞兵据守的

■ 作战中的廓尔喀士兵。

高地，一有风吹草动都会遭致机枪火力和迫击炮火力的打击。尽管危险重重，但弗里伯格还是决定放手一搏。当运输队走到城堡山脚时，遭到了德军猛烈的迫击炮火力袭击，2个拉其普特连伤亡惨重，部分毛驴和军工乘乱逃走。炮击过后，运输队继续前进。途经罗卡·加努拉时，附近高地的伞兵又以MG42机枪朝他们猛烈开火。精神几乎崩溃的军工拒绝继续前进，2个连的拉其普特士兵只得自己背上补给品，赶着毛驴向高地缓慢进发。18日凌晨5时，补给品终于送到了廓尔喀营的手中。为了完成这次艰难的补给任务，第6拉其普特步兵团4营一共蒙受了27人伤亡的惨重

代价。得知了这个情况后，弗里伯格中将决定对435高地的补给一律采用空投。但这个办法也并非十全十美，由于廓尔喀营控制区域不大，因此空投的大部分物资都落到了德军的手中。从17日起，廓尔喀营完全陷入了绝境。

激战还在继续

17日上午，盖格尔少尉接替昨晚负伤的科茨少尉担任第1伞降工兵连连长，并负责指挥"鱼市"广场北角建筑物的防御战。上任后，盖格尔少尉即命令机枪手和工兵据守一

楼，二楼给观察哨，以防盟军的炮火打击。在广场上，工兵和对面的新西兰步兵据守的废墟相距仅不到15米。新西兰机枪手不断朝各个火力点射击，以掩护小股步兵冲锋。然而，德军工兵却依照斯大林格勒巷战经验教训发明出了一套行之有效的战术：当新西兰人进攻时，他们一边以机枪火力牵制，一边向四周撤退。待新军占据建筑物时，再从屋外的废墟隐蔽处接近建筑物，向各层楼房内投掷手榴弹并朝屋内猛烈扫射，同时向新军防线渗透，迫使进攻之敌回撤。就这样，双方继续为了每一片废墟展开激烈争夺。在这些争夺战中，伞兵仅投入小股兵力，但却有效地牵制住了许多敌人步兵集团，为援军的抵达和部署的调整赢得了时间。

在小镇北面，伞兵6连和8连仍在顽强地抵抗。尽管小镇的大部分地段都落入了新军手中，但重要的据点仍牢牢地掌握在伞兵之手。让8连代理连长姚姆洛夫斯基中尉感到欣慰的是，他的老6连在15日到18日的激烈战斗中仅有1人被俘。姚姆洛夫斯基中尉回忆道：“尽管经历了大轰炸和敌人持续3天的猛攻，但每一名伞兵仍在进行着顽强的抵抗。我们决心把小镇变成一个攻不破的堡垒。除非新西兰人能将我们全部杀光，否则他们绝不可能从我们手里把它（指卡西诺镇）夺去！”相对于6连和8连的顽强，5连的表现就差得多了。在3天的激战中，包括接替阵亡的默斯科普继任连长的鲁道夫·赖因琛巴赫上士在内，5连（32人）共有25名伞兵向新西

兰步兵投降。剩余的5名伞兵在新任连长汉斯·塞格尔拉上士的率领下继续奋战。他将在未来的战斗中因出色的战绩而获得德意志金质十字勋章。

当天，突围而出的舒斯特少尉一行人仍然身陷敌后。一整天他们都躲在卡西诺山丘地带一个高地山脚，从这里他们看到了盟军在进攻中所展现的物资优势。晚上10时，他们又开始了回程之旅。出发后不久，几名印度兵就从他们身旁匆匆经过，但没有发现他们。不久，一阵急促的脚步声离他们越来越近。一阵吼声突然打破了夜色的宁静：“站住！你们是什么人？”舒斯特用英语答道：“布朗上尉！”接着，舒斯特少尉冷静地走向这名盟军士兵，继续用流利的英语说道：“我是正执行特殊任务的布朗上尉。我奉命押送这些德国战俘穿过这个防区。”虽然舒斯特的英语是如此的流利，但这名士兵却依然怀疑并坚持要求舒斯特少尉跟他走。眼看骗局就要被揭穿，舒斯特回头小声地说了一句：“干掉他！”1名伞兵应声捡起一块大石头将这名盟军士兵砸倒在地。然而这名盟军士兵在倒地的瞬间向舒斯特少尉扣动了扳机。舒斯特少尉应声而倒，里希特中士俯下身子，一边查看舒斯特少尉的伤势，一边问道：“我们该怎么办呢？”舒斯特看了一眼老战友，目光坚定地说道：“别管我，你们快走，尽快回到我们的战线！”对此，里希特有些犹豫，他不想丢下自己的老连长。舒斯特少尉看出了他的心思，用尽力气一把推开

他，说道："这是命令！"在老连长的坚持下，6人只得趁着夜色匆匆离去，把连长留在了敌后。

对于15日和16日在卡西诺镇内的缓慢进展，弗里伯格感到头痛万分。16日夜，他把新西兰第2步兵师师长帕金森准将叫到了军部，并亲自向他下令道："加大对小镇的进攻力度，务必在今晚和据守435高地的廓尔喀营取得联系。"

当天凌晨，新西兰人在卡西诺镇的补给状况有了很大的改善。在卡西诺镇内的监狱附近，新西兰人建立了1个野战补给仓库，这使得许多在一线奋战的部队得到了热腾腾的食物。按计划，第25步兵营和第24步兵营B连将在第19装甲团谢尔曼坦克群的支援下继续向小镇西南角的欧陆旅馆等重要据点展开攻击。而第26步兵营将对卡西诺火车站发动进攻。

17日凌晨，第25步兵营D连穿过卡西诺镇废墟，进入女修道院和附近的教堂，准备为第26步兵营的进攻提供火力支援。

清晨6时45分，第25步兵营A连和第24步兵营B连又向欧陆旅馆发动了进攻。B连的任务是先夺取植物园，再从东面旅馆发动进攻。A连的任务是直接向旅馆展开攻击。负责支援的谢尔曼坦克群在P.G.布朗中尉的指挥下冲在最前面，并以75毫米坦克炮和车载机枪为步兵开道。但进攻发起后没多久，支援的谢尔曼坦克群就因四周密布的弹坑无法继续向前推进。更糟糕的是，当天低下的能见度

使支援他们的大部分坦克无法绕道。

尽管如此，兵力降至不到50人的B连却在连长特恩布尔少校的指挥下顽强地向前推进。由于能见度不足，B连在进攻过程中无法查明对面的德军火力点的具体位置，但B连仍在阵亡3人，负伤9人的情况下冲进了植物园。经过45分钟激战，B连肃清了守军，但强行突入花园的3辆谢尔曼坦克全部被德军击毁。穿过花园后，B连继续向旅馆前进。在旅馆东面150码，B连遭到了在整个大战中从未经历过的猛烈迫击炮火力和机枪火力的打击，被迫停止前进，就地转入防御。由于无法直接和上级——第25步兵营营部取得联系，因此特恩布尔少校派了1名传令兵回去，请求增援，否则B连仅凭剩余的33人是无论如何也无法守住现有阵地的。随后，在监狱附近待命的预备队C连受命派遣1个排增援B连。16排奉命出动，但当他们抵达植物园时也被附近废墟内隐蔽的德军机枪火力钉死，在付出1人阵亡和1人负伤的情况下，16排才接应第24步兵营B连撤回到植物园。A连的表现也好不到哪去。在德军猛烈的机枪火力打击下硬是没能前进一步！最终，在欧陆旅馆附近的战斗变成了巷战。尽管新西兰步兵不断发动进攻，但都被德军密集的机枪火力和猛烈的迫击炮火力瓦解。不仅如此，德军伞兵还不断派出3至5人的小分队爬过瓦砾，袭扰新军控制区，并以狙击手猎杀新军报务员和游动的步兵。双方为了每一片废墟，每一堵石墙和每一堆瓦砾都展开激烈争夺。在战斗

中，新西兰步兵伤亡惨重。对于欧陆旅馆方向缓慢的进展，弗里伯格忍无可忍，他干脆通过无线电和第25步兵营营长取得联系，并严令该营不惜任何代价尽速达成突破。

进攻一再受挫，第25步兵营只得如实向上级反馈。得知这个情况后，恼羞成怒的弗里伯格中将直接把电话打到了第6步兵旅旅部。在电话中，他向旅长博尼范特准将强硬地下达了命令："前进！你应该不惜一切代价继续前进！B战斗群必须尽速达成突破！"放下电话，博尼范特准将立即命令第6步兵旅下属的各个步兵营全部投入卡西诺镇，力争在24小时内拿下镇内所有重要据点，打开通

往435高地的生命线。5分钟后，弗里伯格打电话向克拉克中将报告卡西诺镇的战斗很快就会有突破性进展。然而，他们高兴得太早了。经过两天的艰苦巷战后，卡西诺镇内的德国伞兵已经树立了信心，他们相信自己能够守住小镇。伞兵把各栋据守建筑物残骸四周各墙壁都炸开，留出逃生通道，便于和新西兰步兵进行反复争夺。在这种情况下，新西兰步兵在推进过程中不得不为附近的每一片废墟进行反复搜索，这大大延缓了他们的推进速度。1名新西兰步兵于战后被问及卡西诺镇巷战时的感受时说道："这也不坏，我们虽然夺取楼房的表面，但我们仍不得不在地

■ 废墟中的德军伞兵迫击炮组。

■ 新西兰军队于2月17日经过苦战后攻占了卡西诺火车站。

窖里搜索敌人。"战至傍晚，欧陆旅馆方向仍然没有任何进展。17日，第25步兵营A连阵亡1人，负伤18人。3天的激战过后，第25步兵营伤亡很大，各连的兵力都下降到了两位数：A连51人，B连49人，C连40人，D连42人。当晚，第24步兵营B连回归原建制。

当欧陆旅馆方向的战斗陷入胶着状态后，新西兰人在17日的希望就放在了第26步兵营的身上。他们的任务是负责夺取小镇南面的卡西诺火车站。11时，新西兰第2步兵师师属炮兵集中火力对卡西诺火车站实施猛烈的炮火准备。10分钟后，2辆谢尔曼坦克穿过卡希利纳街并向南朝火车站推进时，德军11连用机枪进行了顽强抵抗，但由于缺乏反坦克火箭筒，被迫撤至火车站。当谢尔曼坦

克群逼近火车站时，位于加里河谷西岸的德军炮兵群开火了，猛烈的炮火最终逼退了坦克群。

下午，第26步兵营以连为单位，在坦克支援下向火车站发起猛烈进攻。虽然冲锋过程中，他们遭到了德军猛烈的机枪火力和准确的狙击火力打击，并蒙受了惨重的伤亡。但勇敢的新西兰步兵仍不顾一切地前进，并冲进了火车站。经过惨烈的激战后，新军夺取了火车站。胜利的代价是高昂的，第26步兵营共阵亡33人，负伤58人，3辆坦克被击毁。损失最为惨重的是A连，共伤亡36名官兵。其中，在A连服役达2年之久的连长弗雷泽少校不幸阵亡。

这样，在17日结束前，新西兰人在卡西

诺镇又获得了进展。植物园和火车站的到手意味着德军的控制区又被大大压缩了，但连接435高地和卡西诺镇的重要据点 (同时也是卡西诺镇的抵抗中枢) 欧陆旅馆仍在德军的手中。未来的战斗仍然残酷而激烈。

激战的高潮

眼看卡西诺镇内越来越多的据点和卡西诺山丘四周高地接连失守，第14装甲军军长赞格尔中将开始担忧起来。17日上午10时，在向凯塞林元帅的战况汇报中，赞格尔中将把前景描述得一片黑暗。但第1空降师师长海德里希少将却仍然保持乐观的看法。他认为盟军至今仍未对卡西诺修道院高地和卡希利纳街南面各个高地展开进攻，这就意味着他可以把驻守卡希利纳街南面高地群的任务交给约200名掷弹兵，他们将在机枪、反坦克火炮和迫击炮群的支援下进驻这些高地，并担任警戒任务。从上述高地撤下的伞兵将集中用于卡西诺镇争夺战和对城堡山方向的反击。

16日和17日两天，第1伞兵团2营在库尔特·格雷纳德尔斯少校的指挥下将防务转交给第155装甲掷弹兵团约200名掷弹兵后就进入卡西诺镇，统一接受福尔廷上尉的指挥。虽然形势极为不利，但海德里希依然对他的老3团抱有极大的信心。他认为盟军的动作迟缓已经使得战场主动权在不知不觉地向德军一方倾斜，只要顶过这段最危险的时期，那

么胜利就是第1空降师的了。战后他回忆道："走进海尔曼上校的团部，我看到一张被扯掉的日历扔在了地板上。上面写着：战机正像云雾般地逐渐逝去。我把它捡了起来。然后，我拍着海尔曼上校的肩膀说道：'这是个好兆头，战机正从英国佬手上逐渐溜走。'"

第14装甲军作战日志对当天的战局记载道："卡西诺战区的战斗日益惨烈，双方都没有抓获任何战俘。修道院高地方向战线无变动，但卡西诺火车站和植物园易手。尽管战局十分不利，但勇敢的伞兵仍在进行着顽强的抵抗。"为了支援备受重压的第1空降师，第14装甲军尽力从休整的第90装甲掷弹兵师中抽调出了2个装甲掷弹兵营 (隶属于第155装甲掷弹兵团) 接替第1伞兵团2营和第1伞兵团左翼的防务。同一天，密切关注卡西诺战局发展的希特勒向第1空降师师长海德里希发来了嘉奖电报。希特勒在电文中称赞了第1空降师顽强作战的精神，并指出伞兵切实地贯彻了一步也不准后退的防御作战政策，是所有德军部队的楷模。卡西诺承载着德国所有的希望，希特勒要求海德里希不惜一切代价守住卡西诺，挫败盟军的进攻。

就在海德里希有条不紊地向卡西诺镇增派援军并逐渐稳住战局的时候，盟军阵营却开始焦虑起来。英国首相丘吉尔更是耐不住性子了。原先，丘吉尔认为盟军在进攻的第一天就向卡西诺镇倾泻了1000吨高爆炸弹和1400吨炮弹，在如此猛烈的火力打击下，只

要还有人生还就是奇迹，更不用说进行抵抗了。然而，现实却远远出乎他的意料。据守小镇的德军不仅大部分生还，而且还打得占绝对优势的新西兰步兵无法前进一步！3天下来，新西兰第2步兵师虽然夺取了镇内的修道院、植物园、火车站，但再也无法前进一步。镇内的抵抗中枢——欧陆旅馆打了3天都没能拿下来。修道院高地方向的战局也陷入了僵持。虽然夺取435高地和城堡山，但这2个高地的守军都被德军困死。安齐奥滩头的形势也不见好转。更重要的是，美国军方已经通知英国方面不会再向意大利派遣一兵一卒。不仅如此，美军还准备在6月从意大利战场调走部分兵力，投入在法国南部登陆。为了抢在美军撤兵前在意大利战区获得突破性进展，丘吉尔开始向盟军地中海战区司令亚历山大上将和负责进攻卡西诺地区的美国第5集团军司令克拉克中将施压了，要求盟军应不惜代价尽速突破古斯塔夫防线。备受重压的亚历山大上将和克拉克中将只得一再要求弗里伯格中将把新西兰第2步兵师全部机动部队调入城中参战，但这个建议却被自信的弗里伯格否决了。他认为镇内的新西兰步兵已经够多的了，战局会在这一两天内取得突破性进展。尽管他手头拥有英国第78步兵师，但他和海德里希一样，荣誉只留给自己的子弟兵，他相信新西兰步兵是最顽强的步兵。不幸的是，弗里伯格所有的判断都对，但惟独一样是错的，那就是新西兰步兵在顽强程度上要逊色于德军伞兵。当弗里伯格中将意

识到这点的时候，第三次卡西诺战役的失败已不可挽回。

战至17日午夜，卡西诺地区的最新形势如下：新西兰军第24步兵营、第25步兵营和第26步兵营已占领了四分之三的卡西诺镇。德军第3伞兵团2营和3营、第1伞降工兵营1连以及新加入战斗的第1伞兵团2营仍死守着欧陆旅馆、玫瑰旅馆和镇内几个关键的建筑物支撑点，但占据兵力优势的新西兰步兵已对这些据点构成包围态势。在修道院和卡西诺镇之间横亘的435高地横插了1个廓尔喀营。拉其普特营和据守城堡山的埃塞克斯营和在附近高地据守的德军形成犬牙交错的态势。当天，盟国空军共出动400多架次，投弹340吨。炮兵也是全力支援进攻作战，17日又消耗了约1万发炮弹。在如此强大的兵力和火力的持续打击下，第三次卡西诺战役将很快迎来高潮。

3月18日凌晨3时，第1空降师师长海德里希少将亲自向第1伞降摩托化步兵连 (62人) 下达了反击并夺回卡西诺火车站的命令。在卡西诺镇内兵力对比如此悬殊的情况下，海德里希非但不将这批宝贵的生力军增援2营死守的各个据点，反倒发动反击夺回火车站，这不禁让人有些捉摸不透。事实上，这次反击的根源还是德国高级指挥官的荣誉感在作祟。首先，第3伞兵团2营以弱小的兵力在面对兵力和火力占据绝对优势的盟军进攻中已经苦苦支撑了3天。从情理上来说，即使部分阵地丢失也是情有可原的，当务之急是尽

一切可能组织兵力增援剩余的各个据点，以拖待变。但上至赞格尔，下至海德里希都感到火车站的失守令他们大失颜面。赞格尔在得知火车站失手的消息后，一边瞒住第10集团军司令部，一边命令海德里希要不惜任何代价组织反击，迅速夺回火车站。同时，海德里希也是一个极其重面子和荣誉至上的军人。反击的目的不仅在于夺回火车站，而且要维持第1空降师那所谓"决不丢失一寸土地"的光荣传统（确切地说应该是海德里希的个人传统）。在先前的作战经历中，海德里希就曾一再地要求所部以反击夺回失守地段。在克里特的干尼亚，时任伞兵3团团长的海德里希就曾因2营营长德尔帕少校擅自放弃一个俯瞰干尼亚监狱的重要高地而大发雷霆，并严令德尔帕少校组织反击，夺回高地。在战斗中，德尔帕少校不幸阵亡。在东线斯摩棱斯克争夺战中，海德里希也曾为毫无战术价值的"科诺布洛赫"高地的丢失而大发雷霆之怒，并严令第3伞兵团3营立即组织反击夺回高地。在持续24小时的反击战中，3营共有58人阵亡，144人负伤。而这次火车站的失守也不例外，海德里希决心不惜代价组织反击，夺回火车站，维护第1空降师所谓的"尊严和荣誉"。

新西兰第26步兵营自占领火车站后就已枕戈待旦，200多名步兵在12辆谢尔曼坦克的支援下已在火车站周围布防完毕。按计划，第1伞兵机枪营1连的迫击炮群将为第1伞降摩托化步兵连提供火力支援。迫击炮群

将在第1伞降摩托化步兵连从加里河西岸准备渡河向东岸火车站发动进攻前，对东岸的新西兰第26步兵营阵地进行短促的炮火准备。然而，德军炮手的射击诸元计算却出现了问题。当62名伞兵在西岸准备渡河时却遭到了己方迫击炮火力突如其来的打击，半数官兵非死即伤。尽管如此，剩余的30名官兵仍然顶着己方猛烈的炮火，跳进冰冷的加里河，把枪高举过头，徒涉过河。过河后，伞兵沿着右侧的铁路线向火车站缓慢逼近。至4时30分，他们抵达了计划中的最后攻击发起线——火车站外围的机车库。当他们完成最后的准备并朝火车站站台和出口猛冲过去的时候，恭候多时的新西兰人以轻重机枪群和迫击炮群一齐向他们射出密集的弹雨。不到1分钟，就有11名伞兵在弹雨中倒下，剩余的19人被迫在烟幕的掩护下灰溜溜地撤回到河西岸。在这次失败的反击中，第1摩托化步兵连伤亡43人，新西兰第26步兵营仅有1人阵亡。

当天，在修道院高地周围的德军暂停了大规模反击行动，改对435高地采取围困战术。这天，进驻修道院内各个德军炮兵连下属的前进炮兵观察员不断呼叫炮兵打击435高地暴露的廓尔喀营阵地和火力点。在德军炮火的打击下，廓尔喀营官兵完全无法动弹。与此同时，第4伞兵团1营也完成了集结，他们准备对435高地的补给中枢——城堡山发动反击。在当天召开的战地会议中，海德里希认为夺回城堡山，不仅可以打断英印第4步兵

■ 坚守435阵地的廓尔喀士兵。

师向卡西诺修道院张开的铁钳，而且可以把在435高地据守的廓尔喀营完全困死。同一天，为了给435高地的守军送去给养，弗里伯格向盟军地中海战区航空军司令埃克中将提出了为435高地空投补给的请求。但因廓尔喀营控制区太小，空投的大部分物资都被德军捡到。德军1营的贡特尔·布赖尔回忆道："从第三天起，英军试图为他们的印度盟友空投补给。午前，运输机群在435高地上空投下了大量装满口粮、弹药、医疗用品和淡水的补给箱。它们散落在整个区域。当晚，我们捡得不亦乐乎。这些口粮立即被配发给1营官兵。这样，我们在盟军空投的日子再也没有饿过肚子了。"

第1伞兵团2营在营长库尔特·格罗施克少校的指挥下于18日晚进入了卡西诺镇。尽管伞兵1团2营在前两次卡西诺战役中，在与美军3个步兵营、1个英国步兵营和1个印度步兵营的血战过后兵力已降至150人，但他们个个都是身经百战的老兵。海德里希把这样一支战斗力强劲的部队派往卡西诺镇足以说明了战局的险恶。海德里希少将希望第1伞兵团2

营能以强大的战斗力挽狂澜于即倒，协同筋疲力尽的第3伞兵团2营顶住新西兰第2步兵师发动的下一波攻势，为战局的扭转创造良机。

至18日，第3伞兵团2营已在卡西诺镇内奋战了3天，几乎所有的幸存的伞兵都已筋疲力尽。8连代理连长姚姆洛夫斯基中尉回忆道："整整3天，我们都不分昼夜地警戒和作战，身心已极度疲惫。在我检查阵地过程中，就发现了一名筋疲力尽的哨兵竟然开枪打伤了自己的一名战友！然而，我并没有处分他。我知道他此时最需要的是立即去美美地睡上一阵，因为他的神志已经模糊到回答问题都很迟缓了。在这种情况下，我又怎么能责怪他呢？仅仅是因为疲惫，我们就在一个晚上损失了2名弟兄。18日当天，英国人投下的补给落到了我们的阵地，这给我们多少带来了一丝安慰。值得注意的是，我军的斯图卡俯冲轰炸机于黄昏前对盟军的炮兵阵地进行了轰炸。它们低空进入，投弹，拉起，然后以机载武器扫射盟军炮兵阵地。我一共看到了5架飞机，它们的出现给我们带来了莫大的希望！"

在德军增兵的同时，新西兰第6步兵旅也在做最后的努力。当天，6旅计划以第24步兵营为主力，夺取巴隆广场至六号公路之间的所有重要据点（包括欧陆旅馆、玫瑰旅馆等德军抵抗中枢），打开通往修道院的道路。17日夺取火车站的第26步兵营在3天的战斗中已蒙受了109人的伤亡（其中37人阵亡），失去了大规模进攻的能力。而第25步兵营虽然伤亡较小，但连续3天的奋战已使各连筋疲力尽，除了守住现有阵地并进行小规模突击外，暂时失去了发动大规模进攻的能力。因此，18日的进攻重任就落在了第24步兵营的肩上。然而，第24步兵营的状况也好不到哪去。B连在连续两天对欧陆旅馆的进攻中蒙受了惨重的伤亡，兵力已下降至33人。A连和D连的位置不佳，无法担任突击重任。这样，作为预备队的C连就承载了18日新西兰第2步兵师的所有希望。17日晚，C连通过城堡山，乘夜摸上了435高地。和廓尔喀营分手后，C连兵分两路。15排在马西森少尉带领下，从东北的山脊线向旅馆发动进攻。13排在克劳斯少尉率领下经由202高地，从东南面向旅馆展开攻击。连长亲率14排作为预备队在202高地待机。从东北方迫近的15排在迫近至距旅馆不到100码时被德军发现，并遭到了猛烈的机枪火力压制，进攻受挫，被迫撤回202高地。与此同时，从东南方迫近的13排在克劳斯少尉的指挥下翻过围墙，向旅馆发动进攻。勇敢的克劳斯少尉第一个冲到门口并向里面投掷了1枚手榴弹，但这枚手榴弹竟然没有爆炸。回过神来的第3伞兵团14连（反坦克连）在周围高地驻防的第1伞兵机枪营的支援下，以强大的火力粉碎了13排的进攻。克劳斯少尉和3名冲锋在前的新西兰士兵不幸阵亡。见状，13排余下的官兵只得撤回202高地。

第25步兵营在防区内的清剿战斗也进行得异常艰难。激烈的巷战打了一天，第25步兵营宣称击毙16名德军，俘虏3人。全营阵亡3人，12人负伤。昨日伤亡惨重的第26步兵营除了击退第1伞降摩托化步兵连的进攻外，没有参加其他大规模战斗。当大黄昏，许久未曾露面的德国空军出动18架Ju 87斯图卡俯冲轰炸机对第26步兵营和盟军后方的炮兵阵地进行了小规模的轰炸。虽然给盟军造成的损失微乎其微，但对心理的打击却是巨大的。

18日凌晨2时30分，里希特中士一行人终于返回了己方战线，他们被驻防阿尔巴尼塔农场的第4伞兵团11连救下。清晨，里希特等6人被送到了第3伞兵团团部。在那里，他们受到了第1空降师师长海德里希少将和第3伞兵团团长海尔曼上校的热烈欢迎。随后，海德里希少将和海尔曼上校在团部里倾听了他们的报告，几乎所有人都被他们史诗般的返回历程所震撼。事后，以里希特中士为首的6名伞兵都被授予一级铁十字勋章，并官升一级。与此同时，奄奄一息的7连连长舒斯特少尉被一队印度巡逻兵发现并及时地送到了附近盟军的一个野战医院进行急救。在1名医术高超的印度医生治疗下，舒斯特少尉得以生还。

一天激战下来，据守卡西诺镇的伞兵们没有丢掉任何一个重要的据点。虽然第1空降师对火车站的反击失败，但新西兰第24步兵营C连对玫瑰旅馆的进攻也以失败告终。看到战局逐渐稳定，海德里希少将不禁对未来的胜利充满信心。同时，让海德里希感到欣慰

的是，第115装甲掷弹兵团2营的兵力已经进入了601高地周围布防，1营也接替了第4伞团1营的防务。18日夜，第4伞兵团1营 (250余人) 进入了卡西诺修道院，接受伯姆勒少校的指挥，他们准备在19日反击并夺回城堡山，彻底截断英印第4步兵师沿着城堡山——435高地——修道院高地的进攻轴线。

当海德里希准备反击的时候，弗里伯格中将也没有闲着。在仔细地分析了当前战场态势后，弗里伯格得出了结论。卡西诺镇内的欧陆旅馆和卡西诺修道院是战局的关键。为了尽速取得决定性突破，弗里伯格中将制订了一个代号为"复仇"的总攻计划：18日夜至19日凌晨，拉其普特机枪营A连乘夜运动至435高地，加强第9廓尔喀步兵团1营兵力。19日清晨，第6拉普特步兵团4营将接过第4埃塞克斯步兵团1营防务，担任城堡山守备任务。接着，第4埃塞克斯步兵团1营向435高地运动，与第9廓尔喀步兵团1营会合。之后，2个营一道向蒙特·卡西诺修道院发动进攻。与此同时，在卡西诺镇奋战了四天的第6步兵旅将得到第28"毛利"步兵营 (隶属于第5步兵旅) 的增援。19日，新锐的第28"毛利"步兵营将对欧陆旅馆发动进攻。一旦夺取了欧陆旅馆和卡西诺修道院，那么胜利就是囊中之物了。

根据海德里希的反击方案，第4伞兵团1营将于19日黎明前展开第一次反击。伞4团团长是曾在伞兵反坦克部队中屡立奇功的弗兰茨·格拉斯梅尔少校。作为一名老伞兵，格

拉斯梅尔少校从1940年起就在第1空降师的前身——第7航空师中服役。在克里特战役中，他是第1伞兵团第14反坦克连连长。在东线的维博尔斯卡加战役中，他因指挥全连挡住了苏联红军T-34坦克的多次猛攻而获得一级铁十字勋章。随后，他顺利地晋升为第4伞兵团3营营长。在斯摩棱斯克，格拉斯梅尔因作战有功被授予了德意志金质十字勋章。经过西西里岛和意大利本土的苦战后，格拉斯梅尔少校于第三次卡西诺战役前升任第4伞兵团团长。

第三次卡西诺战役前，第4伞兵团仅有2个营抵达卡西诺战区。其中，1营担任601高地的预备队，3营坚守593高地。2营仍留在安齐奥为"赫尔曼·戈林"伞兵装甲师补充兵员。18日，第115装甲掷弹兵团2营抵达前第1伞兵团2营把守的601高地。第4伞兵团1营（250余人）乘夜撤出了高地，沿着山脊线来到了卡西诺修道院，准备参加次日对城堡山一线的反击。指挥1营的也是一名30岁的老兵——赫伯特·克里斯托夫·卡尔·拜尔上尉。拜尔出生于军人世家，他于1934年加入新兴的德国海军，并以一名水上飞机飞行员的身份开始了职业军人生涯。1940年夏，德军在西欧获得空前大捷后，拜尔申请转调德国空军野战部队并获得了批准。1942年4月，拜尔成为第4伞兵团第14反坦克连连长。1943年7月，在西西里卡塔尼亚南面（埃特纳活火山附近）阻击英国第8集团军的作战中，拜尔因出色的表现而获得坦克近战勋章。第三次卡西

诺战役前，拜尔上尉接替调职的海因茨·施雷德上尉担任1营营长。19日的反击将由拜尔上尉坐镇指挥。

1营抵达修道院后，海德里希少将立即通过无线电和拜尔取得联系。他要求1营以1个连的兵力向城堡山展开反击，得手后1营主力再进驻城堡山。鲁道夫·波莱因中尉指挥的2连被点名担任此次反击的重任。现年27岁的鲁道夫·波莱因中尉是一名典型的巴伐利亚人。战争爆发前，波莱因进入德国陆军山地部队服役。1941年5月惨烈的克里特战役结束后，目睹伞兵杰出表现的波莱因向空军递交了转入伞兵部队服役的申请。1942年，他如愿以偿地加入了伞兵部队，并成为第4伞兵团的1名排长。在斯摩棱斯克防御战中，波莱因因表现出色被授予了一级铁十字勋章。接下来，他又在西西里岛的卡塔尼亚和意大利本土对快速推进的盟军进行了一系列成功阻击战。在1943年12月的奥托纳争夺战中，波莱因再次立功并获得了德意志金质十字勋章。至第三次卡西诺战役前，担任排长达2年之久的他终于升任连长。这次反击是他在担任连长后指挥全连参加的首次战斗。对此，波莱因中尉做好了充分的准备。按计划，2连将在夜幕的掩护下从修道院出发，沿着一条狭长的山谷，经由445高地，抵达236高地。和伞3连余部以及第3伞降工兵连1排会合。之后，这支战斗群将爬下236高地陡峭的山坡，向165高地展开反击。攻克165高地后，再向城堡山腰中世纪城堡和城堡山主峰发动

■ 1名德军伞兵军官和他的士兵们。

进攻。

4时，2连在波莱因中尉的指挥下悄悄地从廓尔喀营的眼皮底下从435高地山腰穿过，并沿着羊肠小道向236高地前进。这时，第4埃塞克斯步兵团1营B连和D连也从城堡山出发，向435高地运动。途中，6名士兵发现了向236高地进发的德军并迅速返回城堡山向在中世纪城堡中集结并准备出发的A连和C连通

报情况。接到报告后，负责指挥中世纪城堡驻军的埃塞克斯营营长弗兰克·克特利少校就命令A连和C连立即撤至古城墙背后，并做好战斗准备。不久，第6拉其普特步兵团4营A连和B连抵达城堡山，接过了埃塞克斯营A连、C连的防务。但由于德军进攻已迫在眉睫，因此克特利少校命令A连和C连仍留在城堡内，协助印度人作战。6时，在卡西诺修道院、

四周高地和卡西诺镇内的伞兵以轻重机枪群一起向城堡山猛烈开火。伞兵机枪手在压制射击中甚至使用了五颜六色的曳光弹校射，这使得整个天空瞬间被点得通亮。克特利少校回忆道："突然间，从四面八方而来的机枪火力横扫了整个城堡。猛烈的火力是我毕生仅见。扫射持续了整整10分钟，接着敌人向我们发动了进攻。在战线不明的情况下，我们不敢贸然使用炮兵反击，迫击炮也毫无用处。除了贴身肉搏外，我们别无他法。"

当拉其普特营2个连抵达城堡山并和埃塞克斯营换防的时候，德军却悄悄地绕了上来。告别236高地的伞3连残部后，伞兵2连和工兵排以最快的速度抢在印度人完成布防前夺取了城堡山侧翼的165高地。经过短暂的休息，2连从165高地通往城堡山主峰的滑坡直接冲了上来，向中世纪城堡展开反击。与此同时，来自修道院方向的MG42机枪群也再次怒吼起来，迫击炮弹也如同雨点般地在城堡中落下。在机枪火力和迫击炮火力的强力支援下，伞兵2连爬过围墙向城堡展开了凶狠的反击。印度士兵和英国士兵先是用机枪和步枪朝翻越围墙的伞兵猛烈开火，接着又用刺刀和伞兵进行激烈的白刃格斗。双方均蒙受了惨重的损失，埃塞克斯营营长克特利少校阵亡，继任营长贝克特少校也被打伤了膝盖。在混战中，伞兵2连攻占了大半个城堡，但埃塞克斯营硬是没有放弃，英国士兵一次又一次地端着明晃晃的刺刀向伞兵实施反冲锋。在英军的猛烈反击下，2连最终放弃了攻击，撤回165高地。

返回165高地后，2连进行了短暂的休息。重伤员撤回了修道院，轻伤员仍留在165高地。稍事休整后，2连于7时又在烟幕的掩护下向城堡山发动了第二次反击。在修道院的机枪火力和迫击炮火力支援下，2连再一次抵达了围墙外。这一次，伞兵改变战术，先向围墙后面扔出密集的手榴弹，乘着手榴弹接二连三爆炸之际，再翻越围墙，向城堡内展开攻击。然而，埃塞克斯营和拉其普特营还是一步也不退。英国士兵和印度士兵向翻过围墙的伞兵猛烈开火。短短的几分钟内，机枪手就打掉了8000发子弹。埃塞克斯营的迫击炮排也发射了1500多发炮弹，急速射击使得许多炮管发红甚至弯曲变形。在盟军的顽强抵抗下，伞兵2连的第二次反击仍以失败告终。虽然没能夺回城堡山，但伞兵的反击却打乱了弗里伯格的计划，在两次反击战中，埃塞克斯营A连和C连伤亡约90人。埃塞克斯营代理营长贝克特少校为了守住城堡山而擅自留下经由城堡山，准备增援435高地的第7廓尔喀步兵团2营A连，这样一来就使得当天通过435高地对修道院发动进攻的盟军兵力比计划减少了一半，可以说伞兵2连的反击有力地支援了第3伞兵团1营在修道院的防御作战。

第二次反击失利后，贝克特少校的注意力转移到了中世纪城堡下面的山坡。1名伞兵高举白旗向他走来。这名伞兵用流利的英语向他询问可否暂时休战，让双方将躺在城堡

■ 德军要求暂时休战，以便双方将死伤者救回。图为德军和英军救护人员互相帮助抬伤员的情景。

前无人地带的死伤者救回。贝克特少校立即要通旅部，把伞兵的请求向旅部进行转告，并获得了允许，同意休战90分钟。在接下来的90分钟内，双方将城堡前的无人地带各自的死伤者抬回。1名第3伞降工兵营的士兵回忆道："在救援过程中，我们用香烟来交换急需的绷带。英国人甚至把担架借给了我们，使我们得以把重伤员抬回修道院。"

2次反击过后，伞兵2连已筋疲力尽，但波莱因仍然没有放弃。为了加强攻势，海德里希决定出动工兵对城堡围墙实施爆破战术，并以喷火器开道。在进攻前，工兵于修道院内进行了反复的演习，直到满意为止才出发前往165高地和2连会合。黄昏前，8名工兵悄悄地摸到城堡围墙墙根下放置了大量炸药。轰的一声巨响，墙被炸开了一个大洞，倒塌的瓦砾将埃塞克斯营A连的20名士兵和2名军官埋住了。接着，携带喷火器的工兵立即赶到

缺口处向城堡墙脚内藏匿的英军拼命喷火，试图消灭守方士兵。然而，工兵估侧距离有误，喷射的火焰没能够到墙脚。结果，当伞兵蜂拥试图从缺口冲进城堡时却被猛烈的机枪火力打得寸步难行。埃塞克斯营再次守住了城堡山。傍晚，第4伞兵团1营营长拜尔上尉亲自向第1空降师师长海德里希少将汇报了2连对城堡山的反击情况。在讲到2连伤亡的时候，拜尔冲着海德里希吼了一句："2连已经完全无力对城堡山继续进攻了。"

在伞兵2连的第一次反击中，埃塞克斯营共俘获了7名轻伤的伞兵。除了1名中士外，其他6名伞兵都志愿担当盟军的担架员，冒着战场上纷飞的弹雨把前一刻还是自己的敌人抬回。不仅如此，他们甚至还协助把埋在瓦砾间的英国士兵挖出。贝克特少校感激地回忆道："1名伞兵甚至救下了我的命。当1名狙击手试图朝我开枪时，这名伞兵一把将我

推开，让我躲过了一劫。"而第7名被俘的伞兵，也就是那名中士，在伞兵2连第二次反击失败后，他走到贝克特少校跟前，向少校敬了一个标准的军礼。接着用流利的英语祝贺贝克特少校出色地打退了伞兵的两次反击，并把一副伞兵专用的毛织手套作为礼物送给了少校。

在伞兵2连拼命对城堡山展开反击的同时，第4伞兵团1营的其他3个连正在修道院东侧，面向廓尔喀营据守的435高地展开部署。加上第3伞兵团1营4连，集结在修道院高地的伞兵已达300多人。除非廓尔喀营得到足够的援军，否则仅凭现有兵力，拿下修道院绝无可能。黄昏前，埃塞克斯营B连和D连抵达435高地，但还没有来得及喘口气就遭到了来自修道院的机枪火力和迫击炮火力的打击，近30名士兵被横飞的弹雨击中负伤。救援的廓尔喀兵也有不少人被机枪子弹击中，一时间435高地血肉横飞。之后，B连和D连接过了435高地的防务。勇敢的廓尔喀营出动2个连(C连和B连)的兵力摸黑向高地展开了攻击。当他们沿着山脊线艰难地向修道院前进时，遭到修道院东侧的第4伞兵团4连猛烈的机枪火力拦阻。在队形无法展开，支援火力无处可寻的情况下，2个连的廓尔喀兵只能后撤。在这次卤莽的行动中，第9廓尔喀步兵团1营共伤亡165人，其中23人阵亡。经此一战，廓尔喀营完全丧失了战斗力，只得继续困守435高地。

18日下午，为了加强对卡西诺镇的攻势，弗里伯格下令第28"毛利"步兵营进入卡西诺镇，归第6步兵旅节制。他们的任务是在第25步兵营的支援下攻占从城堡山脚下居民区(位于欧陆旅馆北面250码)，沿着六号公路北面向西南延伸到罗马圆形大剧场之间地带。首要任务是夺取镇内最重要的据点——欧陆旅馆。得手后，再协同202高地和146高地据守的新西兰第24步兵营C连对玫瑰旅馆进行两面夹击，力争用一天时间彻底夺取卡西诺镇。为此，第28"毛利"步兵营营长扬上校下达进攻令如下：

C连和D连担任主攻任务，目标——夺取欧陆旅馆。A连和B连因在2月的卡西诺火车站争夺战中蒙受了惨重的损失(伤亡128人)，一直没能获得足够的兵员补充，战斗力仍然低下，因此只能充当预备队。C连和D连的具体任务分配如下：D连负责夺取并摧毁整个目标区内之敌，巩固目标区西面并向西防御。C连于D连发动进攻后15分钟展开攻击，负责以白刃格斗或是手榴弹攻击肃清D连突破区内残存的敌人孤立据点，巩固目标区东面并向东防御。进攻发起时间：D连凌晨3时，C连凌晨3时15分。

和新西兰白种人后裔不同的是，毛利战士从小在恶劣的环境下长大，天生就善于在逆境中作战，因此让他们来执行夺取卡西诺镇的硬骨头——欧陆旅馆的任务是再合适不过的了。

午夜，担任全营突击先锋的D连以一路纵队沿着六号公路进入卡西诺镇。期间，德军的迫击炮火力对D连进行了不间断的炮火袭扰，但D连仍安全地抵达进攻发起线——市政府前方的花园。昔日美丽而幽静的花园现已化为了片瓦砾，前方是一片约400码，且密布弹坑 (其中大部分弹坑甚至积满了雨水) 的开阔地。过了这片开阔地就是朝向修道院高地的建筑物群，包括欧陆旅馆在内的德军各个重要据点都猬集在这个区域，这也是D连的攻击目标。虽然这些建筑物群中藏匿着无数的德军机枪手和令人恐惧的狙击手，虽然第6步兵旅在这个地段连续受挫了4天，但天生乐观善战的毛利人仍自信地认为攻下欧陆旅馆的荣誉非己莫属。进攻前，D连连长马特哈雷尔上尉对攻击部署如下，18排 (排长哈顿中士) 为右翼，17排 (排长马塔拉中士) 为左翼，16排 (排长史密斯中尉) 担任预备队。

为了支援第28"毛利"步兵营的进攻，右翼的第25步兵营也以先前伤亡惨重的A连和B连对城堡山脚下的建筑物群展开攻击。

凌晨3时，新西兰人再度吹响了进攻的号角。在猛烈的榴弹炮火力支援下，第25步兵营A连和B连向城堡山脚发动了进攻。他们刚出发没多久，修道院和镇内废墟中藏匿的德军迫击炮群就开始怒吼起来，A连和B连的进攻队形立即被猛烈的炮火吞没。为了压制德军迫击炮火力，炮兵前进观察员随即呼叫炮兵对可疑的火力点实施集中射击，但德军火力仍然没有任何减弱的迹象。战至天明，伞6连的狙击手和MG42机枪手也来凑热闹。在伞兵各种火力的集中射击下，A连和B连根本无

法前进一步。激战一天，第25步兵营共有1人阵亡，10人负伤。

与此同时，左翼的第28"毛利"步兵营也发动了进攻。担任突击先锋的D连在坦克的支援下向前方的开阔地冲了上去。然而，伞兵早已准备妥当。第4伞降工兵连于18日晚奉命进入卡西诺镇，协助第3伞兵团2营坚守欧陆旅馆。当晚，他们乘着夜色在所有通往欧陆旅馆的道路上布下了地雷阵。当毛利步兵触爆了第一枚地雷时，其他的地雷也接着发生连环爆炸。结果，不明就里的D连认为是突然遭到了猛烈的炮火拦阻而四散隐蔽。就在这时，隐蔽在废墟中的伞兵立即以MG42机枪和迫击炮群向毛利人进行集中射击。不到一分钟，包括连长马特哈雷尔上尉在内，全连就伤亡了14人。

尽管遭到了突如其来的火力打击，但D连仍然顽强地冲过了开阔地并进入前方的废墟中和伞兵展开了激烈的巷战。最初，18排连续打掉了伞兵2个机枪火力点，并抓获了2名德军。但他们很快就意识到了肃清这片废墟的艰巨性。德军似乎和他们在进行着捉迷藏的游戏。每当他们认为端掉了1个火力点后，德军又会立刻从另一处瓦砾间向他们开火。在建筑物废墟中，往往是毛利人攻占了上层，却发现德军又溜到了下层。当他们返回下层清剿时，德军却又不知何时窜到了上层。激战一个小时后，右翼18排陷入了密集的交叉火力网中，排长哈顿中士阵亡。余部被迫暂停进攻，固守待援。

左翼17排的情况也好不到哪去。穿过开阔地后，马塔拉中士指挥17排进入了一条狭窄的街道。突然间，马塔拉发现一栋半塌的建筑物前门半掩着，门后似乎有人影在晃动。于是，全排士兵在他的率领下准备冲进去，一探究竟。然而，当17排进入废墟时才发现自己中了德军设下的埋伏。1挺MG42机枪从隐蔽处向过道中谨慎前行的毛利人开火，几名士兵当即中弹倒下。马塔拉中士在命令部下隐蔽的同时也投出了1枚手榴弹。不久，1发子弹把他打伤，但他仍然忍痛继续指挥作战，并击毙了2名德军。战后，他因此次出色的表现被授予了优异服役勋章。黎明到来前，D连攻击的2个排完全陷入了废墟中的巷战。

C连的情况也是大同小异——各排在废墟中走散并迷路，陷入了和德军进行逐屋逐房的争夺战中。C连的13排排长维提少尉对此回忆道："19日凌晨，我排进入攻击后不久，我除了亲自指挥的步兵班外，和排里的其他步兵班都失去了联系。期间，我不断派人和前方攻击的2个班进行联系，但联络兵每次都空手而归。尽管如此，我仍指挥这个步兵班向前推进。当我们来到一片废墟时，1挺机枪挡住了我们的去路……天明后，我们设法绕过了这挺机枪并来到了一个良好的隐蔽阵地。在这里，我终于和在前沿作战的一个步兵班取得了联系。接着，我把手下都留给了这名步兵班班长图塔克中士，自己再度出发寻找连部。"结果，维提提少尉找到连部前

■ 德军伞兵无处不在的机枪火力点给进攻的新西兰军队造成了极大的杀伤。

■ 德军有限的突击炮在巷战中摧毁了多辆盟军坦克，发挥了巨大作用。

就被狙击手打伤。C连在拂晓前的进攻中共蒙受了30人的伤亡，各排也陷入了和伞兵的激烈巷战中。

虽然毛利人在进攻后不久就陷入了逐屋逐房的巷战，但他们的运气还算是好的。与他们对阵的是卡西诺镇内战斗力最差的第3伞兵团3营。该营在1943年下半年不间断的战斗中，已经几乎失去了战斗力。至第三次卡西诺战役前，3营仅有65名官兵。为了补充3营损失，德国空军从国内的训练营中调来了大批莱鸟凑数。尽管如此，但3营仍在营长弗兰克中尉的带领下竭尽全力地进行了整整3天的抵抗。

清晨，C连在绕道赶来的第19装甲团谢尔曼坦克群的支援下继续穿过满是废墟的街道

向欧陆旅馆攻击前进。在旅馆前方的一栋建筑物废墟前，毛利人遭到了第3伞兵营10连、11连和12连的顽强抵抗。期间，新西兰第2步兵师师属炮兵不断发射烟幕弹，掩护步兵冲锋。由于目标前方弹坑密布且瓦砾堆积如山，所以谢尔曼坦克难以前进，只得远距离轰击暴露的德军据点，但收效甚微。相比之下，德军有限的突击炮却在巷战中发挥了巨大的作用。例如，1辆在空袭中幸存的IV号突击炮隐蔽在欧陆旅馆大堂，它在19日的战斗中一连摧毁了4辆谢尔曼坦克，有力地支援了伞兵的作战。另外，德军的迫击炮群也为防御战作出了极大的贡献，他们不断朝盟军进攻轴线开火，在阻击盟军步兵推进的同时，也制造了大量的弹坑，严重地限制了谢尔曼

坦克的机动，成功地分割了新西兰人的步坦协同。

午间，1辆谢尔曼坦克（车长默林斯中尉）通过不断地绕道，行驶到距目标不到80码处。它在毛利步兵的指引下进行精确打击。在坦克火力的打击下，不少暴露的德军机枪火力点被端掉。这时，1名鲁莽的伞兵扛起一具反坦克火箭筒冲出来准备攻击坦克。见状，1名老兵试图劝阻，但为时已晚。结果，这名伞兵不仅射击脱靶，而且火箭弹发射时喷射的尾焰反倒暴露了自己，立即遭到坦克火力的猛烈打击。在这次艰苦的战斗中，新军第28"毛利"步兵营营副麦克雷少校表现出色。正是在他的有效指引下，默林斯中尉指挥的谢尔曼坦克成功地压制住了伞兵的火力，掩护步兵成功地冲进了建筑物中。对此，默林斯中尉回忆道：在他（麦克雷）的指引下，我坦克的主炮不断发射75毫米高爆弹攻击建筑物内的各个过道、门口和窗户。同时，我也不停地用车载勃朗宁机枪朝这些目标扫射，射距从8英尺到60—70码不等。火力攻击持续相当长一段时间，我们消耗了大量的高爆弹和勃朗宁机枪子弹带。在我们的火力掩护下，步兵冲进了建筑物中。不久，1名毛利战士押解着1名伞兵从中走出。这时，麦克雷走上前去用德语向这名战俘威胁道，如果里面人立即出来投降的话就可以保住小命，如果不出来的话，攻克目标后活口一个不留。这一招奏效了！12名伞兵从里面走了出来。最终，一共有将近80名伞兵举手投降，加上毙伤的数目，总数达到了100人……

战斗结束后，麦克雷因此次战功而获得了优异服役十字勋章。新西兰历史学家在描述麦克雷的威胁时用了"可怕的方法和新奇的方式"来形容。但第1空降师方面的记录却是大相径庭。根据德军的记录，坚守这栋建筑物残骸的是第3伞兵团3营10连、11连和12连。19日下午15时，共有48名伞兵是在弹药耗尽后将所有的武器破坏，然后昂首阔步地走进战俘营。在第三次卡西诺战役中，3营共有114名伞兵成为盟军的战俘，该营是第1空降师各个参战单位中被俘人数最多的营级部队。10连、11连和12连覆没后，弗兰克中尉手头上只有1个兵力仅20人左右的伞兵9连。但第28"毛利"步兵营在接下来对欧陆旅馆的进攻中仍无法粉碎伞9连和赶来增援的第1伞兵团2营3连的抵抗。战至傍晚，毛利营的进攻也以失败告终。

在第24步兵营防区。伞兵2连夺取165高地后，在202高地和146高地据守的第24步兵营C连退路被完全切断。当天，一发己方的迫击炮弹误炸了202高地的C连连部，致使5人负伤。加上当天来自修道院的炮火袭扰致使6人负伤，C连于19日一共伤亡11人。第26步兵营因伤亡惨重已失去进攻能力，只得担任后方守备并肃清现有防区内的残敌。

当夜，包括8连代理连长姚姆洛夫斯基中尉在内的2营重伤员撤出了卡西诺镇。与此同时，指挥2营进行了4天英勇抵抗的营长福尔廷上尉也撤出了小镇。从15日算起，他已经有整整四天四夜没有合眼了。在卡西诺小镇的争夺战中，福尔廷上尉以出色的表现证明了海德里希的眼光。进入小镇前，他是一名备受怀疑的指挥官，但当他于19日从小镇撤出时，他已经成为了第1空降师的英雄和整个德国关注的焦点。为了在接下来最为关键的几天内继续顶住盟军的进攻并守住卡西诺镇，镇内守军指挥必须保持充沛的体力和精神。为此，海德里希决定换人。被点将的是第3伞兵团团副鲁道夫·伦内克上尉。伦内克上尉，时年28岁，和海德里希一样，他也是1名老资格的伞兵。早在1938年，他加入了当时还是陆军旗下的伞兵部队。二战爆发后，他作为第3伞兵团2营的成员在西欧战役和巴尔干战役中出生入死。在克里特的干尼亚，他和福尔廷、卡尔·纽霍夫在战斗中结下了深厚的友谊。第三次卡西诺战役爆发后，他作为团副一直坚守在团部，密切注意战局的发展。在福尔廷上尉因身体状况不佳从小镇撤出后，伦内克上尉就自告奋勇地请求进入小镇指挥战斗。得到海德里希的准许后，伦内克不待办理手续就匆忙赶到了福尔廷上尉的指挥部，并把临阵换将的命令通知了福尔廷上尉。当伦内克上尉抵达营部时，看到福尔廷上尉虽然已有4天3夜没有合眼，但仍尽职地指挥着前方的战斗。接到交接的命令，福尔廷上尉感到有愧于仍在镇内死守的2营弟兄。尽管他想和2营共进退，但命令是不容更改的。最后，他放下了手头的活儿，简单地办理了移交手续并就镇内的形势向伦内克

进行了简单的介绍后，他向营部所有参谋道别。离去前，他深情地望了一眼已奋战了4天3夜的营部，这里留下了他太多的心血。晚上20时15分，福尔廷告别卡西诺，告别了仍在镇内死守的第3伞兵团2营将士，踏上了归途。

卡文迪许小道

在盟军19日的主攻计划里面，除了新西兰第28"毛利"步兵营对欧陆旅馆和英印第4步兵师经由435高地对修道院展开攻击外，弗里伯格中将还使出了他的杀手锏——坦克群经由卡文迪许小道从背后向修道院发动奇袭。

为了达成这次奇袭，新西兰第2远征军军部从2月初就命令英印第4步兵师下属的工兵部队开始修筑一条从卡伊拉村附近地带起，经由讷堡村西面的山道，延伸至修道院背后的科莱·马约拉村北面的山间公路。从科莱·马约拉村起至修道院高地的山路称之为"马德拉斯杂技场"，一旦公路建成，盟军将出动坦克纵队通过这条狭窄的山路，经由435高地迂回至593高地和阿尔巴尼塔农场。在攻下了这两个重要的据点后，再从背后直接向修道院发动进攻。

2月底，修路工程大抵完成，轻型坦克的通行已无大碍。但根据新制订的狄更斯计划，对修道院高地的奇袭将出动新西兰第20装甲团C连的谢尔曼坦克，因此整条道路有

加以拓宽的必要。3月1日，能者多劳的印度工兵奉命开始第二阶段的拓路工程。3日，新西兰第5野战工程连和第6野战工程连出动推土机和压路机前往支援。为了不让修道院的德军发觉，工程作业一律在晚上进行，天明即停止作业，同时对道路进行严密的伪装。虽然德军没有识别出盟军的企图，但德军也发现了部分拓宽的路段，他们判断这很可能是盟军为了下一阶段进攻作战修筑的补给通道。因此，在部分月明之夜，修道院的德军以迫击炮火力袭击了部分地段的工兵部队，给筑路的盟军工兵造成了一定的损失。例如，3月6日新西兰第5野战工程连的1名排长就不幸被迫击炮炸死。到3月10日夜，筑路工程基本完成。

3月18日夜，进攻命令传达至第20装甲团团部。按计划，次日的进攻由新西兰第20装甲团C连的15辆谢尔曼坦克，美军第760坦克营的12辆M3斯图亚特轻型坦克 (英军的昵称是"甜心"坦克) 和英印第7旅坦克侦察连的5辆M3斯图亚特轻型坦克 (指挥官克鲁克香克少校) 执行，3辆美军105毫米自行火炮负责伴随火力支援。1名英军炮兵前进观察员将随队前进，随时呼叫炮火支援。这支部队的指挥官是前炮兵军官盖伊上校，他的任务是夺取阿尔巴尼塔农场和593高地，然后沿着东南方向朝卡西诺修道院运动。由于道路狭窄，因此这次奇袭只能由坦克部队单独进行。弗里伯格中将希望这支坦克部队效仿古迦太基名将汉尼拔率领34头战象翻越阿尔卑斯山脉突袭亚平宁半岛那样，出其不意地给德军以强烈的震撼和沉重的打击。

凌晨3时，参加攻击的各部陆续从各自阵地出发，向进攻发起线——卡伊拉村集结。

■ 卡文迪许小道。

然而，一场突如其来的大雾却使各部在开进途中遇到了不小的麻烦。在能见度不足的情况下，各车只能缩短间距，减速行驶。然而，事故还是发生了。第20装甲团的1辆谢尔曼坦克(车长雷克斯·米勒下士)不慎滑出卡文迪许小径，并翻倒在路旁。事后，米勒自嘲自己的座车以45度角在路旁呆了整整三天。就这样，各部花了整整3个小时才抵达卡伊拉村并完成集结。接着，坦克群开始了当天的奇袭。

在他们的前方，把守593高地的第4伞兵团3营的伞兵们正密切地注视着他们的一举一动。虽然坦克对于伞兵来说是个巨大的威胁，但如果弗里伯格认为这就能突袭并吓倒伞兵的话，那他就大错特错了。1年前，第4伞兵团3营在东线作战时曾在一天之内遭到炮火掩护的T-34坦克集群不下15次的猛攻，但4营仍守住了阵地，没有后退一步。更难能可贵的是，直到奥托纳争夺战前，第4伞兵团3营都没有配发诸如反坦克火箭筒或是磁性反坦克手榴弹之类有效的反坦克近战利器，但3营在东线和意大利的大部分战斗中使用的都是将地雷埋设在坦克前方或是当坦克迫近时冒险进行敌前布雷，直接把地雷放置行进的坦克底盘下。如果没有地雷，他们就把4枚手榴弹捆成一团，塞进坦克的履带。尽管第4伞兵团3营因先前不间断的战斗，兵力下降至不到200人，但其中大部分伞兵都是身经百战的老兵，他们都曾经历了从西西里到奥托纳的多次血战，在反坦克方面拥有丰富的经验。

坦克纵队隆隆地出发后，就兵分两路，朝着各自的目标奔袭而去。美军第760坦克营和印度坦克侦察连经由鬼怪岭向农场北面的575高地展开攻击，而新西兰第20装甲团C连的谢尔曼坦克群则直接对农场展开攻击。经过艰难的行进，它们于上午10时22分和435高地的廊尔喀营会合。接着，坦克群继续隆隆地向各自目标开进。不久，前沿阵地据守的伞兵听到履带碾压时发出的响声在逐渐临近。接到前沿哨所报告后，迈尔立刻通过电话向海德里希少将进行汇报。听到这个消息，海德里希顿感五雷轰顶。在现有情况下，第4伞兵团3营既没有反坦克火炮，也没有坦克支援。尽管如此，海德里希少将依然坚定地向迈尔下达了命令："必须不惜任何代价击退敌人坦克突击，务必守住593高地！"放下电话，迈尔上尉立即唤来了第4伞兵团14连(反坦克连)连长莱蒙德·埃克尔少尉，商量对策。埃克尔自1940年作为1名伞降医疗兵开始了他的伞兵服役生涯。1942年春，他转调新组建的第4伞兵团，并担任第14反坦克连连长一职。在奥托纳争夺战中，他指挥14连在巷战中一共摧毁了6辆谢尔曼坦克，有效地打乱了加军的步坦协同，为奥托纳防御战的胜利奠定了基础。战斗结束后，他被授予坦克近战勋章和一级铁十字勋章。从东线到西西里，再到意大利，每当格罗斯梅尔对进攻之敌的坦克感到绝望时，站在一旁的埃克尔总会说道："我们一定可以干掉它们！你应该相信你的部下！"

　　告别迈尔后，埃克尔带着克默曼列兵和一名战地记者钻出了地窖。此时，身着迷彩服的伞兵狙击手隐蔽在岩石堆和附近的灌木丛中不断地向身体暴露在外的坦克车长开火，迫使各辆谢尔曼坦克在行进时不得不关闭了炮塔舱盖。如此一来，谢尔曼坦克群在狭窄的山道上通行更为不易。

　　正当第20装甲团C连向目标——阿尔巴尼塔农场缓慢接近的时候，第1伞降炮兵团的前进观察员发现了正在鬼怪岭上行驶的美印混编轻型坦克群，并呼叫炮兵对鬼怪岭开火。第一轮齐射炮弹迅速在斯图亚特坦克纵队附近爆炸。接着，德军炮兵修正射距和方位偏差量，再度齐射。第二轮炮弹更为靠近目

标。德军战史称共有8辆斯图亚特轻型坦克中弹。根据英印第4步兵师的战史记录，英印第7旅坦克侦察连于19日出动的5辆斯图亚特轻型坦克有4辆在鬼怪岭一带于行进间被炮火摧毁，仅1辆逃回。美军第760坦克营坦克损失数目不明，但有1名坦克成员被德军俘获。对575高地的进攻以失败告终，剩余的斯图亚特坦克只得转移至农场附近和新西兰第20装甲团会合。

　　当斯图亚特坦克群抵达农场附近时，它们又一次遭到了德军猛烈的炮火拦阻。这时，埃克尔少尉和2名部下带着1具反坦克火箭筒 (含3枚火箭弹) 勇敢地爬了上去。至30米距离时，克默曼列兵扛起火箭筒站了起来，瞄准目标后扣动了扳机，可惜脱靶！接着，

■ 一辆攻击阿尔巴尼塔农场的美军谢尔曼坦克被德军击毁，照片是从农场拍摄的。

他们又以最快的速度完成了第二枚火箭弹的装填作业，然而第二枚火箭弹再度脱靶！现在只剩下最后一枚火箭弹了。如果还不能击中目标，那么3人就只能空了而归了！这对荣誉大于一切的德国军人而言，是难以容忍的！好在克默曼列兵第三次射击后终于打中了目标，这是德军记录中干掉的第9辆斯图亚特坦克！就在这时，3辆斯图亚特坦克离开农场，继续朝修道院方向推进。熟悉修道院高地的埃克尔十分清楚，如果他们继续前进的话就会进入一条难以机动的羊肠小道。因此，埃克尔决定撤退。然而，他跑出去没多远就被3枚堆放在灌木丛边的T雷绊倒。看到T雷，他立即想起了在俄国前线用T雷对付T-34坦克的经历。这一次，他也决心用敌前布雷的老战术来对付盟军坦克，让他们知道德国伞兵的厉害。于是，在埃克尔少尉的命令下，战地记者和克默曼各抱起1枚T雷，并向缓慢行进的坦克迫近。这时，3辆斯图亚特已如埃克尔所料驶入了羊肠小道。通过狭窄的观察缝，坦克手是不可能发现从侧面接近的埃克尔。更为重要的是，全体车组成员的注意力已经完全放在了前方。驾驶员必须全神贯注地保持车速和方向，稍有疏忽就会车翻人亡。炮手和装填手则被先前的炮击所震慑，因此他们的目光都聚焦在了前方，搜索可能出现的德军炮兵。

趁敌不备，埃克尔少尉把随身携带的T雷放在了坦克前方，然后一个侧翻，滚到了附近的岩石边隐蔽起来。第一辆坦克压上

地雷便是一声猛烈的爆炸，埃克尔少尉纵身跳起，不顾暴露位置的危险，忘情地欢呼起来。头一辆坦克被埃克尔埋设的地雷炸断了履带，彻底丧失了机动性，并导致跟进的2辆坦克相撞。随后，后2辆坦克试着掉头，但却发现在羊肠小道根本不可能掉头。因此，撤退只有缓慢倒车一途。于是，二号坦克车组成员从炮塔钻出，试图用钢缆牵引第一辆坦克，并把它拖回。但在附近岩石堆中隐蔽的狙击手的冷枪很快迫使他们返回了车内。虽然坦克失去了动力，第一辆坦克的车组成员却仍然没有放弃，他们不断旋转炮塔向观察到的一切移动目标开火射击，但他们除了打中附近山上吃草的几头毛驴外，一无所获。

当这辆失去动力的坦克仍在胡乱射击的时候，埃克尔决定返回3营部，取来急需的炸药继续猎杀坦克。当他穿过一片岩石堆时，一块弹片击中了他，但他仍若无其事地继续向营部跑去。在他的眼里，除了继续猎杀更多的坦克外，其他事情都无关紧要。一到营部，他连气都没喘，就一头冲进弹药库。接着，他抱着2枚T雷、一些炸药和一条雷管引信又迅速从营部参谋们惊愕的目光中消失。返回战场后，埃克尔发现被炸坦克虽然继续射击，但仍然无法动弹。另外2辆坦克也没有撤退的迹象。于是，埃克尔少尉抱着1枚T雷悄悄地从侧面爬上了第一辆坦克，打开顶部炮塔舱盖，把点了火的地雷扔进了坦克，并迅速跳到一旁，隐蔽起来。不久，顶部舱盖再次被打开，坦克车组成员慌慌张张地从

车内爬出，放弃了自己的座车。随着一声巨响，坦克被彻底炸毁。

看到埃克尔少尉的英勇举动后，维尔伦、扎克、胡夫纳格尔和古德也从营部取出T雷赶到了农场附近。他们采取和埃克尔相同的战术，一连炸毁了4辆谢尔曼坦克。在接下来的战斗中，尽管C连剩余的谢尔曼坦克在农场周围不断朝四周开火，但德军伞兵在埃克尔少尉的带领下又摧毁了4辆坦克。在这场持续1个小时的反坦克作战中，伞兵在仅有T雷和1具反坦克火箭筒的情况下，通过积极的敌前布雷和贴身肉搏，摧毁了大量的坦克并成功地迫使强大的盟军坦克群撤退。在这次反坦克战中，第4伞兵团3营共宣称摧毁17辆斯图亚特坦克和谢尔曼坦克。其中，埃克尔少尉因独自摧毁3辆坦克而再次获得一级铁十字勋章。对于德军的战绩，战后盟军公布的损失予以了证实。美军第760坦克营损失7辆斯图亚特坦克，其中4辆损失是敌对原因；英印第7旅坦克侦察连损失4辆坦克；新西兰第20装甲团C连损失9辆谢尔曼坦克（其中5辆拖回，经修复后又重新恢复了战斗力），2名军官和3名士兵阵亡，1名军官和8名士兵负伤。

这次突袭作战的惨败意味着弗里伯格中将19日的总攻行动彻底失败。

首相的不满

19日下午，弗里伯格中将终于等到了卡西诺镇、卡西诺修道院和阿尔巴尼塔农场三个方向的战报。令他感到失望的是，新西兰第5步兵旅尽管得到了第28"毛利"步兵营的增援，但仍然没有攻下欧陆旅馆。英印第4步兵师下属的第5步兵旅奋战一天，不仅没能夺取修道院，而且还丢失了城堡山的门户165高地。更糟糕的是据守435高地的廓尔喀营和据守城堡山的埃塞克斯营完全失去了战斗力。沿卡文迪许小道对修道院的坦克奇袭也以惨败告终。唯一令他感到欣慰的消息就是第28"毛利"步兵营在攻打欧陆旅馆的战斗中宣称抓获了100名战俘。有鉴于此，弗里伯格中将于黄昏前下令终止了"复仇"行动。当晚，弗里伯格再度调整了部署。新西兰第23步兵营（欠1个连）接替疲惫之师——第25步兵营准备继续对欧陆旅馆发动进攻。英国第78步兵师下属的皇家西肯特郡步兵团6营以2个连的兵力接替埃塞克斯营A连和C连担任城堡山防御重任。下一步，新西兰军的攻击重点完全集中在了卡西诺镇，夺取欧陆旅馆似乎成了盟军唯一的目标。在连续的失败后，弗里伯格都有些动摇了。尽管作为预备队的英国第78步兵师还完好无损，但英印第4步兵师和新西兰第2步兵师已是筋疲力尽了。就在前线几乎所有高级指挥官都对战役进展不抱任何希望的时候，盟军地中海战区司令亚历山大元帅也在私下向手下参谋表达了希望尽早结束这次失败的进攻。在这个时候，只有丘吉尔首相还在坚持，他从伦敦给弗里伯格拍来了一封电报："战役能不能再坚持一下，因为敌人也受到了很大的压力。"然而，继续

■ 隐蔽在欧陆旅馆大堂内的IV号突击炮。

进攻还有希望吗？

　　第14装甲军军长赞格尔中将准备将更多的部队调入卡西诺镇，顶住盟军下一波进攻，但海德里希却拒绝了他的好意。作为第1空降师师长，海德里希相信自己的部队，他决心靠着伞兵顽强的斗志持续作战，直到彻底挫败盟军的进攻。对于伞兵高昂的斗志，赞格尔中将由衷地赞叹道："如果换了是支战斗力低下的部队来防守这个狭窄地段的话，危机只会日益严重。第3伞兵团的1名营长因身心俱疲而被替换，不过没人会责备他。只有最顽强的战士才能打赢这场战役。在卡西诺镇奋战的第3伞兵团是不可撼动的，他们的士气正处在巅峰状态！"

　　19日晚，第3伞兵团团副伦内克上尉从海尔曼上校的团部赶到设在旅馆背后的一个山洞时，他身着蓝色的军外套，铮亮的军靴。然而，他的着装却引起了营部参谋的反感。在意识到这点后，他立刻在第一时间内把军外套脱下，换成了迷彩跳伞战斗服。20日清晨，伦内克上尉下令将2营营部转移至欧陆旅馆的大堂，亲自指挥欧陆旅馆的防御战。最后1辆突击炮也隐蔽在大堂废墟里，准备着最后的战斗。尽管第3伞兵团3营于19日的战斗中损失殆尽，但第1伞兵团1营约200名官兵在营长保罗·欧内斯特·勒尼希中尉的指挥下于19日夜进入了卡西诺镇。勒尼希出生于比利时，1936年他加入德国空军，并在一支高炮部队服役。1942年，他申请加入德国空军伞兵部队，获得批准。次年成为第1伞兵团3连连长，第三次卡西诺战役前升任第1伞兵团1营营长。

　　抵达卡西诺镇后，勒尼希中尉就奉命以第1伞兵团1营兵力封堵第3伞兵团3营溃败后留下的防线缺口。由于他们对地形不熟，伦内克上尉指派第3伞兵团工兵排排长齐格弗里德·拉梅尔特少尉率领12名工兵与之协同反击。在先前4天的激战中，拉梅尔特少尉和他的手下曾多次穿梭于卡西诺镇的废墟间，他们对小镇的全貌了如指掌，因此派他们担任向导是再合适不过的了。为了掩护这次行动，隐蔽在大堂内的突击炮在伞兵出发前突然启动引擎，巨大的轰鸣声使对面的新西兰步兵误认为德军准备实施坦克反击而不得不隐蔽起来。乘此机会，第1伞兵团1营和拉梅尔特少尉一行人冲出欧陆旅馆，向东面进发。几小时后，第1伞兵团1营顺利地占领预定目标，堵上防线的缺口。

在德军调整部署的同时，新西兰人也以生力军第23步兵营替下了久战的疲惫之师——第25步兵营和第24步兵营1个连。19日夜，待命了4天的第23步兵营营长康诺利上校接到和卡西诺镇内第24步兵营1个连和整个第25步兵营换防的命令：A连（连长帕克上尉）将接替第24步兵营1个连，于小镇南面公路就位。在A连北面，C连（连长弗兰克·科上尉）将接过第25步兵营B连防务，占据六号公路附近的建筑物残骸和欧陆旅馆对峙。在六号公路北面，B连（连长埃尔温上尉）和D连（连长斯利少校）将接替第25步兵营D连和A连，占据通往城堡山脚的防御地带。营部设在修道院。此外，新西兰第6步兵旅还向营部下达了20日的作战命令：继续向城堡山山脚敌人控制区和欧陆旅馆发动进攻，并占领上述地带。

当夜，第23步兵营营部和下属各连分别向预定阵地开进。然而，当晚猛烈的榴弹炮火力和迫击炮火力的袭扰却让头一次进入卡西诺镇的第23步兵营对今后的战斗有更深的认识。午夜，营部在修道院成立，当接线员刚刚架通和旅部电话线时，德军的炮火就不由分说地覆盖了整个修道院，猛烈的炮击持续了整整五分钟。虽然没有给营部造成人员伤亡，但电话线却多处被炸断，当接线员准备重新接通的时候，又遭到了一轮迫击炮火力袭击。这样反复折腾了几次后，营部放弃了有线通话，改采用无线电联络。其他各连在进入预定目标过程中也遭到了附近废墟内隐蔽的轻机枪和迫击炮火力袭扰。尤其是C连在进入欧陆旅馆前方的邮局废墟时，德军一边以迫击炮火力袭击，一边乘夜出动小股伞兵摸到邮局，从窗户向废墟里面投掷手榴弹，换防作业几次被打断。这种作战模式是C连所从未经历过的，虽然没有人员伤亡，但一丝不祥的预感却逐渐笼罩了C连。

20日清晨，新西兰第23步兵营C连从邮局出发，向欧陆旅馆展开攻击。进攻前，C连出动一支侦察队在基斯·伯特率领下，沿着邮局走廊前进，试图从昨天第28"毛利"步兵营撕开的口子突破德军防线。然而，德军第1伞兵团1营早已布防完毕。当新西兰人试图实施突破时，他们立即被一张绵密的火力网罩住。伯特发现各个废墟中每个出口几乎都被猛烈的机枪火力和准确的狙击火力所封锁。在短促的激战中，伯特被机枪子弹击中，身负重伤，侦察队被迫撤回了出发阵地。于是，C连连部立即呼叫坦克支援。2辆谢尔曼坦克应允而至。虽然坦克竭尽所能提供炮火支援，但德军机枪手和狙击手不断变换射击位置的战术却使所有人无所适从。苦战一天，C连伤亡惨重，但进展甚微。

与此同时，担任主攻任务的A连和D连也分别对朝向城堡山山脚下的建筑物群展开攻击。和他们对阵的是已在此奋战了五天五夜的伞兵6连和第1伞兵团2营。最初，2个连进展顺利。他们于行进间攻占了一条长约300码的走廊。然而，当他们突入山脚下的建筑物群时，也遭遇和C连一样的厄运。在每一处废墟，每一座地下室，每一个地窖和每一栋危楼中都藏匿着狙击手和机枪手。在各个方向的火力打击下，新西兰步兵进展缓慢。

负责占领对小镇西面建筑物群的A连在进攻时不仅陷入了藏匿于废墟中的第1伞兵团2营一部的顽强阻击，而且来自城堡山脚各个据点的伞兵8连机枪手和2门迫击炮也不断向A连进攻轴线倾泻弹雨。在双重火力打

■ 从前往后看，已成为一片废墟的卡西诺镇、城堡山和修道院山。

击下，A连的步兵逐渐停止了冲锋，改以不断地在废墟间寻求隐蔽。只有在射击间隙，才鼓起勇气搜索敌人的火力点。尽管新西兰步兵逐渐停止了冲锋，但伞兵狙击手还是不依不饶，趴在瓦砾间的新西兰步兵也成了他们的狙击目标。负责无线电通讯的无线电员成了他们最好的目标。哪里有天线，哪里就有狙击火力。一时间，无线电通讯成了一项最危险的工作。眼见部下伤亡惨重，但进展却

极其微弱，A连连长帕克上尉有些坐不住了。他向炮兵请求对城堡山释放烟幕，遮挡山脚的敌人火力点，掩护A连的进攻。但炮兵否决了这个请求，他们认为城堡山山腰和主峰也有己方部队。如果贸然释放烟幕会给德军反击城堡山提供绝好的掩护。在没有炮兵支援下，A连只得继续待在原地苦苦煎熬。下午，帕克上尉也被狙击火力打伤。在无线电员接二连三地倒下后，A连和营部的无线电联络

完全中断。黄昏前，范·阿什中尉继任A连连长，并率领A连撤回了出发阵地。

D连的情况也大同小异。冲进山脚下的建筑物群后不久他们就被伞兵猛烈的机枪火力和狙击火力压制。更糟糕的是，德军的榴弹炮群也对他们的进攻地带时不时地进行炮火拦阻，6管火箭炮也不时赶来凑热闹。期间，连长斯利少校也向炮兵请求烟幕掩护，但炮兵也以同样的理由回绝了他的请求。无奈之下，斯利少校只得命令属下后撤至校舍，等到正午再发动进攻。午间，斯利少校再度下达了进攻命令。18排在校舍中占据射击位置，以火力压制城堡山脚德军火力点。16排和17排（3名被困敌后的毛利士兵也加入了战斗）以班为单位向前方建筑物群运动。然而，德军机枪手不断变化射击位置的战术让18排根本无法确认敌人火力点所在，因此火力压制无从谈起。当16排和17排沿着瓦砾堆或是弹坑逐步向前跃进时，德军MG42机枪和狙击手使用的K98毛瑟步枪再度响起，斯图亚特·希维特等3人当场阵亡，诺姆·哈迪少尉和不少士兵也中弹负伤。16排再度被压制，当救护兵阿兰·麦克莱试图为诺姆·哈迪少尉包扎伤口时，1名伞兵突然摸了上来向他们投出了1枚手榴弹，将麦克莱和3名士兵炸伤。更为糟糕的是，第23步兵营几乎没有1名官兵在当天发现德军哪怕1支步枪甚至是机枪开火时冒出的闪光。他们所看到的只是不断在空中横飞的子弹和如雨点般落下的迫击炮弹，以及身边日益增多的伤员和死者。1名D连士兵在

日记中写道：3月20日的卡西诺镇宛如地狱般恐怖……的确，这名新西兰步兵的形容和事实惊人地符合。他所在排就有8人阵亡，5人负伤，这不是地狱，又是什么？

战至黄昏，新西兰第23步兵营在德军顽强的阻击下只得转入了防御。为了不暴露射击位置，德军狙击手使用毛瑟K98步枪不断地转移射击位置，打一枪换一个地方，让新西兰步兵根本无法发现目标。狙击手像鬼影般地飘忽不定，在他们的有力打击下，进攻的新西兰步兵一个接一个地倒下，迫使新西兰人逐渐失去冲劲，直到完全停止进攻。不仅狙击手如此，机枪手亦然。经过五天的战斗后，德军机枪手在战术上也日臻成熟。不仅敌前机动转移阵地早已驾轻就熟，而且他们还逐渐把射击位置从通道口和窗户、甚至楼顶转移至屋内。他们隐蔽在建筑物门、窗正对着的堆积的瓦砾间不断朝外面开火。这样，新西兰步兵无论怎么搜索，也无法发现他们的火力点。万一他们隐蔽的建筑物遭到新西兰步兵的突击，他们就会通过四周留出的秘密通道迅速撤往临近的废墟，并继续以猛烈的火力压制敌人。可怜的第23步兵营对这种战术根本无所适从，他们除了不断地呼叫坦克火力或是炮兵对可疑的建筑物进行覆盖射击，但这些举动除了白白浪费炮弹之外，一无所获。更有甚者，新西兰步兵在占领了新的地段后，却发现伞兵机枪手和狙击手不知何时又渗透到了自己的后方，从背后朝自己开火。最后，新西兰步兵完全放弃了

进攻，龟缩在现有阵地内无法动弹。20日对卡西诺镇的进攻又一次以失败告终。

在修道院方向，第7廓尔喀步兵团2营A连沿着山谷，准备对修道院北面的445高地发动进攻。两个小时内，A连对445高地连续进行了三次进攻，但都被来自修道院的德军机枪火力和迫击炮火力击退。随后，德军也对175高地展开反击，试图在盟军战线后方插上一刀，但被急速赶到的皇家西肯特郡步兵团6营1个连击退。傍晚，第1空降师师长海德里希少将不顾个人安危，进入卡西诺镇视察战况。当他踏进原2营营部所在的山洞时，里面的伞兵几乎不相信自己的眼睛。在伞兵的带路下，海德里希少将来到了设在欧陆旅馆大堂的2营营部。在那里，海德里希受到了2营全体参谋的热烈欢迎。伦内克上尉更是热情地向他汇报了当日战况。同行的第1伞降工兵营营长欧内斯特·弗勒明少校更是带来了1盒一级铁十字勋章，并亲自为英勇的工兵授勋。离去时，海德里希对战局发展更加乐观了。同时，海德里希的火线视察也极大地鼓舞了镇内死守的伞兵士气。至此，德军无论是在战场主动权还是士气上都已稳操胜券。盟军已成强弩之末，继续进攻只是陡增人员伤亡而已。但盟军会就此放弃吗？

20日傍晚，当进攻失败的消息传到唐宁街时，首相丘吉尔几乎不敢相信自己的耳朵。当他核实了这个消息后，立即命令秘书给亚历山大上将去电：我希望你向我解释一下，为什么对卡西诺镇和修道院高地等正面宽二三英里的狭窄地带竟成为你必须反复进攻的目标。有五六个师在这些关键地带的攻势作战中被打得筋疲力尽。当然，我对作战情况和地形不甚了解，但从长远来看，假如能在此处牵制住敌人，那我们为什么不能在两翼进行迂回呢，这点使我深感疑惑。同时令我难以理解的是，为什么这个防御最坚固的据点竟是我们前进的唯一要道；若这个据点已是金城汤池（就军事意义而言），为什么不能在任何一侧取得进展。我对你抱有最大的信心，并且不论情况如何困难，都决定给予支援，但请向我解释不采取迂回行动的原因。

当晚，亚历山大上将就复电首相："谨答复你3月20日来电。在沿着亚得里亚海到南部海岸整条防线上的所有主要阵地中，只有利里河谷直通罗马，而该地又宜于发挥我们炮兵和装甲部队的优势。除了骡马车道外，作为主要公路的六号公路是我们所在的山地横越拉皮多河到达利里河谷的唯一通道。此处通往平原的出口被修道院高地横亘和控制着，山顶耸立着一所修道院。我们曾几次试图从北面包围修道院高地两翼，但所有的进攻行动都以失败告终，其原因是这里的深谷和陡崖使大兵团难以展开，军事行动仅限于规模较小的步兵分队。补给的运输只能依靠军工少数依靠骡子驮运。而这些骡道是我们曾克服了巨大的困难才建成的。

而且修道院高地几乎被一个深邃而陡峭的山谷从北面完全截断，迄今业已判明，这个山谷是无法通行的。由于必须通过开罗山，因此采取大范围迂回行动甚至更为困难，这是一个险峻的山岭，上面覆盖着皑皑的白雪。美军试图从南面渡过拉皮多河攻击卡西诺堡垒的侧翼，但如你所知，这次进攻也失败了，第34步兵师和第36步兵师蒙受了惨重的损失。

从卡西诺南面渡过拉皮多河，困难重重：每年这个时期洪水猛涨，泥泞的沼泽地带又给桥梁架设带来了诸多难题。此外，已证明，从卡西诺南面渡过拉皮多河，更容易遭到隐蔽在卡西诺后方或是西侧的高地，以及利里河谷南面山丘中的德军炮兵群的纵深拦阻。

弗里伯格将军拟订的进攻计划是对这个堡垒直接展开攻击，把胜利寄托在对敌人采取出其不意的进攻并集中压倒优势的火力来粉碎敌人的抵抗上。计划是突袭卡西诺镇，然后冲到修道院高地南坡和东坡，并从敌人无法严重阻击我们的地段展开攻击，一举攻克这个堡垒。这个方案在最初阶段几乎成功，我方损失轻微。我们已夺得并至今还继续占领着拉皮多河上的两座桥梁：一座在六号公路上，另一座在铁路桥上面，两桥都可供坦克通行。

廓尔喀营仍控制着修道院范围内200－300码的高地。我们在最初48小时内未能成功地夺取目标的原因可概括如下：在卡西诺

■ 由于德军的顽强抵抗，使得卡西诺战役的进展很不顺利，这也引起了英国首相丘吉尔的关注。

镇，由于轰炸对道路及行军造成严重的阻碍，因此坦克或其他作战车辆的行进也大受妨碍。德军伞兵极为顽强，他们曾受到整个地中海战区航空军的猛烈轰炸，接着又遭到800门火炮持续6小时的猛烈炮击。我怀疑，这个世界上是否还有其他军队在经受这样的打击后，还能像德军伞兵那样凶悍地投入战斗。明天，我将会见弗里伯格和陆军各位司令官，讨论目前的形势。

假如就此罢手的话，我们将守住这两座桥，并调整我们的阵地，以便保持业已夺取的有利据点。第8集团军在重新编组后，将着手实行对利里河谷的大规模进攻计划。根据这个计划，我军必须向更宽广的战线展开攻击，而所需的兵力也将超过此次战役。不久以后，山上的积雪即将融化，河水低落，地面也会变硬一些，在目前无法通行的地带就可以行军了。"

卡西诺战区

次日，亚历山大和前线的高级指挥官召开了一次战地会议，商讨是否继续进攻。在会上，弗里伯格要求继续对卡西诺镇和修道院作最后的冲刺，因为他已经把手头上几乎所有的机动部队都投入了战斗。然而，对作战成功已不抱任何希望的亚历山大只是冷冷地回复道："你的进展犹如蜗行。如果你在一两天内仍无法获致战果的话，那么我将不得不找人取代你的职务。"对于弗里伯格而言，解除职务就等同于承认失败。1941年5月他在克里特惨败于德国伞兵的仇还没报，现在卡西诺又将是德军伞兵的手下败将。为了新西兰人的荣誉，弗里伯格决定做最后一搏！

早在20日下午，当弗里伯格中将得知第23步兵营进攻失利后，他就开始为最后一搏进行准备。根据弗里伯格的命令，进入小镇的第19装甲团下属的谢尔曼坦克群在今后几天的作战中一步也不准后退，哪怕是燃料和弹药补充也必须在卡西诺镇内进行。所有坦克必须不惜代价，全力支援步兵夺取欧陆旅馆和玫瑰旅馆。此外，第4埃塞克斯步兵团1营全部撤出了战斗，英国第78步兵师下属的皇家西肯特郡步兵团6营最后2个连也进入了城堡山。同时，皇家东方肯特步兵团5营抵达卡西诺火车站，替下了伤亡惨重的新西兰第26步兵营。第21步兵营于20日夜进入卡西诺镇。次日清晨，第21步兵营、第23步兵营和第28"毛利"步兵营一道由东面和北面向欧陆旅馆展开攻击。皇家西肯特郡步兵团6营再度对165高地至236高地之间的山脊线展开攻击，打开通往435高地的补给线。这样，盟军在上级日益增大的压力下迎来了第三次卡西诺战役的最后阶段。

3月21日午夜，皇家西肯特郡6营2个连离开城堡山，沿着东坡向165高地进发。途中，他们顺利地占领位于165高地半山腰的"黄屋"。然而，他们不知道的是，第1伞降工兵营3连部分工兵已在黄屋通往165高地主峰的道路上布下了一个连锁地雷阵。结果，他们不知不觉地陷入了德军的雷场。当第一枚地雷爆炸后，整个雷场几乎所有的地雷都接连爆炸，猛烈的爆炸将西肯特郡营炸得七零八落，但余部仍坚决地向主峰推进。但他们的前进道路被德军伞兵2连和3连1排工兵猛烈的机枪火力和狙击火力彻底封死，幸存者唯一的选择只有撤退。3时30分，西肯特郡营经过重组后，准备再度进攻，但他们还没完全离开城堡就被在四周高地严阵以待的德军MG42机枪交叉火力打得寸步难行。无奈之下，西肯特郡营彻底放弃进攻，余下的日子里只得老老实实地呆在厚实的城堡围墙背后。

3月20日晚，新西兰第2步兵师最后一支新锐力量——第21步兵营也进入了卡西诺镇。他们的任务是夺取欧陆旅馆，然后再打通和146高地、202高地据守的第24步兵营C连的联系。为此，营部向各连下达了进攻命令：A连、B连担任预备队。D连将从修道院出发，在C连的掩护下，沿着六号公路推进，攻击并夺取欧陆旅馆。尔后，C连将超越D连继续前进，打通和第24步兵营C连的联系。

接到命令后，D连连长哈定上尉立刻向各排下达了进攻命令：16排和17排担任先锋，沿着六号公路并肩攻击。18排作为D连预备队，留在连部（设在修道院附近的废墟上）。负责支援进攻的C连也将在攻击发起后于连部附近待命。

21日0时，D连以17排（排长拉巴特斯少尉）为左翼，16排（排长德维森少尉）为右翼，

沿着六号公路开始小心翼翼地向目的地——欧陆旅馆并肩推进。但最初进展却并不顺利，17排仅仅前进了100多码就被一个巨大的积水弹坑挡住了去路，迫使他们不得不放弃计划路线，改由16排背后跟进。刚刚绕到公路右翼，17排就遭到来自附近楼房的机枪火力拦阻。在拉巴特斯少尉的率领下，全排散开队形，几名大胆的步兵悄悄地摸到门口和窗户并向里面猛投手榴弹。冲进楼房后，他们却发现里面空空如也，敌人如同鬼影般消失了。就在这个时候，来自玫瑰旅馆的机枪火力和迫击炮火力彻底将他们压制，迫使17排被钉死在建筑物中，一步也无法前进。

沿着公路右侧推进的16排进展相对顺利，他们一直推进至距欧陆旅馆不到100码才被来自城堡山、欧陆旅馆和玫瑰旅馆的机枪火力所压制。看到2个排进攻受阻后，哈定上尉又出动了18排（排长奥利斯少尉），穿过一片灌木丛，试图侧翼迂回从欧陆旅馆右拐角取得突破，但也被欧陆旅馆和玫瑰旅馆的交叉火力所压制。

凌晨2时，C连奉命由D连左翼投入战斗，穿过欧陆旅馆和玫瑰旅馆之间布满带刺铁丝网和密布积水弹坑的开阔地，向欧陆旅馆展开攻击。然而，C连也在来自两个旅馆的交叉火力打击下连障碍物都未能接近就因伤亡惨重而被迫撤回了修道院。

虽然D连的进攻被两个旅馆的交叉火力压制，但各排的突破也对欧陆旅馆构成巨大威胁。因此，伦内克上尉从前沿据点报告新

■ 德军利用废墟和建筑物进行抵抗，使得盟军吃尽了苦头。

西兰人再度开始进攻的那一刻起就决心组织反突击，将D连打回原位。而这个艰巨的任务就落在了第3伞兵团工兵排齐格弗里德·拉梅尔特中尉的身上。他是第3伞兵团中有名的勇将，曾在克里特的干尼亚、东线的列宁格勒和奥托纳和卡西诺浴血奋战，并因奥托纳的战功而获得了德意志金质十字勋章。当伦内克上尉将D连突破的危机告诉他时，拉梅尔特中尉立刻自告奋勇地表示将立即率部对敌展开反击。经过六天的血战，第3伞兵团工兵排仅剩12人。

由于新军16排已经冲到距欧陆旅馆不到100码的两堆瓦砾间，而堆积如山的瓦砾根本无法翻越，拉梅尔特工兵排唯一的反击途径就是冒着交叉火力拦阻，从两堆瓦砾中间强行突破。在反击过程中，欧陆旅馆内的各个机枪火力点将全力射击，压制16排的拦阻火力。在己方机枪火力的有力支援下，德军工兵排击退了16排，反击中拉梅尔特中尉在冲过两堆瓦砾间被机枪子弹击中身亡。

在D连进攻的同时，第1伞兵团2营5连也在希马尔·卡尔·阿道夫·察恩中尉带领下进行了顽强阻击。尽管兵力已减少到不足1个排，但察恩中尉仍然在击退了D连的进攻后对17排和18排展开了反击。在激烈的反突击战中，察恩中尉的右腿中弹，被救护兵抬回营部时，营部医疗官对他的伤势进行详细的检查后只能截去了右腿。尽管如此，这名勇士仍然于半年后康复并返回第1伞兵团5连参加了博洛尼亚争夺战。

在德军顽强地阻击和勇猛地反击下，第21步兵营D连的进攻彻底失败。天明后，修道院高地的德军炮兵观察员和镇内隐蔽的炮兵观察哨的指引下，德军炮兵对D连各排阵地进行猛烈的炮火打击，迫使D连撤回了出发阵地。以下是新西兰第21步兵营战史的记录：在进攻连续受阻的情况下，营长麦克尔罗伊少校下令17排撤出被困楼房，返回出发阵地。然而，伞兵却抢先一步，赶在17排撤退前攻入了楼房，除了极少数逃回己方战线外，17排绝大部分官兵成了德军的俘虏。对此，18排也集中火力顽强阻击反击的德军，但仍无法挡住德军前进的步伐。与此同时，16排的阵地也遭到德军的猛烈反击，排长德维森负伤，阵地摇摇欲坠，但杰夫·曼森中士立刻接手指挥，指挥16排剩余官兵顽强抵抗，稳住了阵地。黎明前，18排在前来增援的5挺布伦轻机枪的支援下，才勉强顶住德军的反击并守住了阵地。战斗结束后，德军医疗人员佩戴着红十字臂章在18排阵地前沿将己方伤员抬回。2名身负重伤的新西兰步兵也躺在距欧陆旅馆不到150码处。尽管没有佩戴臂章，但排长奥利斯少尉和波默罗伊列兵还是冒险冲了上去，把2名伤员背回。

天明后，德军的机枪和迫击炮火力更为猛烈而准确。而且在夜幕中较为沉寂的狙击手也开始活跃。甚至连六管火箭炮也加入了射击行列，连部的电台就被1枚火箭弹摧毁。

在德军持续不断的炮击下，D连放弃进攻，进攻各排撤回营部所在的修道院隐蔽。然而，营部也不是一个安全的场所。迫击炮、榴弹炮和火箭炮群仍然一刻不停地朝修道院齐射。

炮击间隙，对面建筑物废墟里突然传来一阵引擎轰鸣声。1名好奇的新西兰步兵爬过去一看才发现原来是1辆德军的IV号坦克。这辆坦克正用自己的无线电台为附近的德军炮兵指引目标，难怪德军的炮火打得是如此之准。随后在2辆坦克的支援下，C连13排攻占了这栋建筑物并摧毁了这辆IV号坦克。尽管如此，德军的炮弹还是像雨点般不停地落在各连阵地。猛烈的炮火打击完全摧毁了各连的进攻意志。从黎明到傍晚，各连和营部，营部和旅部之间的呼叫全是各种烟幕掩护的请求：请求对各排阵地前方释放烟幕；请求对德军据点前方释放烟幕；请求对玫瑰旅馆前方释放烟幕；请求对欧陆旅馆前方释放浓烟幕；请求释放烟幕掩护伤员撤回；发现一栋建筑物有狙击手，请求释放烟幕掩护X排进攻……

至傍晚，D连和C连除了被压制在修道院外，一无所获。

城堡山

与此同时，第23步兵营对城堡山脚居民区的进攻也在德军的顽强抵抗下毫无进展。

至21日傍晚，对欧陆旅馆、对城堡山脚

的居民区和对165高地的进攻全部失败。但新西兰第2远征军军部却洋溢着一股乐观的情绪。根据破译的一份德国第14装甲军的报告指出因盟军在空军、炮兵和坦克方面占据绝对的优势，据守卡西诺镇的伞兵蒙受了重大的伤亡，迫使德军逐步向修道院至第1伞兵机枪营现有防线左翼地带撤退。听到这个消息，弗里伯格备感振奋，认为只要再加把劲就可以迫使伞兵完全逐出卡西诺镇，准备下一步对修道院的总攻。另一方面，军部的情报参谋也声称第1空降师已完全投入到卡西诺镇的巷战并蒙受了惨重的损失。20日和21日的进攻失败只是第1空降师的回光返照，只要再来一次大规模进攻就可以彻底摧毁第1空降师，拿下卡西诺镇。弗里伯格的乐观态度甚至连亚历山大司令部参谋也受到了一定的感染，地中海战区司令部情报官们甚至觉得如果继续进攻的话，不出几个小时卡西诺镇就要到手了。会后，弗里伯格中将向第5步兵旅旅部下达了继续进攻的命令。

相对于盟军高级指挥官的乐观，在卡西诺镇内奋战的新西兰官兵们却显得愁容满面。在接到军部的命令后，第5步兵旅旅部立即下令第21、23和28步兵营营长赶到旅部开会。由于德军榴弹炮火力和迫击炮火力还在不断地袭击各营阵地，为确保安全，3名营长不得不各乘坐1辆谢尔曼坦克抵达旅部。会上，各营营长认为上级所谓德军防线崩溃论极为荒谬。对于22日的进攻计划的制订，第21步兵营营长麦克尔罗伊少校认为经过多

日的反复进攻已经证明道路泥泞，积水弹坑密布，且前进路线都被欧陆旅馆和玫瑰旅馆两个巨大的火力点封锁的情况下，正面进攻毫无胜算。如果通过城堡山迂回欧陆旅馆侧翼，由西面的山道居高临下向欧陆旅馆展开攻击的话，或许会有一丝成功的希望。与会的23营营长康诺利上校和28营营长扬中校对此表示赞同。按计划，美军1个坦克歼击营进入卡西诺镇，准备随时摧毁欧陆旅馆和玫瑰旅馆内藏匿的德军坦克，将德军的火力吸引过来。担任主攻任务的第21步兵营A连和第23步兵营D连先是夺取城堡山东部边缘的建筑物群，然后穿过城堡山东北坡，由西面向欧陆旅馆的侧翼展开攻击。同时，新西兰第19装甲团的5辆谢尔曼坦克将以远程火力猛轰欧陆旅馆和玫瑰旅馆，压制两个据点内的德军火力。新西兰第2步兵师师属炮兵也将不断向修道院高地发射烟幕弹，遮挡修道院方向的德军炮兵观察哨视界。这次进攻将是新西兰军团在第三次卡西诺战役中的最后努力。

3月22日清晨，第1伞兵团出动36名伞兵再次对城堡山展开反击。皇家西肯特郡步兵团6营虽然在昨天的进攻作战中被打得一败涂地，但在清晨的防御战中却表现得十分出色。在他们凶猛的火力打击下，德军伞兵甚至连城墙都没有摸到就全军覆没了，9人阵亡，27人被俘。相比之下，西肯特郡营只有8人负伤，而且大部分是轻伤。

22日，新西兰军对卡西诺镇发动了最后

一次进攻。按计划，第23步兵营D连和第21步兵营A连于清晨8时进入了出发阵地。9时50分，第19装甲团预定出动的坦克群就位，并对目标区实施猛烈的炮火准备。接着炮兵也开始释放烟幕以掩护D连的进攻。10时，D连跃出阵地开始向前推进，但就在这个时候，一队印度伤员却扛着红十字旗从城堡山主峰缓缓走下，迫使支援坦克群停止射击，炮兵也将发射烟幕弹的时间向后推延。在支援火力和烟幕都延迟的情况下，D连不得不暂停进攻。期间，1架德军Fw 190战斗机突然出现在D连上空并试图对D连阵地进行扫射，但这名德国飞行员技术不佳，俯冲高度太低无法拉起，结果坠毁爆炸。

12时45分，当印度伤员撤退完毕后，进攻再度开始。在坦克火力和炮兵释放烟幕的支援下，D连以16排 (排长雷德中士) 为左翼，17排 (排长伊斯盖特少尉) 为右翼，18排 (排长哈拉汉少尉) 居中并担任突击先锋，展开攻击。最初，D连进展顺利。突前的18排迅速地打到了一个山道口。哈拉汉少尉一个箭步冲过山道口，但尖刀班的步兵试图跟进时却遭到前方一个小屋内和埋伏于附近岩石堆中的德军机枪火力的拦阻，尖刀班班长巴福德下士当场中弹倒地。余部被迫停止前进，并就地隐蔽。虽然哈拉汉少尉勇敢地爬到小屋附近，用轻机枪朝小屋上层的德军机枪阵地扫射，但仍无法压制德军的火力。在意识到无法冲上山道口后，哈拉汉少尉又示意所部爬过岩石，从宽广的正面继续进攻，但伞兵的机枪火力简直就是一堵火墙，试图翻过岩石的官兵几乎都被密集的子弹击中，非死即伤。在无法继续取得任何进展的情况下，18排只好在炮火和烟幕的掩护下撤回了出发阵地。与此同时，在左右两翼作战的16排和17排也在山脚地带的居民区和山坡地带和伞兵展开了激烈的争夺战。虽然取得了部分进展，但终于还是被伞兵猛烈的机枪交叉火力和不间断的迫击炮火力钉死。最终，D连因无法继续前进而被迫停止进攻，撤回出发阵地。

与此同时，第21步兵营A连翻越城堡山，并试图沿着东北坡的一条羊肠小道前进，但他们很快就被前方隐蔽的机枪火力点和附近高地的机枪火力打得寸步难行。在炮火支援无望、迂回无路的情况下，A连只得撤回出发阵地。至22日17时，新西兰第2远征军各部全线停止了进攻。

23日清晨，曾经是那么的英勇和无畏的弗里伯格中将也对战局彻底失去了希望。他发布了一道命令，新西兰第2远征军停止进攻，并从435高地和202高地撤退，之后沿着城堡山和卡西诺火车站一线组织新防线。

435高地

25日夜，卡西诺修道院的伞兵突然发现435高地出奇的平静。经验丰富的第3伞兵团1营营长鲁道夫·伯姆勒少校立刻判断435高地很可能出现了异常情况。于是，他派1名少尉前去查探。这名少尉手持白旗，装出一副要谈判的样子向435高地走去。途中，他不停地用英语喊道："有人吗？"但却没有传来任何回音。听到消息后，伯姆勒少校立即通过电话向师长海德里希少将进行了报告。但谁也不知道435高地究竟发生了什么？德国人直到次日才了解了所有的情况。原来，驻守435高地的廓尔喀营和202高地的新西兰第24步兵营C连共10名军官和267名士兵在两道炮兵弹幕的逐次掩护下，艰难地撤出了435高地。但当晚撤出的仅仅是身体健全的官兵，不少轻重伤员还留在了高地。

26日，第3伞兵团1营和第1伞降工兵营3连在意识到盟军已经撤退后，便在435高地上升起了纳粹万字旗。看到这面旗帜，在山上困守了整整9天的廓尔喀营幸存官兵感到了无比的耻辱。当天，新西兰第24步兵营军医伯里上尉带领着1个医疗小组高举红十字旗摸上了202高地，在好不容易找到伤员后却在归途中被伞兵拦住了去路。不过，看到了红十字旗，伞兵没有太为难他们。只是要求把他们带去面见1营营长伯姆勒少校。伯姆勒也没有为难他们，他只是简单地检查了一下他们随身携带的证件后，就和蔼地写了一张致英国指挥官的便条，注明这是最后一个被允许通过的小组。随后，伤员们送给伯姆勒少校一支香烟，而伯姆勒少校也回赠伤员们一个急救包。最后，双方犹如老朋友般地握手道别，互祝好运。对于伯姆勒少校而言，他打自心底地佩服困守435高地整整9天的廓尔喀

营和202高地死守的新西兰第24步兵营C连，或许是因为英雄惺惺相惜的心情，他在1营重新夺回了435高地和202高地后，放过了最后一批盟军伤兵。

当红十字旗从435高地悠然飘落的那一刻，二战中最为艰苦但却最具骑士精神的第三次卡西诺战役也画上了句号。

第三次卡西诺战役总结

毫无疑问，第三次卡西诺战役是以德军第1空降师的胜利而告终。虽然新西兰第2远征军下属的3个步兵师在开战前自信满满，虽然盟军在火力上占据绝对压倒优势，但他们依然惨败而归。根据记录，新西兰第2步兵师在3月15日到26日间共有11名军官和104名士兵阵亡，50名军官和646名士兵负伤，2名军官和68名士兵失踪，共计伤亡881名官兵；英印第4步兵师共有9名军官和123名士兵阵亡，52名军官和740名士兵负伤，4名军官和151名士兵失踪，共计伤亡1079名官兵；英国第78步兵师共有3名军官和16名士兵阵亡，3名军官和57名士兵负伤，8名士兵失踪，共计伤亡87名官兵；新西兰第2远征军军部和军直属部队共有3名军官和18名士兵阵亡，3名军官和31名士兵负伤，4名士兵失踪，共计伤亡59名官兵。这样，新西兰第2远征军在第三次卡西诺战役中总共伤亡2106人。英印第4步兵师军官弗雷德·马奇德拉尼于战役结束后总结道："英印第4步兵师作为一支有力的作战部队已

不存在，新西兰第2步兵师的情况也是大同小异。"在第三次卡西诺战役中，新西兰第2远征军手握3个几近满员的步兵师，而对手德国第1空降师的兵力却只相当于半个团。在炮兵、坦克和空军方面，盟军更是占据了绝对的优势，但这一切的兵力和火力优势却没能转化成胜利。

对于第三次卡西诺战役的失败，新西兰人进行了认真的总结。首先，他们认为在大轰炸结束后，向卡西诺镇内进行添油加醋式（或称之为滚动式部署）的兵力投入方式是极为错误的，这让镇内幸存的伞兵能迅速而有效地占领各个据点，进行顽强的阻击。15日至16日的大雨使得道路泥泞不堪，严重迟滞了步兵的推进。然而，同样是在瓦砾成堆，道路泥泞的情况下，第1空降师却从15日晚开始不断向镇内增兵。更难能可贵的是，伞兵在行进过程中不仅得克服地形和天气的影响，甚至还得躲过对方的空军和炮兵火力拦阻。不仅如此，伞兵还从巷战开始的第一夜起就不断派出巡逻队在瓦砾间和街道间行进，随时封堵防线漏洞。因此，盟军所认为的地形和天候于进攻不利只是为失败找借口而已。按笔者的观点，真正失败的第一个原因是盟军的吃苦和敢于自我牺牲的精神与德军相差甚远。

其次，新西兰第2远征军从上到下都对大轰炸后如何让部队迅速地穿越弹坑密布、瓦砾堆积的街区缺乏认识。对这个问题有着充分认识的空军和工兵指挥官早在战前就向

弗里伯格中将提出了警告。例如，在1944年2月21日召开的战地讨论会中，美国陆航第12航空队下属的空中支援指挥部军官就卡西诺镇轰炸过后可能产生的"后遗症"向弗里伯格提出了警告："大轰炸过后，卡西诺镇内各个街道都会被大量的瓦砾所堵塞，即使是留出的狭窄通道也是弹坑密布，这绝对是一个良好的坦克陷阱地带。如此一来，贵军的推进就会受到极大的阻碍。"然而，弗里伯格却对此置若罔闻。他认为如果大轰炸带来的"后遗症"能阻塞盟军坦克的话，那也必然阻止德军坦克的进入。然而，他没有想到的是，在没有坦克支援的情况下，步兵将如何攻克镇内那些坚如磐石的火力点呢？结果，进入卡西诺镇内参加的新西兰步兵虽然在兵力上对伞兵占有优势，但没有坦克伴随火力支援的情况下，对欧陆旅馆、玫瑰旅馆等坚固据点的攻击全部以失败告终。

弗里伯格说是这么说，但实际却是在3月15日大轰炸过后，他就下令新西兰第4装甲旅（下属第19装甲团和第20装甲团）全部坦克群越过拉皮多河，准备开进镇内支援步兵攻坚。这时，德军与之对抗的装甲兵力仅为5辆突击炮。然而，正是由于弗里伯格所坚持进行的大轰炸才导致了街道内瓦砾成堆，弹坑密布，致使坦克群无法通行。少数经过不断绕道进入小镇的坦克又无法行驶至德军坚固据点附近，为步兵提供有力的近距离火力支援。对此，弗里伯格在战役结束后写给新西兰防务大臣的信中辩解道："这

■ 大轰炸过后留下的废墟、弹坑，使得行进条件变得恶劣，影响并限制了坦克的机动性，直接导致了他们无法为步兵提供重火力支援，可归根结底的原因还是由于盟军军中主将弗里伯格对于制空权的几乎偏执的信赖和对各军种间如何有效遂行联合作战的能力欠缺。

次闪电攻击确实打乱了敌人的部署，但轰炸却使各条通往利里河谷的公路和小道严重受损，致使轮式和履带作战车辆无法通行。而这些延迟导致我们失去了战役的突然性。"更令人惊讶的是，新西兰防务委员会竟然接受了这种说辞，并认为是这次战役失败的一个主因。竟然没有一个人想要站出来问一问："既然弹坑严重阻塞了坦克的推进。那么制造这些弹坑的大轰炸命令又是谁下达的？"因此，笔者要公平地说一句，弹坑并不是战役失败的主因。盟军第二个失败主因正是军中主将弗里伯格对于制空权的几乎偏执的信赖和对各军种间如何有效遂行联合作战的能力欠缺。

第三，盟军似乎还未学会如何利用他们的物质优势夺取胜利。根据新西兰第2远征军的统计，盟军在第三次卡西诺战役中光是坦克就投入了455辆谢尔曼中型坦克，124辆斯图亚特轻型坦克和59辆各型装甲车，但因种种原因导致实际参加战斗的坦克/装甲车数目仅为60辆，而且还无法为步兵提供有效的支援。相比之下，德军尽管坦克数量处于绝对劣势，但他们充分利用了有限的资源，先后向镇内投入了16辆坦克/突击炮，并把坦克和突击炮作为固定火力点或是炮兵观察哨来引导炮兵火力的打击。在炮兵火力方面，盟军共拥有约710门火炮。从15日到25日共计耗弹588034发。但盟军的炮击除了给伞兵"免费"制造更多的良好的坚固据点和掩体外，并没有给伞兵的增援、防御和反击造成太大威胁。相比之下，德军在战役中能投入的最大火炮数目为240门，但他们却充分地利用了炮兵火力。从前一章各天的战况中，我们就可以看到德军的炮击对新西兰各个步兵营在卡西诺镇内的行进，集结，进攻甚至防御都造成了很大的威胁。在很多情况下，新西兰人不得不一再请求释放烟幕，来掩护己方部队的进攻。19日以后，在德军不间断的炮火和伞兵日臻成熟的城市游击战袭扰下，新西兰步兵甚至逐步失去了昼间的行动自由权，除了一再失败的进攻外，只得龟缩在掩体内躲避德军的炮击。另外，MG42轻机枪在卡

西诺镇内的巷战和山地争夺战中以极高的射速为德军提供了望而生畏的强大火力。正是依靠猛烈的机枪火力和持续不断的迫击炮火力，伞兵才能在卡西诺巷战和山地争夺战中一再以劣势兵力成功地瓦解了新西兰军的进攻并使其蒙受惨重的损失。在空军战术支援方面，盟国地中海航空兵 (皇家空军第1战术航空队和美国陆航第12航空队，美国陆航第15航空队) 在整个战役期间共出动2629架次，投弹2362吨。而德国空军第二航空队在卓越的统帅里希特霍芬元帅的指挥下仅出动了214架次，而且多以俯冲轰炸和低空扫射为主。然而，盟军不间断的空中打击一没能阻断德军的增援，二没能限制德军的白昼活动权，

■　在此次战役中不得不提一下的德军MG42通用机枪，这种外号被称为"撕布机"和"希特勒的电锯"精良的杀人机器，是二战中最令盟军士兵胆寒的著名武器之一，而它经典的设计也一直影响着战后通用机枪的设计。

三没能大量消灭德军有生力量。在整个战役中，仅有约50名伞兵在盟军的空中打击下阵亡，但盟国空军的误击却造成了96名盟军官兵和130名平民的死亡，给盟军的士气和平民对盟军的看法带来了很大的负面影响。更为不幸的是，盟国空军的轰炸不仅没有为己方进攻部队打开胜利的通道，反倒为德军制造了大量的"免费"战术支撑点。相比之下，德国空军在出击架次远不如盟国空军的情况下，利用了每一个可以利用的空当，穿越盟国空军的战斗机封锁线，对盟军炮兵阵地和步兵集结区进行小规模的俯冲轰炸和扫射。这些行动虽然没有给盟军造成太大的损伤，但却极大地激励了己方的士气并沉重地打击了盟军的士气。

第四，整个新西兰人对伤亡人数的敏感令弗里伯格无法放手大干一场。从1月底新西兰第2步兵师抵达卡西诺战区到3月14日第三次卡西诺战役爆发前，新西兰第2步兵师就已在进攻卡西诺火车站和零星的交火中蒙受了将近500人的伤亡。在新西兰国内舆论的压力下，弗里伯格早在第二次卡西诺战役爆发前曾告诫过克拉克，如果新西兰人的伤亡超过了1000人，他就将停止进攻。因此，在第三次卡西诺战役开始后，弗里伯格因顾虑伤亡而没有在最初的几天内果断地将新西兰第2步兵师大部分兵力投入镇内的巷战，导致无法集中兵力形成拳头，战机白白丧失。镇内的战斗逐渐由快速推进演变成一场令人泄气的消耗战。甚至在22日最后一次进攻中，

新西兰人也仅仅是动用了2个步兵连。总的来说，新西兰人是以散攻聚，伞兵以聚御散。再加上伞兵各种火力集中，协同良好。结果在众多据点的争夺战中，伞兵就由少数变成了多数，而新西兰步兵却由多数变成了少数，焉能不败？相比之下，第1空降师师长海德里希少将就对伤亡显得毫不吝啬。在卡西诺镇，他不顾防线两翼守军兵力被削弱的风险，不断向卡西诺镇内调兵，并每天都在进行坚决果断的反击，将新西兰步兵的进攻逐一粉碎。在城堡山方向，他不顾惨重的伤亡和一次又一次的失败，坚决地对城堡山展开反击，夺回了这个方向的作战主动权。在作战中，海德里希秉承了"进攻就是最好的防御"的格言，在整个战役中始终以积极的反突击和渗透，将不利的态势逐步扭转，直至最终获胜。当然伞兵也在第三次卡西诺战役中蒙受了极为惨重的损失：第3伞兵团共阵亡53人，负伤114人，失踪270人；第4伞兵团共阵亡170人，负伤426人，失踪15人。第1空降师共计伤亡1048人，其中永久性损失（阵亡和失踪）508人。

以上5种原因叠加在一起导致了新西兰第2远征军的失败，也成就了第1空降师的辉煌。希特勒在一次和生产部长斯佩尔的谈话中对第1伞兵师在卡西诺的杰出表现赞扬道："伞兵是国防军中最顽强的战士，他们的顽强斗志甚至超过了武装党卫军。"伞兵的表现不仅获得了国内的褒扬，甚至连作为敌人的盟国地中海战区司令亚历山大上将也在3月

22日致参谋长委员会主席布鲁克将军的信中对伞兵的顽强斗志大加赞扬："不幸得很，我们正在和一群世界上最顽强的战士作战，他们是一群真正的男子汉！在我看来，除了这些伞兵小伙子们外，这个世界上再也不会有如此善战的部队了。"对此，德国第10集团军司令海因里希·冯·维廷霍夫上将也由衷地赞扬道："除了第1空降师外，没有任何一支部队能够守住卡西诺。"

战事刚一结束，亚历山大就召集高级将领进行检讨研究，撤换了一些指挥不力的军官，重新调整了部队部署，新西兰军被解散，所属2个师经过休整补充后再分配给其他军，卡西诺战线由英军第8集团军的英军第78步兵师和第6装甲师接替了疲惫不堪的美军第5集团军。鉴于意大利多雨的春季，对于进攻作战实在不利，盟军决定对古斯塔夫防线下一轮的攻击将推迟到5月中旬。

德军也充分利用这一战役间隙调整补充部队，凯塞林总兵力已达到22个师，其中安齐奥海滩6个师，古斯塔夫防线正面9个师，另有2个师为预备队；还有4个师为总预备队，用于应付安齐奥和古斯塔夫防线两个方向可能出现的紧急情况。就这样，在经过惨烈的较量之后意大利战场终于沉寂下来了。同时，凯塞林还在古斯塔夫防线以北积极建立两道新防线，他分别命名为"希特勒防线"和"恺撒防线"。

■ "除了第1空降师外，没有任何一支部队能够守住卡西诺。"

波兰第2军

1944年春，德军在各条战线上败绩连连。至5月，苏联红军在东线一共发起了四次打击。列宁格勒的包围被解除，德国北方集团军群被迫沿波罗的海方向撤退；德国南方集团军群在第涅伯河右岸和克里米亚半岛也是一败涂地，战线在一步步向苏联传统国境线进逼。从1943年2月2日斯大林格勒战役结束时算起，至1944年3月，德军在东线已经蒙受了多达170万官兵的伤亡。为了填补巨大的伤亡缺口，希特勒不得不再次降低征兵年限，15岁到50岁之间的男性均奉招入伍。在东线战局如雪崩般倒塌的同时，西线和本土的形势也越发严峻。自卡萨布兰卡会议后，英国皇家空军轰炸机司令部和美国陆航第8航空军就开始对德国展开联合轰炸机攻势。第8航空军负责昼间对德国境内的重要工业区进行高空精确轰炸，皇家空军轰炸机司令部负责夜间对德国境内的各个大城市进行区域性轰炸。在猛烈的轰炸下，德国的大城市逐一化为灰烬，工业生产开始受到一定的影响。从1943年起，盟国开始源源不断地将兵员和物资运往英国，在法国登陆并开辟第二战场已为时不远。与此同时，德国的外交空间也被急剧压缩。进入1944年后，眼看德国日渐颓势，不仅和德国断交的国家越来越多，而且加入同盟国阵营和德军作战的国家也在日渐增多。此外，就连德国在欧洲的铁杆盟友也相继对战争胜利的信心发生了动摇。1944年春，匈牙利几乎步意大利的后尘，推翻法西斯现政府，与盟国讲和。但这个企图被德国情报部门洞悉，并出动精锐的突击队予以粉碎。而德国在巴尔干的另一个铁杆盟友——罗马尼亚也陷入了严重的政治危机。自1941年6月22日的苏德战争以来，罗马尼亚在奥德萨、斯大林格勒等诸多血战中已损失了18个师的兵力，这个损失对于人口仅几百万的罗马尼亚来说是一个沉重的打击。1944年春，随着南方战线逐渐向罗马尼亚国境线逼近，国内人民对安东尼斯库领导的法西斯政权的不满情绪与日俱增，要求和盟国讲和并退出战争已成为罗马尼亚大多数民众的心声。

而希特勒的身体和精神状况也是每况愈下。他开始变得急躁和不安，对身边的人失去了信任感。在这种风雨飘摇，四面楚歌的背景下，C集团军群在卡西诺战区屡屡报捷就成了德国国内唯一的精神寄托。而第1空降师无疑是这场胜利的缔造者。为了表彰第1空降师在卡西诺的卓越战功，海德里希少将获得了宝剑橡叶骑士铁十字勋章。3月25日，海德里希在授勋仪式上得到了希特勒的接见。事后，他回忆道："他的样子令人感到悲哀。他几乎对任何人都失去了信心。他明白伞兵的英勇，但他对未来也不抱什么希望。"两周后，冯·赞格尔中将于1944年4月5日因卡西诺作战有功，获得橡叶骑士铁十字勋章。

和元首的身体一样，国防军的情况也是不尽如人意。由于德军的兵员和技术装备在东线蒙受了极为惨重的损失，巨大的缺口难以填补。因此，德军从1943年开始出现了严重的人员和物资短缺，第1空降师也不例外。1943年9月第1空降师在萨勒诺战役之初拥有6727人，12月的奥托纳战役后第1空降师还剩3000余人。在1944年第一季度的作战中，第1空降师又蒙受了1378人的伤亡，而补充的兵员却寥寥无几。更为不幸的是，在兵力急剧锐减的同时，许多作战经验丰富的士官和军官又被不断地从火线上抽调下来，撤至后方参与新部队的组建工作。从1943年7月的西西里战役算起，第1空降师已经连续战斗了9个月，并蒙受了高达90%的作战和非战斗性伤亡。按照惯例，第1空降师实际上已经失去了战斗力，应撤到后方进行休整和补充兵力，以备来日再战。然而，C集团军群在现有情况下根本无法调遣其他部队来接替第1空降师的防务。同时，各条战线兵力吃紧的状况也使第1空降师根本无法得到有效的兵力补充。至第四次卡西诺战役爆发前，第1空降师兵力仅为2200多人，战斗力比起第三次卡西诺战役开始时还有所降低。

在第1空降师为兵力不足和防线漫长而感到苦恼的同时，盟军却是兵力充沛。更重要的是，第1空降师的对手又换人了。第三次卡西诺战役结束后的第二天，新西兰第2远征军被撤消。新西兰第2步兵师、英印第4步兵师和英国第78步兵师被纳入英国第8集团军战斗序列。4月初，伤亡惨重的新西兰第2步兵师和英印第4步兵师被英国第78步兵师和禁卫第1装甲旅替下。不过，他们的顶替只是暂时

■ 波兰第2军指挥官安德斯中将（中），左边是亚历山大陆军元帅。

的。在新一轮的进攻计划中，主攻卡西诺的任务将交给自1939年亡国以来就一心复仇的波兰人。

在第三次卡西诺战役结束后，亚历山大上将和盟国地中海战区司令部的海陆空三军指挥首脑进行了商讨。讨论的结果是要彻底突破古斯塔夫防线就必须采取全面进攻，多点突破。为了缠住卡西诺地区战斗力最强的第1空降师并尝试达成突破，就需要作风勇猛的作战部队不惜代价地进行强攻。为此，负责新一轮卡西诺总攻的英国第8集团军司令利斯中将将目光投向了在盟军阵营中以作战勇猛而著称的波兰第2军，军长是现年50岁的安德斯中将。瓦尔迪斯瓦夫·安德斯中将，于1892年出生在华沙附近的一个小村庄。他的父亲是一名波罗的海岸的德裔居民，但效忠于沙俄政府（当时波兰是沙俄的一个行省），母亲伊丽莎白是一个地地道道的波兰人。由于父母都是虔诚的新教徒，因此出生后的小安德斯自然就接受了洗礼并终身成为了一名虔诚的新教徒。从小安德斯就受到了良好的教育。一战前，他在里加技术学院就读，并在那里加入了波兰学生兄弟会（这是当时一个波兰的秘密爱国组织，立志推翻沙俄统治，建立独立的波兰共和国）。通过学生兄弟会的活动，安德斯逐渐被培养成一名忠诚的爱国者。1917年，安德斯加入沙俄军队，参加第一次世界大战，开始了他伟大的戎马生涯。一战结束后，波兰独立。之后，安德斯于新组建的骑兵团任职，并参加了1919－1921年

的苏波战争。在战争中，安德斯因作战勇敢而获得了一枚波兰最高军事荣誉勋章。

1939年9月，第二次世界大战爆发。时任骑兵旅旅长的安德斯率部对入侵的德军进行了坚决的抵抗。然而，波军的骑兵在德军机械化兵团面前如同玩具般的可笑，安德斯于作战中两次负伤。在战术和技术装备严重落后于德军的情况下，向东撤退是唯一途径。9月17日，正当安德斯指挥的骑兵旅好不容易从德军的钢铁洪流下撤至波兰东部时，几十万苏联红军在伏罗希洛夫元帅的指挥下兵分六路，开进波兰东部。在和红军的作战中，安德斯第三次负伤并成为了红军的阶下囚，而他的骑兵旅也在悲壮的战斗后如同祖国的命运一样灭亡了。被俘后，安德斯先是被苏联人拘押在利沃夫，然后又转移到莫斯科附近监狱。在狱中安德斯受尽煎熬。1941年6月22日，苏德战争爆发，安德斯获得了转机。出于联合同盟国共同进行反法西斯战争的需要，苏联于1941年8月释放了部分波兰官兵，并在苏联领土上组建了第一批波兰军队（7个师又1个旅，共7.5万人），由安德斯将军指挥，向在伦敦的波兰流亡政府宣誓效忠。尽管名义上是红军的盟友，但苏联人却对这支组建的波兰军队百般刁难。至1942年初成军时，这支波兰军队仍旧是缺粮少弹。于是，忍无可忍的安德斯将军在波兰流亡政府的指示下，沿着高加索离开了苏联，前往英、美、苏联合占领下的伊朗，纳入美英盟军指挥体系。在获得大量物资和人员补充以

后，这支波兰军队被命名为波兰第2军，由安德斯将军指挥。不久，波兰第2军赶上了北非战役，并在战斗中以勇猛作风在盟军中赢得尊重。在卡西诺屡攻不克的情况下，利斯中将自然就想到安德斯和这支雄师。

1944年3月底，安德斯中将前往第8集团军司令部，和利斯中将就如何进攻卡西诺山丘地带进行了讨论并准备领受新的作战任务。事后，安德斯中将回忆道："这次会晤对我来说是一个重要的时刻。无疑，第2军的任务将极为艰巨。事实上，利斯将军已经把任务中所有可能遇到的情况都向我清楚地讲明了。德军在卡西诺镇和修道院的顽强早已被盟军编成了一句谚语：尽管修道院遭到轰炸，尽管卡西诺镇化为了一片瓦砾，但德

军依然顽强死守并封锁了通往罗马的公路。虽然夺取卡西诺会付出惨重的代价，但我明白卡西诺在手的意义要远远大于所付出的代价。这样，我们就可以再一次告慰波兰的父老乡亲并粉碎苏联关于波兰（流亡政府军队）并没有向德国开战的谎言！同时，胜利也会极大地鼓舞波兰国内抵抗组织并使波兰军队又将获得一个伟大的荣誉。经过片刻的思考，我答复我将承担这项重任。"

4月17日，安德斯中将指挥的波兰第2军来到了卡西诺，兵力为51962人。其中大部分都是从苏联战俘营和劳工营中被释放的波兰官兵（注：1939年9月底，苏联占领波兰东部的西白俄罗斯和西乌克兰地区后共将150万波兰平民抓到苏联进行强制劳动生产）。他们除

■ 波兰第2军的士兵们。

了拥有丰富的作战经验外，还抱着一颗赤胆之心，急于为亡国之难向德国复仇。正是对德国人的仇恨使他们撑过了在苏联战俘营和劳工营那段令人不堪回首的时光。也正是因为国难家仇，让波兰第2军成为了盟军在地中海战区作风最勇猛的部队。他们的作风甚至堪比苏联红军，这在对伤亡数字极为敏感的盟军部队中算是一大另类。

"王冠"计划

为了在新一轮进攻中彻底突破古斯塔夫防线，亚历山大上将决心以压倒优势的兵力实施全线突击。但在进攻前，盟军必须组织一系列的欺敌行动。他要让凯塞林元帅相信盟军在经历了多次失败后，已经放弃了对古斯塔夫防线的正面进攻。即将到来的夏季攻势将在古斯塔夫防线背后再来一次两栖登陆。如此一来，凯塞林元帅就不得不把预备队放在罗马以北待命，为这个子虚乌有的行动而时刻准备着，以致无法在第四次卡西诺战役打响后赶来增援。

为了执行欺敌行动，在第四次战役第一阶段担任战略预备队的美军第36步兵师被派往萨勒诺和那不勒斯，进行抢滩登陆训练，摆出一副即将进行登陆作战的架势。与此同时，大量的登陆舰艇也向那不勒斯港口附近集结。另外，英国皇家海军地中海舰队也派出庞大舰队进行舰炮火力准备训练。地中海战区航空兵下属的皇家空军第1战术航空队和

美国陆航第12航空队更是不断派出侦察机对罗马北面的希维塔维其亚进行侦察飞行。不过，这仅仅是欺敌行动的一个部分。另一个部分就是全力掩护担任主攻的英国第8集团军抵达卡西诺战区的情况并防止防线对面的德军侦测到盟军为进攻卡西诺而进行的大量战役准备工作。

为此，所有往卡西诺战区的部队调动和换防都在夜间进行，并在调动过程中严格保持无线电静默。修路作业只能在夜间进行，黎明到来前停工并对修筑道路进行严密的伪装。同时，新建成的炮兵阵地也必须不分白昼地进行伪装作业，并严格限制这些阵地的炮击行动。

负责主攻卡西诺的波兰第2军在换防时更是下足了工夫。他们不仅乘着夜色，以营为单位和英国第78步兵师以及第1禁卫装甲旅在短短几天内完成了换防，而且他们还在换防和接下来的守卫期间严格地保持了无线电静默。实在需要联络时，他们就命令专门配属给他们的英国无线电员，使用第78步兵师的呼叫代号与外界进行联络，防止因语言问题暴露波兰人到来前线的事实。

在盟军各部不懈努力下，亚历山大终于在第四次卡西诺战役爆发前对古斯塔夫防线当面之敌形成了绝对的兵力优势。盟军共集结了15个师，将近40万兵力。而与之对抗的德军仅为4个师，不到4万人。在技术装备上，盟军更是占有绝对的优势，火炮1400门对200门，坦克2000多辆对约200辆，飞机

第四次卡西诺战役盟军地面部队战斗序列

盟国地中海战区（司令：亚历山大元帅）

美国第5集团军（司令：克拉克中将）

美国第2军

美国第85步兵师

美国第88步兵师

美国第36步兵师

美国第6军

美国第3步兵师

美国第34步兵师

美国第45步兵师

美国第1装甲师

英国第1步兵师

英国第5步兵师

美加混成特种旅

法国远征军

第1机械化师

第2摩洛哥山地师

第3阿尔及利亚山地师

第4摩洛哥山地师

摩洛哥土著师

英国第8集团军（司令：利斯中将）

英国第13军

英国第6装甲师

英国第4步兵师

英国第78步兵师

英印第8步兵师

加拿大第1军

加拿大第1步兵师

加拿大第5装甲师

波兰第2军

波兰第3"喀尔巴阡"步兵师

波兰第5"克雷索瓦"步兵师

英国第10军

新西兰第2步兵师

1个意大利摩托化集群（兵力为2个旅）

南非第6装甲师

英国第5军

英印第4步兵师

英印第10步兵师

■ 法国远征军指挥官朱安中将。

3000多架对400多架。

此次进攻的代号是"王冠"行动,计划于5月11日展开攻击。在美国第5集团军战区:美国第2军下属的第85和88步兵师将沿着西海岸展开攻击,他们的对手是在先前激战中曾多次溃不成军的德军第94步兵师,在第一次卡西诺战役中于拉皮多河蒙难的美军第36步兵师将担任战略预备队。法国远征军在才华横溢的朱安中将的指挥下由法国第1装甲师、第2摩洛哥山地师、第3阿尔及利亚山地师和第4摩洛哥山地师以及12000多名由法国军官和士官指挥的摩洛哥土著兵组成,兵力达99000多人。法军的任务是利用擅长山地战的摩洛哥和阿尔及利亚士兵对卡西诺战区左翼加里利亚诺丘陵地带穿插,向卡西诺战区左翼进行深远的迂回,他们的对手将是德军

第71步兵师。另外,在安齐奥滩头困守的美国第6军 (辖美军第3、34和45步兵师和第1装甲师,英军第1和第5步兵师) 将于5月16日展开攻击,力争一举突破德军的包围圈,进军罗马。

在英国第8集团军战区:左翼的英国第13军 (英军第6装甲师、第4和78步兵师,以及英印第8步兵师) 负责利里河谷至卡西诺一线的攻坚作战;加拿大第1军 (加拿大第1步兵师和加拿大第5装甲师) 担任预备队,并准备随时前出,达成突破利里河谷的任务;中央的波兰第2军直接负责对卡西诺地区的主攻任务,他们的对手是德军第1空降师。右翼的第10军以新西兰第2步兵师和意大利一个摩托化集群展开攻击。南非第6装甲师担任第8集团军预备队。另外,英印第4和第10两个步兵师为盟军地中海战区司令部直属预备队。对于利里河谷两翼的重要性,凯塞林元帅评价道:"如果左翼的卡西诺和右翼的毛奥峰都在我们手中的话,那么利里河谷就能守住。"

盟军除了兵力和技术装备占据绝对的优势外,在情报方面也享有巨大的优势。和前几次战役一样,德军糟糕的情报工作使凯塞林元帅对盟军具体的集结状况和战役企图知之甚少。不过,1名在593高地驻守的伞兵因为出生在波兰,他从战线对面的通话得知了波兰第2军已经抵达卡西诺战区的事实。与之相比,亚历山大上将却对防线对面的德军知之甚详。他不仅通过"超级"小组所破译的大量德军高级指挥部间的电文得悉德军的

详尽部署和动态，而且通过德军的外籍降兵获得了一些战术信息。此外，亚历山大还动用了战术空军对防线当面的德军进行战术空中侦察。盟军的空中优势是如此的明显，波兰第2军军长安德斯中将甚至亲自乘坐1架侦察机低空进入卡西诺修道院上空进行空中侦察。虽然亚历山大的欺敌战术成功地蒙蔽了凯塞林元帅的双眼，但第1空降师师长海德里希少将却依然保持着清晰的头脑。他认为安齐奥登陆已成困境，盟军根本不可能再给自己制造另一个滩头困境。因此，盟军下一轮进攻的重点仍将是卡西诺。理由很简单，要沿着公路进军罗马就必须打通六号公路，而为了达成这个任务就必须突破卡西诺！

德军部署

尽管第1空降师师长海德里希少将早在第四次卡西诺战役前三个月就准确地猜到了盟军具体的进攻计划，但盟军的规模却是海德里希所无法想象的。更为糟糕的是，在当面盟军兵力不断增强的同时，第1空降师整体实力却在成建制地削弱。1944年3月7日，第1伞兵团3营脱离第1伞兵师战斗序列，并纳入新组建的第5伞兵团。3营的离去使第1伞兵团的兵力骤然下降至500多人，实力还不及1个营。第三次卡西诺战役结束后，第1伞兵团被迫撤退至皮埃蒙特北面，担任预备队。与此同时，负责卡西诺战区的第14装甲军军长赞格尔中将为了加强第1伞兵团的力量，特地把

第721装甲掷弹兵团2营和第741装甲掷弹兵团2营拨给伞1团团长舒尔茨。第1伞兵团2个营加上上述两支部队统一编成舒尔茨战斗群。

4月19日，第3伞兵团也失去了克雷策少校（当天从弗兰克中尉接回3营的指挥权）的3营。3营幸存的官兵大部分升任新组建的第3伞兵师教导和补充团军官和士官。3营离去的同时，第3伞兵团也获得了兵力补充的优先权。因此，在第四次卡西诺战役爆发前，海尔曼上校的第3伞兵团兵力已经恢复至732人（第三次卡西诺战役爆发时，第3伞兵团兵力约为800人）。

在第四次卡西诺战役前，海尔曼上校把团部设在了舒尔茨战斗群指挥部内。对于当前的形势，海尔曼上校回忆道："……大部分补给不得不通过人扛肩背，在崎岖的山路上顶着敌人炮火运往一线。伞兵们都把阵地设在主峰背后（反斜面）的岩石间，以防止敌人的炮击。为了有效预警，工兵甚至在阵地前沿放置喷火器。阿尔巴尼塔农场的形势也令人担忧……由于波兰人就在附近，因此连我都不得不在行动时倍加小心。另一方面，敌人不分昼夜地向前线输送弹药和修筑直通阿尔巴尼塔的山道。如此一来，敌人的企图已昭然若揭。"

在第三次卡西诺战役中死守卡西诺镇9天9夜的2营于战役结束后转移至圣·安吉洛高地，与第100山地步兵团2营、第4山地营组成冯·鲁芬战斗群，由第4山地营营长弗兰茨·冯·鲁芬少校指挥。前2营营长斐迪南德·福

■ 这些身经百战的德军精锐伞兵让盟军吃尽了苦头，当然盟军本身决策也失误良多。

尔廷上尉于第三次卡西诺战役结束后返回德国，前往一所军校任教。36岁的库尔特·费特上尉接任2营营长一职。在1940年春加入伞兵部队以前，费特曾在德国陆军服役达5年之久。在惨烈的克里特战役中，他因在干尼亚争夺战中表现出色而获得了一级铁十字勋章，并于随后成为时任第3伞兵团团长海德里希的传令官。1942年，他在斯摩棱斯克火线上被提升为排长。1943年他再度获得晋升，担任第3伞兵团3连连长。在西西里战役中，费特于战役结束当天身负重伤，但仍不下火线，坚持指挥部队乘船撤过了墨西拿海峡，直到战役结束后才入院就医。因此战出色表现，他获得了德意志金质十字勋章和银质战伤勋章。出院后，他前往一个坦克学校参加培训。结业后，他奉命返回第1空降师，准备

指挥1个突击炮连。抵达意大利后，他就以极大精力搜罗意大利突击炮，以便组建一支伞降突击炮连，但他却发现这些意大利货根本不堪用。最后，费特只得放弃这个徒有虚名的突击炮连连长一职，转任2营营长。

在第三次卡西诺战役中牢牢地守住了修道院高地四周的第3伞兵团1营于战役结束后仍然负责593高地、569高地和450高地的防务。在第四次战役爆发前一天，1营营长伯勒姆少校返回德国，威利·鲁尔巴赫上尉暂代1营营长一职。和海德里希他们一样，鲁尔巴赫也是一名老伞兵，他从陆军伞兵部队时代开始就一直在精锐的伞兵部队中服役。二战爆发后，他无役不与。在波兰、荷兰、克里特、列宁格勒、斯摩棱斯克、西西里、奥托纳和卡西诺都留下过他的身影。因第三次卡

西诺战役中的杰出表现，他被授予德意志金质十字勋章。相对于2营而言，1营在第三次卡西诺战役中蒙受的损失着实不轻，2连和3连伤亡殆尽，急需补充大量兵员和富有作战经验的军官和士官。然而，在各线兵力匮乏的1944年春夏之交，这些补充根本无法完成。因此，2个连只得担任预备队。593高地的防守重任就只能交给埃里希·赫尔曼中尉指挥的1连。

5月7日，海德里希少将又失去了第三个营——第4伞兵团3营。根据上级的命令，将以该营为骨干，组建第5伞兵师第14伞兵团。和第3伞兵团3营一样，第4伞兵团3营也曾是第1空降师的王牌。该营的离去使修道院高地防线上出现了一个巨大的缺口，而这个缺口只能靠第4伞兵团剩下的2个营来封堵了。不过，让海德里希感到宽慰的是，第4伞兵团于第四次卡西诺战役爆发前迎来了一个坚强的领导者——莱因哈特·卡尔·埃格少校。1934年，年轻的埃格加入奥地利山地部队。1938年德奥合并后，奥地利成为了第三帝国的东部疆域，而埃格所在的山地部队转而纳入了德国陆军的战斗序列。至波兰战役时，埃格已升任中尉并因作战勇敢而获得了一级铁十字勋章。1940年夏，他自愿加入德国空军伞兵部队。1941年5月，在克里特的赫拉克利翁空降作战中，作为第1伞兵团10连连长的他因杰出的表现而获得骑士铁十字勋章。1942年，他以少校军衔晋升为第1伞兵团1营营长，并指挥1营参加了斯摩棱斯克防御战。

1943年，他因在意大利战场出色的表现又获得了德意志金质十字勋章。

尽管缺少了3营，但埃格少校仍对未来的作战充满了信心。第三次卡西诺战役结束后，第4伞兵团1营（营长仍是拜尔上尉）就替下了在修道院高地奋战的第3伞兵团1营，并接过从修道院高地主峰沿着山脊线到236高地和165高地的防务。与此同时，由许布纳上尉指挥的第4伞兵团2营接替第3伞兵团2营防守卡西诺镇。虽然在兵力上处于绝对优势，但波兰人很快就会领教第4伞兵团的凶悍与顽强。

在炮火支援方面，第1伞降炮兵团在"老炮兵"布鲁诺·施拉姆上校的指挥下于蒙特·凯罗附近部署炮兵阵地。与大多数伞兵军官的经历不同，施拉姆的军人生涯是从宪兵开始的。由于他在伞兵部队中服役历程较短，他的同僚常常以此取笑他。不过，他在炮兵方面的专业技能在第1伞兵师中却是无人能及的。在奥托纳到第三次卡西诺战役期间，施拉姆上校指挥第1伞降炮兵团以有限的火炮为伞兵的防御战提供了卓有成效的炮火支援。这些战绩使他成为第1空降师里人气最旺的军官之一。第1伞降炮兵团主要装备的是75毫米和105毫米的火炮，各个炮组成员在施拉姆上校的指挥下于蒙特·凯罗四周山坡构筑炮兵阵地并对火炮进行了良好的伪装。为了防止在宝贵的火炮被盟军占绝对压倒优势的炮兵和空军摧毁，全团6个炮兵连还在各个山坡挖掘了深深的坑道和构筑防弹掩体。在炮组成员

第四次卡西诺战役时期德国第1空降师战斗序列

第1空降师师部 (师长海德里希少将), 2200人。

第1伞降炮兵团 (团长施拉姆上校)

1营 (营长施内勒尔上尉)

3营 (营长特拉佩上尉)

第1伞兵机枪营 (营长施密特少校), 100人。

1连 (连长劳恩上尉)

2连 (连长里克中尉)

3连 (连长克利青中尉)

第1伞降工兵营 (营长弗勒明少校), 75人。

1连 (连长卡塞尔少尉)

2连 (连长伦贝格少尉)

3连 (连长施泰纳中尉)

4连 (连长桑德尔少尉)

第1伞降坦克歼击营 (营长森佩特上尉), 200人。

1连 (连长舍普克少尉)

2连 (连长乌尔班少尉)

3连 (连长法伊尔阿本德上尉)

4连 (连长鲁德洛夫少尉)

5连 (连长霍伊泽尔上尉)

6连 (连长库尔茨中尉)

第1伞兵团 (团长舒尔茨上校), 500人。

第1伞兵团1营 (营长勒尼希中尉)

1连 (连长马蒂亚斯少尉)

2连 (连长安德斯中尉)

3连 (连长施密特少尉)

4连

第1伞兵团2营 (营长格罗施克少校)

6连 (连长门德斯少尉)

第3伞兵团 (团长海尔曼上校), 732人。

工兵排

13连

14连 (连长施密特中士)

第3伞兵团1营 (营长伯姆勒少校, 代营长鲁尔巴赫上尉)

1连 (连长黑尔曼中尉)

2连 (连长希林中尉)

3连 (连长黑林中尉)

4连 (连长内布里希少尉)

第3伞兵团2营 (营长费特少校)

5连 (连长塞格尔拉上士)

6连 (连长纽霍夫中士)

7连 (连长弗赖塔格少尉)

8连

第4伞兵团 (团长埃格上校), 700人。

13连 (连长马尔灿中尉)

14连 (连长埃克尔少尉)

第4伞兵团1营 (营长拜尔上尉)

1连 (连长耶格尔中尉)

2连 (连长波莱因中尉)

3连 (连长维尔特中尉)

4连 (连长勒库特上士)

第4伞兵团2营 (营长许布纳上尉)

的不懈努力下，第1伞降炮兵团不仅在历次战役中有力地支援了伞兵的防御，而且自身仅蒙受了微不足道的损失。在接下来的第四次卡西诺战役中，第1伞降炮兵团仍将为伞兵提供强大的炮火支援。这些战争之神的努力和第1空降师的辉煌是密不可分的。

除了第1伞降炮兵团外，海德里希手中的另一张王牌就是第1伞兵机枪营。自第三次卡西诺战役爆发后，该营就一直沿着卡西诺南面的加里河两岸布防。4月，第1伞降坦克歼击营4个连从奥托纳转移至卡西诺，并加强给第1伞兵机枪营。此外，海德里希还把第3和第4伞兵团下属的迫击炮连，第1伞降工兵营和1个突击炮连也加强给了第1伞兵机枪营。期间，第1伞降坦克歼击营接到命令，5连奉命回国并成为新组建的第3伞兵师下属的坦克歼击营。其遗缺由第4伞兵团14反坦克连填补。

抵达卡西诺战区后，第1伞降坦克歼击营营长布鲁克纳少校奉调回国，原4连连长贡特尔·森佩特上尉继任营长一职。虽然森佩特上尉年仅25岁，但已是一名经验丰富的沙场老将，他此前的军人生涯几乎全部是在反坦克部队度过的。在克里特的马拉马空降作战中，他指挥第1伞降坦克歼击连1排成功地顶住了新西兰轻型坦克展开的反击，协助伞兵守住了重要的107高地。战役结束后，他因此次战功而获得了一级铁十字勋章。1942年秋，他随同拉姆克伞兵旅前往北非，参加了著名的阿拉曼战役第一阶段。这个经历使得他成了在卡西诺作战的伞兵部队中少有能同时佩戴纪念克里特战役和纪念非洲军团的荣誉臂章的军官。回国后，森佩特奉命和他的连长巴赫尔中尉一道前往法国第厄普海港，检查盟军进攻后遗弃在战场上的武器和弹药。结果在海滩上，两人不幸踩上了一枚地雷，巴赫尔被炸死，森佩特一只眼睛被炸瞎。尽管如此，森佩特仍重返第1伞降坦克歼击营，并接过4连指挥权。在斯摩棱斯克战役中，"独眼龙"森佩特指挥4连击退了苏联红军T-34坦克群多次集团冲锋，支援伞兵牢牢地守住了阵地。接着，他又来到了意大利。

总之，第1空降师是在兵力不足，骨干部队被成建制调走，各部指挥官大换血的情况下迎来了他们在卡西诺征战历程中最艰难的一次，也是最后一次考验。

四战卡西诺

5月11日晚23时，英国第8集团军1000门火炮和美国第5集团军600门火炮对西海岸至拉皮多河之间宽约30公里的古斯塔夫防线上已探明和疑似德军炮兵阵地进行猛烈炮击。第1伞降炮兵团的路德维格·荣列兵对盟军的猛烈炮击回忆如下："23时，撒旦降临了。此前，我从未经历过数百门火炮猛烈炮击。时间一点一点地过去了，但敌人的炮击强度却丝毫没有减弱的趋势。坐在掩体里，我们都能感觉到它像地震般地左摇右晃。"驻守阿尔巴尼塔农场的格尔哈德·雅各布列兵也回忆道："每3到4分钟，猛烈的爆炸声都在加倍……这一切简直难以用言语形容。不久，尸臭味夹杂着硝烟味扑面而来。然而，我们能做的除了等待之外还是等待。"

23时40分，经过40分钟的压制性炮击后，盟军炮兵转移火力，对预定进攻的目标区进行徐进弹幕射击，掩护盟军第一梯队的进攻。在强大的炮火支援下，第5集团军对利里河谷南面的奥伦茨山脉地区发动进攻。23时45分，法国远征军在朱安中将 (他是公认的在意大利战役中盟军方面最有才华的名将) 指挥下以第2摩洛哥山地师为先导，仅仅使用了5分钟就顺利地突破了第71步兵师防线，使德军卡西诺战区的左翼开始出现裂痕。由于

奥伦茨山脉地形远比卡西诺地区险峻得多，因此凯塞林元帅对在此前作战中已蒙受惨重伤亡的第71步兵师的把守十分放心。他认为这样的天险只需少量兵力就可完全扼守。但凯塞林元帅错了! 这是他在卡西诺战役中少有的错误，但却足以毁掉整个防线。骁勇善战的北非山地兵让德国人 (甚至是全世界) 领教了法军山地战的威力! 正是法军的成功突破，为盟军全线攻破古斯塔夫防线奠定了基础。受到法军战绩的鼓舞，美国第2军2个新锐步兵师——第85步兵师和第88步兵师也顺利地粉碎了第94步兵师的抵抗，在西海岸获得进展。与此同时，英国第8集团军也展开了攻击。第13军强渡加里河成功，期间仅遇第44帝国掷弹兵师微弱抵抗，并在河对岸建立了一个稳定的桥头堡。仅仅2个小时，盟军在全线都获得了一定的进展，可谓初战告捷。而德军在盟军强大的攻势面前完全措手不及，更为不幸的是第10集团军司令维廷霍夫上将，第14装甲军军长赞格尔中将等一大批高级和所属部队的中级指挥官的离岗令德军更是方寸大乱。虽然第1空降师仍旧据守着战争的风暴中心——卡

■ 一名第2摩洛哥山地师的士兵，注意他身上穿着特有的民族服装。

■ 一名波兰机枪手在攻击德军。

西诺地区，但这一次他们还能力挽狂澜吗?

593高地

经过2个小时的炮火准备后，位于英国第8集团军防线正中央的波兰第2军于12日1时也对古斯塔夫防线核心地带——卡西诺地区发动了进攻。安德斯中将计划以第5"克雷索瓦"步兵师为右翼，第3"喀尔巴阡"步兵师为左翼。2个师各以6个营的兵力夺取修道院高地和601高地。炮击停止后，第3"喀尔巴阡"步兵师2营向593高地北坡发动决死攻击。爬上北坡后不久，波兰人就陷入了伞降工兵布下的连锁地雷阵，并遭到火焰喷射器的不断攻击。在接二连三的爆炸和火攻下，大部分官兵非死即伤。在第一轮较量中，

德军几乎一弹未发就挫败了波军的进攻。然而，波兰人并不服输。1939年亡国的惨痛经历使他们对生死已经看得很淡了。在他们的内心里，复仇才是最重要的，几乎每一个波兰官兵都是抱着必死的决心投入战斗，伤亡吓不倒他们！因此在硝烟散去后，伞兵惊讶地发现2营1连2个排的波兰官兵已经在北坡占稳了脚跟。与此同时，3连一部分官兵也顶着伞兵猛烈的火力强行夺取了西坡部分地段。接着，波兰人以此为据点，向主峰逐步推进，波军的进攻甚至威胁到了第3伞兵团部的安全，但团长海尔曼上校却毫不退缩。他回忆道："大约10时，我的团部遭到了波兰人的攻击。此时，波兰人已经突破了左翼山地部队的防线，并冲着我的团部发动了进攻。这时，我出色的战友鲁尔巴赫从主峰看

到这个情况，并立即率部沿着山坡向波军实施反突击。不一会儿，波兰人就被击退了。此时，喷火兵也在上头进行着苦战，整个防线仍然牢牢地在我军的掌握之下。"

尽管无畏的波兰官兵顶着猛烈的炮火和密集的机枪火力爬上了593高地主峰，但在伞兵的坚决反击下仍被迫撤退。第3伞兵团1连的排长阿尔弗雷德·路德维格在提到593高地争夺战时自豪地说道："在艰苦的卡西诺战役中，593高地从未失守过。"由于593高地是通往修道院高地的钥匙，因此双方都投入重兵进行争夺。波兰第3"喀尔巴阡"步兵师2营的1名排长也回忆道："我营部分官兵冒着敌人猛烈的火力阻击顽强地向主峰攀爬。尽

管我们离胜利只有80码，但不幸的是我们已经无力发动一场决定性的进攻了。所有官兵都竭尽全力。我们的脑子里一片空白，神情麻木，筋疲力尽。整个建制已被打乱，阵亡官兵的尸体和重伤官兵的躯体横七竖八地遍布各处。此刻，我们急需增援。"

虽然波军对593高地主峰的进攻一次次的失败，但伞兵的反击没能将北坡的波军击退。12日昼间，第3伞兵团1营不顾波军猛烈的火力拦阻，向北坡展开持续不断的反击。几个小时内，第3伞兵团1营就伤亡过半。鲁尔巴赫上尉的营部转眼间就躺满了急待救治的重伤员。期间，海尔曼上校曾亲自指挥了四次反击，但在波军猛烈的机枪火力和迫击

■ 2名波兰士兵在向德军投掷手雷。

■ 几辆波军坦克在攻击阿尔巴尼塔农场时被德军的反坦克组摧毁。

炮火力拦阻下，各次反击均以失败告终。1名波兰迫击炮排排长斯卡尼克回忆道："双方以令人眼花缭乱的速度在不断交替进行着进攻和反突击。一群由5到6名德军组成的突击队，携带着手榴弹和机枪突袭了我们，并夺取了一块阵地。不久，几名波兰士兵不知从何处冒出，用同样的方式将德军逐退。"

在593高地展开激战的同时，波兰第2装甲旅也效仿第三次卡西诺战役中的新西兰第20装甲团，于凌晨沿着卡文迪许小径向阿尔巴尼塔农场推进。然而，谢尔曼坦克纵队很快就受阻于一片新布设的地雷阵前。波兰工兵迅速跟进并准备排除前方的地雷，但却遭到了前方伞兵机枪火力的猛烈阻击。短短的几分钟内，就伤亡了18名工兵。与此同时，试图掩护工兵进行排雷作业的4辆谢尔曼坦克

也被伞兵狙击手和机枪手所掩护的反坦克小组摧毁。接着，第5辆坦克试图救援时也再度被毁。在伞兵迅猛的打击下，剩余的谢尔曼坦克群进退两难。在意识到波军所处的困境后，伞兵又以迫击炮对停滞不前的波军坦克纵队进行猛烈轰击。接二连三的爆炸声最终摧垮了波军坦克兵的脆弱的心理防线。上午7时15分，第3"喀尔巴阡"步兵师师长洛维泽沃斯基少将决定暂停对593高地和阿尔巴尼塔农场的进攻。在12日一天的作战中，第3"喀尔巴阡"步兵师共伤亡492人。

601高地

由于第3伞兵团2营在第三次卡西诺战役中蒙受了惨重的损失，完全失去了独立作战

能力，被迫纳入冯·鲁芬战斗群序列。12日凌晨，第5"克雷索瓦"步兵师13营和15营对601高地到阿尔巴尼塔农场之间的鬼怪岭发动了进攻。波军部分突破了第100山地步兵团2营的防线。此外，13营还兵分两路，从南坡和北坡同时对601高地同时展开攻击。虽然南坡的波军很快被击退，但波军在北坡却获致进展，许多阵地被波军突破。尽管如此，被突破阵地上的伞兵仍进行着顽强的抵抗，死死地阻击波军后续部队的跟进，双方为了高地上的每一块岩石和每一个山洞都展开激烈争夺。在混战中，经验不足的波军频频发生误击。激战一天，波军也没能拿下601高地。第3伞兵团2营和波军13营的战斗陷入了胶着状态。在593高地，尽管波军于昼间调兵加强了阵地，虽然第3伞兵团1营在午前的多次反击中因失血过多而失去了进攻能力，但海尔曼上校仍然不断搜罗援军，准备夺回北坡。12日晚7点，海尔曼上校亲自指挥第3伞兵团14连（反坦克连）的24名伞兵向波军果断地展开了第五次反击。经过短促的激战，伞兵完全收复了593高地，第3"喀尔巴阡"步兵师因损失惨重不得不撤回了出发阵地。

加里河

　　当骁勇的波军向卡西诺地区发动一轮接一轮进攻的时候，英国第13军也沿着铁路线南面对利里河谷展开攻击。12日凌晨，英国第4步兵师在仅遇第44帝国掷弹兵师的微弱抵抗下在加里河西岸建立了两个小型桥头堡。英印第8步兵师也在南面几公里试图渡过拉皮多河。战至5月13日，英国第4步兵师工兵营在加里河上架起了一座军用桥，使坦克群得以隆隆地开到河西岸。为了遏制英军的攻势，海德里希少将命令舒尔茨上校指挥第1伞兵团和2个兵力弱小的装甲掷弹兵营在1个反坦克连，2个炮兵连和来自242突击炮旅的12辆突击炮的支援下向英国第4步兵师展开反击。然而，英军在兵力上占有的优势（10∶1）实在太大，舒尔茨战斗群根本无法完成任务。无奈之下，他只得下令第1伞兵团利用地形优势阻击英军的推进，迫使其将进攻矛头转向2个掷弹兵营把守的防线。

　　虽然第8集团军拥有绝对优势的兵力和强大的火力，但进攻首日所取得的进展却依然不能让人满意，尤其是在卡西诺地区。波兰第2军拥有2个满员步兵师，兵力将近5.2万人，他们面对的是不到700名伞兵，但激战一天的结果竟然是在蒙受了惨重的损失后完全被打回了进攻出发阵地。他们的表现再次延续了只要还有第1空降师在，卡西诺就绝不会被正面攻破的神话。此外，第8集团军和美国第2军虽获得了部分进展，但仍无法动摇古斯塔夫防线。然而，朱安中将指挥的法国远征军却取得了重大进展。在粉碎第71步兵师前沿阵地的抵抗后，第2摩洛哥山地师和12000多名摩洛哥土著兵沿着奥伦茨山脉向德军防线侧后急速穿插。总结战况时，亚历山大元帅一眼看出了法军突破的战机，于是下令预备队——加拿大第1军 (加拿大第1步兵师和加拿大第5装甲师) 沿着法军突击路线跟进，向蓬泰科尔沃实施突击，古斯塔夫防线危在旦夕！

601高地

在盟军发动总攻后不到一天，凯塞林元帅就意识到古斯塔夫防线已是危机重重：坚守西海岸的德军第94步兵师在美国第2军2个步兵师的猛攻下仅仅进行了一阵顽强抵抗，防线就被完全突破了。此外，德军第44帝国掷弹兵师和第71步兵师在英国第13军和法国远征军的迅猛攻击下节节败退，古斯塔夫防线右翼几乎完全暴露。在这种情况下，凯塞林元帅被迫制订全面撤退计划。在卡西诺地区，波兰第2军在经历了12日的失败后本想重新发动进攻，但英国第8集团军司令利斯中将却制止了安德斯。利斯中将想等待左翼英国第13军在利里河谷的进展。希望第13军能从西南面迂回，威胁修道院高地侧翼，然后再让波兰人进攻，如此就可以避免正面进攻带来的大量伤亡。因此，波军在13日当天除了和伞兵在前沿阵地进行小规模的争夺外，大部分时间是用强大的炮兵轰击伞兵据守的各个高地。对此，第3伞兵团2营营长费特少校回忆道："伤员撤退几乎不可能，四周到处都是浓烟。大量的死尸躺在山坡上发出恶心的臭味。自战役爆发后，我们已经有3天没有休息了，甚至连饮水都不可能。手术直接在营

部进行。"在激烈的争夺战中，2营的营副海因茨·克林克因表现出色而获得了骑士铁十字勋章。

卡西诺战区

5月14日是第四次卡西诺战役的转折点。就在美军和英军艰难向前推进的同时，法军却完全突破第71步兵师防线，穿过了被认为是不可逾越的奥伦茨山脉，一举出现在德军防线侧后纵深。经过激战，第2摩洛哥山地师夺取了第15装甲掷弹兵师一部把守的毛奥峰。毛奥峰的失守，意味着利里河谷的右翼已经完全敞开了。现在，盟军已经可以通过毛奥峰从右翼威胁正面坚守卡西诺的德军主力——第14装甲军了！尽管舒尔茨战斗群于当天顶着猛烈的炮火抗住了英国第4步兵师的进攻，但德军在卡西诺的防御胜利已因法军的突破而显得黯然失色，因为盟军很快就可以从背后攻击卡西诺了！

16日22时30分，波兰第5"克雷索瓦"步兵师再度对601高地发动进攻。经过10分钟的炮火准备后，第16营A连展开攻击并夺取了第100山地步兵团2连的部分前沿阵地。随后，16营其余各连迅速跟进，经过惨烈的战斗，波兰军于17日到来前完全夺取了幻影高地北坡。当天，英国第13军在利里河谷也取得了突破。英国第4步兵师在强大的炮火支援下终于突破了舒尔茨战斗群的防线，在第1空降师和第90装甲掷弹兵师防线结合部撕开了一

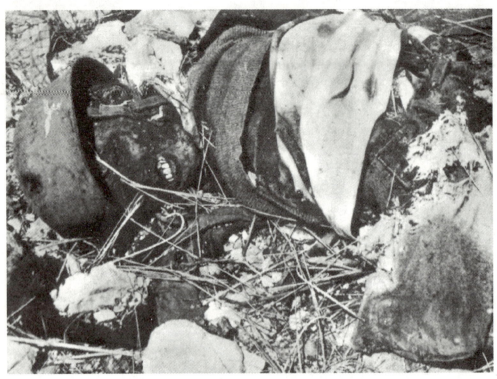

■ 一名阵亡的德军伞兵的尸体，他死了有几天了……

道宽约1公里的缺口，卡西诺地区德军防线也开始崩溃了。16日晚20时，第10集团军司令部向第14装甲军下达立刻从卡西诺地区撤退的命令。

17日，第14装甲军军长冯·赞格尔中将终于从德国返回了前线，但第四次卡西诺战役的结局已不可改变。第71步兵师几乎被法国远征军和跟进的加拿大第1军消灭殆尽，第94步兵师和第44帝国掷弹兵师损失惨重，仅能进行零星的阻击。第15装甲掷弹兵兵力分散，无法阻挡法军的突破。此时，防线右翼已经完全崩溃，法国远征军在6天之内就突入德军防线纵深30公里，这简直就是一场经典的山地闪击战！现在，除了第1伞兵师还牢牢地守住了卡西诺地区外，其他各个装甲掷弹兵师和步兵师的防线都在崩溃。除了撤退，第14装甲军已别无选择。

17日拂晓，波兰第2军对卡西诺地区发动了第二轮大规模进攻。第5"克雷索瓦"步兵师下属的第15和第16步兵营继续向鬼怪岭发动进攻。在激战中，德军伞兵组织了大规模反击，给波军造成了大量伤亡。但幸存的波兰士兵仍然踏着战友的尸体英勇奋战，将伞兵一步步地逐出阵地。经过10个小时的惨烈激战，波兰人终于完全占领了鬼怪岭。与此同时，第3伞兵团1营也在阿尔巴尼塔农场和波兰第3喀尔巴阡步兵师，以及波兰第2装甲旅进行整整一天的争夺战。至17日结束时，

569高地、593高地和圣·安吉洛高地仍然牢牢地控制在伞兵的手中。在第二轮大规模进攻作战中，波兰第2军又增添了1000多人的伤亡。第3伞兵团的损失也不轻。第四次卡西诺战役前获得部分补充的伞兵3连再度被打残。伞兵1连被打到仅剩1名军官、1名士官和1名士兵的地步。尽管如此，第1空降师仍然守住了卡西诺山！

然而，5月17日夜的形势已经到了令人绝望的地步。法国远征军的突破纵深已达40公里，英国第78步兵师也夺取了皮乌马罗拉，英国第4步兵师也踏上了六号公路。当晚，第51山地军下令第4伞兵团和第1伞兵机枪营，

第1伞降坦克歼击营和第1伞降炮兵团开始全面撤退，第3伞兵团担任全军后卫，掩护上述部队的撤退。然而，命令传到第1空降师师部时，海德里希少将却拒绝撤退。他打算遵从希特勒决不后退的作战指示，让第1空降师战斗到底。为了挽救精锐的伞1师，凯塞林元帅不得不亲自向海德里希下达了撤退的命令。他指出，如果第1空降师不立刻撤退的话，那么等待它的就将是全军覆没。

通过"超级"小组的破译，盟军指挥高层得知凯塞林元帅于22时40分向第1空降师下达了撤退的命令时，大家不禁松了一口气。现在，他们要做的就是等待最后一名伞兵撤

■ 光秃秃的鬼怪岭。

■ 进入卡西诺修道院的波兰士兵的合影。

退后再进入卡西诺修道院。在山谷中，伞兵机枪手、迫击炮手和反坦克火炮组员沿着山谷向北撤退。由于精锐的第1伞兵机枪营仅有几十名成员虎口余生，因此伞兵机枪营于2周后撤裁，幸存人员全部并入新组建的第1伞降迫击炮营。与此同时，第1伞降坦克歼击营也在作战中蒙受了惨重的损失，尤其是北撤当晚。不过，营长贡特尔·森佩特少校仍对所部的表现感到十分的自豪。在第四次卡西诺战役中，第1伞降坦克歼击营于利里河谷对英国第13军的防御作战中宣称摧毁了100多辆盟军坦克和装甲车辆。

5月18日清晨，激战了5个多月的蒙特·卡西诺修道院终于迎来了难得的平静。早晨8时，13名波兰官兵在卡济米雷茨·古布里尔中尉的带领下走向了卡西诺修道院。在未发一弹的情况下，他们抵达了修道院。展现在他们眼前的除了负伤的伞兵外，就是遍地的废墟。第4伞兵团15连的罗伯特·弗雷特洛尔回忆道："5月17日，我们离开罗卡·加努拉，朝着山谷的另一侧走去。当我抵达峰顶时，1枚手榴弹突然在旁边爆炸。一阵闪光过后，我只记得左腿负伤并极度肿胀。于是，我不得不爬回设在修道院废墟地下室的急救站。17日晚，救护兵为我清洗了双腿并进行了包扎。次日拂晓，剩余的伞兵撤退了，把我们留在了后面。大约9点30分，波兰的1个排在卡济米雷茨·古布里尔的带领下进入修道院并将我们全部俘获。"

在修道院废墟内，古布里尔中尉一共俘获了16名负伤的伞兵、2名救护兵和1名少尉军医。古布里尔中尉回忆道："无疑，敌军训练有素，他们是一流的战士。我用德语和这些俘房进行交谈，并准备把他们押送下山。

那名少尉起初请求我给他15分钟的时间准备。我理所当然地同意了这个请求。接着，我集合战俘。除了三四人外，他们几乎都能行走。于是，在卫兵的看管下，他们被押回了连部。"9时50分，古布里尔升起了他所在的团旗和红十字旗。不久，波兰号手开始吹起波兰国歌和军队进行曲。在付出了极大的代价后，盟军终于攻克了罗马的南大门——蒙特·卡西诺修道院。

虽然第1空降师师长海德里希少将极不情愿地向各部下达了撤退的命令，但因不少散兵和小股部队和各营营部失去联系，致使他们未能撤退而留在了敌后。因此，18日和19日波兰军队在卡西诺地区打扫战场时仍遭到了残余伞兵的抵抗。在其中一次战斗中，2个连的波军甚至被小股伞兵击退。直到19日拂晓，卡西诺地区的枪声才沉寂下来。

18日攻占卡西诺修道院后，波兰第2军以第5"克雷索瓦"步兵师6旅为先导，继续向赞格尔防线(原名希特勒防线，后改为赞格尔防线)追击。19日，6旅占领了整个卡西诺地区的最高峰凯罗高地。接着，安德斯中将从第2军下属的各个单位拼凑成2个步兵营在坦克和部分炮兵单位的加强下由第2装甲旅副旅长指挥向古斯塔夫防线和赞格尔防线的交会点——皮埃蒙特城展开攻击。由于地形不利，坦克无法为步兵提供有力的支援，因此步兵经过激战也仅仅占领半个城市。与此同时，为了确保北撤的通道，第4伞兵团1营奉命反击，将波军步兵赶出了小城。得手后，第1伞降坦克歼击营2连剩余的3辆IV号突击炮分别部署在皮埃蒙特东面、西面以及六号公路和蓬泰科尔沃公路的交叉路口，阻击沿公路推进的盟军坦克群并协助伞兵尽可能久地守住皮埃蒙特，掩护更多的德军北撤。其中，驻守皮埃蒙特西面的那辆突击炮在赫伯特·弗里斯上士的指挥下表现得尤为出色。5月21日，他不仅协助伞兵

■ 由于地形不利，坦克无法为步兵提供有力的支援，因此波军也仅仅占领半个皮埃蒙特城。

■ 向盟军投降的皮埃蒙特的德军。

击退了波军发动的第二次进攻，而且独自宣称击毁7辆谢尔曼坦克。22日，他再度协助伞兵击退了波军的第三次进攻，并宣称摧毁6辆谢尔曼坦克。24日，他又击退了沿六号公路向皮埃蒙特推进的英军坦克群，并宣称摧毁7辆谢尔曼坦克。当夜，第4伞兵团1营和第2降坦克歼击连圆满完成任务，奉命放弃皮埃蒙特，向北撤退。5月25日，随着德军的总撤退，波军在第四次进攻后终于拿下了皮埃蒙特。

第六章
进军罗马

空中绞杀战

对于突破古斯塔夫防线的新一轮攻势，亚历山大早在2月22日就提出了代号"王冠"的作战计划，该计划的要旨几乎与1月安齐奥登陆如出一辙，但是吸取了安齐奥登陆的教训，在整体计划与全局协调方面考虑得更为周详。从整个战争大势看，"王冠作战"的时间正好是在诺曼底登陆前三周，可以充分发挥出意大利战场的牵制作用，吸引牵制更多的德军为诺曼底登陆创造有利条件，同时亚历山大还提出放弃在法国南部登陆的"铁砧"计划。这一计划提出之后，又像当初安齐奥登陆那样，在盟军最高指挥层引起了巨大争议，英国方面自然是举双手同意，而美国方面则是态度鲜明地予以反对，两方面都各执己见争执不下，作为盟军最高统帅的艾森豪威尔只好进行和稀泥式的协调，提出了折中方案，既同意在意大利战场上发动新攻势，又不放弃法国南部登陆的"铁砧"计划，这才得到了英美联合参谋长会议的同意。但是一波未平又起一波，刚出任地中海战区总司令的马特兰·威尔逊上将强烈表示在古斯塔夫防线正面部队与安齐奥地区部队没有会师之前，绝不同意抽调一兵一卒去参加"铁砧"作战！这就是说，只有在意大利战场两个方向盟军会师之后才能抽出部队执行"铁砧"计划，按照"王冠"计划意大利战场要到5月才发动攻势，即使是进展顺利的话，部队结束意大利战场战斗再进行短暂休

整与准备，那么"铁砧"计划最早也要到7月才能开始，而"铁砧"计划的目的是为了配合6月的诺曼底登陆，要是7月才能发动"铁砧"计划的话，那就毫无意义了。威尔逊的实际意思就是集中全部力量先在意大利战场取得突破，至于"铁砧"计划不说放弃但是先放一边。上至丘吉尔首相、亚历山大，下至英军的军师级指挥，都同意威尔逊的意见。甚至连艾森豪威尔也都对该计划深以为然，只不过他的出发点是为了诺曼底登陆，因为推迟或事实上放弃"铁砧"计划，将会使地中海战区的登陆舰艇能转用到诺曼底，要知道诺曼底登陆的战前准备中，登陆舰艇的数量不足一直是困扰艾森豪威尔的大难题。但是美军高层却反对事实上对"铁砧"计划的放弃，因为他们觉得意大利战场作用非常微小，根本不值得再投入更多力量，而且也怀疑在意大利战场的攻势能否真正吸引牵制德军。英美军方高层争论不休，连罗斯福与丘吉尔都为此大伤脑筋，针对这一问题而电报往来不断。

盟军高层在"铁砧"作战问题上还没有取得一致，但对古斯塔夫防线新一轮攻势的准备却已经在紧锣密鼓地进行了。空中的"绞杀作战"已经揭开了序幕。当时在意大利战场，盟军作战飞机数量达到4000架以上，德军作战飞机则只有500架，而且还分散在意大利北部到法国南部广阔战线上，抛开数量上的对比，双方作战飞机的性能，也是盟军遥遥领先。正是盟军拥有绝对的空中优

势，才使盟国空军有能力第一次执行这样庞大的空中战役，以配合地面部队的作战。这一空中战役的目标就是破坏德军铁路运输以削弱其后勤补给和运输机动，并形象地称之为"空中绞杀作战"，而要绞杀的锁喉之地就是在罗马以北约250公里划定了一条横贯整个意大利半岛的空中阻滞地区。

3月19日，"空中绞杀作战"全面开始，对划定的空中阻滞地区内的铁路调车场、桥梁、隧道以及运行中的火车进行了不间断的轰炸。从19日到29日10天时间里，意大利北部通往罗马的3条主要铁路干线均遭空袭严重破坏而中断，其中破坏程度严重的路段（需要两周以上时间才能修复）有9处，破坏程度一般的路段（需要两天以上一周以下时间修复）有11处，还有可能破坏的路段8处。进入4月后，绞杀的重点目标改为桥梁，至4月中旬就有27座桥梁被炸毁。5月初，整个意大利北部铁路运输系统已经瘫痪，平均每天被空袭所破坏的路段高达20处以上，5月8日更是达到高潮，1天之内破坏路段53处，炸毁桥梁21座！因此从5月7日开始，整整7天从意大利北部到南部的铁路运输全部中断！德军在盟军如此猛烈空中绞杀之下，只得基本放弃铁

■ 美军的轰炸机正在实行"空中绞杀作战"，对划定的空中阻滞地区内的铁路调车场、桥梁、隧道以及运行中的火车进行了不间断的轰炸。

■ "空中绞杀作战"中被盟军轰炸机空袭的锡耶纳地区的目标。

路运输而改为主要依靠公路运输。盟军发现德军这一变化后，也相应地将空袭重点转为公路及车辆，2周时间里就摧毁了德军各种运输车辆1.8万辆，德军平均每天损失车辆均在1000辆以上。

从3月19日至5月11日历时54天的"空中绞杀作战"，盟军共出动飞机约5万架次，其中战术飞机约1万架次，总投弹量高达2万吨。其直接效果就是在5月初，意大利战场德军前线各师日平均物资供应量，还不到4000吨，而且这些物资绝大部分还是靠卡车在夜间运到前线的！

向罗马进军

5月11日，德军对盟军即将发动的攻势毫无察觉，虽然形势不容乐观，但在这天多位德军高级将领却都离开了自己的指挥岗位，韦斯特法尔病假，维廷霍夫回德国受勋，赞格尔回国休假。夜间23时，意大利北部天空的盟军飞机刚刚离去，古斯塔夫防线正面盟军炮火准备就紧接着开始了，在2000门大口径火炮掩护下，盟军新一轮攻势终于全面开始了。盟军总共投入16个师，第一线就使用12个师，力求全面攻击突破一点，以便包括3个装甲师在内的由4个师组成的二梯队扩张

意大利战场盟军作战序列

第15集团军群 哈罗德·亚历山大上将

　美国陆军第5集团军 马克·克拉克中将

　　陆军第2军 杰欧弗雷·柯叶斯少将

　　　第34步兵师 C.W.莱德少将

　　　　第133、134、168步兵团

　　　第36步兵师 弗雷德·沃克少将

　　　　第141、142、143步兵团

　　　第85步兵师 约翰·柯尔特少将

　　　　第337、338、339步兵团

　　　第88步兵师 约翰·斯隆少将

　　　　第349、350、351步兵团

　　　第1装甲师 恩内斯特·哈蒙少将

　　　　第1、6装甲团

　英国陆军第5军 理查德·迈克格雷尔中将

　　第5步兵师 杰拉德·布克内尔少将

　　　第13、15、17步兵旅

　　英第46步兵师 J.霍克斯沃斯少将

　　　第128、138、139步兵旅

　　英第56（伦敦）步兵师 G.坦普勒少将

　　　第167、168、169步兵旅

　美国陆军第6军 约翰·卢卡斯少将

　　第3步兵师 卢西安·特鲁斯考特少将

　　　第7、15、30步兵团

　　美第45步兵师 威廉·伊格斯少将

　　　第157、179、180步兵团

　　英第1步兵师 W.佩尼少将

　　　第2、3、18步兵旅、第24卫队旅

　　美军突击部队 威廉·O.达尔比上校

　　　美第1、3、4突击营

　　　美国/加拿大第1特别行动部队 罗伯特·弗里德里克准将

　新西兰第2军 本纳德·弗里伯格中将

　　第2师 霍华德·柯本伯格少将

第4装甲旅，第5、6步兵旅

印度第4步兵师 F.特克少将

　第5、7、11步兵旅

英第78步兵师 查理斯·柯特利少将

　第11、36、38（爱尔兰）步兵旅

法国远征军 艾尔方斯·裘因将军

　法第1摩托化步兵师 迪艾戈·布鲁塞特少将

　　第1、2、4摩托化步兵旅

　摩洛哥第2步兵师 安德勒·多迪准将

　　第4、5、8来复枪团

　阿尔及利亚第3步兵师 德·高斯拉德·德·蒙萨贝特少将

　　第3、4、7来复枪团

　摩洛哥第4山地师 弗朗西斯·塞维斯准将

　　第1、2、6来复枪团

英国第8集团军 奥利弗·里斯中将

　第8军 西德尼·科克曼中将

　　第4步兵师 杜德勒·沃德少将

　　　第10、12、28步兵旅

　　印度第8步兵师 杜德勒·鲁塞尔少将

　　　第17、19、21步兵旅

　　英国第6装甲师 维维安·伊维里尔少将

　　　第26装甲旅、第1卫队旅、第61步兵旅

　加拿大第1军 E.L.M.伯恩斯少将

　　第1步兵师 C.福克斯少将

　　　加拿大第1、2、3步兵旅

　　加拿大第5装甲师 W.霍夫美斯特少将

　　　第5装甲旅、第11步兵旅

盟军意大利战区预备队

　南非第6装甲师 W.波尔少将

　　第11装甲旅、第12摩托化步兵旅

战果。英军第8集团军将对卡西诺山峰主攻的艰巨任务交给了波兰军，英国第13军在其左翼，沿利里河谷向圣安杰罗攻击前进。美军第5集团军则在狭窄的加里利亚诺河下游展开，其主攻部队是由4个师组成的自由法国军。此次攻势，盟军在战前制定了严格保密措施，庞大的攻击部队集结与进入出发阵地都非常隐蔽，德军丝毫没有察觉。所以当猛烈的炮火准备开始后，德军顿时陷入一片混乱。盟军此次炮火准备与前几次大不同，炮击时间只有短短40分钟，但是集中2000门火炮的密集射击却真如一场钢铁的暴风，在瞬间席卷了整个德军前线阵地。

但是很快回过神来的德军依旧进行了顽强抵抗，战斗开始后的3天里，盟军在各个方向的推进都遭到了很大阻力，进展甚微。眼看着这次攻势又要与前几次一样，转机却终于出现了——自由法国军经过激战突破德军第71步兵师在加里利亚诺河岸狭窄地区的防线——德军认为这一地区地形狭窄险恶，盟军是不会选择在此强攻的，所以只部署了一个实力并不很强的师。自由法国军却在此一举投入了全部4个师，终于击溃德军防御，于14日突入奥森特河谷地，在德军防线上撕开了一个致命的缺口！由于德军第71师的被迫后撤，与其相邻正在阻击美军第2军的德军第94步兵师侧翼立时暴露在法军的矛头下，德军第94被迫也只好后撤，这样美军第2军就得以沿海岸公路开始大步推进。随着德军2个师的相继后撤，其防线上的破绽越来

越大，自由法国军军长朱安中将又发现在德军71师与94师仓皇后撤中，因为缺乏必要协调，奥朗西山几乎是门户大开，他立即果断地将摩洛哥山地师调了过去，擅长山地作战的摩洛哥山地师在没有公路的奥朗西山自然是大显身手，以出色的表现迅速翻越奥朗西山，在后撤德军还未来得及撤到防线以北约10公里的"希特勒防线"重新部署时，就已经如一柄利剑迅雷不及掩耳地刺穿了"希特勒防线"！凯塞林似乎也预感到了"希特勒防线"难以坚持，为了避免"伟大元首"的名字蒙受失败，他刚刚下令将其改称"赞格尔防线"，这一防线就已经被法军冲垮了。

德军防线西翼此时已经处在风雨飘摇的崩溃前夕，如果德军能迅速采取必要措施的话还能进行补救，但是负责指挥该地区防务的德军第14装甲军军长赞格尔却没在前线，这位在几次盟军攻势前表现卓越的指挥官的缺席，无疑又在胜利的天平上为盟军添上重重的一块砝码！德军通信指挥和交通也在盟军猛烈轰炸下难以有效运作，连凯塞林的指挥部也遭到了轰炸，使他居然无法找到一张完整的地图可供使用。直到5月13日才陆续急调3个师前来增援，但是没有统一的指挥，相继都迅速卷入了激烈战斗而无法集中起来实施反击，只能勉强在利里河谷组织起防御，竭力阻滞盟军的推进。而凯塞林此举实际上很不明智，因为这样一来轻易将4个预备队师中的3个师消耗了，一旦再有紧急情况出现，就将丧失补救的力量。5月15日，法军截断了

古斯塔夫防线与罗马之间的七号公路，不仅直接切断了古斯塔夫防线德军第10集团军的后路，更威胁到了安齐奥地区德军第14集团军的侧后。在如此不利的情况下，德军坚守卡西诺山区的部队还在坚持战斗，由安德斯中将指挥的波兰军以无比的英勇向卡西诺山峰发起了一次次攻击，有强攻有迂回，却始终无法突破德军防御。直到5月17日，因为利里河谷的盟军已直接威胁到卡西诺山峰以西，卡西诺山区德军第1空降师既无援军又无补给，且继续抵抗已无意义，这才于夜间撤出卡西诺山峰。

■ 在付出了极大的代价后，盟军终于攻克了罗马的南大门——蒙特·卡西诺修道院，图为波军在山顶升起国旗。

就在突破古斯塔夫防线几乎已成囊中之物时，5月17日亚历山大和克拉克进行了协商，克拉克同意安齐奥地区盟军不久就将发起反击，向内陆挺进。但是克拉克心里却有自己的算盘，他所要发起的进攻目标并不是亚历山大所希望的六号公路上的重镇瓦尔蒙托内，而是"不朽之城"罗马！

5月18日清晨，波军第15步兵团尖刀班在薄雾掩护下，小心翼翼地爬上卡西诺山峰，当他们冲进早已是一片瓦砾的古老修道院后，只发现没来得及撤走的16名德军伤员和2名医护兵，至此盟军终于拿下了卡西诺山峰！不过已经晚了整整4个月，外加惨重的人员伤亡，仅波军此次1周的进攻就付出了4000人的伤亡。

拿下卡西诺山峰后，盟军各部继续发展进攻以彻底突破古斯塔夫防线，法军以山地师为前导顺莱皮尼山脉东坡向东北攻击前进，英军第8集团军则以主力沿利里河谷推进，曾经阻挡了盟军7个月之久的古斯塔夫防线终于土崩瓦解。现在最感到恐惧的已经不是驻守古斯塔夫防线的德军第10集团军了，

意大利战场德军作战序列

C集团军群　A.凯塞林元帅

　第10集团军　海因里希·冯·维廷霍夫大将

　　第14军　弗瑞多林·冯·森格尔中将

　　　第44步兵师　弗兰兹·贝耶少将

　　　　第131、132、134掷弹兵团

　　　第71步兵师　维海尔姆·拉普克少将

　　　　第191、194、211掷弹兵团

　　　第15装甲掷弹兵师　艾伯哈德·罗德特少将

　　　　第104、129装甲掷弹兵团、第115装甲营

　　　第94步兵师　伯纳尔德·斯登美兹少将

　　　　第267、274、276步兵团

　　　第29装甲掷弹兵师　沃特·弗莱尔斯少将

　　　　第15、71装甲掷弹兵团、第129装甲营

　　　第5山地师　朱利斯·林格尔少将

　　　　第85、100山地来复枪团

　　　第90装甲掷弹兵师　恩内斯特·白尔德少将

　　　　第200、361装甲掷弹兵团、第190装甲营

　　　第1伞兵师　理查德·海德里希少将

　　　　第1、3、4伞兵来复枪团、第1伞兵机枪营

　　第51山地军　瓦林·弗斯坦中将

　　（这个军1944年4月1日从亚得里亚前线调来时，辖有第1伞兵师、第44步兵
　　师和第5山地师）

　第14集团军　艾伯哈德·冯·马肯森大将

　　第76装甲军　特劳高特·海尔上将

　　　第92步兵师　维尔纳·高尔兹中将

　　　　第1059、1060掷弹兵团

　　　第362步兵师　海因兹·格雷纳中将

　　　　第954、955、956掷弹兵团

　　　第715步兵师　汉斯-乔治·希尔德布兰德特中将

　　　　第725、735掷弹兵团

第114轻装师 亚历山大·布尔琴少将

　第721、741轻装团

第3装甲掷弹兵师 弗里兹·赫伯特·格雷瑟中将

　第8、29装甲掷弹兵、第103装甲营

赫尔曼·格林伞兵装甲师 保罗·康拉斯中将

　赫尔曼·格林装甲团、赫尔曼·格林第1、2装甲掷弹兵团

第26装甲师 斯密娄·冯·鲁特维兹少将

　第26装甲团、第9、67装甲掷弹兵团

第1伞兵军 阿尔弗雷德·施莱默伞兵将军

第65步兵师 乔治·法菲尔中将

　第145、147掷弹兵团

第4伞兵师 海因里希·特莱特纳少将

　第10、11、12伞兵团

而是在安齐奥地区的德军第14集团军。其实从盟军向古斯塔夫防线发起进攻的那时起，第14集团军就心怀忐忑地密切关注着战事发展，眼看着预备队师被一个个调去增援，甚至连第14集团军建制内最有战斗力的第26装甲师也被抽调出来前去驰援。这样围困安齐奥海滩的德军只有5个残缺不全的师，而他们的对手则是5个齐装满员的师，虽然从师的数目上看是一样，但实际编制上德军每个师不过只有6个营，而且每个营的兵力还不满员，一般都只有200－300人。相反盟军每个师不算加强配置的部队仅自身建制就有9个营，因此实际人数上盟军几乎是德军的1倍！在火力和装备上的差距就更为悬殊了，在这样的情况下，谁都知道安齐奥盟军的反击是早晚的事情了，而一旦盟军发起进攻，德军却连预备队都没有！

5月22日夜晚，安齐奥地区持续多日的静谧沉寂突然被惊天动地的炮声所打破，在600门火炮的掩护下，英军第

■ 射击中的德军机枪手，盟军的猛烈进攻昭示着德军的失败越来越近了。

1、第5步兵师首先从左翼发起攻击。凌晨时分60架轰炸机将早已是一片废墟的奇斯泰尔纳镇几乎炸翻了个，就在此猛烈空中掩护下右翼美军第3、第45步兵师和第1装甲师向奇斯泰尔纳镇猛攻。很明显美军第5集团军此次攻势左翼是助攻，而右翼才是主攻。德军尽管遭到异常猛烈的炮火轰击，但还是在每个阵地上进行顽强抵抗，激战竟日，美军损失了近百辆坦克，才推进到奇斯泰尔纳至罗马的铁路。德军也在这天的激战中损失了一半的兵力和大量的反坦克装备。而且盟军的损失能够迅速得到补充，而德军损失几乎是无法弥补的。

5月24日，盟军不顾第一天的巨大损失继续发展进攻，德军因为昨天战斗消耗太大，实力大减，已很难抵抗盟军的攻势。美军第3师已推进到奇斯泰尔纳镇近郊，美军第1装甲师先头坦克的履带已隆隆地碾过奇斯泰尔纳镇以北的七号公路，美军特种勤务部队也进抵奇斯泰尔纳镇以南的七号公路，盟军已从三面合围奇斯泰尔纳镇。

在古斯塔夫防线，美军第2军渡过加里利亚诺河攻占"赞格尔防线"濒海的终点特拉契纳，距离安齐奥地区还不到50公里！自由法军的摩洛哥山地师也正穿行在白雪皑皑的山岭之间，翻越莱皮尼山脉向安齐奥地区的阿尔班山区急进。德军第10集团军正在盟军巨大压力下节节败退，凯塞林被迫通知他的

■ 一队美军车队经过被轰成废墟的奇斯泰尔纳镇。

两位集团军司令"战斗已到了决定性关头！"同时紧急调整部署，指挥残部退守罗马以南的从台伯河口到东海岸佩斯卡拉横贯意大利半岛的"恺撒防线"。

5月25日从特拉契纳北上的美军第2军先头部队与安齐奥南下的美军第3师先头部队第36工兵营在七号公路胜利会师！此时美军第1装甲师也已推进到科里，彻底截断七号公路，而距离德军在意大利南部最重要的生命线六号公路也近在咫尺。只要拿下瓦尔蒙托内切断六号公路，不仅在古斯塔夫防线的德军第10集团军，甚至连整个德军C集团军群都将面临灭顶之灾，而且罗马也会因没有足够的守备部队而瓜熟蒂落地成为盟军的战果。但是此时克拉克却向美军第6军军长特拉斯科特下达命令，除以1个师的兵力继续向瓦尔蒙托内攻击前进外，军主力4个师立即转兵罗马！特拉斯科特接到这一命令简直可以说是惊讶万分，因为只要切断六号公路，就等于掐断了德军在意大利的2个主力集团军——第10和第14集团军的最后生路，因为六号公路是意大利南部山脉连绵河流纵横沟渠遍布的复杂地形的惟一公路！但是军令如山，特拉斯科特只好留下第3师继续向瓦尔蒙托内进军，自己率领主力沿七号公路杀向罗马。亚历山大知道克拉克的这一命令后惊诧之情更甚于特拉斯科特，毕竟这一命令将使他精心策划多时众多将士浴血拼杀才形成的大好局面付诸东流！由于克拉克对亚历山大的命令根本是置若罔闻，亚历山大只好请求丘吉尔出面要求克拉克改变这一命令，但是就连丘吉尔出马，克拉克仍旧是不理不睬，只顾催促美军第6军全速向罗马挺进。在克拉克心里，早已铁下心要把攻占罗马的荣耀交付给美军，因为他认为"第5集团军不但要得到解放罗马的荣誉，而且我们也完全配得上这份荣誉！"同时自己也能成为罗马的救星而名垂青史，他当然还有着更大的私心，想要把攻占罗马的消息抢在盟军在诺曼底登陆的特大新闻前。对于克拉克的这一命令，德军称之为是"美军长官在关键时刻所犯的后果严重的错误！"深谙兵法的凯塞林早就认识到瓦尔蒙托内的巨大价值，他毫不犹豫地将手里惟一可以机动的预备队师戈林师派了过去，戈林师果然不负期望，不顾盟军猛烈的空中打击，星夜兼程赶到瓦尔蒙托内，并成功顶住了美军第3师的推进。此时德军第14装甲军军长赞格尔中将也赶到前线，在他的出色指挥下，德军后卫沿六号公路实施了一系列顽强的阻滞作战，眼看着凯塞林有秩序退守恺撒防线的如意算盘就要实现的时候，好在最近才从安齐奥地区登陆的生力军美军第36步兵师在阿尔班山区取得了重大进展，利用德军兵力不足从防线的空隙中突进，攻占七号公路的重镇韦莱特里，并一举突破德军阵脚还未稳的恺撒防线，才使凯塞林重建第二个古斯塔夫防线的期望化为泡影。克拉克充分利用这一战机，命令第5集团军乘势发起全线猛攻。6月1日，盟军终于攻占瓦尔蒙托内，德军第14集团军再也无法在阿尔班山区组织防御，只好退过台伯河，而在盟军强大攻势面前，退过台伯河的德军只有5个师的残部，加在一起也还不到一个完整师的实力。第14集团军司令马肯森很晚才将防线被突破的噩耗报告凯塞林，他对凯塞林将14集团军的预备队调去增援第10集团军一直耿耿于怀，并对凯塞林不接受他有关盟军将从安齐奥突破直逼罗马的提醒极为不满，当凯塞林认为是他将胜利送给美国人时便忿忿地提出辞职，于是凯塞林便让乔奇姆·雷美尔森接替了他的职务。

而随着瓦尔蒙托内的失守，在德军2个集团军之间出现了致命的巨大缺口，德军第10集团军陷入了比第14集团军更为危险的境地，因为前一时期为了保证阿尔班山区的防御，以争取退守恺撒防线的宝贵时间，凯塞林严令第10集团军必须坚守现有阵地，这就使该集团军无法利用戈林师在瓦尔蒙托内5月25日至31日顽强奋战所赢得的时间来组织

有秩序的撤退，现在当德军第14集团军退过台伯河，就剩下第10集团军毫无侧翼掩护地孤立在利里河谷与萨科河交汇地区，当意识到自己所处的危险后，第10集团军一面向南和西南方向紧急布防，以防盟军在此方向进行迂回，一面向西北方向派出最精锐的摩托化部队掩护集团军主力后撤，鉴于通往罗马的公路已被盟军切断，只能从萨宾山脉西侧的两条狭窄山路向北后撤。而在盟军掌握了制空权的情况下，后撤行动通常只能在夜间进行，大量的人员和车辆拥塞在山间曲折狭窄的道路上，速度缓慢和混乱不堪是家常便饭，工兵更是要昼夜不停地修复被盟军飞机炸毁的道路以保障主力通行。有时天色刚亮，部队还在道路上，晨雾未起，就会立即遭到盟军飞机的猛烈轰炸和扫射。不过即使撤退中有这么多的困难，还是幸运的。担负掩护的部队抗击着盟军巨大压力一直在萨宾山脉和利里河上游拼死苦战，赞格尔第14装

■ 盟军经过苦战占领了瓦尔蒙托内。

■ 苏格兰士兵合着风笛的节拍，奏着凯旋之歌胜利行进在罗马大街上，背景是著名的罗马竞技场。

甲军的全部实力最后只剩下14辆坦克，这才使集团军主力得已顺利北撤。

当6月3日德军2个集团军残破的部队陆续退入罗马时，凯塞林将目前情况向希特勒作了汇报，经希特勒批准下令放弃罗马，并公开宣布罗马为不设防城市，德军有意避免战火蔓延到这座不朽之城，撤退时连台伯河上的桥梁都没进行破坏。凯塞林担心放弃罗马后撤会引起意大利人的普遍反德暴动，所以在宣布消息的前一天晚上特意要求罗马的高级军官去欣赏歌剧演出，以安定人心。也正是解放罗马的盛名比2个德军集团军更具有吸引力，才使盟军没有全力穷追，使德军2个集团军逃过大劫。6月4日下午，美军进入罗马，19时许美军来到罗马市中心威尼斯广场，期间只遇到了几次零星抵抗。克拉克在罗马近郊一个指路牌前兴致勃勃地摆了姿势准备留影纪念，不料隐蔽在远处的德军狙击手一枪射来，还好打在了指路牌上，没造成人员伤亡，却把克拉克的雅兴扫个精光。克拉克自然得到了作为罗马解放者所期望的鲜花与热吻，并成功地抢在举世闻名的诺曼底登陆之前。但是使他名垂青史的原因却不仅是解放了罗马，更多的是战史学家和军事学家对他为了罗马而舍弃围歼德军2个集团军的大好时机所进行的指责。亚历山大对此一直是耿耿于怀，以至于在战争结束多年后仍尖刻地指出："我只能这样认为，克拉克将军的决定与其说是出于军事上的考虑，还不如说是受沽名钓誉的动机所支配。"

在意大利战场上，盟军终于以光复罗马为标志胜利结束了规模宏大的春季攻势，盟军在此次攻势中付出了伤亡4.6万人的代价，其中美军 (美国第2军和第6军) 阵亡3145人，负伤13704人，失踪1082人，合计17931人；法国远征军伤亡10635人；第5集团军下属英军部队，伤亡3335人，英国第8集团军伤亡11639人，其中波兰第2军从4月24日到5月31日阵亡923人，负伤2931人，失踪94人。取得解放罗马以南地区的战果，并在战役中毙伤德军约3.8万人，生俘约2万人，其中在波兰第2军防区内阵亡人数达900人 (其中将近三分之一是伞兵)，被俘15606人。

附录一：一个出色的军人——凯塞林空军元帅

在纳粹德国众多的元帅里，凯塞林元帅没有隆美尔那样妇孺皆知的大众知名度，也没有邓尼兹那样由海军总司令到元首的官运亨通，很多人对这个名字就像意大利战场那样生疏。

阿尔伯特·凯塞林，1885年出生于马尔克士代夫一个教师家庭，其家庭背景似乎与军人并无渊源，但是凯塞林从小就对军人职业很有兴趣，早就立下从军的强烈志愿，1904年中学毕业后就投身军旅，在巴伐利亚州徒步炮兵第2团服役，并在3年后获得少尉军衔，从而开始了他职业军人的生涯。第一次世界大战爆发时，凯塞林已是德国参谋本部的一名上尉参谋。战争结束后作为优秀军人，凯塞林还是留在军队，先后在巴伐利亚州第3军司令部和陆军总司令部任职，并晋升少校。1930年调任炮兵第4团营长，军衔也升至中校。1933年10月晋升上校的凯塞林被选派去参加空军的建设，由于他在陆军中曾长期在机关工作，具备丰富的行政工作经验所以被任命为航空部的行政长。从陆军转到空军后，凯塞林为了能更好融入空军，在48岁时开始学习飞行，从此飞行成为他终身的爱好，最后甚至获得了200次飞行记录的金质勋章。正是鉴于他在空军建设中的优异工作与出色成绩，1935年被提前晋升少将，并在1年之后接替因飞机失事的魏威尔将军出任空军参谋总长，军衔也因此晋升为中将。不过由于与空军部副部长米希尔之间的意见分歧，很快就被解除了空军参谋总长的职务转任空军第三军区司令。1938年调任空军第1军团（后改称第1航空队）司令。二战爆发后，第1航空队参加了波兰战役，主要支援北方集团军的地面作战。凯塞林亲自驾驶飞机直接参加、指挥对波兰军队和波兰首都华沙的空袭。9月27日，波军全线崩溃，波兰投降，由于第1航空队在战役中的出色表现，凯塞林于1939年获得骑士十字勋章。1940年2月，凯塞林调任第2航空队司令。5月，西线全面开战后，他创造性地使用伞兵和滑翔机部队对荷兰、比利时的要塞发动空降攻击，取得了令世人瞩目的辉煌胜利。当英国远征军败退到英吉利海峡边时，戈林向希特勒夸下海口可以全由空军来解决英国远征军的资本就是凯塞林的第2航空队，可是由于天气原因，结果第2航空队无法大举出动，在英军撤退的9天9夜里，第2航空队大举出动的只有两天半，从而使30万英军侥幸撤回英国。尽管没能完全消灭英国远征军，凯塞林还是由于在法国战役中的辉煌战绩，于1940年7月获得了直接由中将越级晋升为空军元帅的殊荣。随后第2航空队作为德国空军主力参加了著名的不列颠空战，然而作为空军元帅却未能在这样一场决定性的空中战役中取得胜利，这或许也是凯塞林军事生涯中最为遗憾的。1941年6月，第2航空队休整补充后转至波兰，参加对苏作战。作为配属中央集团军群的航空部队，第2航空队竭尽全力提供了航空支援，有力支援中央集团军群的作战行动。但是对苏联首都莫斯科的空袭却不尽理想，一方面是莫斯科的秋季多雨多雾，另一方面苏军也投入了大量的防空力量，面对收效甚微的情况，凯塞林曾几次亲自驾驶飞机飞往莫斯科进行战地视察，但始终没能像对华沙、伦敦那样对莫斯科造成巨大打击。

1941年11月鉴于意大利在地中海的一再失利，第二航空队被调往地中海，凯塞林随即出任空军南部战区总司令，负责统一指挥在南欧和北非地区的德国空军。正是在凯塞林的指挥下，德国空军迅速夺取了地中海上空的制海权，使得隆美尔的非洲军团得以获得期盼已久的补给，并在1942年8月赢得辉煌胜利，一举攻占英军坚固要塞托卜鲁克。但是随着同盟国军事实力的迅速增长，地中海战区的制空权终告易手，尽管1943年5月轴心国在北非遭到了最后失败，但凯塞林仍以其出色的指挥获得了宝剑银橡叶骑士十字勋章，并且开始以南部战区总司令的名义指挥地面部队作战，从此开创了凯塞林在战争期间最辉煌的一段经历。凯塞林接手南部战区时，轴心国军队在地中海战区的形势是相当严峻的，兵少将寡，缺飞机少军舰，却要在漫长战线上抗击盟军绝对海空优势下的战略反攻，绝对是个棘手的活。第一仗就是西西里，由于盟军在战前精心组织了代号"肉馅行动"的战略欺骗，用一具尸体几份假文件，就使上至希特勒下到元帅、将军都将注意力转到了撒丁岛，惟独凯塞林，以其对盟军作战飞机性能的熟悉，以及盟军对空中支援近乎病态的依赖，认定盟军将会进攻西西里。西西里战事一起，岛上意军几乎在第一时间崩溃，所有的重任都落到了岛上2个德军师肩上，凯塞林清醒地认识到，单凭这2个师是根本守不住西西里岛的，而且对于南部战区本来就捉襟见肘的兵力来说，更不想把这2个师消耗在西西里岛上，于是凯塞林迅速调集另外2个师上岛，不仅一度成功阻止了盟军推进，最后还硬是从盟军海空封锁下带着伤员、几乎所有的重装备，建制完整地撤回意大利本土，这一行动简直可以用奇迹来形容。

凯塞林在西西里的出色指挥使得希特勒对他的指挥才干深为器重，于1943年11月任命他为C集团军群总司令，统一指挥意大利地区全部德军。如果说西西里只是一个出色的开场，那么从此后，凯塞林过人的指挥才干逐渐释放出来，成为支撑起岌岌可危的地中海战区的中流砥柱。西西里之后，凯塞林首先抓住盟军没有来得及发动下一步进攻的间隙，迅速将手里残破的部队进行整顿重新部署。更严重的是，种种迹象表明，意大利政府已经开始摇摆，很有可能会反戈一击。如果这样的话，在意大利德军的处境就会相当危险，前有盟军大敌压境，后有意大利倒戈危险在即，此地德军几乎是悬在空中的无根之军！凯塞林早已做好了精心部署，制订了一旦意大利投降就解除意军武装的计划。凯塞林这招果然厉害，意大利刚一宣布退出轴心国阵营，驻意大利德军立即行动，几乎是在一夜之间就解决了意军，彻底肃清了身边的隐患，然后集中精力迎击盟军在意大利南部的登陆。要知道盟军的登陆是与意大利宣布退出轴心国阵营在同一天，本来这是何等紧急的情况，但是德军在凯塞林的指挥下，以迅雷不及掩耳之势搞定意大利，再回头给了登陆盟军以迎头痛击，如非盟军绝对优势的海空火力，在意大利南部登陆的盟军就要被赶下海去了。在盟军强大压力下，凯塞林还是将他为数不多的部队井然有序地撤到预定防线。而在德军统帅部，本来是断定在意大利的几个师是完了，没想到凯塞林居然给了盟军一记痛击后还能全身而退！1943年冬季来临时，凯塞林又将部队撤至意大利南部的主防线——古斯塔夫防线，依托这条坚固防线，足足顶住了盟军几个月的猛攻。正是凯塞林在意大利南部几乎是绝望情况下异常出色的指挥，反而在一定程度上改变德军原先比较明智的战略设想，德军原来是准备后撤到意大利北部，在亚平宁半岛比较狭窄的地区以较少的兵力组织防御，将由此节约下的部队投入更需要的苏联或西欧，但是意大利德军在凯塞林高超的指挥下，打得有声有色，激发起希特勒在意大利大干一番的雄心，结果使德军在意大利这个局部战场上很不值得地投入了较多部队，这或许就是过犹不及吧。

1944年1月，盟军为了打破意大利战场的僵局，突然在安齐奥发起登陆。此时德军重兵集团在古斯塔夫防线，安齐奥是非常空虚的，盟军登陆完全收到奇效，但是盟军前线指挥的踌躇犹豫，没能迅速抓住战机向纵深内陆挺进，就只有这么一天，凯塞林就立即抓住了这个空隙，凭借他早先未雨绸缪所制定的预备队机动方案，迅速将后备部队调到安齐奥，其反应之迅捷令人咋舌！一般情况下，腹背受敌是最危险的局面，但是凯塞林应付裕如，一面在古斯塔夫防线前将盟军阻挡得寸步难进，一面在安齐奥将登陆盟军打得狼狈不堪。一直坚持战斗到6月才在盟军越来越强的压力下放弃罗马，退往意大利北部。即便经过这几个月的激战，凯塞林的部队还是没有受到严重损失，依旧具备相当战斗力，还能依托意大利北部山区进行顽强防御。看看地图就知道，在意大利的这一系列战斗是在何种不利情况下进行的，狭长的海岸，没有足够的侧翼掩护，缺少海空支援，几乎对手一次侧后两栖登陆就会陷入绝境，但却打出了一连串的漂亮仗，硬是没让在意大利战场拥有绝对优势的盟军占到便宜。

为了表示对凯塞林卓越指挥的奖赏，在他服役40年之际，授予他钻石双剑银橡叶骑士十字勋章。1945年3月，凯塞林就任德军西线总司令，指挥着从北海到瑞士的整个西线作战，在战争结局已定的不利情况下，凯塞林仍竭尽全力以挽大厦之将倾，在战败不可避免时，凯塞林仍尽自己所有力量组织多瑙河地区的德军撤回德国本土。战争结束时，凯塞林及其所辖部队向美军第101空降师投降，成为战俘，后来他被送到设在威尼斯的一个军事法庭。

1947年5月，凯塞林被判处死刑，但还没有执行就被改判无期徒刑，随即被送到魏勒监狱服刑，1952年因健康情况恶化而提前获释，1960年7月16日因心脏病去世。

附录二：政治行家，军事庸才——克拉克陆军上将

对于中国人来说，知道这位美国陆军上将，恐怕是他作为"联合国军"总司令在朝鲜战争停战谈判后，深有感触的那句话："我是美国历史上第一位不是在胜利的停战协定上签字的美国将军。"

他的军事生涯中，显然作为军人参与政治角逐更为出色，先是在北非，再是在奥地利，最后是在朝鲜，都是以擅长政治谈判而著称于美军。但是作为军人本分的军事指挥，却实在是不敢恭维，尤其是在意大利战场的表现，简直可以用庸才来形容。

马克·韦恩·克拉克，1896年5月1日出生于纽约的一个军人世家，家庭的军事熏陶使他很自然地走上从军之路，中学毕业后就进入布雷登预备军校，1913年考入西点军校，与他交往过密的同班同学就有日后出任陆军参谋长的约瑟夫·柯林斯和马修·李奇微。在军校里，克拉克兴趣广泛，行为表现良好，但是学习成绩实在平庸，毕业时成绩在全班139人中名列第110名。

1917年4月从西点军校毕业，获得少尉军衔。随即被分配到第5步兵师第11团E连任排长，不久升任K连连长。第一次世界大战爆发后，1918年5月随部队开赴欧洲，1个月就升任营长，但是营长才当了2天就负了重伤，在医院里足足躺了2个月。痊愈后任美军第1集团军补给处参谋，1919年5月回到美国，担任多个参谋职务，军衔也晋升为上尉。

1924年7月进入佐治亚州本宁堡步兵学校深造，毕业后分配到第30步兵团任职，这是他军人生涯的转折，30团的团长弗兰克·博尔斯堪称是克拉克的伯乐，他很赏识克拉克的才干，先是提拔克拉克为非正式副官，当他升任旅长后又任命克拉克为旅执行官，并在年度评语里给予克拉克非常高的评价。1928年8月克拉克因严重胆囊炎而被切除胆囊，因此以后被人戏称为"无胆囊却有胆量"。1933年8月，克拉克进入美军中著名的堪萨斯州利文沃思堡陆军指挥与参谋学院深造。该学院是美军培养高级将领的必经之路，原来只招收校级军官，此次破例招收尉级军官，一共5名尉官入选，除了克拉克以外，其他四人也是日后声名显赫的将军——李奇微、泰勒（101师师长）、史密斯（艾森豪威尔的参谋长）、斯他拉特迈耶（第14航空队司令），毕业后克拉克还是在博尔斯手下任职。1936年7月在博尔斯推荐下进入陆军军事学院深造，毕业后分配到第3师任副参谋长，与该师旅长后来担任陆军参谋长的马歇尔交往甚密，这对克拉克以后的升迁可大有帮助。1940年调任陆军总司令部参谋，1年后升任主管训练的副参谋长，并晋升准将。二战爆发后，克拉克任陆军地面部队参谋长，晋升少将，并与艾森豪威尔一起赴英国考察。1942年8月，任

北非盟军最高副司令，1942年10月13日成为美国陆军有史以来最年轻的中将。10月18日只带数名随从秘密前往阿尔及利亚，作为同盟国代表与法国北非高级军政人员谈判，此行获得相当成功，克拉克因此获得优异服役十字勋章，从此克拉克便以擅长政治谈判著称。11月北非登陆开始后，克拉克正式代表同盟国与法属北非当局谈判，于11月22日签署克拉克-达尔朗协定，法属北非保证支援盟军对付共同的敌人，而盟国则保证解放法国并保留法属北非。

1943年1月调任美军第5集团军司令，率部参加意大利战场作战。首战萨勒诺，就表现出极低劣的军事指挥才干，居然以突然性为理由顽固坚持不要军舰在登陆前的炮火准备，甚至在遭到德军飞机攻击后仍拒绝舰炮火力准备，结果使美军在海滩遭到德军火力的很大杀伤。在随后的激战中，克拉克又被德军凶悍反击所震慑，竟然下令准备撤离海滩，好在这次没有固执己见，听取了下属的正确建议继续在海滩坚持。

在进攻古斯塔夫防线和安齐奥登陆战中，克拉克的军事指挥更是毫无建树，在安齐奥登陆前不顾整个大局特意叮嘱前线指挥第6军长卢卡斯，要先巩固滩头再向纵深发展，结果卢卡斯拿着鸡毛当令箭，变本加厉地在海滩裹足不前，使得登陆出其不意的奇效化为乌有；当盟军突破古斯塔夫防线后完全可以围歼德军主力两个集团军的大好时机，克拉克却受罗马解放者的盛名之累，居然抛下德军主力转而去抢占已是空城的罗马，这一完全出自私欲的决策使亚历山大一直耿耿于怀不能原谅，而克拉克的军事指挥才干也最终成为后人的笑柄。

在以后战争中克拉克升任第15集团军群司令，并于1945年晋升上将，不过在战场上可一直没有值得夸耀的战绩。战争结束后任驻奥地利美军司令，就奥地利问题与苏联代表进行了长期谈判。1949年10月任美国陆军地面部队司令。1952年5月任"联合国军"总司令兼远东美军总司令，主要领导主持与中朝方的停战谈判。1953年7月代表"联合国军"签署朝鲜停战谈判。1953年10月，退出现役。1984年4月去世。

克拉克以政治手腕见长，参谋作业平常，而军事指挥才能最弱。此人长相高大英俊，人际关系处得很好，又与马歇尔和艾森豪威尔私交甚笃，所以官运亨通。美军上层后来也清楚他的能力，主要是用他政治之长，在北非负责与法国人谈判，在奥地利负责与苏联人谈判，朝鲜战争中又是在进入谈判阶段由他来出任最高司令。但是政治上的长袖善舞，并不能掩盖他在意大利军事指挥上的无能，很多战史家都对他的军事指挥评价极低，这也许对一位四星上将而言，实在是一种悲哀。

附录三：敦刻尔克英雄——亚历山大元帅

　　说起二战中的英国将领，亚历山大元帅是鲜为人知的，和他家喻户晓的下属蒙哥马利的知名度根本无法相提并论。

　　哈罗德·亚历山大出身豪门，1891年12月降生在爱尔兰的大贵族家庭，自幼受到良好的教育和熏陶，对体育和绘画极有兴趣，曾希望长大后在艺术领域有所发展。但是最终还是遵从家庭的一贯传统进入英国著名的军校，桑赫斯特皇家军事学院学习，踏上了从军之路。

　　军校毕业后回到故乡，在爱尔兰近卫军中担任少尉。第一次世界大战期间，参加英国远征军开赴欧洲，历任排长、连长、营长和代理旅长，虽然两次负伤，但还是以自己的勇敢从中尉一步步晋升为中校，并积累了最初的实战指挥经验。战争结束在英国驻波兰军事代表团中任职，1919年指挥兰德斯威步兵旅参与武装干涉苏联的军事行动，回国后又转往中东地区英军部队中任职。1926年进入坎伯利军事参谋学院深造，毕业后在英国陆军部工作。1928年又进入帝国国防学院深造，毕业后在英军高级指挥机关内工作。1934年外派印度任驻印军旅长，1939年二战爆发后升任第1步兵师师长，作为英国远征军的组成部分前往法国。就在盟军节节败退的时候，亚历山大却仕途顺利，在最困难的时候升任第1军军长，他担任军长的第一项重大使命就是接手指挥敦刻尔克撤退的烫山芋。当时亚历山大是焚毁了自己的座车，骑着自行车赶到远征军司令部，从戈特手里接过指挥权的。在敦刻尔克海滩，素以沉着冷静著称的亚历山大更是将这一特点发挥到极致，有时在海滩上安了张帆布躺椅，神态自若地坐在上面，平静地注视着部队秩序井然地登船，宛若休闲度假；有时啃着苹果在海滩漫步，毫不在乎空中敌机肆虐，他的这种镇定泰然的气势极大稳定了部队情绪，从而出色完成了几乎不可能完成的大撤退，直到主力基本撤完，亚历山大才随最后一批部队登船。亚历山大在组织大撤退中所表现出的指挥若定，冷静沉稳赢得了英军高层的极大器重，半年后即升任南方战区司令，同时晋升中将军衔。

　　1942年远东局势恶化，亚历山大又被派往缅甸印度指挥英军对日作战，但是由于缺乏必要协调和各种客观因素，亚历山大此次未能挽狂澜于即倒，日军最终占领缅甸，亚历山大只得指挥撤退，率领残部退入印度，期间他与指挥机关、一些勤杂单位在仁安羌陷入日军包围，还是进入缅甸的中国远征军新编38师113团兼程驰援，将其救出重围。

但在远东的失利并未对他的军事生涯产生负面影响，他依旧深得英军高层信任。1940年7月调任在北非的第1集团军司令，一个月后又升任英军中东战区总司令，并晋升上将军衔。而此时蒙哥马利只是第8集团军司令，是亚历山大的部属。1943年1月，亚历山大出任北非战区盟军最高副司令兼第15集团军群司令，指挥美英盟军彻底肃清北非轴心国军队，5月北非盟军取得了突尼斯战役的胜利，彻底消灭北非地区的全部德意军队，亚历山大也因为在此役中的出色指挥而被英国国王册封为"突尼斯的亚历山大伯爵"，相比之下，蒙哥马利因为阿拉曼的胜利才被封为"阿拉曼子爵"，也比亚历山大的爵位低了一级。北非战事平息之后，亚历山大又出任地中海战区盟军最高副司令兼第15集团军群司令，全面指挥盟军在地中海战区的地面作战，并具体协调英军第8集团军和美军第7集团军，相对于蒙哥马利而言，亚历山大更偏重于全局的战略指挥与协调，完全是起"帅"的作用。1944年12月，亚历山大升任地中海战区盟军最高司令，并晋升元帅军衔。在亚历山大的指挥下，地中海战区盟军步步推进，从罗马一直北进，最终于1945年4月迫使驻意大利的德军C集团军群无条件投降，而接受意大利德军投降的同盟国代表就是亚历山大。

战争结束后，1946年起亚历山大出任加拿大总督，1952年回国就任国防大臣，1954年退休。1969年6月去世。

可以说这位并不为人熟悉的英国元帅，在二战地中海战区所做的贡献是极为重大的，几乎直接参与了从北非到意大利的盟军历次重大战役的战略决策与指挥，尽管与意大利战区的德军统帅凯塞林相比，在军事指挥方面，亚历山大还是稍逊一筹，但是他对于迫使意大利退出轴心国阵营，对于地中海战区反法西斯阵线的最后胜利，确实是功不可没。虽然蒙哥马利在舆论的炒作下其知名度远远超过了他，但是他的历史功绩正如英国所给予他的荣誉一样，要高过蒙哥马利。因为蒙哥马利不过是个集团军司令，顶多是个将才，而他全面负责整个战区，是个帅才。